18080

ÉCONOMIE POLITIQUE

DES ROMAINS

I

IMPRIMERIE DE E. DUVERGER,

RUE DE VERNEUIL, Nº 4.

ÉCONOMIE

POLITIQUE

DES ROMAINS

PAR

M. DUREAU DE LA MALLE

MEMBRE DE L'INSTITUT

(Académie des Inscriptions et Belles-Lettres)

TOME PREMIER

PARIS

CHEZ L. HACHETTE

LIBRAIRE DE L'UNIVERSITÉ ROYALE DE FRANCE

RUE PIERRE-SARRAZIN, Nº 12

M DCCC XL

AVERTISSEMENT.

L'ouvrage que je livre aujourd'hui au public est le résultat de recherches spéciales auxquelles, sauf quelques courts intervalles, j'ai consacré vingt années de ma vie. Tout, dans ces deux volumes, n'est pas entièrement nouveau; j'avais déjà traité quelques parties du sujet dans divers mémoires qui font partie des tomes X et XII du Recueil de l'Académie des Inscriptions et Belles-Lettres. Ces travaux isolés ont tous reçu les remaniements nécessaires pour les faire entrer convenablement dans une œuvre d'ensemble. Presque tous ont été considérablement augmentés, quelques-uns même entièrement refondus. Enfin la partie qui était restée jusqu'ici inédite est beaucoup plus étendue que celle qui avait déjà été publiée.

Il faudrait que le lecteur eût, comme moi,

a

longtemps médité le sujet que j'embrasse,
pour bien comprendre combien il est vaste
dans son ensemble, infini dans ses détails,
incomplet dans ses documents. Si j'avais eu
la prétention de le traiter à fond, ce livre
n'aurait probablement jamais vu le jour.
Mais quel auteur se résignerait à travailler
longtemps et péniblement sans quelque honneur pour lui, sans profit pour les autres?
J'ai donc cru devoir me borner. Quelque
imparfait que puisse être ce livre, j'ai néanmoins la confiance que, sur quelques points
importants, il pourra aider aux progrès de la
science historique; je n'ai jamais eu d'autre
ambition.

Lorsque je publiai, en 1836, mon Mémoire
sur le Système métrique des Romains[1], je ne
pus payer que par une simple note à M. Delorme, alors professeur de mathématiques
spéciales au collége d'Amiens, mon tribut
de reconnaissance pour l'active collaboration
qu'il m'avait prêtée dans la rédaction de ce
mémoire, et pour la composition des tables
qui l'accompagnaient. Je suis heureux de pouvoir lui offrir ici des remercîments un peu

---

(1) **Mémoires de l'Académie des Inscriptions, t. XII, p. 286.**

plus solennels. Devenu professeur au collége de Louis-le-Grand, M. Delorme a pu revoir avec moi notre ancien travail; il en est résulté une refonte complète. Les seize tables de conversion qui sont à la fin du premier volume ont été recalculées par lui sur des bases beaucoup plus exactes, que lui-même a exposées mieux que je n'aurais pu le faire, en tête du premier livre (ch. II-VII).

Ces tables n'ont pas été dressées exclusivement pour l'intelligence de l'ouvrage que je publie; elles seront, je l'espère, fort utiles pour la lecture des historiens anciens. Quoiqu'on ait cherché en les composant à les rendre aussi précises que possible, il ne faut pourtant pas se dissimuler que la difficulté de la matière et l'imperfection des documents que nous possédons sur les poids, les mesures et les monnaies de l'antiquité, ne permettaient de donner que des évaluations approximatives. Aussi, dans le cours de l'ouvrage, ne nous sommes-nous presque jamais astreints à prendre pour base les évaluations de nos tables dans toute leur rigoureuse précision. Presque toujours nous avons procédé par nombres ronds, en négligeant les décimales et remplaçant par des zéros les chiffres secondaires, qui entravaient ces calculs, sans rien ajouter à l'exactitude des résultats. Cette manière de procéder était suffisamment exacte pour le but que nous nous proposions.

TABLE DES CHAPITRES.

TOME PREMIER.

LIVRE Ier. Vues générales. — Système métrique. — Valeur
et rapport des métaux. — Cens et Cadastre.

Pages.

Chap.   I. Vues générales.   1

II. Des poids et des mesures chez les Romains. .   8

III. Des monnaies romaines.   15

IV. De l'ensemble du système métrique romain. .   18

V. Poids, mesures et monnaies grecques. . . .   22

VI. Conversion des mesures grecques et romaines
en mesures françaises.   25

VII. Conversion des monnaies grecques et romaines
en monnaies françaises.   39

VIII. Rapport des métaux précieux en général. . .   47

IX. Des monnaies de cuivre, des monnaies d'argent
et de leurs rapports réciproques.   66

X. De la monnaie d'or et de son rapport avec la
monnaie d'argent.   85

XI. Prix moyen du blé.   97

XII. Prix des denrées d'après l'inscription de Stratonicée.   111

XIII. Prix de la journée de travail.   127

XIV. De la solde des troupes.   134

XV. Du prix des esclaves.   143

XVI. Origines du cens.   159

XVII. Du cadastre.   166

XVIII. De l'ancienneté du cadastre chez les Romains.   183

Pages.

Chap. XIX. Cadastre de tout l'empire exécuté par Auguste. 191

XX. Certitude des documents statistiques que nous ont transmis les auteurs anciens. 202

LIVRE II. Population.

Chap. I. Population libre de l'Italie. 209

II. De la population servile. 231

III. Exagérations des auteurs anciens et modernes relativement au nombre des esclaves. . . 246

IV. Discussion des textes qui ont servi de base aux évaluations exagérées du nombre des esclaves. 255

V. Détermination du nombre des esclaves pendant la durée de la république. 269

VI. Des affranchissements. 289

VII. Population sous l'empire, et conclusion. . . 297

VIII. Population des Gaules. 301

IX. Extension du droit de cité depuis César et Auguste. 314

X. De l'étendue et de la population de Rome. . 340

XI. Des faubourgs de Rome. 370

XII. Des maisons de Rome et de leurs boutiques. 388

XIII. Des causes générales qui, chez les Grecs et les Romains, durent s'opposer au développement de la population. 408

TOME SECOND.

LIVRE III. Agriculture. — Produits.

Chap. I. Agriculture romaine. 1

II. État physique de l'Italie. 7

III. Histoire des progrès et causes probables de l'insalubrité. 21

TABLE.   VII

Pages.

Chap. IV. Agriculture de Caton.   52
       V. Du mode de fermage.   59
      VI. Procédés d'agriculture.   62
     VII. Exposé de l'agriculture de Varron.   69
    VIII. Des instruments d'agriculture.   77
      IX. Semences et engrais.   83
       X. Patrie des céréales, notamment du blé et de
          l'orge.   93
      XI. Rapport de la semence au produit. 119
     XII. Revenu des terres labourables et des prés. . . 125
    XIII. Des troupeaux. 133
     XIV. Du menu bétail. 144
      XV. Du gros bétail. 150
     XVI. Des mulets et des chiens. 159
    XVII. Des bergers et de leurs travaux. 167
   XVIII. Produits de la villa; des volières. 175
     XIX. Des parcs d'animaux. 199
      XX. Des viviers. 209
     XXI. De la concentration des propriétés, principale
          cause de l'affaiblissement de la population
          et des produits de l'Italie aux VII⁰ et VIII⁰
          siècles de Rome. 218
    XXII. Destruction de la classe moyenne. 234
   XXIII. Diminution de la population et des produits. 245

LIVRE IV. Institutions politiques. — Administration. —
          Finances.

Chap.   I. Nature des lois agraires. 255
       II. De l'intérêt légal de l'argent. 259
      III. Des lois liciniennes. 266
       IV. Lois de Tiberius Gracchus. 280
        V. Lois de Caïus Gracchus. 299
       VI. Lois de Rullus, de Flavius et de César. . . . 322

Pages

Chap. VII. Droits civils et politiques.   332

VIII. Administration civile et judiciaire. 352

IX. Effets de l'administration provinciale. . . .   364

X. Population et produits de la Sicile.   376

XI. De la province d'Asie.   385

XII. Système des impôts.   402

XIII. Condition des terres imposables.   407

XIV. Revenu des terres du domaine de la républi-

que.   417

XV. De l'impôt foncier et en particulier des pres-

stations en nature..   421

XVI. De l'impôt direct sous l'empire.   430

XVII. Impôts sur les mines et les carrières.   439

XVIII. Impôt sur le bétail.   444

XIX. Impôts indirects, douanes, octrois, péages.. .   447

XX. Impôt sur les objets de consommation. . . .   459

XXI. Du vingtième sur la vente et sur l'affranchisse-

ment des esclaves et sur les successions. . .   466

XXII. Impôts sur les aquéducs et les prises d'eau. .   475

XXIII. Impôts sur les égouts et les matières fécales. .   479

XXIV. Impôts divers.   483

XXV. Conclusion.   491

ÉCONOMIE POLITIQUE
DES ROMAINS.

LIVRE PREMIER.

VUES GÉNÉRALES. — SYSTÈME MÉTRIQUE. — VALEUR ET
RAPPORT DES MÉTAUX. — CENS ET CADASTRE.

CHAPITRE I.

VUES GÉNÉRALES.

L'histoire romaine a été éclaircie par de nombreux travaux; la constitution, la politique, les oscillations des pouvoirs du sénat et du peuple, les
ressorts du gouvernement, la législation, la discipline des armées, enfin les causes des succès, de
la durée, de la décadence et de la chute de l'empire romain, ont été approfondies par des esprits
supérieurs. Polybe et Tacite chez les anciens, Ma-
chiavel en Italie, chez nous Bossuet et Montesquieu ont associé leur renommée à celle de Rome,

et l'auréole de gloire de la ville immortelle nous est apparue brillante de tous les rayons de leur génie.

Les ressorts intérieurs de la machine, le mouvement et la distribution de ses parties, la marche de l'administration, l'exactitude et la précision de ses moyens, l'ordre et la régularité de l'ensemble, enfin la statistique et l'économie de l'empire romain nous étaient peu connus. C'est cette lacune dans les sciences historiques que j'ai tâché de remplir.

Je me suis proposé de rechercher quels ont été en Italie, pendant la domination romaine, la population, les produits, enfin la richesse considérée comme le produit annuel de la terre et du travail;

Quelle a été la mesure des travaux productifs et moins productifs;

D'examiner l'influence des métaux monnayés sous leurs formes diverses et à différentes époques, comme représentation et mesure de la valeur; de chercher à obtenir la valeur relative des produits pendant cette période, soit en comparant leurs prix dans la monnaie courante du temps, soit en trouvant le rapport entre leur valeur, le prix de la journée de travail et le prix d'une mesure de blé équivalente à une journée de travail.

J'ai cherché à établir positivement la distinction marquante qui existe entre la société moderne et l'état social de l'Italie sous la domination romaine.

Chez nous, trois classes principales : 1° vivant de leur revenu, 2° vivant de leurs profits, 3° vivant de leurs gages.

A Rome, surtout dans les six premiers siècles, il n'y a que deux classes principales, vivant de leurs revenus ou de leurs gages. Celle qui vit de ses profits, les marchands, les manufacturiers, y est si faible qu'on peut à peine la compter. Chez nous s'offre cette classe moyenne de marchands, de commerçants et de manufacturiers, ce grand ressort de l'industrie, source de richesse et d'accumulation de capitaux.

A Rome, la société forme deux classes distinctes, la première composée de propriétaires fonciers, la seconde de leurs serviteurs ou des pauvres. Cette seconde classe est dans la dépendance directe de la première. Tel est aussi l'état social de l'Europe dans le moyen-âge.

Les lois qui régissent l'économie politique sont beaucoup plus simples dans cet état de société que chez les peuples modernes ; et si, dans toute espèce de science, il est utile de passer du simple au composé, cet avantage doit se faire sentir surtout dans une science nouvelle, dont les éléments sont si compliqués, si variables par leur nature, et où les faits bien observés, bien constatés, sont encore si peu nombreux.

Tout homme sage, pourvu d'un bon esprit, doit s'occuper avant tout de recueillir, d'apporter des matériaux qui puissent servir un jour à la construction de l'édifice.

J'ai tâché de tirer du débris des carrières de l'antiquité quelques pierres utiles à l'achèvement de certaines parties de l'ensemble.

Les dettes publiques, les banques, les emprunts de l'Etat, les moyens de crédit, et toutes ces créations de propriétés imaginaires dont la jouissance repose sur les impôts que nos arrière-neveux voudront bien consentir à payer un jour, sont des fictions qui étaient totalement inconnues aux anciens : chez les Romains des six premiers siècles la machine de l'état social est encore moins compliquée.

Un peuple guerrier et agricole, pour ainsi dire sans commerce ni manufactures; les propriétés très divisées, peu de terres affermées; dans ces sortes de biens, le fermage payé en nature par une portion fixe des produits. Enfin la terre productive, le capital employé à son exploitation, souvent l'ouvrier chargé de la culture, les bestiaux, les engrais, les outils et les instruments nécessaires, étaient tous la propriété de la même personne.

On voit que, dans une organisation sociale de cette nature, cette séparation d'intérêts qui existe chez nous entre le propriétaire foncier et le cultivateur son fermier, cette distinction entre le produit net et le produit brut, les conventions entre le maître et l'ouvrier, le contrat et les statuts d'apprentissage, les recherches sur le taux moyen des salaires et du profit des capitaux, et sur les causes qui peuvent les élever ou les abaisser; l'influence de la cherté ou du bas prix des subsistances sur le prix ou l'abondance des objets manufacturés, le change, ses variations et arbitrages, les principes de l'impôt et de sa répartition sur les différentes sources de revenus, la dette publique, les rentes, annuités et autres effets qui la représentent, les fonds à faire pour son service et son amortissement, les combinaisons et les ressources du crédit; enfin les principaux éléments dont se compose notre économie politique, pour ce qui concerne l'accroissement de la richesse nationale et sa distribution entre les différentes classes de la société, étaient des choses totalement ignorées des philosophes anciens, non pour avoir échappé à leur sagacité, mais bien par une suite nécessaire de la constitution politique, et parce que les faits qui sont la matière d'une telle science ne pouvaient pas se présenter à leur esprit.

Néanmoins, quoique l'économie politique fût une science beaucoup plus simple dans l'antiquité qu'elle ne l'est dans les temps modernes, on trouvera dans cet ouvrage l'exposé et le développement d'un grand nombre de questions importantes touchant la jurisprudence, l'administration, les finances, qui se reproduisent journellement dans la presse et à la tribune. Je n'en citerai pour exemple que le système des jachères, des colons partiaires, du droit de propriété de l'Etat sur le sol inférieur ou supérieur, les grandes questions de l'esclavage et de l'affranchissement, de la proportion des esclaves aux hommes libres, de la durée moyenne de la vie; celles du régime municipal, de l'assiette et de la perception des impôts en ferme ou en régie, de l'administration des ponts et chaussées, institution établie par Auguste; celles des douanes, des octrois, des péages, de l'extension ou de l'abolition des impôts indirects, des corporations, des associations pour les grands travaux industriels et agricoles, des variations de l'intérêt légal et de l'intérêt ordinaire; enfin des règlements sur le titre et la fabrication des monnaies, du rapport des métaux précieux, soit entre eux, soit avec les denrées, de leur concentration, de leur circulation libre ou restreinte, et cent autres questions semblables que j'omets à dessein.

Il m'a semblé que dans toutes choses il était utile de passer du connu à l'inconnu, de s'éclairer par l'expérience des siècles, et que nos législateurs auraient de l'avantage à faire pour l'administration, le commerce et l'industrie, ce que d'habiles jurisconsultes ont fait pour le Code civil, et à puiser dans la connaissance de l'histoire et de l'administration romaines l'instruction que les rédacteurs du Code civil ont puisée si souvent dans l'immense recueil des lois du premier peuple de l'univers.

J'ai cru qu'il était logique de diviser ainsi cet ouvrage :

J'expose d'abord le système général des poids, des mesures, des monnaies de la Grèce et de Rome, puis l'origine des métaux précieux, leur quotité circulante ou resserrée dans les trésors des rois ou des républiques, enfin leur valeur relative, éléments nécessaires pour connaître et réduire à une mesure précise et actuelle les évaluations fournies par les écrivains de l'antiquité. Je me suis attaché ensuite à démontrer l'étendue et l'exactitude du cens, des registres de l'état civil et de l'estimation des fortunes, bases solides et indispensables pour assurer les recherches sur la population et les produits de l'Italie et de quelques provinces de l'empire, recherches que j'ai dû faire précéder par quelques considérations sur l'état physique et l'insalubrité de l'Italie ancienne.

Ces bases une fois posées, j'ai déterminé pour

plusieurs époques la population libre de l'Italie ; j'ai tâché de réduire à une valeur exacte et à une précision presque mathématique l'étendue et la population de Rome. Pour la population esclave, un seul moyen d'appréciation me restait : la consommation journalière en blé d'un individu de famille citadine ou agricole, le produit total en blé de l'Italie à diverses époques, plus le montant des importations. Un grand changement s'opère sous Auguste ; le nombre des sujets jouissant des droits de cité devient dix fois plus grand ; j'ai tâché d'apprécier les causes, les motifs et les effets de ce changement. Chez un peuple qui n'est presque ni commerçant ni industriel, l'agriculture est le plus grand des produits. J'ai développé avec soin l'état de cette première de toutes les industries, dans l'Italie républicaine et impériale. J'ai tâché de montrer l'influence favorable que les lois agraires exercèrent sur les progrès de l'agriculture dans les six premiers siècles de Rome, l'influence pernicieuse que leur abolition et la concentration des propriétés exercèrent sur la population et les produits depuis cette époque jusqu'à la fin de l'empire, et celle des distributions gratuites sur les mœurs, l'amour du travail, et enfin la richesse publique.

Quant à la distribution de cette richesse dans l'Italie et dans les provinces, j'ai montré que l'Orient, quoique opprimé par des administrations tyranniques, étant industriel et producteur, repompait les richesses qu'attiraient à Rome les concussions des gouverneurs et les exactions du fisc.

J'ai essayé de tracer le budget des recettes et des

dépenses de la république et de l'empire romain.

Enfin, dans un résumé général qui est en quelque sorte la péroraison de tout l'ouvrage, j'ai présenté les principales causes qui, chez les Grecs et les Romains, durent s'opposer aux progrès de la population et l'accroître dans l'Orient.

CHAPITRE II.

DES POIDS ET DES MESURES DES ROMAINS.

La détermination exacte des différentes mesures de la Grèce et de Rome était le préliminaire indispensable de nos recherches sur la population et les produits de l'Italie sous la domination romaine, recherches qui embrassent la statistique et l'économie politique de cette contrée pendant une période de douze siècles. Nous avions espéré trouver les secours qui nous étaient nécessaires dans les huit tables pour la conversion des mesures grecques et romaines en mesures françaises, publiées par M. Letronne peu de temps après ses Considérations générales sur l'évaluation des monnaies grecques et romaines. Ces tables, reproduites par l'auteur, en 1825, sous une forme plus commode à la suite de son édition de l'Histoire romaine de Rollin, l'ont été encore par Lemaire dans son édition des classiques latins. Mais, dans ces tables, ainsi que dans le savant ouvrage qui les a précédées, M. Letronne avait cru devoir porter à 6160 grains, poids de marc, la livre romaine, évaluée par Barthélemy et de La Nauze[1]

(1) Dissertation sur le poids de l'ancienne livre romaine, par

à 6144, c'est-à-dire aux $\frac{2}{3}$ de notre ancienne livre française de 16 onces. D'autre part, les recherches publiées en 1822 par Gosselin[1] portaient à 0ᵐ,296296 le pied romain que M. Letronne évaluait seulement à 0ᵐ,295. Enfin, les valeurs du pied romain et de la livre romaine données par les tables étaient loin de satisfaire au texte si formel du plébiscite conservé par Festus[2] : « Quadrantal vini octoginta pondo « siet. » La livre était trop forte ou le pied trop faible.

La question restait donc indécise ; et dans un mémoire composé en 1824, lu en 1826 à l'Académie des Inscriptions et en 1832 à l'Académie des Sciences, nous avons cherché à jeter quelque lumière sur un problème à la solution duquel l'Europe savante a toujours attaché tant de prix[3]. Nos conclusions ont d'ailleurs été confirmées par plusieurs monuments découverts depuis l'époque de notre travail. Nous citerons particulièrement trois poids de dix livres en serpentine, cinq pieds de bronze et un demi-pied en ivoire trouvés dans les fouilles d'Herculanum et de Pompéi, qui ont été l'objet d'un savant mémoire lu par M. Cagnazzi à l'Académie royale des Sciences de Naples[4]. Nous nous con-

M. de La Nauze, dans les Mém. de l'Ac. des Inscr., éd. in-12, t. LII, p. 397 et suiv. C'est dans ce mémoire que se trouve développée l'opinion de Barthélemy.

(1) Mém. de l'Acad. des Inscr., t. VI, nouv. série, p. 44 et suiv., 160 et suiv.

(2) Au mot *Publica pondera.*

(3) Voy. ce travail dans les nouveaux Mém. de l'Acad. des Inscr., t. XII, 2ᵉ partie, p. 286 et suiv.

(4) *Su i valori delle misure e dei pesi degli antichi Romani, desunti dagli originali esistenti nel real Museo Borbonico di Napoli.* Naples, 1825, in-8° de 153 pages.

tentons de signaler ici ces éléments nouveaux, nous réservant d'en discuter la valeur dans les chapitres suivants.

L'unité de longueur chez les Romains était le pied, qui se divisait en 4 palmes, et le palme en 4 doigts. Le palme dont il est ici question est le *palmus minor*; il y avait une autre espèce de palme appelée *palmus major*, qui valait 12 doigts.

Les multiples du pied romain étaient :

1° Le pas, *passus major*, de 5 pieds : il y avait en outre le *passus minor* ou *gressus*, de 2 pieds ½;

2° La *decempeda*, de 10 pieds, mesure analogue à notre toise, et qu'Auguste plaçait, au lieu de lance, dans la main des soldats auxquels il voulait infliger une punition humiliante[1];

3° L'*actus*, de 120 pieds;

4° Le mille ou *milliarium*, de 1000 pas ou 5000 pieds.

Nous mentionnerons encore le *cubitus* ou coudée de Vitruve, qui valait 1 pied ½.

L'unité agraire était le *jugerum*, qui se subdivisait en 2 *actus quadratus*. L'*actus quadratus* était un carré de 120 pieds romains de côté, et se subdivisait lui-même en 4 *clima*; le *clima* comprenait 36 *decempeda quadrata*, et la *decempeda quadrata* 100 pieds carrés.

Les multiples du *jugerum* étaient : 1° l'*hœredium*, valant 2 *jugerum*;

2° La *centuria*, de 100 *hœredium*;

3° Le *saltus*, de 4 *centuria* disposées en carré.

(1) Sueton., *in August.*, c. 24.

On distinguait trois espèces d'*actus*: l'*actus minimus*, de 120 pieds de long sur 4 de large; l'*actus quadratus*, dont nous avons déjà parlé plus haut; et l'*actus duplicatus*, de 240 pieds de long sur 120 pieds de large.

L'unité de capacité était l'*amphore* ou *quadrantal*: l'*amphore* se divisait en 2 *urnes* et en 3 *modius*, de sorte que l'*urne* valait 1 *modius* $\frac{1}{2}$. L'urne se subdivisait à son tour en 4 *congius*, le *congius* en 6 *sextarius*, le *sextarius* en 2 *hemines*, et enfin l'*hemine* en 2 *quartarius*, ou 4 *acetabulum*, ou 6 *cyathus*, ou 24 *ligules*.

Le *culeus* valait 20 amphores.

La capacité de l'amphore était celle d'un pied cube, comme l'indique le mot *quadrantal* et comme le prouvent évidemment les vers suivants de Priscien, attribués à Q. Rhemnius Fannius Palémon [1].

> Pes longo spatio latoque notetur in auglo
> Angulus ut par sit, quem claudit linea triplex;
> Quatuor ex quadris medium cingatur inane;
> Amphora fit cubus, quem ne violare liceret,
> Sacravere Jovi Tarpeio in monte Quirites.

Les deux derniers vers et l'inscription *mensuræ exactæ in Capitolio,* du conge de Vespasien, nous démontrent en outre ce fait important : que les étalons des mesures romaines étaient déposés au Capitole, comme les minutes du cadastre aux archives impériales. De là l'expression *amphora Capitolina* pour désigner une amphore d'une contenance parfaitement exacte.

L'unité de poids était l'*as* ou la *livre*, qui se par-

---

(1) *De ponderibus et mensuris,* apud CAGNAZZI, p. 105.

tageait en douze *onces,* chaque once se partageant
à son tour en 24 *scrupules,* de sorte qu'il y avait
288 scrupules à la livre.

Nous donnons ici un tableau des multiples et
des subdivisions de la livre, avec leur valeur correspondante.

	onces.		livres.
Scrupulum...	$\frac{1}{24}$	As ou libra....	1
Sextula....	$\frac{1}{6}$	Dupondius....	2
Sicilicus....	$\frac{1}{4}$	Tressis.......	3
Duella.....	$\frac{1}{3}$	Quadrussis....	4
Semuncia....	$\frac{1}{2}$	Quincussis....	5
Uncia.....	1	Sextussis.....	6
Sescuncia...	1 $\frac{1}{2}$	Septussis.....	7
Sextans....	2	Octussis.....	8
Quadrans [1]...	3	Nonussis.....	9
Triens.....	4	Decussis....	10
Quincunx...	5	Vigessis.....	20
Semissis [2]...	6	Trigessis....	30
Septunx....	7	....	.
Bes......	8	....	.
Dodrans....	9	....	.
Dextans....	10	....	.
Deunx.....	11	....	.
As ou libra...	12	Centussis.....	100

Nous ne devons pas omettre, relativement à ces
noms, une remarque fort importante ; les Romains
les employaient dans deux sens différents :

1° Dans leur sens propre et primitif, pour exprimer les poids plus petits que la livre;

(1) Ou *teruncius.*
(2) Ou *sembella.*

2° Par extension d'idées, pour représenter dans un total quelconque la partie que ces poids représentaient dans la livre. Voulait-on, par exemple, exprimer qu'un citoyen héritait d'un autre pour $\frac{1}{12}$, on disait : *hæres ex unciá*; devait-il hériter des $\frac{3}{4}$, il était *hæres ex dodrante*. C'est encore par une semblable extension d'idées qu'ils avaient donné à la *decempeda quadrata*, mesure de superficie, le nom de scrupule, parce que la *decempeda quadrata* était $\frac{1}{288}$ du *jugerum*, comme le scrupule $\frac{1}{288}$ de la livre.

Il existait entre l'unité de poids et l'unité de capacité une relation bien remarquable, qui nous est donnée par le texte de Festus déjà cité : « Quadran-« tal vini octoginta pondo siet. » L'amphore devait donc contenir 80 livres de vin. Ce résultat est confirmé par les vers suivants de Priscien 1 :

Nam libræ, ut memorant, bessem sextarius addet,
Seu puras pendas latices seu dona Lyæi.

En effet le sextarius étant le 6ᵉ du congius et ce dernier le 8ᵉ de l'amphore, il y avait 48 sextarius dans l'amphore ; or $1\frac{2}{3} \times 48 = 80$.

Le dernier des deux vers que nous venons de citer nous apprend en outre que, lors de l'établissement du système métrique romain, l'eau et le vin étaient regardés comme ayant la même densité, ce qui est d'autant moins surprenant que, si la densité des vins de France est en général un peu plus petite que l'unité, celle des vins des pays plus chauds, de l'Espagne, par exemple, lui est souvent supérieure.

(1) *De ponderibus et mensuris*, ap. Caon., p. 107.

M. Gay-Lussac a trouvé 1,01597 pour la densité moyenne de 10 espèces de vin[1].

Au reste, dès le ıv° siècle de notre ère, les idées étaient devenues bien plus exactes à ce sujet. A l'appui de cette assertion il suffira de citer la suite du passage de Priscien[2] :

Hæc tamen assensu facili sunt credita nobis :
Namque nec errantes undis labentibus amnes,
Nec mersi puteis latices, aut fonte perenni
Manantes, par pondus habent; non denique vina,
Quæ campi aut colles, nuperve ant ante tulere.

Ainsi l'on avait, sinon mesuré, du moins reconnu, au temps de Priscien, non-seulement la différence de densité de l'eau et du vin, mais celle des différentes sortes d'eaux et de vins.

Dès le siècle d'Auguste, on savait que c'était à l'eau de pluie qu'il fallait avoir recours pour obtenir exactement un poids de 80 livres au moyen de l'amphore. C'est ce que prouve le texte suivant de Dioscoride, qui écrivait dans le premier siècle de l'ère chrétienne. Après avoir exposé quels étaient les différents poids correspondant aux différentes mesures de capacité, il ajoute : « On dit que, si le vase est rempli d'eau de pluie, la mesure doit être très exacte[3]. »

En résumé, l'eau de pluie contenue dans l'amphore pesait exactement 80 livres romaines. Ajou-

---

(1) Bullet. des scienc., par M. DE FÉRUSSAC, t. VII, p. 400.
(2) Ouvrage cité, et CAGN., p. 107, 108.
(3) Φασὶ δὲ τοῦ ὀμβρίου ὕδατος πληρωθῆναι ἀψευδέστατον εἶναι τὸν σταθμόν. HIPPOCRATE, éd. Chartier. Paris, 1639, in-fol., t. XIII, p. 984, D.

tons avec M. Cagnazzi [1] qu'il s'agit évidemment ici de l'eau de pluie conservée dans les citernes, et non de cette eau au moment de sa chute.

CHAPITRE III.

DES MONNAIES ROMAINES.

Les Romains eurent d'abord de la monnaie de bronze coulé très lourde. L'unité monétaire était l'as de bronze d'une livre, d'où les expressions *æs grave, emere per æs et libram.* Une livre de bronze était ce qu'on appelait un as. Servius Tullius, ou plutôt Numa, selon MM. Tessieri et Marchi [2], fut le premier qui marqua d'une effigie l'as libral. Servius fut-il aussi le premier qui frappa de la monnaie d'argent ? C'est une question que nous tâcherons d'éclaircir dans les chapitres suivants.

Un texte positif de Pline nous apprend qu'en l'an 485 de Rome, on frappa des deniers d'argent valant 10 as libraux de bronze [3], et les monuments prouvent que ces deniers devaient être de 40 à la livre [4].

En 510, on taillait 75 deniers à la livre, et chaque denier valait encore 10 as, mais 10 as de 4 onces.

En 513, l'as fut réduit à 2 onces, et le denier, qui valait toujours 10 as, n'était plus que $\frac{1}{84}$ de la livre d'argent.

Ce nombre de 84 à la livre se maintint au moins

(1) *Su i valori delle misure*, p. 112.
(2) Voy. ci-dessous.
(3) Hist. nat., XXXIII, 3.
(4) Pour les deniers antérieurs, à la taille de 84 à la livre, voir le chapitre sur le rapport du cuivre à l'argent.

jusqu'à la fin de la République; mais en 53₇ le denier valut 16 as d'une once, et enfin, en 665, 16 as d'une ½ once.

Le *denier* se partageait en 2 *quinaires* et le quinaire en 2 sesterces. Dans des temps fort anciens, et, à ce qu'il paraît, dès l'établissement de la monnaie d'argent, les Romains eurent encore la *libella* $= \frac{1}{10}$ du denier, la *sembella* $= \frac{1}{20}$ du denier, et le *teruncius* $\frac{1}{40}$ du denier. Ces petites monnaies d'argent valaient respectivement à cette époque 1 livre, ½ livre et ¼ de livre ou 3 onces de cuivre. La division du denier en quinaires et en sesterces subsista sans modifications, malgré les changements nombreux qu'éprouva le denier, tant sous le rapport de sa valeur en monnaie de bronze que sous celui du nombre de pièces que le monétaire devait tailler dans une livre d'argent.

Il ne faut pas confondre le sesterce dont nous venons de parler, qui est le petit sesterce, *sestertius*, avec le *sestertium*, monnaie fictive ou de compte qui valait 1,000 sesterces. Souvent *sestertium* seul, génitif contracté de *sestertia* pour *sestertiorum*, signifie 100,000 sesterces, et alors le nombre des centaines de mille est déterminé par les adverbes *semel, bis, ter, quinquies, decies, centies*, etc. C'est ainsi que *bis sestertium* équivaut à 200,000 *sestertius*. On trouve dans les auteurs deux sigles différents pour le sestertius; ce sont IIS et HS, expressions abrégées de 2 as ½.

Pline rapporte que, l'an de Rome 547, les Romains frappèrent de la monnaie d'or, à raison du scrupule pour 20 sesterces, et il ajoute, sans désigner l'époque, que plus tard on tailla 40 deniers

ou *aureus* à la livre : « Aureus nummus percussus
« est ita ut scrupulum valeret sestertiis vicenis...
« Post hæc placuit X¹ XL signari ex auri libris². »

Ainsi la monnaie d'or fut d'abord rapportée au
scrupule, puis à la livre.

Dans ses Considérations sur les monnaies grecques et romaines[3], M. Letronne établit que la monnaie d'or fut rapportée au scrupule jusque vers
l'an 700 ou 705 de Rome. A cette époque, on commença à la rapporter à la livre, dont l'*aureus* fut
d'abord la quarantième partie. Mais, à partir d'Auguste, son poids diminua par degrés insensibles jusqu'à n'être plus que la 45ᵐᵉ partie de la livre. C'est
ce qu'attestent les monuments, d'accord en cela
avec la suite du passage de Pline déjà cité. « Paula-
« timque principes imminuere pondus, minutis-
« sime vero ad XLV. » En même temps, le denier
d'argent diminuait à peu près dans la même proportion.

César, en établissant que la taille de l'*aureus* serait de 40 à la livre, en fixa la valeur à 25 deniers.
Tite-Live, qui écrivait son histoire peu de temps
après la création de l'*aureus*, évalue une livre d'or
ou 40 *aureus* à 4000 sesterces, c'est-à-dire à 1000
deniers. L'*aureus* était donc de 25 deniers[4].

Si maintenant nous considérons les monnaies romaines sous le rapport du titre, les essais à la pierre
de touche que, sur ma demande, a bien voulu faire
M. Gay-Lussac fils, le 31 août 1839, à la Bibliothèque

---

(1) C'est-à-dire *denarios*.
(2) PLIN., XXXIII, 3, t. II, p. 612, l. 6, éd. Hard.
(3) Page 71, sqq.
(4) TITE-LIVE, XXXVIII, 55.

royale, ont donné pour l'or au moins $\frac{23}{24}$ de fin.

Quant aux monnaies d'argent, leur titre, sous les empereurs, est très variable et souvent très faible, surtout depuis Gordien jusqu'à Dioclétien. Nous avons donc eu recours aux lumières et à l'obligeance de M. d'Arcet. Les médailles que nous lui avons confiées ont été essayées à la coupelle, mais en rectifiant les titres par le moyen de la compensation. Il résulte du rapport qui nous a été remis, et dont une copie, certifiée par M. d'Arcet, a été déposée par nous à la Bibliothèque du roi, que les monnaies de la république étaient presque pures de tout alliage. Leur titre moyen, résultant de six opérations, est de 0,973 et même de 0,983, si nous négligeons une pièe de beaucoup inférieure aux cinq autres. Le titre reste le même sous Auguste et sous Tibère; il s'affaiblit un peu sous leurs successeurs immédiats. Mais l'abaissement du titre, qui est quelquefois très considérable, ne présente pas une marche constante, et son accroissement subit vient souvent révéler les vues probes et judicieuses d'un prince sage et économe.

CHAPITRE IV.

DE L'ENSEMBLE DU SYSTÈME MÉTRIQUE ROMAIN.

Une des conséquences les plus remarquables à déduire de l'exposition que nous venons de faire des diverses parties du système métrique des Romains, c'est que ce système forme un ensemble régulier et parfaitement coordonné dans toutes ses parties, de

sorte que les diverses espèces de mesures se ratta-
chent les unes aux autres par des rapports simples et faciles à déduire, et que la connaissance
d'une unité quelconque du système suffit, avec
des textes précis, pour le reconstruire tout entier.

Nous voyons en effet que le pied était la base
des mesures de longueur, de superficie et de capacité, puisque, l'unité agraire se composant d'un
nombre exact de pieds carrés, rien n'empêche de
considérer le pied carré comme l'unité fondamentale de superficie, et que d'ailleurs Festus nous
apprend que l'amphore n'était autre chose que le
cube du pied romain.

L'unité pondérale dépendait à son tour de l'unité
linéaire, puisqu'elle était la 80ᵉ partie du poids
de l'eau contenue dans le pied cube, à peu près
comme, dans notre système métrique, le gramme
est le poids d'un centimètre cube d'eau distillée.

Enfin l'unité monétaire se rattachait elle-même
à l'unité linéaire par l'intermédiaire de l'unité pondérale, puisque, dans les premiers temps, l'as, qui
était la base de tout le système des monnaies, n'é-
tait autre chose que la livre, et que plus tard, lorsque l'argent et l'or devinrent les régulateurs des
prix, le monétaire devait, dans une livre d'or ou
d'argent, fournir un nombre rond de deniers ou
d'*aureus*.

Cette coordonnance admirable du système métrique des Romains, sur laquelle, le premier, nous
avons attiré l'attention de l'Académie des Inscriptions, est une preuve frappante de l'esprit d'ordre
et de la rectitude de jugement du peuple romain,
qui nous en donnera d'autres encore dans ses lois

sur le dénombrement, le cadastre et la statistique générale de l'empire.

C'est ici le lieu de combattre une opinion hasardée de l'un de nos plus savants érudits. Après avoir reconnu dans les termes les plus formels[1] la coordonnance des diverses parties du système métrique des Romains, M. Letronne ne craint pas de la regarder comme un pur effet du hasard et de déclarer[2] qu'il lui paraît impossible d'admettre que le système métrique romain soit un système formé de toutes pièces, dans lequel on aurait eu pour objet de régler, soit la contenance de l'amphore d'après une livre déterminée, soit le poids de la livre d'après cette mesure déjà établie. « Quand on songe, dit-il, que les mesures de capacité des Romains sont essentiellement les mêmes que celles des Grecs, puisque le médimne, l'hecte et l'hémihecte ne sont que le double de l'amphore, le modius et le sémodius, et que les poids des uns rentrent par les rapports les plus simples dans ceux des autres, puisque le talent attique est juste le poids de 80 livres romaines ; il en résulte la preuve que les mesures romaines dérivent de celles des Grecs. Or, comme les mesures (de capacité) de ceux-ci ne sont point en rapport avec la cubature de leurs unités linéaires, cette coïncidence entre la contenance de l'amphore et la cubature du pied romain serait un pur effet du hasard. »

Telle est l'objection de M. Letronne ; nous l'avons rapportée dans son entier, pour qu'elle ne

---

(1) Bulletin de Férussac, année 1827, t. VII, p. 397-406.
(2) *Ibid.*, p. 401.

perdit rien de sa force. Mais l'auteur a-t-il bien réfléchi à la difficulté d'accorder sa conséquence avec ses prémisses, et au concours prodigieux de *hasards* qu'il faudrait admettre pour légitimer ses conclusions?

1° L'unité de longueur sera exactement le côté du cube équivalent à l'amphore.

2° L'amphore pleine d'eau de pluie contiendra un nombre rond de livres romaines, et ce nombre sera précisément le nombre 80, divisible par 4, 10 et 40, que nous voyons jouer un rôle très remarquable dans les autres parties du système. Nous faisons ici appel à toutes les personnes qui ont quelque idée du calcul des probabilités, et nous leur demandons combien de milliers de chances contraires pouvaient se présenter.

Quant à l'identité des mesures de capacité grecques et romaines, nous remarquerons d'abord que cette identité n'est point parfaite, puisque plusieurs mesures usitées chez les Grecs ne se retrouvent pas chez les Romains, et réciproquement. Remarquons en outre que l'as, l'amphore et le jugère étaient en usage dès les premiers temps de la république, et même sous les rois, à une époque où Rome ne s'était point encore mise en communication directe et immédiate avec la Grèce.

Que s'il fallait absolument expliquer cette singularité de mesures de capacité communes aux deux peuples, tandis qu'il en était tout autrement des autres mesures, qui, chez les Romains seulement, se liaient par des rapports simples avec les mesures de capacité, ne pourrions-nous y voir une indication de la marche suivie par les constructeurs du système romain, qui auront procédé à peu près de la manière suivante :

Ils auront pris l'amphore pour point de départ ; la 80° partie du poids de l'eau contenue dans l'amphore leur aura donné la livre, et le côté du cube équivalent à l'amphore, la longueur du pied. Quant à l'amphore, ils ont pu la trouver établie, ainsi que ses subdivisions, dans la Grande-Grèce, ou dans les contrées de l'ancienne Italie qui avaient reçu de la Grande-Grèce leur civilisation.

CHAPITRE V.

POIDS, MESURES ET MONNAIES GRECQUES.

Nous ne parlerons ici que des mesures attiques, et nous nous bornerons à exposer leurs subdivisions et leurs rapports avec les mesures romaines correspondantes.

L'unité de longueur chez les Athéniens était le pied, qui se subdivisait en 4 palmes, et le palme en 4 doigts. Les multiples du pied grec étaient la coudée d'un pied et demi, l'*orgye* de 6 pieds, le *plèthre* de 100 pieds, et le *stade olympique* de 600 pieds, correspondant à 625 pieds romains. On en conclut que le pied grec est au pied romain :: 25 : 24.

L'unité agraire était le plèthre carré, qui avait 100 pieds de long sur autant de large et contenait par conséquent 10000 pieds carrés. Le stade olympique étant de 600 pieds, son carré contenait 360000 pieds carrés ou 36 plèthres carrés.

Le rapport du pied grec au pied romain étant de

25 à 24, celui de leurs carrés est de 625, carré de 25, à 576, carré de 24.

L'unité de capacité était le médimne, qui se subdivisait en deux amphores, l'amphore en 3 *hectes*, l'hecte en 8 *chénices*, la chénice en 2 *setiers*, le setier en 2 *cotyles*, la cotyle en 4 *oxybaphes*, et l'oxybaphe en 6 petits *mystres* ou grandes *chêmes*. Les Grecs avaient encore le grand mystre et la petite chême, qui étaient respectivement le 18ᵉ et le 36ᵉ de la cotyle.

Mentionnons encore le *chous* triple de la chénice et le metrète valant 12 *chous*.

La plupart de ces mesures étaient identiques avec certaines mesures romaines. La table suivante forme un tableau synoptique de leurs rapports.

Mesures grecques.	Mesures romaines.	Valeurs en sextarius.
	Culeus.	960
Μέδιμνος.		96
Μετρητής.		72
Ἀμφορεύς.	Amphora.	48
	Urna.	24
Ἑκτεύς.	Modius.	16
Ἡμιεκτόν.	Semodius.	8
Χοῦς.	Congius.	6
Χοῖνιξ.		2
Ξέστης.	Sextarius.	1
Κοτύλη.	Hemina.	$\frac{1}{2}$
	Quartarius.	$\frac{1}{4}$
Ὀξύβαφος.	Acetabulum.	$\frac{1}{8}$
Κύαθος.	Cyathus.	$\frac{1}{12}$
Μύστρον μέγα.		$\frac{1}{36}$
Μύστρον μικρόν.	Ligula.	$\frac{1}{48}$
Χήμη μεγάλη.	Id.	id.
Χήμη μικρά.		$\frac{1}{72}$

L'unité pondérale et monétaire chez les Athéniens était la drachme, qui se divisait en 6 oboles. Les multiples de la drachme étaient le *tetradrachme*, la *mine* de 100 drachmes, et le *talent* de 60 mines.

Barthélemy [1] et M. Letronne [2] ont démontré que la drachme attique, avant son affaiblissement, qui commença environ 300 ans avant J.-C., était une pièce d'argent du poids de 82 grains. Ce fait est vérifié par de nombreuses pesées et par le traité d'Antiochus avec les Romains, que rapportent Polybe [3] et Tite-Live [4]. Une des clauses de ce traité est que le tribut sera payé aux Romains en talents attiques d'argent de bon poids, et que le talent doit peser 80 livres romaines. Cette clause était nécessaire, parce que le poids de la drachme avait diminué, tandis que celui du talent était demeuré stationnaire, de sorte que, si l'on eût payé le tribut en drachmes, 6000 drachmes auraient représenté un talent sans en avoir le poids, et la différence eût été au préjudice des vainqueurs. Ces textes si positifs et si dignes de foi nous apprennent donc que 6000 drachmes pesaient, avant leur affaiblissement, 80 livres romaines, ce qui, à raison de 6144 grains pour la livre romaine, donne, pour le poids de la drachme, 81 grains $\frac{92}{100}$, en nombre rond 82 grains.

Ces mêmes textes nous fournissent le rapport de la drachme au denier romain de 84 à la livre. En effet 6000 drachmes égalent 84 × 80 ou 6720 de-

(1) Anacharsis, t. VII, table XIV, éval. des monn. d'Athènes.
(2) Ouvr. cit., ch. IV, p. 87, sqq.
(3) XXII, xxvi, 19, ed. Schweig.
(4) XXXVIII, 38.

niers. Il en résulte que le denier était les $\frac{6000}{6740}$, ou, en simplifiant, les $\frac{25}{28}$ de la drachme.

CHAPITRE VI.

CONVERSION DES MESURES GRECQUES ET ROMAINES EN MESURES FRANÇAISES.

La détermination de la livre romaine a toujours été regardée par les savants comme la base de toute évaluation des mesures grecques et romaines. D'ailleurs ce que nous avons dit plus haut des rapports très simples qui lient les diverses unités du système métrique des Romains prouve jusqu'à l'évidence que, le poids de la livre romaine une fois connu, on peut en déduire par le calcul toutes les autres unités. Quant aux mesures attiques, des monuments et des textes positifs donnant leurs rapports avec les mesures romaines correspondantes, leur évaluation n'est encore qu'une affaire de calcul.

Des valeurs fort différentes de la livre romaine ont été proposées par les savants. De La Nauze et Barthélemy l'avaient définitivement portée à 6144 grains poids de marc, c'est-à-dire aux $\frac{2}{3}$ de notre ancienne livre de 16 onces, et cette évaluation avait été adoptée par Leblanc, qui, dans son *Traité historique des monnaies de France*[1], se fonde sur ce que les sous d'or du Bas-Empire étaient de 72 à la livre et que leur poids moyen est de 85 grains $\frac{1}{3}$.

---

(1) Page 38 et suiv.

M. Letronne, dans ses *Considérations sur les monnaies grecques et romaines*[1], a porté le poids de la livre romaine à 6160 grains ; et depuis, M. Pauker et, après lui, M. Bœckh[2], partant des bases établies par M. Letronne, l'ont élevée jusqu'à 6165 grains. L'évaluation de La Nauze et de Barthélemy nous paraît être celle à laquelle on doit s'arrêter.

Diverses méthodes ont été employées pour déterminer le poids de la livre romaine :

1° La pesée des monnaies de bronze et plus particulièrement des as libraux ou censés tels ;

2° Celle de poids romains anciens dont la valeur dans le système fût bien connue ;

3° Celle des monnaies d'argent ;

4° Celle des monnaies d'or ;

5° La considération du volume de l'amphore ou quadrantal.

Discutons ces diverses méthodes et voyons si les résultats qui en découlent méritent le même degré de confiance.

D'abord l'oxydation plus ou moins considérable des monnaies de bronze a dû altérer très sensiblement leur poids originaire. La première méthode ne pouvait donc donner que des résultats fort incertains.

Il n'en est pas de même de la seconde. Nous savons en effet que les étalons des diverses mesures étaient déposés au Capitole. Si donc on parvenait à découvrir un de ces étalons, ou du moins une mesure vérifiée et portant à la fois la preuve de

(1) Voy. le tableau de la page 7.
(2) Voy. *Metrol. untersuchungen über gewichte münzfüsse und masse des alterthums.* Berlin, 1838, pag. 165.

cette vérification et un sigle déterminatif de sa valeur légale ; si, de plus, cette mesure était dans un état parfait de conservation, les résultats qui en seraient déduits mériteraient à coup sûr une grande confiance. Or toutes ces circonstances se sont présentées ; les fouilles dont nous avons parlé, et qui ont été le sujet du mémoire de M. Cagnazzi, ont fourni un assez grand nombre de poids romains, dont 3 de dix livres, en serpentine, parfaitement conservés, pèsent respectivement 3285, 3258 et 3232 grammes. Le dernier n'a pas sa surface aussi polie que les deux autres. Tous trois portent d'ailleurs le sigle X, mais celui de 3258 grammes porte en outre deux lignes, qui contiennent probablement les noms des constructeurs ou des vérificateurs et une 3e ligne composée des seules lettres D. S. D. (*de Sententia decurionum*) [1]. C'est donc un étalon ou du moins un poids vérifié par les autorités locales. La matière inaltérable avec laquelle le poids a été fait, et qui exclut toute possibilité d'oxydation, le poli de la surface, le fini du travail, l'inscription qu'il porte, tout concourt à donner une grande probabilité à la valeur de la livre romaine que l'auteur en a déduite. Elle est de 3258 grammes ou de 6134 grains, poids de marc, à une très petite fraction près. Cette valeur, qui se déduit également, soit du seul poids de 3258 grammes, soit des 3 poids de 10 livres combinés ensemble, s'accorde sensiblement du reste avec un autre poids de la même pierre et de la

(1) CAGNAZZI, *Su i valori delle misure*, etc., p. 115, et la planche.

même forme que les précédents. Ce poids, marqué
du sigle II, et qui est par conséquent de 2 livres,
pèse 652 grammes, ce qui porte la livre à 326
grammes ou 6136 grains. Mais ces valeurs paraîtront peut-être susceptibles d'être un peu sélevée,
si l'on fait attention que, dans la formation de la
moyenne, il est entré un poids dont la surface est
moins bien polie que celle des autres, et qui, se
trouvant beaucoup plus léger, a nécessairement
perdu quelque chose de son volume. Si l'on ne
considère que les deux poids qui sont parfaitement
conservés, ceux de 3285 et de 3258 grammes, on
en tire pour la livre romaine une valeur moyenne
de 327,15 grammes = 6159 grains $\frac{5}{10}$.

Remarquons du reste que le poids de 3285
grammes étant, sauf l'inscription D. S. D. et les
deux lignes qui la précèdent, dans les mêmes conditions que celui de 3258 grammes, nous devons
voir dans la différence de ces deux poids une
preuve du défaut de précision des anciens dans la
confection de leurs poids et mesures, défaut de précision qui s'opposera toujours à ce que la question
de l'évaluation de la livre romaine et des autres
mesures anciennes puisse être résolue autrement
que dans les limites d'une approximation assez
peu resserrée.

Pour vérifier son évaluation de la livre romaine,
M. Cagnazzi a eu l'idée d'en déduire la valeur du
pied romain, pour la comparer à celle des pieds
fournis par les fouilles d'Herculanum et de Pompéi. Nous renvoyons à son ouvrage [1] pour les dé-

(1) Pag. 113 et suiv.

tails de ses calculs, et nous nous bornons à rapporter ici ses résultats.

En partant du poids de 10 livres de 3258 grammes, il a trouvé le pied romain de o^m,29624.

Les poids de 3285 grammes et de 3232 grammes l'ont conduit à o^m,29708 et o^m,29546.

En reprenant ses calculs pour la livre romaine de 326 grammes, ce qui donne 3260 grammes pour le poids de 10 livres, on trouverait pour le pied romain o^m,29632.

Si maintenant nous refaisons les mêmes calculs en admettant, avec de La Nauze et Barthélemy, la livre romaine de 6144 grains ou de 326 grammes 337, nous trouverons pour le pied romain o^m,29642.

Or, des cinq pieds de bronze mentionnés par Cagnazzi[1], et mesurés par lui avec une extrême précision, le plus grand n'est que de o^m,29630; les autres sont de o^m,29435 — o^m,29432 — o^m,29145 et o^m,29439. Mais ces pieds sont faits avec une matière tellement altérable qu'on ne doit user qu'avec la plus grande discrétion des évaluations qu'ils fournissent. Le premier seul, qui est de o^m,29630, est conforme au chiffre du pied déduit de la livre romaine. Un demi-pied d'ivoire travaillé avec le plus grand soin et trouvé dans les mêmes circonstances a o^m,14810 de longueur, ce qui donne pour le pied entier o^m,29620, exactement la longueur du pied de marbre æbutien, telle qu'elle est donnée par M. Jomard, d'après le modèle en plâtre conservé à la Bibliothèque royale, à Paris[2]. Le pied cap-

(1) Page 11.
(2) Voy. Rapport fait à l'Acad. des Inscr. au sujet du pied romain. Paris, 1839, in-4, planche n. 6.

ponien, aussi en marbre, est donné par le même savant comme étant exactement de o^m,296.

Remarquons d'abord que la confection des mesures de longueur ne présente pas les mêmes difficultés que celle des poids ou des mesures de capacité. Quelle que fût l'inhabileté des Romains dans les opérations métrologiques difficiles, opérations dans lesquelles les procédés de la science moderne ont beaucoup de peine à obtenir la précision nécessaire, on conçoit qu'il ne leur fallait pas beaucoup d'art pour donner à un pied sa longueur légale. Les différences qui existent entre les divers pieds romains connus ne peuvent donc provenir que de l'altération de la matière, et de plus les moins altérés doivent aussi donner la plus grande longueur. En d'autres termes, pour les mesures de longueur, on a pu éviter les erreurs qui se sont nécessairement glissées dans la confection des poids ou dans la taille des monnaies; donc le pied le plus grand parmi ceux qui nous restent aujourd'hui est celui qui mérite le plus de confiance. Le plus fort pied cité par M. Cagnazzi est, comme nous l'avons vu, de o^m,29630, et la moyenne de toutes les évaluations que nous avons rapportées serait o^m,29626. Ces deux nombres ne diffèrent déjà que de $\frac{4}{100}$ de millimètre, c'est-à-dire que leur différence est inappréciable. Un nombre intermédiaire est donné par M. Gosselin[1], d'après de nombreuses recherches dont je n'ai pas ici à discuter la valeur; il porte le pied romain à o^m,296296. Nous avons adopté cette

_____

(1) Nouv. Mém. de l'Acad. des Inscr. et Belles-Lettres, t. VI, p. 85.

détermination, qui nous a semblé plus commode pour le calcul de nos tables, et qui ne diffère que de $\frac{4}{1000}$ de millimètre du plus fort pied donné par M. Cagnazzi.

La pesée exacte d'un grand nombre de monnaies d'or aussi bien conservées que possible, et dont le poids légal soit bien connu, paraît aussi, au premier abord, devoir conduire à des résultats dignes de confiance. L'inaltérabilité du métal, sa circulation nécessairement assez restreinte, le soin qu'ont eu les Romains, dans tous les temps, de fixer le poids et le titre de cette monnaie devenue, à une certaine époque, la régulatrice des valeurs, tout semble concourir pour donner au résultat de la pesée des monnaies d'or une très grande probabilité.

Remarquons néanmoins que nous ne pourrons obtenir, suivant les temps, que le poids moyen du scrupule sous la république, de l'*aureus* sous César, et du *solidus* sous Constantin et ses successeurs. Et comme ces poids moyens devront être multipliés dans le premier cas par 288, dans le second par 40, dans le dernier par 72, pour passer à la livre romaine, l'erreur se trouve multipliée par les mêmes nombres. Or, il suffit de considérer les différences qui existent entre les pièces de même valeur légale pour concevoir que la valeur moyenne sera le plus souvent affectée d'une erreur dont il nous est impossible d'assigner le sens et l'importance.

Les mêmes remarques s'appliquent à la monnaie d'argent.

Signalons encore une autre cause d'erreur dans

la manière de grouper les résultats pour obtenir les moyennes; prenons pour exemple les pesées de M. Letronne[1].

En combinant les moyennes comme l'auteur, et corrigeant seulement quelques fautes qui se sont glissées dans son calcul, on arrive à 21,3307 grains pour le poids moyen du scrupule d'or.

Si, au contraire, on prend la moyenne des 112 scrupules en masse, on trouve $21^{gr},41375$.

Si on cherche la moyenne des pièces de même poids, puis celle de toutes les moyennes particulières, on arrive à $21^{gr},33612$.

Si l'on se borne à considérer les pièces d'un scrupule, de trois scrupules et de six scrupules, les seules qui aient été pesées en nombre, qu'on prenne les moyennes de chaque groupe et la moyenne des moyennes, on trouve pour le scrupule moyen $21^{gr},3672$.

Ces valeurs moyennes du scrupule sont, il est vrai, peu différentes entre elles; mais étant multipliées par 288, pour passer à la livre, il en résulte les valeurs suivantes : $6143^{gr},2416 — 6167^{gr},16 — 6144^{gr},80256 — 6153^{gr},7536$, dont la plus grande surpasse la plus petite de près de 24 grains.

Ce résultat vient à l'appui de ce que nous avons dit d'abord sur l'erreur dont peut être affectée la valeur moyenne du scrupule, de l'*aureus* et du *solidus*.

Quelque peu précis que puissent être les résultats déduits de la pesée des monnaies d'or et d'ar-

(1) Consid. gén., p. 6.

gent, nous n'en croyons pas moins devoir reproduire ici le passage suivant de notre Mémoire sur
le système métrique des Romains [1]. Nous avions à
défendre contre M. Letronne l'évaluation de la
livre romaine donnée par de La Nauze et Barthélemy; nous la défendrons en même temps contre
l'argumentation proposée par M. Pauker et adoptée par M. Bœckh.

Les pesées même de M. Letronne, disions-nous,
viennent à l'appui des conclusions de l'auteur d'A-
nacharsis, et c'est à tort que notre savant confrère
en a tiré une livre romaine de 6160 grains.

En effet, M. Letronne[2] a pesé avec le plus grand
soin 27 pièces d'or de la république formant un
poids total de 112 scrupules, et il en a conclu pour
le poids moyen du scrupule 21^{gr},34, ce qui donnerait pour la livre romaine 6145^{gr},92. Mais sa
moyenne générale a été tirée des quatre moyennes
particulières 21^{gr},177—21^{gr},3—21^{gr},45 et 21^{gr},427
dont le calcul est inexact; elles doivent être rem-
placées par les suivantes : 21^{gr},1416—21^{gr},2792—
21^{gr},45 et 21^{gr},4519. La somme de ces moyennes est
85^{gr},3227, qui, divisée par 4, donne pour le poids
moyen du scrupule 21^{gr},3307, et pour la livre romaine 6143^{gr},2416, en nombre rond 6144 grains.

M. Letronne[3] a pesé aussi 27 *solidus* à fleur de
coin, dont 22 de Constantin, 2 de Faustina, 2 de
Crispus, et 1 de Delmatius. Les *solidus* de Constantin étaient, comme on sait, frappés à la taille de 72

(1) Mém. de l'Acad. des Inscr., t. XII, p. 290.
(2) Consid. gén., p. 6 et 7.
(3) *Ibid.*

à la livre. Ces 27 *solidus* nous représentent donc 108 scrupules ; le poids moyen, déterminé d'après les pesées de notre savant confrère, est de 21ᵍʳ,396, ce qui porterait la livre romaine à 6162 grains. Mais d'abord nous craignons que M. Letronne n'ait commis quelque erreur dans les pesées qu'il a faites des monnaies d'or de Constantin et de sa famille.

Nous avons étudié à notre tour le poids des *solidus* de Constantin, et, sur neuf pièces seulement qui ont passé entre nos mains, nous en avons trouvé de 81, de 80,5 et même de 79 grains[1], tandis que la plus faible des pesées de M. Letronne s'élève à 82ᵍʳ,5[2]. Ainsi, presque toutes les pièces choisies par lui sont prises parmi les pièces les plus fortes. En effet, d'après l'auteur lui-même, le poids des *solidus* de Constantin le mieux conservés flotte entre 83ᵍʳ et 87ᵍʳ,75 ; leur poids moyen serait donc de 85ᵍʳ,38. Encore ce poids est-il un peu trop fort ; car, dans la liste des pièces pesées par M. Letronne, il s'en trouve 2 à fleur de coin, qui ne pèsent que 82ᵍʳ,5, et une seule de 87ᵍʳ,75. Or, si l'on cherche la moyenne entre ces deux derniers nombres, on trouve 85ᵍʳ,13 au lieu de 85ᵍʳ,38. Cependant, admettons cette dernière moyenne : même, dans cette hypothèse, le poids moyen 21ᵍʳ,396, du scrupule donné par M. Letronne, est déduit de 17 *solidus* au-dessus de cette moyenne, et de 10 seulement au-dessous ; encore, parmi les 17 *solidus* qui dépassent le poids moyen, 10 pèsent plus de 86 grains et la plupart tout près de 87 ; deux d'entre eux s'é-

---

(1) Voy. ci-dessous, p. 45.
(2) Voy. Consid. sur les monn. grecques et rom., tableau p. 7.

lèvent même jusqu'à 87 grains $\frac{1}{2}$ et 87 grains $\frac{3}{4}$. Cette inégalité dans le poids des mêmes monnaies tient à ce que le monétaire, obligé de rendre 72 pièces d'or pour une livre de métal, la taillait en 72 flans, sans chercher à donner à chacun d'eux une égalité de poids qu'il lui était impossible d'obtenir rigoureusement. De La Nauze[1] et M. Letronne[2] s'accordent sur ce fait. Il fallait donc, pour déduire de la pesée des *solidus* le poids de la livre romaine, n'omettre, ainsi que de La Nauze et Leblanc assurent l'avoir fait, aucune des pièces fortes ou faibles dont le poids légal fût connu.

Une autre remarque fort importante à faire sur les *solidus* d'or pesés par M. Letronne, c'est que, si l'on fait la somme des poids des 5 pièces les plus faibles et des cinq pièces les plus fortes, on en déduira pour le poids moyen du scrupule 21ᵍʳ,325, c'est-à-dire sensiblement le même que l'on a conclu de la pesée des pièces consulaires. Ce poids moyen, multiplié par 288, donne pour la livre romaine 6141ᵍʳ,6.

C'est cependant d'après le poids de ces *solidus* que M. Letronne a porté la livre romaine à 6160 grains. Mais lui-même nous donne en un autre endroit de son ouvrage le moyen de prouver que cette évaluation est trop forte. En effet, il assure que tous les *aureus* de 40 à la livre, depuis César jusqu'à Auguste sous lequel commence l'affaiblissement des monnaies, flottent entre 153 et 154 grains[3];

(1) Mém. de l'Acad. des Inscr., t. LII, p. 401.
(2) Ouvr. cité, p. 4 et 5.
(3) P. 75 et 76.

le poids légal de l'*aureus* est donc compris entre
ces deux limites. En supposant 6144 grains à la
livre, on trouve en effet pour ce poids 153,6; l'hypothèse de 6160 grains à la livre donne 154 grains
pour l'*aureus*, et comme la tolérance pour les
monnaies est aussi bien en dessus qu'en dessous
du poids légal, ne serait-il pas étonnant que tous
les *aureus* de cette époque eussent un poids plus
faible que le poids légal?

On conçoit facilement que M. Letronne n'ait pas
fait entrer les *aureus*, depuis l'an 717 de Rome,
dans la détermination de la livre romaine, puisque
le texte de Pline, qui nous apprend l'affaiblissement
progressif des monnaies, ne nous dit pas dans
quelles proportions il a eu lieu. Mais pourquoi rejeter les *aureus* depuis César jusqu'en 717, que l'on
sait avoir été de 40 à la livre? Puisque leur poids
réel flotte entre 153 et 154 grains, prenons pour
leur poids moyen 153,50, et nous aurons pour la
livre romaine 6140 grains.

Les monnaies d'argent viennent confirmer le
résultat fourni par les monnaies d'or. Le poids
moyen du denier d'argent, déduit par M. Letronne[1]
de 1350 deniers parfaitement conservés, est de
73^{gr},0597. On sait d'ailleurs, par un autre texte
de Pline[2], que la taille légale du denier d'argent
était de 84 à la livre. Celsus et Scribonius Lar-
gus confirment ce fait par leur témoignage. «Sed
« et anteà sciri volo, dit Celsus[3], in uncia pondus

---

(1) Ouvrage cité, p. 42-44.
(2) Plin., XXXIII, 46.
(3) *De Re medica*, V, 17, *et ad P. Natalem.* Cf. Scrib. Larg.,
ad Callistum.

« denariorum septem esse ». Voici un autre passage non moins précis : « Quæ quia ad denarium
« conveniunt; octoginta enim quatuor in libram
« incurrunt. »

D'après ces textes si positifs, nous aurons le poids
de la livre romaine en multipliant 73^{gr},0597 par
84, ce qui donne 6137 grains. L'erreur n'est que
de 7 grains si la livre romaine n'en contient que
6144; elle serait de 23 grains en admettant l'évaluation de M. Letronne.

Une découverte récente faite en Italie vient encore confirmer l'exactitude de l'évaluation de La
Nauze et de Barthélemy. Un heureux hasard fit
trouver en 1829, à Fiesole, plus de 6000 monnaies
d'argent, dont aucune n'était postérieure au consulat de Cicéron. Ce trésor avait été déposé près
d'un mur de pierres de taille, sous la voûte d'une
chambre souterraine[1], et appartenait, selon Zannoni, à un des partisans de Catilina, que la peur
chassa de Fiesole quand ce factieux y fut vaincu
par l'armée de C. Antonius, collègue de Cicéron. La
moyenne des pesées de 602 deniers choisis parmi
plus de 2000 pièces provenant de cette découverte
a donné pour la livre romaine un peu plus de
6140 grains.

Il nous reste à parler de la détermination de la
livre romaine au moyen du poids de l'amphore.
L'amphore était, comme nous l'avons dit, le cube
du pied romain, et devait contenir 80 livres d'eau

(1) ZANNONI, *Dei denarii consolari e di famiglie Romane
disotterati in Fiesole nel* 1829. Firenze, 1830.

de pluie. Cette relation si remarquable permet de déterminer le pied romain quand on connaît la valeur de la livre, et réciproquement. M. Cagnazzi a résolu, comme nous l'avons dit plus haut, le premier problème, et donné la formule d'où dépend la solution du problème inverse. Mais elle suppose connue la longueur du pied romain, et les monuments sont trop peu d'accord pour que l'on puisse s'en servir comme d'une base solide. La solution nous paraît donc devoir être ajournée jusqu'au moment où l'on trouvera un pied étalon d'une matière inaltérable.

Concluons de tout ce qui précède que l'évaluation de la livre romaine proposée par M. Cagnazzi, bien qu'elle présente de fortes probabilités, peut être raisonnablement regardée comme un peu trop faible. Cette considération donne une nouvelle autorité à l'évaluation de La Nauze et de Barthélemy, qui dépasse de 10 grains celle de Cagnazzi, qui semble mieux s'accorder que toute autre avec les pesées des monnaies d'or et d'argent, et de laquelle enfin on déduit un pied romain sensiblement égal au plus grand de ceux qui ont été trouvés à Pompéi. Nous construirons donc sur cette base notre table de conversion des poids romains en poids français. La livre romaine est alors les $\frac{2}{3}$ de notre ancienne livre française, et ce rapport si simple, s'il n'est pas une preuve à l'appui de notre évaluation, offre au moins, pour les nombreuses conversions que nécessite la lecture des anciens auteurs latins, un avantage qui n'est pas à négliger. Cette remarque explique en même temps pourquoi nos Tables donneront, au moins dans quelques cas, les résultats en mesures françaises anciennes aussi bien qu'en mesures nouvelles.

Quant au pied romain, nous conserverons, comme nous l'avons dit, l'évaluation de M. Gosselin, 0^{m}296296....; s'arrêter à la différence qui existe entre ce nombre et la longueur du plus grand pied trouvé à Pompéi ou bien la longueur du pied qu'on déduit du calcul, serait, dans une question de cette nature, pure affectation et pédantisme.

Il nous reste à parler de la conversion des monnaies romaines en monnaies françaises. Nous allons entrer à ce sujet dans quelques détails.

CHAPITRE VII.

CONVERSION DES MONNAIES GRECQUES ET ROMAINES EN MONNAIES FRANÇAISES.

Le poids et le titre des monnaies à convertir sont, avec la valeur de l'or et de l'argent purs de tout alliage, les principaux éléments d'où dépend la solution de la question. Quant à la valeur actuelle de l'or et de l'argent purs, l'Annuaire du Bureau des longitudes[1], nous apprend que le kilogramme d'or vaut 3444^{fr},44^c, et le kilogramme d'argent 222^{fr},22 . Or, puisque notre ancienne livre, poids de marc, est les $\frac{1205}{10000}$ du kilogramme[2], nous en con-

(1) **Année** 1839, p. 56.
(2) *Ibid.*, p. 66.

clurons d'abord que la livre d'or vaut 1686^{fr},0555, et la livre d'argent 108^{fr},7777.

Le poids de la livre romaine étant les $\frac{2}{3}$ de notre livre ancienne, il en résulte qu'une livre romaine d'or pur vaudrait actuellement, 1124^{fr},037037, et une livre d'argent pur 72^{fr},518518.

Nous en conclurions aisément les valeurs suivantes, savoir :

Pour le scrupule d'or (288 à la livre). . .	3^{fr} 9029
Pour l'aureus, de 40 à la livre.	28 1009
Pour le solidus, de 72 à la livre..	15 6116
Pour le denier d'argent, de 40 à la livre, antérieur à l'an 510.	1 8130
Pour le denier de l'an 510, de 75 à la liv.	0 9669
Pour celui de 84 à la livre.	0 8633

toujours en supposant le métal pur de tout alliage.

Mais ces résultats seraient inexacts, parce que le rapport de l'or à l'argent n'était pas le même chez les Romains que chez nous. Aujourd'hui ce rapport est, à très peu près, de 15$\frac{1}{2}$ à 1[1]. A Rome, l'an de la ville 547, le scrupule valut 20 sesterces ou 5 deniers qui, à cette époque, étaient de 84 à la livre; ainsi la livre d'or valait $\dfrac{5 \times 288}{84}$ livres d'argent, et les deux métaux étaient entre eux :: 1440 : 84, à peu près :: 17 : 1[2]. Mais lorsque fut créé

(1) Annuaire de 1839, p. 55.

(2) Voyez plus loin, au chapitre intitulé : *Rapports des monnaies d'or et d'argent*, l'explication de ce rapport si élevé, et les développements des rapports des métaux.

l'*aureus*, de 40 à la livre, il valut 25 deniers, toujours de 84 à la livre. Une livre d'or valait donc $\frac{25 \times 40}{84}$ livres d'argent. Par suite, le rapport des deux métaux était celui de 1000 à 84, à très peu près, de 12 à 1.

Deux méthodes peuvent être suivies pour arriver à l'évaluation des monnaies romaines : 1° chercher la valeur de la pièce d'or, lorsqu'on connaîtra son titre et son poids, et en déduire celle de la pièce d'argent; 2° chercher au contraire la valeur de la monnaie d'argent et en déduire celle de la monnaie d'or. Ces deux méthodes conduiront évidemment à des résultats différents : laquelle doit-on préférer? Nous nous sommes décidés pour la première, d'abord, parce que l'or est devenu à une certaine époque le régulateur des valeurs, et surtout parce que, comme nous l'avons dit plus haut[1], son titre est toujours demeuré le même, tandis que celui de la monnaie d'argent a constamment varié.

Cela posé, cherchons à déterminer le titre de la monnaie d'or des Romains. M. Letronne assure, dans ses Considérations sur les monnaies grecques et romaines[2], que le titre de la monnaie d'or reste le même entre Auguste et Vespasien, et qu'il flotte entre 0,998 et 0,991, ce qui est parfaitement d'accord avec les expériences de M. Gay-Lussac fils, citées plus haut; seulement ces dernières s'éten-

(1) Pages 17 et 18.
(2) Page 84.

dent aux médailles d'or de la république et des empereurs postérieurs à Vespasien. La proportion si faible de l'alliage prouve, ce nous semble, qu'il ne se trouve dans les monnaies d'or de la république et de l'empire qu'à cause de l'impossibilité où étaient les anciens de le reconnaître ou du moins de l'extraire, et que l'intention de la loi était que l'or monnayé fût parfaitement pur. Nous tiendrons cependant compte de cet alliage, et nous prendrons pour titre des monnaies d'or 0,9945, qui est la moyenne entre 0,998 et 0,991.

Cette hypothèse réduit la valeur du scrupule d'or à 3ᵉ,8814, celle de l'*aureus*, de 40 à la livre, sous César, à 27ᵉ,9464, et enfin celle du *solidus*, sous Constantin, à 15ᵉ,5258.

Nous venons de dire que le titre des monnaies d'or était sensiblement le même sous la république et sous l'empire; ajoutons, pour terminer ce qui concerne ces monnaies, que l'affaiblissement qu'elles subirent, et dont Pline nous a transmis la connaissance, se rapporte uniquement à leur poids : « Paulatim principes imminuere *pondus*, minu- « tissime vero ad XLV. »

Le poids légal de l'*aureus* est de 153,6 grains[1]. Pour tâcher de découvrir les divers degrés de son affaiblissement successif, comparons avec les pesées rapportées par M. Letronne[2], celles qu'au mois de septembre 1839, nous avons faites, nous-même, au Cabinet des Médailles de la Bibliothèque du roi,

---

(1) Voy. ci-dessus, page 36.
(2) Consid. gén., p. 83.

aidé par l'active obligeance de M. Adrien de Long-
périer, employé au même Cabinet. Avant tout, nous
devons prévenir nos lecteurs que nous avons toujours pesé plusieurs pièces à la fois. Cette méthode
a l'inconvénient de ne donner aucun renseignement sur la différence de poids entre les pièces qui
ont une même valeur légale; mais elle conduit plus
vite à la détermination des poids moyens, seul résultat qu'il nous importait d'obtenir.

Voici le tableau de nos pesées.

Princes.	Nombre des pièces.	Poids total.		Poids moyen de l'aureus.	
Auguste.	8	16^{gros}	26^{grains}	147^{grains}	25
Id.	8	16	20	146	5
Tibère.	6	12	13,5	146	25
Claude.	8	16	10	145	25
Néron.	8	15	39	139	875
Galba.	8	15	4,5	135	5625
Vespasien.	8[1]	14	59	133	375
Titus.	8	15	14,5	136	8125
Domitien.	8	15	23,5	137	9425
Trajan.	8[2]	15	1,5	135	1875
Adrien.	8	15	10,5	136	3125
Antonin.	8	15	20,5	137	6375

Ces moyennes diffèrent un peu de celles qu'a
obtenues M. Letronne, en employant pour ses
pesées une autre manière de procéder. Comme
nous avons opéré avec le plus grand soin, et que
d'autre part nous n'avons pas moins de confiance

(1) Un peu usées.
(2) *Idem.*

dans les résultats obtenus par notre savant confrère, nous prendrons une nouvelle moyenne entre les siennes et les nôtres. Nous trouverons ainsi pour le poids moyen de l'*aureus* :

Sous Auguste. 147ᵍʳ 8
Sous Tibère. 146
Sous Claude et Caligula. 144 8
Sous Néron. 139 7
De Galba aux Antonins. 137

Remarquons que, si l'on multiplie 137 par 45, on trouve pour la livre romaine 6165 grains : c'est 21 grains de trop ; mais, malgré ce léger excès, Pline n'a-t-il pas pu dire en nombre rond que l'*aureus* était descendu jusqu'à n'être plus que la 45ᵉ partie de la livre ? Remarquons encore que, sous Néron, l'*aureus* était un peu plus que le 44ᵉ de la livre. Par conséquent, les monuments viennent à l'appui de la leçon *minutissime* vero *ad* XLV, contre la leçon *minutissime* Nero.

Pour évaluer l'*aureus* aux différentes époques relatées ci-dessus, nous nous rappellerons que le titre peut être supposé de 0,9945, et nous trouverons, par un calcul facile, que la valeur de l'*aureus*, qui était d'abord, sous César, de 27ᶠ 95ᶜ, se réduisit successivement :

Sous Auguste à 26ᶠ89ᶜ
Sous Tibère. 26 56
Sous Claude et Caligula à 26 35
Sous Néron 25 42
De Galba aux Antonins. 24 93

On déterminera par des calculs analogues la valeur des *solidus* sous les successeurs de Constantin. Donnons d'abord le résultat de nos pesées.

Princes.	Nombre des solidus.	Poids total.	Poids moyen.
Constantin.	1	85,5	
Id.	1	79,5	
Id.	1	81,5	
Id.	1	83	
Id.	1	79	
Id.	1	81,5	84,35[1]
Id.	1	80,5	
Id.	1	81	
Id.	1	87	
Id.	8	695,5	
Constant.	8	664,5	83,06
Julien.	6	503	83,83
Valentinien.	8	669	83,625
Théodose-le-Gr.	10	834	83,4
Arcadius.	10	832,5	83,25
Théodose II.	10	822	82,2
Zénon.	10	827	82,7
Basiliscus.	8	668,5	83,56
Augustule.	2	165,5	82,75

On voit qu'aussitôt après Constantin, si ce n'est même de son vivant, ce que semblerait indiquer le poids extrêmement faible de quelques médailles

(1) C'est, à moins d'un grain près, le poids déduit de la division de 6144, nombre de grains compris dans la livre, par 72, nombre de pièces taillées dans une livre d'or.

de cet empereur, on voit, disons-nous, que, depuis les enfants de Constantin jusqu'aux derniers temps de l'empire romain, le *solidus* flotta entre 83^{gr},8 et 82^{gr},2. Prenons la moyenne, qui est de 83 grains; la valeur correspondante du *solidus* en francs et centimes sera 15^{fr} 10^c. Sous Constantin elle avait été, comme nous l'avons dit plus haut, de 15^{fr} 53^c.

L'évaluation de la monnaie d'argent ne saurait nous présenter maintenant aucune difficulté. Il est vrai qu'il nous manque un terme de comparaison pour les deniers d'argent antérieurs à l'an 547 de Rome, si toutefois c'est bien réellement à cette époque qu'on a pour la première fois frappé des monnaies d'or. Mais n'est-il pas rationnel d'admettre que, relativement aux denrées de première nécessité, l'argent ait conservé, au moment de l'établissement de la monnaie d'or, la valeur qu'il avait auparavant? Alors, plus de difficulté; il ne s'agira que de tenir compte de la variation qui a eu lieu dans le nombre de deniers qu'on devait tailler dans la livre.

L'an 547 de Rome, le scrupule d'or valait 20 sesterces ou 5 deniers; le denier d'argent valait donc le cinquième de 3^{fr},8814, valeur du scrupule d'or à cette époque; c'est-à-dire 0^{fr},7763. La valeur de la livre d'argent était 0^{fr},7763 × 84 = 65^{fr},21. Par suite, le denier de l'an 485, qui était de 40 à la livre[1], valait 1^{fr},63. Celui de l'an 510, étant de 75 à la livre, ne valait que 0^{fr},87.

---

[1] Voir ci-dessous, pour les deniers antérieurs à celui de 84 à la livre, le chapitre relatif aux rapports de l'argent et du cuivre.

Lors de la création de l'*aureus*, dont la valeur fut de 27^{fr},9464, le denier, égal au 25me de l'*aureus*, remonta donc à 1^{fr},12.

On évaluera de même le denier sous Auguste et ses successeurs, en prenant le 25me de la valeur correspondante de l'*aureus*.

Peu de mots nous suffiront pour expliquer la conversion des poids et des monnaies d'Athènes, de l'époque de Périclès, en poids et en monnaies françaises. On sait en effet, et nous l'avons dit plus haut : 1° que la drachme attique, au siècle de Périclès, est au denier romain sous la république :: 84 : 75, ou plus simplement :: 28 : 25 ; 2° que 6000 drachmes attiques pèsent 80 livres romaines. La valeur du denier romain et de la livre romaine étant connue, on en déduira facilement la drachme attique.

Toutes les notions que nous avons développées dans ce chapitre et dans les précédents sont résumées dans les tables qui terminent ce volume.

CHAPITRE VIII.

RAPPORTS DES MÉTAUX PRÉCIEUX EN GÉNÉRAL.

Ce sujet a été traité, relativement à la Palestine, par le célèbre Michaelis[1], et, quant à la Grèce, par deux hommes bien habiles, MM. Bœckh et Le-

___

(1) *De pretiis rerum apud veteres Hebræos Commentatio.* Voy. aussi DURAND, Hist. nat. de l'or et de l'argent.

tronne[1]. Quant à l'Italie ancienne et à l'empire romain, on peut dire que la matière avait été à peine effleurée par Hamberger[2] et Keffenbrink[3]. Je crois même que les travaux de MM. Bœckh et Letronne laissent à désirer quelque chose quant à l'explication de la cause des variations du rapport des métaux monnayés entre eux, depuis Hérodote jusqu'à la mort d'Alexandre. Ces savants distingués ont négligé d'introduire dans cette question de métaux l'élément scientifique et minéralogique qui la domine entièrement et qui peut seul en donner une solution satisfaisante. Je vais essayer de remplir cette lacune, qu'on s'étonne de rencontrer dans des travaux si consciencieux et sortis de mains si habiles.

L'or est le premier des métaux précieux qui ait dû être employé dans l'enfance de la civilisation et qui l'ait été, en effet, longtemps avant l'argent. Cela tient à la nature du gisement de ces deux minéraux, et à l'état plus ou moins pur dans lequel ils se trouvent répandus sur la surface ou au milieu des fissures de l'écorce du globe. Le premier se rencontre pur ou allié à un peu d'argent; on l'obtient par un simple lavage. Le second existe généralement en filons encastrés dans les roches

---

(1) Bœckh, Econom. polit. des Athén., liv. I, ch. 2 à 6, tr. fr. Letronne, Considér. génér. sur les monn. gr. et rom., p. 104 et suiv.

(2) Hamberg., *De pretiis apud veteres Romanos Disputatio.* Gœtting., 1754.

(3) Keffenbr., Sur le rapport du numéraire et des moyens d'existence, depuis Constantin-le-Grand jusqu'au partage de l'empire romain sous Théodose-le-Grand, et sur son influence. Berlin, 1777.

les plus dures des terrains primitifs; il exige, pour son extraction, l'emploi des machines et des travaux compliqués de l'oryctognosie. « Les gisements d'or les plus abondants affectent ordinairement, dit M. Alex. Brongniart[1], les terrains de transports anciens, les sables ferrugineux noirs ou rouges.» Dans l'Amérique méridionale, on n'exploite même pas l'or en filons, mais l'or disséminé en poudre et en grains dans les terrains d'alluvions. Il en était de même chez les anciens du temps d'Hérodote, qui nous a transmis à ce sujet un renseignement précieux[2].

L'étude des plus anciens monuments écrits de la Grèce et de l'Asie, du nord de l'Europe, et des relations originales des conquérants du Nouveau-Monde, démontre que l'usage de l'or en ustensiles ou en bijoux peut très bien s'allier avec un état de choses voisin de la barbarie, tandis que l'emploi de l'argent à ces mêmes besoins dénote par lui seul un état social assez avancé.

Les Espagnols ont trouvé l'or employé en ornements parmi les indigènes des Antilles, dont la civilisation était presque dans l'enfance, et même chez des peuplades encore plus voisines de l'état de barbarie. Le 12 octobre 1492, Colomb découvrit la première terre du Nouveau-Monde, l'île San-Salvador, et ce jour-là même ou le lendemain il vit quelques Indiens portant au nez de petites plaques d'or[3]. A Cuba, le 5 novembre, les explora-

(1) Dict. des Sciences natur., tom. XXXVI, p. 234 et suiv.
(2) HÉRODOT., VI, 125, et DIO CHRYS., Orat., XVII, p. 253, et LXXVIII, p. 659.
(3) « Gioie o metallo non fu fra tutti loro veduto, se non alcune

I. 4

teurs envoyés par l'amiral annoncent avoir trouvé l'or employé à décorer les meubles[1]. Oviédo[2] parle aussi des bijoux et des statuettes en or appartenant aux Indiens sauvages de l'isthme de Panama qu'il visita en 1527; il mentionne aussi l'or des tribus du pays de Zénu, nommé depuis l'État de Carthagène, qu'il reconnut en 1515.

On trouva encore chez différents peuples, très peu avancés en civilisation, du littoral du continent américain des alliages d'or et d'argent, ou d'or et de cuivre, désignés tantôt sous le nom de *Guanin*, tantôt sous celui de *Caracoli*; de plus, dans les mémoires de Colomb, il est spécifié que ces alliages sont naturels.

Lors de la découverte du Brésil par les Portugais, les indigènes employaient l'or pour leurs hameçons, quoique le fer abondât dans leur pays[3].

Quant à l'argent, on ne le rencontre que chez les deux peuples les plus civilisés de l'Amérique, les Mexicains et les Péruviens[4]. Ces deux peuples

---

fogliette d'oro ch'essi portavano appiccate fra i fori del naso, e essendo dimandati da qual parte bavessero quell oro, risposero con lor cenni, che dalla parte di mezodì. » *Histor. del signor Fernando Columbo*, cap. XXIII.

(1) « Gli menarono a braccio nella città, dando loro per allogiamento una gran casa di quelle, dove seder li fecero sopra alcuni seggi, fatti di un pezzo di strana forma, e quasi simili ad uno animale che havesse le braccia et le gambe corte e la coda alquanto alzata per appogiarsi, la qual non di meno è larga como la sedia, per la commodità dell' appoggio, con una testa in faccia et con gli occhi e con le orecchie di oro. » *Ibid.*, cap. XXVII.

(2) Nouv. ann. des voyages, cahiers de mai 1838, p. 131-157.

(3) Jacob, *Historic. inquiry into the production and consumption of the precious metals.* London, Murray, 1831, in-8°, 2 vol., tom. I, p. 2.

(4) *Ibid.*, voy. aussi Gomara, Oviedo, Xeres et Garcilasso

sont aussi les seuls qui aient élevé des édifices en
pierre, et qui aient possédé des haches, des ci-
seaux, etc., en cuivre, métal qu'ils savaient rendre
dur et tranchant au moyen d'un alliage d'étain,
ainsi que l'ont prouvé les analyses de M. de Humboldt. C'est cet amalgame que, sous le nom de
bronze et d'airain, les anciens peuples d'Occident
employaient aussi avant que l'usage du fer se fût
répandu[1].

La même remarque doit être applicable aux plus
anciens peuples de l'Asie et de l'Afrique; mais il
faut excepter l'Inde et l'Égypte, dont les plus antiques monuments attestent l'existence d'une civilisation très avancée, à une époque où l'Europe et
le reste du monde étaient dans un état voisin de
la barbarie.

Des tombeaux scandinaves, certainement anciens,
qui ont été récemment explorés par les antiquaires
danois, et dont le mobilier est déposé au musée de
Copenhague, ont offert des outils et des armes dont
la lame est en bronze avec la pointe en fer[2]. La
profusion de l'emploi de l'or et du cuivre, dans ce
mobilier de la tombe, contraste avec la parcimonie
évidente de l'application du fer, et prouve que, chez
le peuple inconnu qui éleva ces tumulus, ce dernier
métal était bien moins commun que l'or et le cuivre.

DE LA VEGA, Manuscr. de M. TERNAUX-COMPANS, Nouv. ann.
des voyages, ann. 1838, t. II.
(1) Les mines de Bérénice, dit Agatarchide, cité par Diodore
(III, 12—15), furent exploitées sous les anciens rois avec des outils d'airain, le fer étant alors inconnu. Ces mines ont été retrou-
vées à Alaki, à quinze journées du Nil; la ville la plus proche est
Assouan. Voy. M. QUATREMERE, Mém. sur l'Egypte, t. II, p. 175.
(2) JACOB, t. I, p. 3.

L'or et l'argent, au xe siècle avant J.-C. , étaient très abondants en Palestine. Ainsi, nous savons par le livre des Rois[1] que la quantité d'or que Salomon recevait chaque année, soit en présents, soit par l'exportation, indépendamment des tributs, était de 666 talents d'or, c'est-à-dire, d'après les calculs de M. Saigey, d'environ 1246 kilogrammes, près de 42 millions. La reine de Saba lui offrit 120 talents (environ 7 millions), outre beaucoup de parfums et de pierres précieuses. La flotte d'Ophir, guidée par les Tyriens d'Hiram, apporta à Salomon 420 talents d'or (environ 26 millions).

Si ce pays d'Ophir, sur la position duquel on a tant disputé, doit être placé dans l'Afrique équatoriale vers Sofala, comme le croit M. Quatremère[2], il est probable qu'en allant et en revenant, la flotte d'Hiram recueillait une partie de cet or par des échanges avec les Sabéens et les peuples de l'Arabie, leurs voisins, chez lesquels, au dire de Strabon, l'or natif était si abondant qu'on en donnait dix livres pour une livre de fer, et deux pour une livre d'argent[3]. Le rapprochement des deux passages des Rois et de Strabon n'avait pas été fait jusqu'ici, du moins à ma connaissance, et il m'a semblé curieux à établir.

Du reste, il paraît que l'or et l'argent, du temps de Salomon, étaient extrêmement communs, puisque le sanctuaire et le Saint des Saints étaient entièrement couverts d'or pur, que le palais de bois du Liban en était entièrement revêtu, que tous

---

(1) III, x, 14.　　(2) Mém. ms. lu à l'Acad. des Inscr.
(3) AGATARCHIDE, voy. ci-dessous, p. 61.

ses vases et ses ustensiles étaient en or, et que
l'argent, dit la chronique sacrée[1] (mais on ne
doit pas prendre à la lettre cette hyperbole orien-
tale), devint à Jérusalem aussi commun que les
pierres. Ces passages, quoique se rapportant à une
époque assez reculée, n'infirment point nos assertions précédentes; car Salomon était allié de Tyr,
ville dès la plus haute antiquité très riche et très
commerçante, et, de plus, voisine des grands empires de Babylone et de Chaldée, dont la civilisation
était parvenue au plus haut période avant la naissance des petites monarchies et des petites républiques de la Grèce et de l'Occident.

Diodore[2] rapporte que Ninus, le fondateur de
Ninive, accumula de grandes masses d'or et d'argent, parce qu'il s'empara de tous les trésors de la
Bactriane, dans lesquels ces deux métaux précieux
se trouvaient en très grande abondance.

Le même auteur nous apprend que Sémiramis,
qui bâtit la cité de Babylone et le temple de Jupiter ou Baal, y avait consacré des statues colossales, des trônes, des autels, des animaux, des
vases, tous d'or massif, pesant ensemble 6300 talents, que Barthélemy évalue à 275 millions de
livres tournois. La mention que fait Diodore de
ces statues colossales en or massif acquiert une
certaine autorité, si on la rapproche du récit de
Daniel, où le prophète parle de la grande statue
d'or élevée par Nabuchodonosor dans la plaine qui
touche à la cité de Dura. Cyrus, dit Pline[3], rapporta de ses conquêtes de l'Asie 34 mille livres

(1) Reg. Ibid., 27. (2) II, 2. (3) XXXIII, 15.

d'or, sans compter les vases, les ornements, les bijoux et 5ooooo (lisez 5oooo[1]) talents égyptiens d'argent, dont Varron fixe le poids à 80 livres. C'était en or 38 millions de francs, et en argent environ 288 millions.

La richesse maintenant bien connue des terrains aurifères de la Bactriane, et de cette partie de l'Asie située entre l'Immaüs et le Paropamisus, peut rendre vraisemblables ces chiffres donnés par Diodore et doit conduire à cette supposition probable : que, du xve au vie siècle avant l'ère vulgaire, le rapport de l'or à l'argent était peut-être comme 1 : 6 ou comme 1 : 8, rapport qui a existé dans la Chine et au Japon jusqu'au commencement du xixe siècle, et que, dans le cours de ces dix siècles, il ne fut pas de 1 à 13, comme Hérodote le fixe pour la Perse sous le règne de Darius, fils d'Hystaspes.

Le code des lois de Manou[2], écrit entre 1300 et 600 avant J.-C., nous donne même un rapport plus faible qui a été vérifié sur le texte sanscrit par M. Eugène Burnouf. On peut donc accorder à ce fait, qu'on n'avait pas même soupçonné, une entière confiance. Un mâchaka ou 729 milligrammes d'argent est donné comme l'équivalent de deux krichnala ou 292 milligr. d'or; d'où l'or est à l'argent comme 292 : 729, ou plus simplement comme 1 : 2 ½.

Les mines d'argent ne se trouvent guère en effet que dans les terrains primitifs, surtout dans les terrains à couches, et dans quelques filons des ter-

(1) Le développement du calcul qui donnerait 3 milliards 400 millions démontre suffisamment la nécessité de cette correction.
(2) VIII, 134, 135. — WILSON, sanscr. *Dictionnary* aux mots Mâcha et Krichnala.

rains secondaires[1]. Job, auteur qu'on regarde comme contemporain de Moïse, et au moins comme antérieur à David, connaissait non-seulement l'or et l'argent, mais encore le mode d'existence de ces deux métaux[2].

Il ajoute plus loin que la terre a de la poussière d'or. Mais dans la tribu de Job, peut-être l'argent circulait-il comme monnaie, et l'or était-il employé en bijoux. A la fin du poëme, quand Job recouvre la santé, chaque visiteur lui apporte, suivant les plus habiles interprètes, une pièce de monnaie en argent et une boucle d'oreille en or.

Les gangues de l'argent, au lieu d'être des sables d'alluvion, sont ordinairement les roches les plus compactes et les plus dures, telles que le quartz, le pétrosilex, la roche cornéenne, etc... Ce métal est plus commun dans les régions froides, soit par leur latitude, soit par leur élévation absolue, que l'or, qui en général affecte les pays chauds[3]. Au contraire de l'or, on ne rencontre que très rarement l'argent à l'état de pureté, et, même dans les mines du Potose, si riches en argent, et qui depuis 1545 jusqu'à 1638 ont produit 396 millions de piastres, ce métal n'existe qu'à l'état de muriate et de sulfure noir[4]. Quant au rapport de la quantité des deux métaux répandue sur la surface du globe, M. Alexandre de Humboldt[5] écrivait, en 1811, que la proportion de l'or à l'argent était en Amérique de 1 à 46, en Europe, y compris la Russie asiatique,

(1) Dict. des Sc. nat., t. II, p. 495.
(2) Job, XXVIII, 1, 6, 15, 17 et XLII, 11.
(3) Dict. des Sc., t. II, p. 496.   (4) Ibid., p. 499.
(5) Essai politique sur la Nouvelle-Espagne, p. 635, édit. in-4.

de 1 à 40. Les savants minéralogistes de l'Académie des Sciences et les habiles professeurs de l'Ecole des Mines pensent qu'aujourd'hui la quantité de l'argent est à celle de l'or comme 52 : 1. Cependant le rapport[1] des valeurs de ces deux métaux n'est que de 15 à 1. Enfin, pour plus de clarté, il y a aujourd'hui cinquante-deux fois plus d'argent que d'or, et néanmoins une livre d'or ne vaut que quinze livres d'argent[2].

Le cuivre natif, de même que l'argent, a pour gisement les terrains primordiaux anciens[3]. Le plus pur et le plus riche se rencontre à l'état de cuivre sulfuré[4]; sous la forme de cuivre gris on le voit allié à l'argent[5]. Mais ce minéral se trouve assez souvent, de même que l'or et plus que les autres minéraux, soit à la surface de la terre, soit à de petites profondeurs, aggloméré en masses pures, quelquefois d'un poids considérable[6]. C'est pour cette raison sans doute qu'il a été travaillé le premier, et employé avant le fer aux besoins des peuples anciens, dans la guerre ou dans la paix[7].

Le vers de l'Odyssée[8] où il est question du fer

(1) Dictionnaire des Sciences natur., t. XXXVI, p. 254.
(2) La valeur de l'or, par rapport à l'argent, tend à augmenter chaque jour, ce qui tient à la rareté du premier métal, à son transport plus facile, et à plusieurs autres causes trop longues à énumérer, mais qu'il est aisé d'entrevoir. Aussi donne-t-on 1010 à 1015 francs en billets de banque ou en pièces de 5 francs pour avoir 1000 francs ou 50 louis en or.
(3) Dictionn. des Sciences nat., t. XII, p. 153, 180.
(4) Ibid., p. 155.   (5) Ibid., p. 161.
(6) On a recueilli au Brésil une masse de cuivre pur pesant 2616 livres. Ibid., p. 154.
(7) Cette idée est du fameux minéralogiste Werner. Voy. NIEBUHR, Hist. Rom., t. II, p. 213, not. 267.
(8) I, 184.

porté à Témèse, dans le Bruttium, pour être changé contre du cuivre, le passage de Strabon[1] sur les mines de cuivre de Témèse, jadis riches, épuisées sous Tibère, prouvent qu'au ix° siècle avant J.-C. le cuivre natif était fort abondant et le fer encore assez rare en Italie, puisqu'il y était importé de la Grèce et de l'Asie, dont la civilisation et l'industrie étaient alors bien plus avancées que celles de l'Italie[2]. Les nombreux passages cités par Niebuhr, par Bœckh et par Heyne, attestent l'existence d'une grande quantité de cuivre brut ou frappé, en circulation dans l'Italie soumise aux Romains, à partir du ier jusqu'au v° siècle de la république. Ces textes confirment tous l'exactitude de ce que j'ai avancé, qu'on peut déterminer *a priori* le degré de civilisation d'un peuple d'après la seule connaissance de l'espèce de métal, or, cuivre, argent ou fer, qu'il emploie pour ses armes, ses outils ou sa parure.

L'emploi du cuivre, de même que celui de l'or, s'allie très bien avec un état voisin de la barbarie. Aussi Hésiode, au commencement de son poëme sur l'agriculture[3], dit que, dans les anciens temps, la terre fut travaillée avec l'airain, parce que le fer n'avait pas encore été découvert :

Χαλκῷ δ'εἰργάζοντο ·μέλας δ'οὐκ ἔσκε σίδηρος.

Lucrèce[4] confirme cette idée juste et vraie de l'antique poëte d'Ascrée par ce vers :

Et prior æris erat quam ferri cognitus usus.

(1) L. VI, 255. Cf. Heyne, *Ac. Gœtting. Nov. comm.*, t. V, 41.
(2) Voy. Niebuhr, *Hist. rom.*, t. II, p. 214, tr. fr. et Bœckh, *Metrol. unters.*, p. 416, 418, s.
(3) Ἔργα, I, 151, et Tzetzes, Sch., p. 48; ed. Heins., 1603.
(4) V, 1286.

M. Jacob[1] cite en Nubie et en Sibérie d'anciennes
mines de cuivre dont l'exploitation a cessé depuis
plusieurs milliers d'années[2], certainement, pour
la Sibérie, avant la conquête de ce pays par les Tartares, qui précéda de 150 ans l'ère chrétienne. Des
restes de ces mines ont été reconnus par Gmelin,
Lepechin et Pallas, sur les versants orientaux des
monts Ourals. Ces savants ont inféré de l'absence
de constructions en maçonnerie qu'elles furent
exploitées par un peuple nomade, probablement
par les Scythes. L'étendue des ouvrages prouve le
nombre des travailleurs, de même qu'un examen
attentif démontre qu'ils connaissaient à peine les
premiers rudiments de l'art du mineur. Les riches
mines de Hongrie, au contraire, n'ont pas été ou-
vertes avant le VIIIe siècle de notre ère.

Le judicieux observateur Hérodote fait remarquer que les Massagètes n'avaient que du bronze,
et point de fer. Ce dernier métal, d'après les marbres d'Oxford, ne fut connu que l'an 1431 avant
J.-C. Aussi, bien que déjà mentionné dans les
poëmes d'Homère, le fer y paraît d'un usage très
rare au prix de l'airain, cet alliage de cuivre, de zinc
ou d'étain[3], dont les sociétés grecque et romaine
se servirent si longtemps, même pour la fabrication
des haches et des rasoirs.

Ces bases fondamentales une fois bien établies,
il nous sera facile d'expliquer les causes de la va-

(1) Tom. I, p. 35, 42.
(2) Voy. les preuves, tom. I, p. 35, de l'Histoire généal. des
Tartares d'Abulgasi, et J. E. FISHER, *Sibirische Geschichte*. Pé-
tersbourg, 1768.
(3) Voy. MONGÈS, mém. de l'Acad. des Inscr. et Bell.-Lettres,
t. III, p. 492 et suiv.

riation du rapport de l'or, de l'argent et du cuivre entre eux à diverses époques, et dans les diverses parties du monde connu des anciens.

L'écoulement des métaux précieux a suivi dans l'antiquité, du moins jusqu'au 1er siècle de notre ère, une direction inverse de celle qu'il suit de nos jours. C'est maintenant l'Amérique qui en est la source principale; ils se portent d'Amérique en Europe, et d'Europe en Asie. Dans les temps anciens, c'était l'Asie qui renfermait les mines les plus riches et les plus fécondes. Une exploitation continuée sans relâche pendant plusieurs siècles, ou plutôt la dépopulation causée par les sanglantes invasions des Romains et par la dureté de leur administration depuis la conquête de la Macédoine jusqu'à la bataille d'Actium, diminuèrent la production de l'or et de l'argent. Ces métaux passèrent de l'Asie en Grèce et en Italie, d'abord lentement par la voie du commerce, ensuite à grands flots, lors des conquêtes des Grecs et des Romains. On peut se faire une idée de la quantité de richesses métalliques que durent verser sur le bassin oriental de la Méditerranée les conquêtes d'Alexandre et ses excessives largesses envers les États de la Grèce et ses braves compagnons d'armes, par cette simple liste des trésors royaux dont il s'empara, et qui nous a été conservé par Quinte-Curce, Strabon, Justin, Arrien, Diodore et Plutarque[1]. Ce fut: dans le camp de Darius et à Babylone, 40 ou 50 mille talents; à Persépolis, 120 mille talents; à Pa-

---

(1) Q. CURT., V, 2. STRAB., XV, pag. 731. JUSTIN, XI, 14. ARRIEN, III, 16 et pass. DIOD., XVII, 66. PLUT., Alex., c. 36.

sagarde, 6 mille, et à Ecbatane, 180 mille. C'est en tout 351 mille talents = 1930 millions, 500 mille francs. Aussi, remarque-t-on à partir de cette époque un renchérissement notable dans les prix des denrées, des salaires, et une élevation considérable de l'impôt annuel.

Maintenant la liste des satrapies sous Darius, et la quotité du tribut imposé à chacune en or ou en argent[1], nous permettent de fixer à peu près l'emplacement des mines qui produisaient ces métaux. L'Assyrie, la Médie, les Parycaniens, les Caspiens, les Darites, les Bactriens, les Susiens, les Cissiens, indépendamment de l'Inde, qui payait 600 talents d'or en lingots, fournissaient à peu près la moitié de tout le tribut en métal imposé par Darius. Ces satrapies répondent à cette portion de l'Asie qui, située à l'est du Tigre et s'étendant le long de la mer Caspienne, renferme la Perse, une partie de la Sibérie, de la Tartarie, et de ce que les Perses connaissaient alors du Thibet, de la Chi· et de l'Inde au-delà du Gange. On sait maintenant que ces pays renferment beaucoup de terrains d'alluvion aurifères, de filons de métaux précieux, dont quelques-uns fournissent encore de l'or et de l'argent, mais qui, dans les anciens temps, étaient exploités sur une beaucoup plus grande échelle[2].

On n'avait donné avant Hérodote aucun renseignement, ni sur la quantité respective de l'or et de l'argent en Asie, ni sur le rapport de ces métaux, soit de l'un avec l'autre, soit de l'un et de

(1) HÉRODOT., III, 89-97.
(2) Voy. les curieuses recherches de M. JACOB, t. I, pag. 30 49.

l'autre avec le cuivre. A en juger d'après le texte précis de Manou[1], d'après ce qui existe aujourd'hui à la Chine et au Japon, il est probable que dans l'Asie, jusqu'au viie siècle avant l'ère chrétienne, la valeur de l'or relativement à l'argent fut beaucoup moindre que 1 à 13, rapport donné par Hérodote[2], et même que 1 à 10, rapport consigné par Xénophon[3], et exprimé, cent ans après, dans le traité entre les Étoliens et les Romains.

Nous trouvons même dans Strabon[4] que, chez une nation voisine des Sabéens, le cuivre avait une valeur triple, et l'argent une valeur double de celle de l'or. Agatarchide[5] dit même que ces peuples payaient le fer deux fois son poids en or, et donnaient dix livres d'or pour une seule livre d'argent[6]. On conçoit la possibilité de ces faits, tout extraordinaires qu'ils paraissent au premier abord; car chez ce

(1) Voy. ci-dessus, pag. 54.

(2) III, 95. Voy. M. Boeckh, Économ. politiq., tom. I, p. 15, trad. franç.

(3) *Anabas*, I, vii, 18, ed. Weiske. Voy. M. Letronne, Consid. génér., p. 107, 108.

(4) Strab., XVI, 18, p. 778, et not. tr. fr.

(5) Agatarchid., *De mari rubro.*, in., Geogr. min., ed. Hudson, t. I, p. 65, et Jacob, *Precious metals*, t. I, p. 97. Ce dernier auteur pense, comme moi, que le rapport entre l'or et l'argent dans les anciens temps a dû être fort différent du rapport actuel. J'ajouterai que cette vue nouvelle peut rendre raison des immenses richesses et du vaste commerce d'une contrée aussi pauvre et aussi resserrée que la Phénicie. Ses habitants possédaient des mines d'argent assez riches en Espagne. Or, la différence de valeur relative entre l'argent et l'or dans les autres parties du monde dut être pour eux la base d'échanges très profitables et d'un commerce très étendu; elle explique la splendeur de Tyr du xve au viiie siècle avant l'ère chrétienne.

(6) Du temps de J. César, le fer était si rare dans la Grande-Bretagne qu'il y servait de monnaie. Cæs., *bell. Gall.*, V, 12.

peuple arabe, l'or, dit Strabon, se trouvait, non en paillettes, mais en petites boules grosses au moins comme un noyau, au plus comme une noix, et qui n'avaient pas besoin d'affinage. Le judicieux Strabon ajoute encore que la raison de ce bas prix de l'or est dans l'inexpérience des peuplades arabes à travailler ce métal, et dans la rareté des objets d'échange dont l'usage est le plus nécessaire à la vie.

D'ailleurs, pour obtenir l'or pur ou presque pur des immenses terrains d'alluvion situés entre les chaînes de l'Indou-Kosh et de l'Himalaya, il ne fallait qu'un simple lavage. Nous savons qu'alors ces contrées de l'Asie avaient une population abondante, et par conséquent la main d'œuvre à très bon marché. L'argent, par la nature de son gisement, par l'état d'alliage où il se trouve, était, comme je l'ai prouvé, beaucoup plus difficile à extraire. L'imperfection des procédés du mineur et du métallurgiste, l'absence de machines et de moyens d'épuisement, enfin la difficulté de l'exploitation, durent élever la valeur de l'argent, relativement à l'or, dans une proportion très forte, eu égard à la rareté et aux avantages respectifs des deux métaux.

L'effet contraire s'est produit dans l'Asie et dans la Grèce à partir de la mort d'Alexandre. Les sables aurifères s'épuisèrent; le prix des esclaves et de la main-d'œuvre augmenta; la mécanique et la géométrie ayant fait d'immenses progrès depuis Euclide jusqu'à Archimède, on put exploiter avec avantage les riches filons des mines d'argent de l'Asie, de la Thrace et de l'Espagne, et l'argent étant cinquante-deux fois plus abondant que l'or, le rapport de valeur entre les deux métaux dut changer, et la livre d'or qui, du temps de Xénophon, 350 ans avant l'ère vulgaire, s'échangeait contre dix livres d'argent, valut dix-huit livres dece dernier métal[1] l'an 422 après la naissance de Jésus-Christ.

Je n'entrerai point dans le détail des oscillations de la valeur de ces métaux, oscillations qui souvent ont tenu à de grands événements politiques, et qui d'ailleurs ont été développées, relativement à la Grèce et à l'Asie, avec une érudition et un talent remarquables par MM. Bœckh et Letronne[2]. Cette discussion m'éloignerait trop de l'Italie et de mon sujet spécial, où j'ai hâte de rentrer. Mais j'ai cru nécessaire de montrer, ce qui n'avait pas encore été fait jusqu'ici, que le changement successif des rapports entre l'or et l'argent, entre l'argent et le cuivre, à diverses époques de l'existence des nations, a dû dépendre immédiatement d'abord de la nature du gisement de ces trois métaux, et de l'état plus ou moins pur dans lequel ils se trouvent[3]. Une civilisation plus ou moins avancée, les progrès plus ou moins lents de la mécanique et de la métallurgie,

---

(1) HAMBERGER, *Tabula pretiorum*, p. 33., Cod. Théod., VIII, IV, 27.

(2) Économ. polit. des Ath., ch. 3, 4 et 5. — Consid. génér., pag. 104 à 113.

(3) PLINE, XXXIII, 21-23, rapporte que, de son temps, l'Asturie, la Galice et la Lusitanie fournissaient par an 20,000 livres d'or; mais l'Asturie y était pour la plus forte part. L'or, dit-il, contient $\frac{1}{10}$, $\frac{1}{9}$, $\frac{1}{8}$ d'argent, excepté celui d'une mine de la Gaule, nommée *Albicratense*, qui n'a que $\frac{1}{36}$ d'argent; *ideo*, dit-il, *cæteris præest.* Cette mine était peut-être située dans la contrée des *Albici*, qui habitaient, suivant César (*Bell. civ.*, I, 34), les montagnes voisines de Marseille.

le bas prix ou la cherté de la main d'œuvre, enfin les grands changements politiques, tels que l'invasion de l'Asie et d'une portion de l'Afrique par les Perses et par les Macédoniens, plus tard la conquête par les Romains de la partie des trois continents qui prit le nom d'*orbis Romanus*, ont été des causes puissantes, mais secondaires, de la variation du rapport des métaux entre eux, depuis les premiers temps de l'histoire jusqu'à la découverte de l'Amérique.

L'Italie fut d'abord très pauvre en or et en argent. Cette contrée, par la nature de sa constitution géologique, contient fort peu de mines de ces métaux précieux, quoique Pline[1] affirme presque le contraire, *Nulla fecundior metallorum tellus.* Elle est néanmoins assez riche en cuivre natif; aussi la monnaie de cuivre forma-t-elle jusqu'en 247 avant J.-C., sinon le numéraire unique, au moins la monnaie normale, l'unité monétaire dans l'Italie moyenne. Les colonies grecques du midi de la Péninsule tirèrent certainement de la Grèce ou de l'Asie, soit directement, soit par l'intermédiaire de Tyr ou de Carthage, l'argent dont elles fabriquèrent des monnaies depuis le v° et le vi° siècle avant J.-C.

Comment, dit M. Letronne, les Romains ont-ils pu conserver si longtemps leur lourde et grossière monnaie de cuivre, lorsqu'ils étaient si voisins de peuples qui se servaient de monnaies d'argent aussi élégantes que commodes? La réponse est facile, même en admettant, sur l'autorité de Pline,

(1) XXXIII, 4.

l'année 485 comme date de la première fabrication
des monnaies d'argent. Le même motif qui porta
Lycurgue à proscrire dans Sparte la circulation des
métaux monnayés, et à faire de la Laconie un vaste
couvent de moines austères et guerroyants, le
même motif qui fit établir à Rome les lois Licilien-
nes, protectrices de l'agriculture, de l'égalité civile
et politique, et dirigées contre le luxe et l'oligarchie, ce besoin de conquérir, cette nécessité de se
défendre qui fit des Romains un peuple de laboureurs et de soldats[1], imposèrent probablement à leur
gouvernement l'obligation de proscrire la monnaie
d'or et d'argent. Le sénat et le peuple durent pressentir que l'introduction d'un moyen d'échange aussi
commode amènerait inévitablement la ruine des
mœurs et des vertus antiques, la concentration des
propriétés, l'accroissement du nombre des esclaves,
la décadence de l'agriculture, et, par une suite nécessaire, l'affaiblissement de la population libre et
combattante. L'histoire des viie et viiie siècles de
Rome n'a que trop justifié ces sages prévisions.
Quand la poésie s'est écriée : *Luxuria sævior armis incubuit; Græcia victa victorem ferum cepit*,
elle n'a point poussé à l'excès l'hyperbole, elle n'a
fait qu'exprimer en traits concis et énergiques une
vérité palpable universellement reconnue. Mais on
verra tout à l'heure qu'il ne faut pas prendre à la
lettre le passage de Pline sur la première monétation
de l'argent, et que Rome eut des monnaies de ce

---

(1) Virgile a bien exprimé cette idée fondamentale du gouvernement romain dans ces vers si célèbres (*Æn.*, VI, 852):

Tu regere imperio populos, Romane, memento
Hæ tibi erunt artes...

métal avant l'année 485 et peut-être même sous ses derniers rois.

Deux passages décisifs de Pline lui-même viennent prêter un nouveau poids à cette dernière opinion ; car nous voyons que l'or et l'argent furent exploités dans l'Italie pendant toute la période des rois, et que le travail des mines ne fut interdit que par le sénat, probablement à l'époque des premières lois somptuaires et des lois Liciniennes. Je cite ici l'un de ces textes. « Italia *metallorum omnium* fertili- « tate nullis cedit terris; sed interdictum id vetere « consulto patrum, Italiæ parci jubentium[1]. »

Il est évident que Pline comprend dans le mot *omnium* les métaux précieux, tels que l'or et l'argent, puisque, dans la partie du livre 33 où il traite de l'or et de l'argent, il rappelle le passage que nous venons de citer, en disant : « Italiæ parci « vetere interdicto patrum diximus : alioqui nulla « fecundior metallorum quoque erat tellus[2]. »

CHAPITRE IX.

DES MONNAIES DE CUIVRE, DES MONNAIES D'ARGENT, ET DE LEURS RAPPORTS RÉCIPROQUES.

Il n'y eut dans le principe à Rome d'autres monnaies que celles qui entrèrent au trésor par la conquête. Servius en Italie, comme Phidon dans la Grèce, fut le premier qui établit un système ré- gulier de poids et de mesures et qui fabriqua des

(1) PLIN., Hist. nat., III, 24.
(2) XXXIII, 21, t. II, p. 618, l. 21.

monnaies. Auparavant on ne se servait pour les échanges que de métal en lingots, *æs rude*[1]. La tradition rapportée par Pline et déjà infirmée par lui[2], qui attribue à Numa la première fabrication des monnaies, ne mérite, selon M. Bœckh, aucune confiance. Cependant les PP. Marchi et Tessieri, qui, dans un ouvrage[3] plein de savoir et de rectitude de jugement, ont classé, analysé, décrit, pesé six cents pièces d'*æs grave*, sorties des ateliers de Rome et de ceux de quarante villes de l'Italie moyenne, ces habiles numismates, dis-je, se prononcent positivement en faveur de l'opinion qui attribue à Numa et à sa corporation de monnayeurs (*collegium fabrorum*) la fabrication des as fondus et de leurs subdivisions. Les plus savants archéologues de l'Italie[4] se sont rangés à cette opinion, et en effet les monuments prouvent que les plus belles pièces italiennes, soit pour le style, soit pour la fabrique, remontent au siècle même de la fondation de Rome, et ont cessé d'être fabriquées vers le milieu du III° siècle à partir de sa fondation.

(1) Servius rex primus signavit æs ; antea rudi usos Romæ Timæus tradit. PLIN., XXXIII, 13. Servius rex ovium boumque effigie primus æs signavit. *Id.*, XVIII, 3. Servius Tullius mensuras, pondera, classes, centuriasque constituit. AUREL. VICT., *De viris illustr.*, c. 7. Ce dernier auteur est moins ancien, mais il a puisé certainement à des sources antiques. V. BŒCKH, *Metrologischen untersuchungen*. Berlin, 1838, p. 162. Cf. CASSIODOR., *Var.*, VII, 32.

(2) Hist. nat., XXXIV, 1. Cf. BŒCKH, l. c.

(3) Dell' *æs grave* dell' museo Kircheriano ordinato ed illustrato dai PP. Giuseppe Marchi e Pietro Tessieri, della C. di G.

(4) Voy., sur l'ouvrage ci-dessus cité, les articles de M. P. E. Visconti; Giornale Arcadico, t. LXXIX, et de M. le comte G. Melchiorri, Bullet. Inst. archéol., 1839, p. 113-128.

L'unité monétaire primitive fut l'as de cuivre qui, jusqu'à la première guerre punique, pesa une livre romaine. Un passage de Varron, l'écrivain à la fois le plus érudit et le plus exact de l'ancienne Rome, ne laisse aucun doute à ce sujet. Il dit, en parlant du jugère : « Id habet scrupula 288, quan-« tum as antiquus noster ante bellum Punicum « pendebat[1]. » Or, la livre romaine contenait aussi précisément 288 scrupules. De plus, le denier d'argent valut originairement 10 as d'une livre; c'est encore Varron qui nous l'apprend. « Le dixième du denier, dit-il, était la *libelle*, parce qu'elle valait une livre de cuivre[2]. » Volusius Mæcianus confirme cette valeur par ce texte précis : « Nam quum olim « asses libriles essent et denarius decem asses va-« leret, etc.[3] »

Maintenant, le denier d'argent est-il aussi ancien que l'as de cuivre? Pline, à la vérité, dit que les Romains n'eurent de la monnaie d'argent qu'en 485, et en cela il est d'accord avec Tite-Live[4]. D'un autre côté, nous lisons dans un fragment des annales de Varron, conservé par Charisius[5] : « Num-« mum argenteum conflatum primum a Servio

---

(1) Varro, *De re r.*, I, 10. Voy. l'ouvr. des PP. Marchi et Tessieri, p. 2, 6 et 71, chap. dell' arte con che sono modellate le monete della prima classe.

(2) Nummi denarii decuma libella, quod libram pondo æris valebat. *De ling. Lat.*, IV. 36, ed. Gothofr.

(3) Apud Gronov. *de Pec. vet.* p. 881. Cf. Plin., XXXIII, 13.

(4) Argentum signatum est anno urbis CCCCLXXXV. Q. Ogulnio, C. Fabio consulibus, quinque annis ante primum bellum Punicum. Plin., XXXIII, 13. Conf. Tit.-Liv., *Epitom.* XV, et Zonar., *Annal.*, VIII, 7.

(5) *Inst. Gramm.*, I, p. 81, ed. Putsch.

« Tullio dicunt; is quatuor scrupulis major fuit
« quam nunc est. » Ce passage formel, souvent
débattu, et que Scaliger déclare altéré, a été admis
par M. Bœckh avec quelques restrictions[1]. Mais le
savant allemand est plus sévère pour un passage où
Suétone raconte qu'Auguste distribuait parfois
*nummos omnis notæ, etiam veteres regios et pere-
grinos*[2]. Il regarde comme une glose absurde ce mot
regios qui ne se trouve pas dans le manuscrit de
Viterbe. Nous serions donc réduits au seul témoignage de Varron, et, avec quelque restriction qu'on
l'admette, il faut au moins y voir la preuve que
Rome avait des monnaies d'argent avant 485; car
il était impossible à quelqu'un qui avait vu des
monnaies frappées depuis cette époque de les
prendre pour des pièces du temps de Servius.
Celles-ci en effet auraient été fondues comme les
anciennes monnaies de cuivre; car ce n'est pas sans
motif que Varron a dit *nummum conflatum,* expression dont il se sert ailleurs[3] en parlant de la
fonte des lingots. Au contraire, l'argent monnayé
depuis 485 dut être frappé à la manière des monnaies grecques, et c'est sans doute par cette différence dans les procédés de fabrication qu'il faut
expliquer l'apparente contradiction de Varron et
de Pline. La monnaie d'argent n'a été *frappée* qu'à
partir de l'an 485, auparavant elle était *fondue.*

Mais elle a dû l'être, je crois, à une époque fort
ancienne, et, quelle que soit la réserve qu'on

(1) *Metrol. untersuch.*, p. 347, ss.
(2) *In August.*, c. 75. Le mot *regios* était dans tous les Mss. de
Casaubon et de Pitiscus.
(3) Apud Nonium, cap. XII, voc. Lateres.

remarque dans l'assertion de Varron, on peut, ce me semble, l'accepter dans toute son étendue.

En effet Rome, de même que Mantoue, Vulci, Capoue et d'autres villes de l'Etrurie, était dans l'origine, comme l'ont prouvé MM. Orioli et Niebuhr, une *tripolis*, une cité composée de trois éléments différents : latin, grec et étrusque. Ces trois éléments, étroitement unis entre eux dans la même enceinte de murailles, conservaient des relations suivies avec les sources d'où ils étaient émanés. Rome se trouvait donc en rapport avec la Grèce par l'intermédiaire de l'Etrurie; mille faits viendraient, s'il en était besoin, à l'appui de cette déduction. Ainsi, par exemple, sous les quatre premiers rois, on ne trouve guère à Rome que des divinités latines et locales [1]. Mais déjà Tarquin-l'Ancien, roi d'origine étrusque, élève un temple à Jupiter, et les divinités de la Grèce s'introduisent à Rome sous ce monarque et sous ses deux successeurs. Ainsi encore l'*æs hordearium*, dans le cens de Servius, est fourni par les *veuves* ou plutôt par les femmes ou filles propriétaires [2] et les orphelines, et cette imposition exceptionnelle et remarquable se retrouve dans les lois de Corinthe. Servius, contemporain de Solon, emprunta au législateur grec toutes les institutions dont celui-ci avait doté

---

(1) J'ai discuté ce fait dans un Mém., lu à l'Acad. des Inscr. en 1831, sur les nouv. fouilles exécutées à Vulci et à Tarquinies.

(2) Voy. NIEBUHR sur le mot *Vidua*, t. II, p. 228, tr. fr. JAVOLENUS, Digest. L, xvi, 242, *de verbor. signific.*, dit : « Viduam non esse solum eam quæ aliquando nupta fuisset, sed eam quoque mulierem quæ virum non habuisset. » MODESTINUS ajoute, (*ibid.* leg. 101) : «Adulterium in nuptam, stuprum in viduam committitur. »

la capitale de l'Attique. Or, conçoit-on que ce roi si éclairé, qui le premier, tout le monde en convient, donna aux Romains du métal monnayé, n'ait pas emprunté aux Grecs les monnaies d'argent qui avaient cours chez ceux-ci depuis près de trois siècles? Il n'avait même pas besoin d'aller chercher si loin un signe d'échange aussi commode ; Servius était Etrusque, comme le prouve suffisamment son nom seul de Mastarna. Or, l'argent monnayé était certainement connu des Etrusques, qui avaient puisé leur civilisation dans l'Asie-Mineure et dans la Grèce. De plus, Rome était entourée de peuplades grecques qui devaient avoir de la monnaie d'argent, et même elle avait déjà, comme le prouve le premier traité avec Carthage rapporté par Polybe, un commerce étendu avec des peuples chez qui la monnaie d'argent était bien certainement en usage. Je dirai même que Rome atteignit un plus haut degré de puissance, de splendeur et de civilisation sous ses trois derniers rois, comme le prouve la construction des égouts et du temple de Jupiter Capitolin, que dans les deux siècles compris entre l'expulsion des rois et la prise de Véies; car elle fut longtemps à se relever du joug imposé par les Etrusques et la victoire de Porsenna[1].

La réunion de toutes ces données historiques ajoute, ce me semble, une grande force au témoi-

(1) Voyez les PP. MARCHI et TESSIERI, op. cit., p. 42, sur le Janus Bifrons, symbole de l'alliance entre les Romains et les Sabins, entre Romulus et Tatius, fait attesté par Servius, ad Æn., XII, 147, et les planches jointes à l'ouvrage des numismates que j'ai cités.

gnage de Varron . et dispose tout naturellement
l'esprit à accueillir plus favorablement celui de
Suétone; car s'il y a eu des monnaies d'argent
frappées, ou plutôt coulées, sous les trois derniers
rois de Rome, pourquoi quelques-unes de ces
monnaies n'auraient-elles pas été conservées jusqu'au siècle d'Auguste? Sous Trajan on trouvait
bien encore, dans la campagne de Rome et dans
les colonies, de vieilles bornes, posées pendant la
domination des rois[1], et combien aujourd'hui ne
possédons-nous pas de monnaies qui remontent
beaucoup au-delà de six siècles!

Enfin toutes ces déductions peuvent encore
s'appuyer d'un passage de Pomponius, où l'on voit
qu'il existait à Rome un atelier monétaire longtemps avant l'année 485[2].

Je crois donc qu'on peut, avec beaucoup de
vraisemblance, admettre qu'il a existé des deniers
d'argent fondus à Rome, non-seulement avant
l'an 485, comme l'accorde du reste M. Bœckh,
mais encore sous les trois derniers rois et notamment sous Servius. Mais quel était le poids de ce
denier et combien en taillait-on dans la livre?
M. Bœckh, qui ne va pas jusqu'à croire à l'existence
de la monnaie d'argent sous Servius, cherche, au
moyen de la valeur de l'as, le rapport du cuivre
avec l'argent pour cette époque. Il considère l'as
libral de Servius comme valant une obole éginé-
tique, c'est-à-dire 22 $\frac{1}{7}$ grains d'argent. Le cuivre

_____

(1) Voy. ci-dessous, chap. du Cadastre.
(2) POMPONIUS LÆTUS, *De magistr. Rom.*, p. 138, ed. Venet,
1568, et *Digest.* I, II, 2, § 30. Cf. JACOBS, t. I, p. 146.

était donc à l'argent comme 6144 : 22 $\frac{1}{7}$, ou à peu près comme 279 : 1[1]. En supposant avec nous un denier d'argent existant à cette époque, il aurait dû, d'après les données de M. Bœckh, être $\frac{1}{24}$ de la livre et peser environ 220 grains d'argent. Le savant allemand adopte une autre proportion entre les deux métaux pour le temps écoulé depuis Servius jusqu'en 485. Ici il se base sur ce qu'il appelle le prétendu denier de Servius, qu'il croit avoir existé durant cet intervalle, et il adopte pour le cuivre la valeur de $\frac{1}{188}$ de l'argent. Mais il aurait dû s'apercevoir qu'à ce compte les Romains auraient fabriqué 38 pièces $\frac{2}{10}$ dans une livre de métal, ce qui n'est nullement probable.

Passons au premier denier d'argent frappé à Rome, cinq années avant la première guerre punique. Personne ne peut nier que Rome n'ait eu des monnaies d'argent au moins à partir de 485; or, à cette époque encore l'as pesait une livre et le denier d'argent valait dix as; MM. Letronne et Bœckh sont d'accord sur ce point. De ce fait on peut conclure, ce me semble, que le denier coulé du temps de Servius, ou tout au moins celui des temps antérieurs à l'an 485, ne pouvait guère différer du denier frappé à cette dernière époque. Mais celui-ci fut plus fort que le denier des époques postérieures. Varron et Pline nous font connaître les parties aliquotes du denier d'argent : c'étaient le *quinarius* ou $\frac{1}{2}$ denier = 5 as ou 5 livres; le *sestertius* ou $\frac{1}{4}$ de denier = 2 $\frac{1}{2}$ as ou 2 $\frac{1}{2}$ livres; puis l'as qu'on nommait aussi *libella* = 1 livre ou $\frac{1}{10}$ du de-

---

(1) M. Bœckh dit :: 270 : 1.

nier; la *sembella* $= \frac{1}{2}$ livre ou $\frac{1}{20}$ du denier; enfin le *teruncius* $= \frac{1}{4}$ de livre ou $\frac{1}{40}$ du denier[1]. Toutes ces divisions étaient représentées dans le principe par autant de pièces de monnaies différentes, dont le nom resta dans la langue longtemps après que les monnaies elles-mêmes eurent disparu de la circulation[2]. Mais si le denier de l'an 485 n'eût pas été plus fort que le denier de $73\frac{1}{7}$ grains qui eut cours après la réduction de l'as à 2 onces, le *teruncius*, égal à $\frac{1}{40}$ du denier, n'aurait pesé qu'environ 1,082 grains[3]. Peut-on admettre une monnaie aussi légère chez un peuple encore habitué à ses lourdes monnaies de cuivre? De plus, il existe dans les musées des monnaies qui ont dû être des deniers romains, et qui cependant sont plus pesants que le denier ordinaire.

Quel était donc le poids du denier de l'an 485? Celui qui avait cours du temps de Varron pesait $73\frac{1}{7}$ grains; en ajoutant à ce chiffre quatre scrupules ou $85\frac{1}{3}$ grains, nous aurons $158\frac{1}{2}$ grains pour le denier de Servius, qui n'est probablement pas différent de celui qu'on a frappé l'an 485. A ce compte on aurait taillé $38\frac{886}{1000}$ deniers dans la livre d'argent. Mais ce nombre ne saurait être admis et prouve évidemment que Varron, dans son calcul,

(1) « Placuit *denarium* permutari pro decem libris æris, *quinarium* pro quinque, *sestertium* pro dupondio ac semisse. PLIN., XXXIII, 13. Nummi denarii decuma *libella*, quod libram pondo æris valebat, et erat ex argento parva : *sembella* quod libellæ dimidium, quod semis assis; *teruncius* a tribus unciis. VARRO, *De ling. Lat.* IV, 36. Cf. VOLUS. MÆCIANUS, supr., p. 68. »

(2) Voy. BOECKH, *Metrol. untersuch.*, p. 453, ss.

(3) C'est-à-dire qu'il eût été une fois plus petit que les quarts d'obole frappés dans l'Attique.

a, suivant la méthode des anciens, donné un nombre rond au lieu du chiffre exact.

M. Bœckh[1] résout la question en cherchant l'origine elle-même de l'ancien denier romain. Il le compare d'abord au didrachme attico-sicilien de 164,4 grains. Il fait observer 1° que le mot *nummus*, qui à Rome désigna successivement le didrachme attique et le denier romain, était venu de Sicile[2]; 2° que l'empreinte des premières monnaies romaines était, suivant le témoignage des historiens, absolument semblable à celle des pièces siciliennes. D'un autre côté, ce mot *nummus* était aussi le nom de la pièce d'argent de 154 grains en usage dans la basse Italie. Ces monnaies, qui n'étaient pas de pur style grec, puisqu'elles portaient des lettres osques, pouvaient exister en abondance dans le trésor de Rome depuis l'an 482, époque de la soumission de Tarente. D'après ces données, M. Bœckh estime que le denier de l'an 485 a dû peser de 154 à 164 grains, et supposant, ce qui est hors de doute, qu'on a taillé dans la livre d'argent un nombre rond de deniers, il en admet 40 à la livre et choisit pour le poids du denier, entre les deux limites 154 et 164 grains, le nombre de 154gr,125 qui cadre avec la livre romaine telle qu'il l'a établie. Dans notre système, la livre de l'ancienne Rome ne pesant que 6144 grains, nous aurions pour le poids du denier primitif 153,6 grains de Paris, nombre qui diffère peu de celui qu'on obtient du calcul de Varron.

(1) Ouvr. cit., p. 452-459.
(2) In argento nummi, id a Siculis. VARR., *De ling. Lat.*, IV, 36.

Si l'on demande pourquoi un seul de ces deniers ne s'est pas conservé jusqu'à nous, tandis que les deniers ordinaires de $73\frac{1}{7}$ grains sont si communs, nous répondrons avec Bœckh[1] : 1° qu'on n'a monnayé que pendant fort peu de temps des pièces de ce poids élevé; 2° que Rome, dans le principe, ayant été forcée de s'adresser, pour monnayer l'argent, à des ouvriers étrangers, il existe peut-être encore dans les diverses collections quelques exemplaires du denier primitif romain, qu'on n'a point discernés, parce que leur style et leur empreinte les auront fait ranger dans des séries de monnaies étrangères à Rome et à l'Italie.

Maintenant on peut se demander si, à aucune époque, les Romains ont dû tailler moins de 40 pièces dans une livre d'argent, et, quand on songe à leurs énormes monnaies de cuivre, on est tenté de répondre affirmativement. Mais il faut considérer que, les lingots étant en usage pour les grands paiements, de grosses monnaies d'argent ne leur offraient ni utilité ni profit. D'un autre côté, la pièce attribuée à Servius, et qui, dans tous les cas, est un denier fort ancien, pèse, à très peu près, $\frac{1}{40}$ de la livre. Il faut donc croire que, depuis les temps les plus éloignés jusqu'au commencement de la première guerre punique, on a fabriqué 40 deniers avec une livre d'argent, ce qui porte la valeur relative du cuivre à $\dfrac{1}{40 \times 10} = \dfrac{1}{400}$. Nous pouvons donc regarder ce rapport de 1 à 400 comme celui de l'argent au cuivre, dans l'Italie romaine, pen-

(1) Pag. 459.

dant tout le temps qui a précédé la première guerre punique.

Durant cette guerre commença dans les monnaies d'argent et dans les monnaies de cuivre une diminution simultanée, quoique dans un rapport différent, qu'il importe de faire connaître et d'apprécier.

« Vers la fin de la guerre, l'as, dit Pline, qui était d'une livre, fut fait *sextantaire*, » c'est-à-dire réduit au sixième de sa valeur ou à 2 onces; l'Etat, qui était alors obéré, fit un gain d'environ 80 p. $\frac{0}{0}$.

D'un autre côté le denier d'argent avait singulièrement diminué de poids. Lorsque l'as fut ainsi réduit à 2 onces, le denier ne pesa que 73 $\frac{1}{7}$ grains et fut par conséquent $\frac{1}{84}$ de la livre d'argent[1]; mais il continua à valoir toujours 10 as de cuivre, seulement ces as étaient de 2 onces au lieu d'être d'une livre, comme jadis; le rapport du cuivre monnayé à l'argent fut donc alors $\frac{84 \times 10}{6} = 140$.

L'as ne tomba pas tout d'un coup d'une livre à deux onces, quoique ce fait semble résulter du passage de Pline. Cet auteur n'a pas tout dit, comme le remarque fort bien M. Letronne[2]; il s'est contenté de donner les extrêmes des réductions, car il existe une multitude de médailles qui attestent des réductions intermédiaires entre les principales[3]. On trouve des as bien conservés, ainsi que leurs divisions,

(1) LETRONNE, Consid. gén., p. 18, et BŒCKH, *Metrol. untersuch.*, p. 452.
(2) Consid. gén., p. 25, 33.
(3) Voy. l'ouvr. cit. des PP. Marchi et Tessieri, l. c. et class. 1. Tav. 1-12.

indiquant des réductions à 11, 10, 9, 8, 6, 5, 4, 3 onces, puis à $1\frac{3}{4}$, $1\frac{1}{2}$ once, à 1 once, enfin à $\frac{3}{4}$ et à $\frac{1}{2}$ once. Mais ces réductions successives ont-elles eu lieu dans un long espace de temps, ou bien se sont-elles rapidement opérées durant la première guerre punique? Niebuhr adopte la première opinion : suivant lui, c'est par erreur que Pline donne à l'as le poids de la livre jusqu'au temps de la première guerre punique. En cela pourtant le naturaliste romain était d'accord avec Varron, et M. Bœckh n'a pas hésité à partager ce sentiment[1]. Nous savons en effet que, dans le long cours de cette guerre désastreuse, les Romains ont cherché à remédier à l'épuisement du trésor par des altérations successives de la monnaie. Mais alors pourquoi la plupart de ces réductions ont-elles été passées sous silence par les historiens ? « Il est visible, dit M. Bœckh, que toutes les monnaies de cuivre moindres d'une livre et plus grandes que 2 onces ont été frappées arbitrairement ; car on ne peut croire que, dans un espace de vingt-trois ans, chaque amoindrissement d'une once, d'une demi-once et au-dessous, ait été décidé par le peuple et par le sénat. Quand on songe à l'autorité des magistrats romains, que, par exemple, les censeurs avaient plein pouvoir pour l'assiette des impôts, on est conduit à conclure que les petits changements de l'as ont pu être laissés à la discrétion des magistrats préposés à la monnaie. Le savant allemand doute, il est vrai, malgré l'autorité positive de Pomponius, que les *trium-*

(1) VARRON, *De ling. Lat.*, IV, 36. BOECKH, *Metr. unters.*, pag. 449.

viri monetales existassent dans la première guerre
punique; mais les changements dans les monnaies
purent être décrétés par le sénat qui, du temps de
Polybe, avait encore seul la garde et l'administration
du Trésor. Les historiens ne mentionnent point ces
décrets, ils ne s'arrêtent qu'aux lois. Or, les lois ne
se sont jamais occupées de l'affaiblissement des
monnaies que dans son rapport avec le paiement
des dettes. Festus nous apprend, il est vrai, que
la réduction à 2 onces fut ordonnée par le sénat; mais
il fallut une loi pour prescrire le paiement des dettes
sur ce nouveau pied, et les historiens ne mentionnent que les réductions qui se lient à des lois. »
Ajoutons à cela que les nombreuses réductions de
l'as s'étant opérées avec une extrême rapidité,
mais dans une époque déterminée par des limites
certaines, un auteur tel que Pline, qui ne touchait
ce sujet qu'en passant, ne pouvait songer à enregistrer chacun des degrés de cette réduction. Il est
donc naturel qu'il ait donné seulement les deux
termes extrêmes de la valeur de l'as, savoir : une
livre au commencement, 2 onces à la fin de la
guerre.

Le denier d'argent subit aussi des réductions successives, mais non proportionnées à celles qu'é-
prouva la monnaie de cuivre. Nous avons trouvé que
l'ancien denier, équivalant à 10 as d'une livre, valait
153,6 grains d'argent. M. Bœckh[1] fait connaître une
grande quantité de deniers romains et de divisions
du denier, dont le style dénote bien, dit-il, l'époque

(1) Ouvr. cité, p. 462-466.

de la première guerre punique, et qui présentent une
progression décroissante depuis 144 jusqu'à 98
grains. Il existe même des pièces de 89 grains et
au-dessous, que M. Bœckh écarte de sa liste, et
qu'il regarde, à tort peut-être, comme des deniers
de 84 à la livre. Ceux-ci devaient peser $73\frac{1}{7}$ grains,
et c'est supposer les ouvriers trop inhabiles, et les
règlements monétaires trop tolérants, que d'admettre un excédant en poids de 16 grains pour une
seule pièce.

Malheureusement les renseignements nous manquent complétement pour retrouver la liaison qui
a dû exister entre la diminution simultanée des
monnaies de cuivre et celle des monnaies d'argent.

Par exemple, l'as de cuivre pesait très probablement 4 onces en l'an 510. En effet, la colonie romaine qui, cette année, fut établie à Brindes, dut évidemment adopter le module et le poids des monnaies de Rome. Or, les plus anciennes monnaies de
Brindes, qui existent encore, donnent un as de 4 onces[1]; on peut donc admettre que c'était là le poids
de l'unité monétaire à Rome, l'an 510. Mais quels
étaient alors le poids et la taille des monnaies d'argent? M. Bœckh les détermine en admettant par hypothèse $\frac{1}{200}$ pour la valeur du cuivre relativement
à l'argent. D'après cette donnée, on aurait taillé
dans une pièce d'argent 60 deniers de 102^{gr},360;
car $\dfrac{60 \times 10}{3} = 200$. Nous ne pouvons suivre cette
marche, car ce serait supposer connu ce que nous

_____

(1) PEMBROKE, III, 128.

cherchons à découvrir, c'est-à-dire le rapport du
cuivre à l'argent. D'ailleurs, en admettant les calculs de M. Bœckh, on trouve bien peu de proportion entre les diminutions, soit de la valeur du
cuivre, soit du poids et de la taille du denier, et
l'espace de temps pendant lequel ces diminutions
se sont opérées. On peut suivre une autre méthode
qui n'est pas plus hypothétique que celle du savant
allemand, et qui a l'avantage de conduire à des
résultats plus probables. De 485 à 513, c'est-à-dire
en 28 ans, le denier a été réduit de 153,6 grains,
à 73$\frac{1}{7}$. La réduction totale est de 80 grains, ce
qui donne une réduction moyenne de 2^{gr},857 par
année. D'après cela, le denier, en 510, devait
peser 82^{gr},175. On taillait donc 75 deniers dans
la livre d'argent, et le rapport du cuivre à l'argent
était $\frac{75 \times 10}{3} = 250$. C'est évidemment à cette taille
de deniers pesant chacun 82 grains qu'il faudrait
rapporter les pièces de 78 à 89 grains, que M.
Bœckh a cru devoir rattacher à la taille de 84 à la
livre.

Trois ans après, comme nous l'avons dit, vers la
fin de la première guerre punique, le denier n'était
plus que $\frac{1}{84}$ de la livre; il valait 10 as de 2 onces de
cuivre, et ce dernier métal était à l'argent :: 140 : 1.

L'an de Rome 537, sous la dictature de Q. Fabius
Maximus, la gêne occasionnée par les désastres du
commencement de la deuxième guerre punique
amena une nouvelle réduction de l'as; il ne pesa plus
qu'une once, et ses rapports avec le denier furent
aussi changés. Le denier valut 16 as au lieu de 10

comme autrefois ; le quinaire, qui jusqu'alors avait
été de 5 as, en valut 8, et le sesterce 4. La république gagna, puisque l'as avait diminué de moitié,
5o p. $\frac{o}{o}$ dans tous les paiements qu'elle fit en cuivre,
et 20 p. $\frac{o}{o}$ dans les paiements qu'elle fit en argent ;
car le denier, qui auparavant valait 20 onces de
cuivre, ne valut plus désormais que 16 onces[1].
Tant que durèrent ces rapports, la valeur du cuivre

fut, relativement à l'argent, $\dfrac{84 \times 16}{12} = 112$.

Bientôt, ajoute Pline, par la loi Papiria, les as
furent réduits à $\frac{1}{2}$ once; *mox lege Papiriana se-
munciales asses facti.* Mais à quelle époque se re-
porte ce mot vague et indéterminé, *mox ?* On avait
cru d'abord pouvoir placer la réduction de l'as à $\frac{1}{2}$
once dans la seconde moitié du VI* siècle : Pighi l'attribua à C. Papirius Tordus, tribun du peuple vers
575; d'autres, M. Letronne entre autres, la fixèrent à
l'an 562, et cette opinion paraissait généralement
adoptée. Eckel manifesta néanmoins quelques
doutes sur son exactitude, et en 1822, M. le comte
Borghesi, dans ses *Osservazioni numismatiche*[2],
proposa une nouvelle interprétation qui réunit d'a-
bord tous les suffrages. Il possédait un as d'une
once portant la légende CN. MAC. IMP., qu'il traduisait
par *Cnæus Magnus Imperator,* attribuant ainsi la
pièce au grand Pompée, décoré par Sylla du surnom
de *Magnus* en 674, et du titre d'*Imperator* en 677.
Cet as d'une once ne pouvait donc être antérieur

---

(1) PLINE, XXXIII, 13.
(2) Giornale Arcadico, t. XIII, p. 73.

à l'an 677, et par conséquent il fallait chercher postérieurement à cette époque l'auteur de la loi Papiria. M. Borghesi crut l'avoir trouvé dans un certain C. Papirius Carbo, tribun du peuple, qui, en cette qualité, accusa Cotta, consul en 680; et cette opinion était d'autant plus plausible qu'il démontrait parfaitement qu'en l'an 700, on avait frappé des as semi-onciaux.

M. Bœckh n'a pas trouvé ce système assez bien établi. « Il est certain, dit-il, qu'après la mort de Pompée, c'est-à-dire trois ans après l'époque où nous savons positivement qu'on a émis des as d'une demi-once, il a été frappé encore des as onciaux. » Il pouvait donc avoir été fait une émission de pièces plus légères que l'as de M. Borghesi antérieurement à l'année 677. Le savant allemand tend à reculer encore la date de la loi Papiria, et il l'attribue à Cn. Papirius Carbo, consul en 669, 670 et 672. Il ignorait que de nouvelles et patientes recherches avaient conduit M. le comte Borghesi à une opinion qui se rapproche beaucoup de la sienne. L'as qu'il avait attribué d'abord au grand Pompée est une médaille consulaire dont la légende est *Cnæus Maculnius Roma*, au lieu de *Cnæus Magnus Imperator*, comme le porte à tort le catalogue de d'Ennery. Ainsi disparaît le seul obstacle qui s'opposât à ce qu'on pût placer la réduction semi-onciale dans les temps antérieurs au grand Pompée. « Conséquemment, dit M. Borghesi, rien n'empêche désormais que la loi Papiria de Pline soit rapportée au temps de la guerre sociale, date que lui assignent une foule d'autres motifs, et qu'elle soit

attribuée à C. Papirius Carbo, tribun du peuple en
665, auteur d'une autre loi connue sous le nom
de loi Plautia Papiria[1].

La réduction de l'as ne fut pas la seule altération
des monnaies causée par les désastres de la guerre
sociale. Deux ans avant cette réduction, M. Livius
Drusus avait altéré le denier d'argent en y introdui-
sant un huitième d'alliage, mais il ne paraît pas que
cette altération ait été durable et que le rapport de
l'as au denier ait changé pour cela. La valeur du cui-

vre, relativement à l'argent, fut donc $\dfrac{84 \times 16}{24} = 56$;

mais ceci n'est plus une valeur de marché, comme
le font très bien remarquer MM. Letronne et
Bœckh; c'est une valeur arbitraire à laquelle on
peut attacher d'autant moins d'importance que
l'as, depuis sa réduction à 1 once, n'était plus
qu'une monnaie d'appoint[2]. Le sesterce était devenu l'unité monétaire, et tous les grands paiements se faisaient en argent.

Le denier n'en subit pas moins encore diverses
altérations. Antoine mêla du fer aux monnaies d'ar-

<hr>

(1) « E cosi niente più ora impedirà che la legge Papiria di
Plinio si faccia risalire ai tempi della guerra sociale, ai quali
molte altre ragioni la richiamano, e che si attribuisca a C. Papirio
Carbone, tribuno della plebe nel 665, autore famoso dell' altra
legge Plauzia Papiria. » Ce passage est tiré d'une lettre manuscrite du comte Borghesi, en date de San Marino, 8 février 1837.

(2) Il est donc peu important de rechercher quel a pu être,
postérieurement à cette époque, le rapport du cuivre à l'argent,
d'autant plus que les renseignements se réduisent à quelques
vagues indications se rapportant au Bas-Empire; nous en parlerons dans les chapitres suivants.

gent; on ignore dans quelle proportion, mais nous voyons par les monuments que cet alliage ne fut point permanent, car l'essayage des monnaies d'argent de diverses époques présente constamment environ 960 de fin. La plus importante altération du denier eut lieu dans son poids, puisqu'il devint peu à peu la 96ᵉ partie de la livre. On ne connaît pas précisément l'époque où cette nouvelle réduction eut lieu; M. Letronne pense qu'elle existait déjà sous Vespasien[1]. M. le comte Borghesi, dans une lettre manuscrite du 25 septembre 1839, émet l'opinion que le denier d'argent, sous Néron, était déjà la 96ᵉ partie de la livre, et les pesées que j'ai faites moi-même à la Bibliothèque royale, tout en confirmant cette opinion, m'ont démontré que la taille de 96 à la livre ne pouvait guère remonter au-delà de cet empereur.

CHAPITRE X.

DE LA MONNAIE D'OR ET DE SON RAPPORT AVEC LA MONNAIE D'ARGENT.

L'or fut d'abord très rare à Rome, puisqu'en 365 l'Etat et les particuliers en purent à peine réunir mille livres pour se racheter des Gaulois. L'argent, pour les causes que j'ai indiquées ci-dessus, et en raison de l'époque où il commença à servir de monnaie courante à Rome, dut être plus

(1) Consid. gén., p. 39, 40.

commun que l'or dans une proportion assez forte. La possession des mines d'Espagne, si riches en argent [1], cette circonstance remarquée par Pline [2], que les tributs que Rome exigea des vaincus jusqu'au VIIe siècle, et en particulier de Carthage, furent toujours payés en argent, la quantité de ce métal que ces causes firent refluer dans l'Italie durent maintenir l'or à un niveau assez élevé. Ce métal, selon Pline, ne fut employé qu'en lingots dans les paiements jusqu'à l'an 547. Cette année, on frappa pour la première fois à Rome des monnaies d'or. A cette époque, les Romains ne taillèrent pas encore un nombre déterminé de pièces dans une livre de métal. Leur monnaie d'or était rapportée au scrupule, qui valait 20 sesterces; de sorte que chaque pièce d'or valait 20, 40, 60, 80 sesterces, suivant qu'elle pesait 1, 2, 3 ou 4 scrupules. Ces pièces sont aujourd'hui fort rares. M. Letronne en a pesé un certain nombre qui ont donné depuis 21 grains, ou 1 scrupule, jusqu'à 204 grains ou $9\frac{1}{2}$ scrupules. Or, un fait remarquable, c'est que les pièces de 1, 2 et 3 scrupules portent les marques XX, XXXX, LX, qui indiquent leur valeur en sesterces, tandis que les pièces d'un poids supérieur ne portent aucune marque de valeur [3]. Elles exigeaient donc dans les paiements l'usage de la balance et ne différaient des lingots que par l'empreinte.

Le rapport entre la monnaie d'or et la monnaie

(1) PLINE, XXXIII, 31, atteste qu'un seul puits fournit à Annibal 300 livres d'argent par jour.
(2) XXXIII, 15
(3) LETRONNE, Consid. gén., p. 73.

d'argent est facile à établir; 1 scrupule d'or valait, avons-nous dit, 20 sesterces = 5 deniers; le denier, étant la 84e partie de la livre d'argent, pesait 3scrup.,4285. Ainsi un scrupule d'or valait 5 fois 3,4285 ou 17,14 scrupules d'argent. Mais le rapport entre les valeurs commerciales des deux métaux était un peu différent. Pline nous apprend[1] qu'un scrupule d'or s'échangeait contre 4 deniers d'argent, c'est-à-dire contre quatre fois 3,4285 = 13,71 scrupules d'argent. L'argent était donc à l'or, dans le commerce, comme 13,71 : 1, dans les monnaies, comme 17,14 : 1.

Cette différence des deux rapports a fourni à M. Letronne le moyen d'expliquer complétement le passage de Pline relatif à la première monnaie d'or, passage fort obscur et dont Hardouin n'avait fait qu'entrevoir le véritable sens. « Aureus nummus percussus est, dit Pline[2], ita ut « scrupulum valeret vicenis sesterciis : quod efficit « in libras, ratione sesterciorum qui tunc erant, « sestertios DCCCC. » Pline a précédemment indiqué le gain qu'avait fait la république à chaque réduction des monnaies, et c'est encore un gain fait par l'Etat qu'il exprime dans ce passage. Dans le commerce le scrupule d'or valait 4 deniers ou 16 sesterces; donc 4608 sesterces étaient l'équivalent d'une livre d'or. En donnant au scrupule d'or monnayé la valeur de 20 sesterces, on porta la livre de ce métal à 5760 sesterces. L'Etat fit donc un gain total de 1152 sesterces par livre, gain qui,

(1) Hist. nat., XIX, 4, tom. II, p. 157, l. 10.
(2) XXXIII, 13, t. II, p. 612.

déduction faite des frais de fabrication, se réduit tout naturellement aux 900 sesterces donnés par par Pline.

Plus tard les Romains cessèrent de rapporter leur monnaie d'or au scrupule et taillèrent dans la livre d'or un nombre de pièces déterminé. « Post « hæc, dit Pline, placuit X. (denarios) XL signari « ex auri libris, paulatimque pondus imminuere « principes; minutissime vero ad XLV[1]. » M. Letronne[2] a prouvé jusqu'à l'évidence que ce changement important dans la monétation de l'or eut lieu de l'an 700 à l'an 705, et fut probablement introduit par Jules César. Tite-Live, qui écrivait son histoire vingt ou vingt-cinq ans après cette époque, nous fournit[3] une comparaison entre l'or et l'argent qu'il importe d'examiner; il évalue 6000 livres pesant d'or à 24 millions de sesterces, ce qui donne 4 millions de sesterces pour 1000 livres d'or et 4000 pour une livre[4]. De là on peut tirer deux conclusions : d'abord l'*aureus*, qui était la 40° partie de la livre, doit égaler la 40° partie de 4000 sesterces, ou, ce qui revient au même, de 1000 deniers : 1 *aureus* = donc 25 deniers. Cette valeur de l'*aureus* a été constamment la même. On voit de plus, par le passage de Tite-Live, que 1 livre d'or était égale

(1) J'adopte l'heureuse correction proposée par M. Letronne, de *vero* pour *Nero*, que porte l'édition d'Hardouin, et qui est contredite par la plupart des mss. Mes pesées m'ont convaincu que l'*aureus* était bien plus léger sous Galba, Vespasien et Titus, que sous Néron.

(2) Consid. gén., p. 73-76.

(3) XXXVIII, 55.

(4) Voy. LETRONNE, ouvr. cité, p. 78, note 2.

en valeur à $\frac{1000}{84}$ de la livre d'argent, ce qui met l'argent relativement à l'or :: 11,90 : 1, ou, à très peu près, :: 12 : 1. Le rapport si élevé de l'an 547 ne s'était donc pas maintenu, et le cours naturel des choses avait amené, entre la valeur monétaire des deux métaux, une proportion à peu près semblable à celle de leur valeur commerciale que nous avons vu être de 13,71 à 1.

En remontant au-delà de l'an 547 de Rome, on retrouve encore à diverses époques un rapport à peu près identique entre les deux métaux. Ainsi Hérodote dit [1] que l'or est *treize* fois plus précieux que l'argent; Platon nous apprend [2] que l'or s'échangeait contre *douze* fois son poids en argent; enfin deux passages de Ménandre et de Xénophon [3] prouvent que, vers l'an 300 avant J.-C., la proportion de l'argent à l'or était de 10 à 1; et c'est, comme le fait justement remarquer M. Letronne, la même proportion qui se trouve clairement indiquée dans le traité entre les Romains et les Etoliens, rapporté par Polybe et par Tite-Live [4]. Dans ces passages, il s'agit sans aucun doute d'or en lingots, et par conséquent ils fournissent aussi bien le rapport commercial que le rapport monétaire. Mais il faut remarquer que le double rapport est aussi donné dans l'évaluation de Tite-Live que nous avons rapportée plus haut. On peut donc dire

(1) III, 95.
(2) Hipparch., t. II, p. 231. D., Paris, Estienne, 1578, in-fol.
(3) Menandr., *ap. Pollux*, IX, § 76. — Xenoph. Anab. I, vii, 18, ed. Weiske.
(4) Polybe, XXII, 15, Tite-Live, XXXVIII, 11. Cf. Letronne, Consid. gén., p. 64.

que, depuis Hérodote jusqu'à la dictature de Jules César, le rapport commercial de l'argent à l'or n'a pas éprouvé de bien grandes variations.

Il y eut néanmoins, de 701 à 707 de Rome, au commencement de la guerre civile de César et de Pompée, une oscillation subite et très remarquable entre la valeur de l'or et de l'argent. La livre d'or, qui valait environ 11,90 livres d'argent, s'échangea contre 8,90 livres de ce métal. Ce fait curieux, dont jusqu'ici on n'a, ce me semble, ni soupçonné ni par conséquent bien apprécié la cause, mérite une discussion sérieuse et approfondie Suétone raconte que César rapporta des Gaules une si grande quantité d'or qu'il fut contraint de le vendre en Italie et dans les provinces à raison de 3000 sesterces la livre[1]. Le prix courant était, comme on l'a vu, de 4000 sesterces; il n'en tira donc que 8,90 fois le poids en argent au lieu de 11,90 qui était alors le rapport légal.

Il m'a toujours semblé improbable que la véritable cause de cet avilissement si brusque et si extraordinaire de l'or en Italie fût celle qui a été alléguée par Suétone. La Gaule, lors de la conquête par César, n'était pas certes assez opulente, surtout en or monnayé ou en lingots, pour opérer un changement aussi remarquable dans le rapport des métaux précieux. Ce qui le prouve, à mon avis,

---

(1) « J. Cæsar in Gallia fana templaque Deum, donis referta, expilavit, urbes diruit, sæpius ob prædam quam ob delictum; unde factum ut auro abundaret, ternisque millibus nummum in libras promercale per Italiam provinciasque divenderet. » SUÉTON., *J. Cæsar*, 54.

jusqu'à l'évidence, c'est un autre passage de Suétone lui-même[1], confirmé par Eutrope[2], qui donne
la somme totale du tribut annuel imposé par César
à toute la Gaule. Or ce tribut ne monte qu'à 40
millions de sesterces, c'est-à-dire un peu plus de
11 millions de francs. Est-il probable qu'on n'eût
imposé qu'à cette faible somme un pays assez riche
en or pour que sa dépouille eût fait baisser d'un
quart la valeur de ce métal en Italie et dans le
reste de l'empire romain, *Italiam provinciasque?*

Mais un autre événement coïncide avec cette
époque; c'est le pillage et l'émission du trésor de la
république par César, événement qui dut sans
contredit exercer, sur le rapport des valeurs entre
les métaux, une bien autre influence que le produit des dépouilles de la Gaule, tant était énorme
l'accumulation des capitaux, en or surtout, que la
république tenait enfouis dans les caisses de ses
trois *ærarium!* L'an 663, avant la guerre sociale,
il y avait dans l'*ærarium*, Pline l'atteste[3], 1620 829
livres romaines d'or, environ 1 milliard 800000 fr.
Le trésor de la république était encore plus riche
en 705, lorsque Jules César s'en empara; il se montait alors à 2 milliards de francs.

Cette masse énorme de métaux, jetée subitement
dans la circulation, dut contribuer à l'abaissement
de l'intérêt en accroissant l'abondance du signe, et
comme l'or, à raison de sa plus grande valeur et

(1) *J. Cæsar*, 25.
(2) Breviar. *Hist. Rom.* VI, 14,
(3) XXXIII, 17. Cf. BROTTIER, *Ann. Tacit.*, t. II,
p. 419, sqq., ed. in-4.

de la moindre place qu'il exige, existait à cette époque, en bien plus forte proportion que l'argent dans le trésor de la république, l'émission subite d'une immense quantité de monnaie d'or dut changer momentanément le rapport entre l'or et l'argent, jusqu'à ce que la pente naturelle du commerce, jointe aux causes que j'ai signalées[1], eût mis en équilibre la valeur relative des deux métaux.

Lorsque, pour la première fois, on tailla des monnaies d'or rapportées à la livre, l'*aureus* fut exactement la 40° partie de la livre et pesa de 153 à 154 grains ; c'est le poids de l'*aureus* de Jules César. Depuis Auguste jusqu'à Titus, le denier d'or arriva par des réductions successives à ne plus peser que la 45° partie de la livre, c'est-à-dire environ 136 grains. Mais il faut remarquer que le denier d'argent fut aussi réduit successivement et dans la même proportion. Aussi le rapport des deux métaux resta-t-il sensiblement le même jusqu'à Domitien ; sous ce dernier prince il était encore de 1 à 11,30[2].

Dans le reste du haut empire, depuis Adrien jusqu'à Constantin, il est impossible de suivre la marche de la proportion entre les deux métaux. Sous Constantin, on a cru[3] que la proportion s'était élevée à $\frac{1}{15}$, probablement d'après la fausse interprétation d'une loi datée de 325, dont voici le texte : « Si

---

(1) Les quantités respectives des deux métaux, qui sont :: 1 : 52 ; l'emploi de l'argent à un plus grand nombre d'usages, etc.

(2) Voy. le tableau des réductions dans M. **Letronne**, Consid. gén., p. 83, 109.

(3) *Ibid.*, p. 112.

« quis solidos appendere voluerit auri cocti, septem
« solidos quaternorum scrupulorum nostris vultibus
« figuratos adpendat pro singulis unciis, quatuorde-
« cim vero pro duabus, juxta hanc formam omnem
« summam debiti inlaturus : eadem ratione ser-
« vanda etsi materiam quis inferat ut solidos de-
« disse videatur[1]. » Il ne s'agit plus ici du denier d'or,
aureus, de 40 ou de 45 à la livre, mais du sou d'or,
ou *solidus*, qui était la 72ᵉ partie de la livre. Hamberger, Godefroy, Garnier et plusieurs économistes ont cru voir dans la loi que nous venons de
rapporter la preuve que, sous Constantin, on taillait à la livre, du moins à partir de l'an 325, 84 *solidus* de 4 scrupules chacun, sans faire attention
que par là même ils portaient l'once romaine à 28
scrupules au lieu de 24, et la livre à 336 scrupules
au lieu de 288. Pancirol et Savot après lui ont
pensé que le texte était altéré, et qu'il fallait y
lire *sex* au lieu de *septem*, *duodecim* au lieu de
quatuordecim; cette double correction n'est nullement nécessaire à l'intelligence de la loi. On sait
que les Romains monnayaient l'or presque sans
alliage. Constantin, au commencement de son
règne, afin de subvenir aux frais des nombreuses
guerres qu'il eut à soutenir, fut obligé de déroger
à cet usage et d'augmenter la valeur courante des
monnaies d'or en affaiblissant leur titre. On
n'en continua pas moins à percevoir indifférem-
ment l'impôt en lingot ou en espèces; le tout,
suivant l'usage, était fondu et réduit en masse
avant d'être porté au trésor pour y subir l'opéra-

---

(1) Cod. Théod., XII, VII, 1, t. IV, p. 563.

tion de l'affinage. Mais comme les collecteurs d'impôts étaient naturellement portés à se rembourser d'avance de leurs pertes éventuelles, soit en rançonnant les contribuables, soit en les trompant dans les pesées, Constantin remédia à cet inconvénient par la loi que nous avons citée, en vertu de laquelle les collecteurs, échappant à toutes les chances de perte, n'avaient plus d'intérêt à vexer les contribuables. Ceux qui voulaient payer en espèces d'or, et qui apportaient des *solidus* frappés à l'effigie de Constantin, en donnaient 7 au lieu de 6 pour une once, parce que ces 7 *solidus* fondus et affinés ne valaient pas plus de 6 *solidus* d'or fin. De même on imposait à celui qui payait en lingots, pour éviter toute contestation sur le titre, l'obligation de donner 28 scrupules par once au lieu de 24, parce qu'on supposait que 28 scrupules d'or en poudre ou en lingot, une fois fondus et affinés, ne laisseraient que 24 scrupules d'or fin. On demanda $\frac{1}{7}$ en sus pour l'alliage et les frais de fabrication; et c'était bien calculé, car l'or natif, soit en poudre, soit en pépites, est assez pur, et Pline[1] assigne à l'or des mines du plus bas titre $\frac{1}{8}$ d'argent. C'est ainsi que les ouvriers qui ramassaient l'or étaient obligés de fournir 14 onces de paillettes, *balluca*, pour une livre d'or, qui ne se composait que de 12 onces : « Ob metallicum canonem, in quo propria consuetudo retinenda est, quatuordecim uncias ballucæ pro singulis libris constat inferri[2]. »

(1) Vid. supr. p. 63, not.
(2) Cod. Théod., X, xix, 4. Cf. Cod. Just., XI, vi, 2. Et voy. BOUTEROUE, Recherches curieuses des monnaies de France, p. 115, 116. PAUCTON, Métrol., p. 419, ss.

On voit qu'il n'est nullement question dans cette loi d'une taille monétaire ; mais elle nous apprend au moins la loi de la taille des monnaies d'or sous Constantin ; car, le *solidus* étant de 4 scrupules et la livre de 288, il est clair qu'on taillait 72 *solidus* dans une livre, puisque 72 × 4 = 288.

Sous Valentinien, en 367, la livre d'or fournissait toujours 72 *solidus*[1] : « In septuaginta duo « solidos libra auri feratur accepta. » Trente ans après, une autre loi d'Arcadius et d'Honorius[2] fixe la proportion de l'or et de l'argent : c'est 5 sous d'or pour une livre d'argent. La livre d'or valait donc en argent $\frac{72}{5} = 14,4$ livres.

Enfin, en 422, une loi d'Honorius et de Théodose-le-Jeune[3] fixe la proportion de 18 à 1 entre l'argent et l'or : « Pro singulis libris argenti qua- « terni solidi præbeantur ». Or, $\frac{72}{4} = 18$.

Ainsi la valeur de l'or relativement à l'argent s'était accrue depuis Domitien jusqu'à Honorius ; car la livre d'or qui, sous le dernier des Flaviens, entre les années 82 et 96 de l'ère chrétienne, ne valait que $11 \frac{1}{8}$ livres d'argent, en valait 18 en 422.

Le *solidus* ne paraît, dit-on[4], comme monnaie d'or, que depuis Dioclétien. Cependant Scaliger

(1) Cod. Théod., XII, vi, 13.
(2) *De argenti pretio.* Cod. Théod., XIII, ii, 1. « Jubemus ut pro argenti summa, quam quis thesauris fuerat inlaturus, inferendi auri accipiat facultatem, ita ut pro singulis libris argenti quinos solidos inferat. »
(3) Cod. Théod., VIII, iv, 27, *de Cohortalibus.*
(4) Voy. ce mot dans les Lexiques de Gessner et de Forcellini.

l'a trouvé désigné dans une inscription antérieure, et J. Godefroy pense[1] qu'il fut substitué à l'*aureus* sous Alexandre-Sévère; mais un passage de Pétrone[2] prouve que l'existence du *solidus* est plus ancienne. Je cite ce texte précis, qui n'a point été connu des savants et qui me semble décider la question : « Puto mehercule illum reliquisse soli-« dum centum, et omnia in nummis habuit. » Du reste, la monnaie d'or, qui était, comme aujourd'hui en Angleterre, la régulatrice des valeurs, fut toujours conservée sans altération, soit pour le poids, soit pour le titre. Les empereurs d'Orient et d'Occident s'en firent une loi invariable, et une novelle de Valentinien III[3] contient ces paroles remarquables : « L'intégrité et l'inviolabilité du signe favorisent le commerce et maintiennent l'uniformité du prix de toutes les choses vénales. » Ce prince, dans la même novelle, fixe la valeur du *nummus,* monnaie de cuivre dont 7000 valaient 1 sol d'or ou 15 francs; et déjà Arcadius et Honorius, dans une loi de l'an 396[4], avaient fixé à 1 *solidus* la valeur de 25 livres de cuivre. Ainsi à cette époque une livre d'or valait 1800 livres de cuivre, et 1 livre d'argent 100 livres de cuivre.

(1) Comment. sur le Cod. Théod., tom. III, p. 184, c. 2.

(2) Tom. I, p. 162, ed. 1713, 2 vol. in-12.

(3) Parmi celles de Théodose, tit. XXV, *de Pretio solidi*, Cod. Théod., tom. VI, append., p. 12.

(4) Cod. Théod., *de Conlat. æris*, XI, xxi, 2. On lit dans le code Justinien (Cod. Just., X, tit. 29, *de Coll. æris.*) : « Pro viginti libris æris unus auri solidus reddatur. » Les copistes ont omis ici le mot *quinque*, qui se trouve dans la loi précédente, et Savot, qui le rétablit, me semble avoir raison contre Jacques Godefroy. Cod. Théod. T IV, p. 161, col. 1.

Avec des données aussi précises sur la valeur des métaux entre eux à diverses époques, et après avoir fixé le système complet des poids et des mesures pour Rome et pour la Grèce, chez laquelle Rome a puisé sa civilisation, soit directement, soit par l'intermédiaire de l'Etrurie, il nous sera désormais facile d'obtenir la valeur intrinsèque et relative des métaux précieux par rapport au prix moyen du blé, de la solde et de la journée de travail.

CHAPITRE XI.

PRIX MOYEN DU BLÉ.

Le blé, dans tous les pays où cette denrée constitue la subsistance générale, est la mesure naturelle des salaires. C'est sur cette mesure que se règle le prix du travail, qui est lui-même l'élément primitif de toutes les valeurs échangeables. La journée de travail, qui est l'emploi pendant un temps donné de la force et de l'adresse d'un homme ordinaire pour le travail qui lui est demandé, a toujours eu la même valeur dans les sociétés parvenues au même degré de civilisation, et le prix de cette journée de travail a toujours été déterminé par la quantité de subsistances nécessaire pour que l'ouvrier vive et entretienne la famille qui doit le remplacer; parce que, si l'ouvrier ne trouvait pas dans son salaire les moyens de perpétuer sa race, il y aurait, au bout de quelques années, disette d'ou-

vriers, et dès lors renchérissement accidentel des
salaires. L'or et l'argent, comme toutes les autres
productions, reçoivent leur valeur de la quantité
de travail qui a été employée à la recherche, découverte, extraction et transport qui les font entrer
dans le commerce. Arrivés au marché où ils se vendent, ces métaux y représentent tout le travail
qu'ils ont coûté, et c'est là ce qui détermine leur
valeur d'échange.

Je crois pouvoir affirmer que cette valeur d'é-
change, c'est-à-dire la valeur relative des métaux
précieux par rapport au prix moyen du blé et de
la journée de travail, fut moindre dans l'Attique et
dans l'empire romain qu'on ne l'a généralement
cru jusqu'ici. Je dois et je vais confirmer cette assertion par des témoignages positifs et des preuves
directes et précises.

M. Bœckh[1] a déjà combattu l'erreur anciennement
établie à ce sujet. « Quelques écrivains, dit-il, ont
exagéré le bas prix des denrées dans l'antiquité, en
soutenant que l'on s'approcherait beaucoup de la
vérité si on les portait, terme moyen, au 10ᵉ de
ceux du xviiiᵉ siècle. Le prix des grains, d'après
lequel les autres doivent se régler, prouve le contraire. »

Le médimne d'orge, dit Plutarque[2], ne valait
qu'une drachme du temps de Solon; il en valait
deux à l'époque de Socrate et de Diogène le cyni-
que[3], dans une année de rare abondance. Le mé-

---

(1) Econ. polit. des Athén., t. I, p. 102.
(2) Solon, c. 23.
(3) PLUTARQ., du Repos de l'àme, t. VII, p. 841, ed. Reisk.

dimne de blé, du temps d'Aristophane, vers les Olympiades 96 et 97, est porté à 3 drachmes[1]. Tous ces faits ont été réunis et discutés par MM. Barthélemy, Bœckh et Letronne ; tous sont insuffisants, à mon avis, pour déterminer le prix moyen du blé et de l'orge dans l'Attique, et l'on arriverait, en les admettant pour base d'une évaluation de ce genre, à des résultats peu certains. M. Bœckh, par exemple, d'après la seule autorité de Plutarque, écrivain grec du 11ᵉ siècle de l'ère chrétienne, fixe[2], pour le temps de Solon, le prix du blé à une drachme le médimne. Mais une loi du célèbre législateur Athénien[3] montre évidemment que le prix du médimne était alors évalué à plusieurs drachmes. En effet, fixant la dot que l'agnat le plus proche doit donner à sa parente, restée veuve sans enfants, θῆσσα, s'il ne veut pas l'épouser, il porte cette dot à 500 drachmes pour ceux qui ont un revenu de 500 médimnes, et à 300 drachmes pour les chevaliers dont la fortune est estimée dans le cens à 300 médimnes. Or, d'après l'exiguïté des dots en usage à Athènes, on ne peut croire que la loi obligeât l'agnat à donner plus du tiers ou du quart de son revenu, ce qui porterait la valeur du médimne de blé à 3 ou 4 drachmes. En effet, le père de Démosthène[4] laissa

---

BARTHELEMY, Mém. de l'Acad. des Inscr., t. XLVIII, p. 394, Sur le prix des grains. DIOG. LAERT., *Vit. Diogen.*, p. 146, C. ed. Lond., 1664.

(1) Eccl., 380, 543.
(2) Ouvr. cit., p. 102.
(3) PETIT, *Leg. Attic.*, VI, 11, p. 551.
(4) DEMOSTH., *Contr. Aphob.*, p. 548, ss., ed. Wolf. Voy. BOECKH, Econ. polit. des Athén., t. II, p. 274.

14 talents, ou 840 mines, et sa mère avait eu 50 mines de dot.

C'est un grand orateur, un homme d'état, versé dans l'administration, Démosthène, qui, seul pour l'époque de Philippe et d'Alexandre, nous donne le moyen de fixer cette valeur avec quelque précision.

Barthélemy avait avancé, dans Anacharsis[1] et dans son mémoire sur le prix des grains, que le prix ordinaire du blé était de 5 drachmes le médimne (c'est-à-dire 4ᶠ.57ᶜ· le demi-hectolitre). Il s'appuyait sans doute sur un passage de Démosthène, qui rapporte que, dans un temps de disette où le blé s'était élevé dans Athènes jusqu'à 16 drachmes le médimne, des marchands bienfaisants en avaient fait venir plus de 10,000 médimnes qu'ils avaient distribués au prix *modéré* de 5 drachmes le médimne[2]. L'erreur de Barthélemy vient probablement de ce qu'il a traduit, avec Wolf, les mots καθεστηκυίας τιμῆς par *usitato pretio*, au prix *ordinaire* de 5 drachmes.

Suivant M. Letronne, ces deux mots ont une acception toute différente. Ce savant[3] considère les 5 drachmes par médimne, dont Démosthène fait mention, comme un *maximum* taxé dans un temps de disette. Ce prix ne peut, dans son opi-

(1) Chap. XX, Mœurs et vie civile des Athén., t. II, p. 390, in-18, 1815.
(2) Ὅτι δὲ ὁ σῖτος..... ἐγίνετο ἑκκαίδεκα δραχμῶν, εἰσαγαγόντες πλείους ἢ μυρίους μεδίμνους πυρῶν, διεμετρήσαμεν ὑμῖν τῆς καθεστηκυίας τιμῆς πέντε δραχμῶν τὸν μέδιμνον. *Adv. Phormion.* p. 589, C., ed. Wolf.
(3) Consid. gén., p. 113, 114.

nion, avoir été le prix ordinaire, attendu qu'il aurait été disproportionné avec la paie du soldat. « Pour connaître le prix commun, dit-il, celui sur lequel nous devons asseoir nos calculs, il faut se reporter à une époque plus paisible. La réponse de Socrate à Archélaüs de Macédoine, qu'Arrien nous a conservée textuellement, prouve que vers 410 avant J.-C. le 12° du médimne coûtait 1 obole[1], ce qui porte le prix du médimne à 2 drachmes; 4 chénices coûtaient 1 obole, et comme le médimne contenait 48 chénices et la drachme 6 oboles, le prix du médimne se trouve porté à 2 drachmes. »

Mais une inadvertance de l'auteur des Considérations sur les monnaies grecques et romaines affecte ses calculs d'une erreur de la moitié; car ἄλφιτον signifie la farine d'orge, qui a toujours été et qui est encore, pour le prix, de moitié au-dessous de la farine de blé, ἄλευρον[2]. « Quaternis sestertiis « tritici modium, binis hordei» est le rapport fixé par Cicéron dans un de ses discours contre Verrès[3].

« Ἄλφιτον, dit Henri Étienne, farina hordeacea « proprie, ut ἄλευρον triticea. » Platon, dans son traité de la République[4], définit clairement le sens de ces mots: ἐκ μὲν τῶν ΚΡΙΘΩΝ ΑΛΦΙΤΑ σκευαζόμενοι, ἐκ δὲ τῶν ΠΥΡΩΝ ΑΛΕΥΡΑ, « avec l'orge on fait l'*alphiton* ou farine d'orge, avec le blé l'*aleuron* ou farine de blé. » Ce passage de Platon, un autre d'He-

---

(1) Τέσσαρές εἰσι χοίνικες τῶν ἀλφίτων ὀβολοῦ ὤνιοι, etc., etc.
(2) L'orge pèse ⅓ de moins que le blé, et, à poids égal, donne ¼ en moins de matière nutritive.
(3) III, 81. Dans la Gaule Cisalpine, du temps de Polybe, l'orge valait, d'après cet auteur (II, xv, 1), la moitié du blé: 2 oboles le médimne d'orge et 4 oboles celui de froment.
(4) Liv. III, t. II, p. 372, ed. Serran.

sychius[1], et toutes les autorités que rapporte Henri
Étienne et qu'il serait trop long de citer, ne laissent
aucun doute sur la signification précise du mot
ἄλφιτον.

C'est cependant d'après cette base fausse que
M. Letronne fixe le prix moyen du blé à Athènes.
« C'est, dit-il, pour le médimne 2 ½ drachmes. Le
rapport de l'argent au blé était donc de 3146 à 1. »

Ce rapport, comme on voit, n'est pas celui du
froment, mais celui de l'orge à l'argent; encore est-
il inexact, même en adoptant les données de M. Letronne. En effet, le *modius* de blé pesant, d'après
lui, 16 livres, poids de marc, le médimne, qui valait
6 *modius*, devait peser 96 livres ou 884 736 grains.
M. Letronne estime le poids de la drachme à 82
grains; 2 ½ drachmes pèsent donc selon lui 205
grains. Ainsi le rapport de l'orge à l'argent, qu'il dit
être :: 3146 : 1, serait réellement :: 884 736 : 205, ou
bien, à très peu près, :: 4316 : 1.

Toutefois, en acceptant ce dernier résultat, il faudrait admettre que le prix ordinaire de l'orge était
2 ½ drachmes, ce qui porterait à 5 drachmes environ celui du froment. Or, si dans ces 5 drachmes,
dans ce καθεστηκυία τιμή de Demosthène, je me re-
fuse, comme mon savant confrère, à voir un prix
ordinaire, *usitatum pretium*, je ne puis le considérer avec lui comme un *maximum* officiellement
établi en temps de disette, et par conséquent au-
dessus des prix usités. C'est à mon avis une simple
libéralité privée, faite dans le but de soulager la

---

(1) Ἄλευρα κυρίως τὰ τοῦ σίτου· ἄλφιτα δὲ τὰ τῶν κριθῶν.
HESYCH., v. Ἄλευρα.

misère du peuple, et l'on ne peut tirer de ce fait une évaluation du prix moyen. Ce qui le prouve d'une manière péremptoire, c'est le prix ordinaire de l'orge donné par Démosthène lui-même dans son discours contre Phénippe [1] : « Tu as vendu, dit le célèbre orateur à son adversaire, tu as vendu ton orge 18 drachmes le médimne et ton vin 12 drachmes le métrète [2]. » Et, en terminant son plaidoyer, il affirme que ces prix étaient le triple des prix ordinaires. « Où devront-ils s'adresser, dit-il, ceux qui ne trouveront aucun appui dans votre justice, si vous couvrez de votre protection des hommes riches à qui vous ne devez nulle reconnaissance, et qui, ayant recueilli une grande quantité de grains et de vin, ont vendu ces denrées *trois fois* au-dessus des prix établis [3] ? » Ce passage prouve évidemment que le prix ordinaire du médimne d'orge était le tiers de 18 drachmes, c'est-à-dire 6 drachmes.

Ces prix [4] n'étaient pas très différents dans les autres Etats de la Grèce. Aristote rapporte, dans le second livre de ses Economiques, que le médimne d'orge coûtait, à Lampsaque, 4 drachmes ; mais que l'État, pour en tirer avantage, le fit porter à 6. On trouve même, dans une lettre de Cassius à Cicéron [5],

---

(1) P. 656, A, ed. Wolf.

(2) Σὺ δ' ἐκ τῆς ἐσχατιᾶς νῦν πωλῶν τὰς κριθὰς ὀκτωκαίδεκα δραχμούς.

(3) Πῇ γὰρ τραπίσθαι δεήσει διαμαρτόντα τῆς ὑμετέρας γνώμης ; ὅταν οἱ πλούσιοι καὶ μηδὲν ὑμῖν πώποτε χρήσιμοι γεγενημένοι, πολὺν καὶ σῖτον καὶ οἶνον ποιοῦντες, καὶ τοῦτον τριπλασίας τιμῆς ἢ πρότερον διατιθέμενοι, πλεονεκτῶσι παρ' ὑμῖν. *Demosth.*, ed. Wolf., p. 657, C. Cf. Boeckh, t. I, p. 159.

(4) Voy. Boeckh, *ibid.*   (5) *Ad. fam.*, XII, 13.

que dans l'Asie-Mineure, après la mort de César, l'an 708 de Rome, le médimne de froment coûtait 12 drachmes, ce qui s'accorde très bien avec le prix moyen de 6 drachmes fixé par Démosthène pour le médimne d'orge.

On peut voir dans M. Bœckh la mention de quelques autres prix qui se rapportent à des temps de siége, de blocus, de disette extrême ou de rare abondance; ils ne peuvent évidemment servir à établir le prix moyen. Celui auquel je m'arrête pour l'Attique, à l'époque indiquée, est le prix donné par Démosthène, 6 drachmes le médimne d'orge, prix qui, en raisonnant par analogie, porterait celui du froment à 12 drachmes le médimne. Mais pour qu'on ne puisse m'accuser d'avoir exagéré le taux des denrées, dans le but de donner plus de probabilité à des résultats nouveaux et inattendus, je prendrai, pour le froment, la moyenne entre 5 drachmes et 16 drachmes, prix donné par Démosthène dans son discours contre Phormion; cette moyenne est de 10 $\frac{1}{2}$ drachmes : à ce compte nous donnons au froment une valeur qui n'est pas tout-à-fait le double et qui est un peu plus d'un tiers en sus de celle de l'orge.

Il est maintenant facile d'établir le rapport qui existe entre les valeurs relatives de l'argent et du grain dans l'Attique du temps de Démosthène, et les mêmes valeurs en France de 1815 à 1830.

Le poids du médimne était de 79, 70 livres, ou de 734 504 grains[1]. La drachme pesait 81, 92 grains : les 10 $\frac{1}{2}$ drachmes, prix moyen du médimne de blé

à Athènes, pesaient donc 860,16 grains. Le rapport du blé à l'argent était donc de 734 504 à 860,16, ou bien, à très peu près, de 854 à 1.

Le poids moyen d'un hectolitre de froment, en France, est de 75 kilogrammes, en poids de marc 153 livres ou 1 410 048 grains. Le prix moyen de l'hectolitre a été, depuis 1815 jusqu'à 1830, de 21$^{fr.}$10$^{c.}$, somme qui pèse en argent 1977 grains. Le rapport de l'argent au blé est donc, en France, de 1 410 048 à 1977, ou bien de 708 à 1.

Si maintenant on veut établir une comparaison entre les valeurs relatives de l'argent et du blé dans les deux pays et aux deux époques que nous avons considérées, on trouvera un rapport de 854 à 708 ou à peu près de $8\frac{1}{2}$ à 7; c'est-à-dire que la valeur de l'argent relativement au blé, dans l'Attique, du temps de Démosthène, n'excédait pas tout-à-fait de $\frac{1}{5}$ cette même valeur en France depuis 1815 jusqu'à 1830. La probabilité de cette évaluation, qui réduit la valeur potentielle de l'argent en Grèce et en Asie au-dessous de ce qu'on l'estimait anciennement, et même de ce que M. Bœckh l'établit, quoique avec quelques doutes, dans son Économie politique des Athéniens[1], cette probabilité, dis-je, va s'augmenter encore par le résultat de mes recherches sur le prix des denrées à Rome et dans l'Italie pendant la république et sous l'empire.

Les prix du blé les plus bas en apparence sont

---

(1) M. Bœckh, t. I, p. 162, s., présume qu'à Athènes un pain de blé de 1 cotyle pouvait se vendre 1 obole comme ce qu'on appelait le *pain de broche* à Alexandrie; mais il ajoute que la véritable valeur n'est pas connue pour cela, car le poids n'est pas indiqué.

ceux des premiers siècles de Rome. Pline dit en effet[1] que Marcius, l'an de Rome 298, Minutius, l'an 327, Trébius, l'an 345, Métellus, l'an 504, fournirent le blé au peuple à 1 as le *modius*. Mais des faits incontestables prouvent qu'au moins jusqu'en 485, l'as pesa une livre de cuivre; que dans le cours de la deuxième guerre punique il fut successivement réduit de 12 à 2 onces, en 537 à 1 once, enfin en 665, par la loi Papiria, à $\frac{1}{2}$ once.

L'as, quoique gardant le même nom, avait à ces diverses époques une valeur bien différente, puisque de 485 à 665 il fut réduit des $\frac{23}{24}$. Pline, occupé à construire de belles phrases déclamatoires sur le bonheur et les avantages du vieux temps, n'ayant pas encore étudié l'histoire des monnaies qu'il ne traite que dans ses derniers livres, a copié des indications de prix sans les réduire en valeurs de son temps. M. Letronne, dans son chapitre sur le prix du blé à Rome[2], est tombé dans la même erreur, quoiqu'il eût déjà indiqué les diverses valeurs de l'as à différentes époques.

C'est ainsi qu'on s'extasie sur le bas prix des denrées, quand on lit dans nos histoires de France que, du temps de la deuxième race, une vache se vendait un sou, parce qu'on ne vous avertit point que le sou était un sou d'or, dont la valeur relative était, suivant les calculs de M. Guérard[3], 99^f.53^c d'aujourd'hui.

Le prix des grains, pour l'année 552 de Rome,

(1) XVIII, 4.
(2) Consid. gén., p. 115. Voy. aussi p. 18.
(3) Systèm. monét. des Francs, p. 34, et table VI.

pendant laquelle, au rapport de Tite-Live, une grande
quantité de blé, envoyée d'Afrique [1] par Scipion, fut
distribuée au peuple à raison de 4 as ou 4 onces de
cuivre le *modius,* ne [peut fournir de base à nos
calculs, d'autant moins que bientôt le même historien, pour l'année 553, mentionne du blé d'A-
frique vendu au peuple pour 2 as le *modius,* et
ajoute même que ce prix était très bas : *annona
quoque eo anno pervilis fuit.* Ces prix n'étaient pas
des prix de marché, mais une largesse que l'État
faisait au peuple, en distribuant les grains à un prix
fort au-dessous de leur valeur commerciale.

Les passages tant de fois cités de Polybe sur le bas
prix du blé, de l'orge et du vin, dans la Haute-Italie
et dans la Lusitanie[2], n'indiquent qu'une exception,
c'est-à-dire une année d'extrême abondance, dont
le cours ne peut servir de régulateur pour l'échelle
du prix de ces denrées à Rome. Le prix de 4 oboles,
indiqué par Polybe pour le médimne de blé de Sicile,
et que Niebuhr a évalué à 8 as romains, n'est presque
pas différent du prix de l'an 553, qui était fixé pour
une année d'extrême abondance, et ne peut conséquemment servir de base à une évaluation moyenne.
En effet, 4 oboles attiques $= \frac{2}{5}$ du denier romain [3].
Le *modius,* qui était $\frac{1}{6}$ du médimne, coûtait donc
$\frac{1}{6}$ de $\frac{2}{5}$ ou $\frac{2}{15}$ de denier, c'est-à-dire un peu moins de

---

(1) «Frumenti vim ingentem, quod ex Africa P. Scipio miserat,
quaternis æris populo cum summa fide et gratia diviserunt.» Tit.
Liv., XXXI, 4 et XXXI, 50.

(2) Polybe estime le médimne d'orge en Lusitanie à 1 drachme,
celui de blé à 1 $\frac{1}{4}$ drachme; l'amphore de vin à 1 drachme. *Hist.*
XXXIV, VIII, 7, Cf. Bœckh, *Metrol. unters.,* p. 422 sq.

(3) Bœckh, *Metrol. unters.,* p. 419.

2 as, qui étaient $\frac{1}{8}$ de denier. C'est évidemment encore ou le cours du blé dans une année de fertilité, ou un prix fixé pour une distribution gratuite comme celui de $\frac{5}{6}$ d'as le *modius*, établi par la loi Sempronia[1].

Les textes précis qui, par une singulière coïncidence, nous donnent le prix moyen du blé dans le VII° siècle de Rome, se trouvent, de même que nous l'avons rencontré pour l'Attique, dans les écrits d'un orateur homme d'état, d'un fonctionnaire actif et soigneux. Cicéron, qui avait administré la Sicile en qualité de questeur, qui, pendant le procès intenté par lui contre Verrès, revint y prendre les renseignements les plus exacts, qui a écrit un long plaidoyer (l'*Oratio frumentaria*) dans lequel le prix moyen du blé, le rapport de la semence au produit, celui de la dîme, sont les bases de son accusation contre Verrès, Cicéron, dis-je, nous apprend[2] que le prix du médimne de blé en Sicile, au temps de Verrès, flottait entre 15 et 18 sesterces, ce qui met la valeur du *modius* entre 2 et 3 sesterces environ, c'est-à-dire 8 ou 12 as.

Dans cette même harangue[3] nous voyons que le prix du blé de la dîme, *decumanum*, était taxé à 3 sesterces, et celui du blé de réquisition, *imperatum*, à 4 sesterces le *modius;* sans doute il regarde ce dernier prix comme très modéré et même avantageux pour la république. Le prix de la dîme était un *maximum* imposé aux Siciliens en vertu de la conquête. Du reste une preuve que 4 sesterces étaient

(1) Tit.-Liv., Epit. lx.   (2) *Verr.*, III, 77.
(3) *Ibid.*, et 70.

un prix modéré, c'est que dans le siècle suivant, en
818, le *modius*, qui se vendait à Rome 3 sesterces,
était considéré comme vendu à très vil prix[1].

En adoptant pour base d'une évaluation moyenne
le prix de 4 sesterces le *modius*, nous trouvons que
dans les derniers temps de la république romaine
le blé était à l'argent :: 124 416 : 73 $\frac{1}{7}$[2], ou bien comme
1704 : 1; ce rapport n'est qu'une fois et demie plus
fort que le rapport actuel.

Sous les empereurs le prix du grain augmenta
beaucoup, et il y eut un assez grand nombre de
famines : plusieurs pendant le règne d'Auguste, surtout l'an 759, une disette affreuse, λιμὸς ἰσχυρὸς, mentionnée par Dion et Velleius[3]; puis encore une disette et une cherté continuelles durant le principat
tout entier de Tibère. Tacite[4] a consigné ces documents curieux dans son résumé de l'administration
de ce prince: « Plebs acri quidem annona fatiga-
« batur. » Il ajoute[5] que, l'an 772, cet empereur fixa
un *maximum* pour le prix du blé vendu au peuple,
et paya aux marchands une soulte de 2 sesterces
par *modius*. Or, on peut juger que le prix de marché
était alors fort élevé, puisqu'après l'incendie de
Rome, sous Néron, dans un désastre où la révolte

---

(1) TACIT., *Ann.* XV, 39. Le prix de 5 deniers ou 20 sesterces,
le *modius*, donné dans la 3ᵉ Verrine, se rapporte évidemment
à un temps de cherté et de disette.

(2) Un modius = 13 $\frac{1}{4}$ livres françaises, = 124 416 grains; et
4 sesterces, qui font 1 denier, donnent 73 $\frac{1}{7}$ grains d'argent.

(3) DION. CASS. LV, 26. — VELL., II, 94.

(4) *Ann.*, IV, 6, VI, 13.

(5) « Sævitiam annonæ incusante plebe, statuit frumento pretium quod emptor penderet, binosque nummos se additurum ne-
gotiatoribus in singulos modios. *Ann.*, II, 87.

était à craindre, où la charité était indispensable, Tacite regarde comme une munificence extraordinaire d'avoir abaissé le prix du blé pour le peuple jusqu'à 3 sesterces [1].

Pline d'ailleurs nous donne [2] le rapport du blé à la farine et le prix moyen de la farine pour son époque. « Le *modius* de froment d'Afrique produit, dit-il, en farine $\frac{1}{2}$ *modius* et en *pollen* ou fleur 5 *sestarius*. Le prix moyen, *pretium huic annonæ mediæ*, est, pour 1 *modius* de farine, de 40 as (= 10 sesterces) ou $2^{fr},49^c$; pour un *modius* de farine blutée, 48 as = 12 sesterces ou $2^{fr},99^c$; et le double, c'est-à-dire 96 as = 24 sesterces ou $5^{fr},98^c$ pour un *modius* de fleur de farine.» Ainsi, le poids relatif de la farine et du blé étant donné par Pline dans le rapport de 16 à 20, le prix de la livre de farine commune pour le pain de ménage aurait été à peu près 23 centimes, et celui de la fleur de farine pour le pain de gruau 55 centimes [3].

On voit déjà que, pour l'époque comprise entre Claude et Titus, qui est celle de la vie de Pline l'Ancien, la valeur potentielle de l'argent, relativement au prix moyen de la farine et du pain, était à peu près la même qu'à Londres au xixe siècle.

---

(1) « Pretiumque frumenti minutum usque ad ternos nummos. » *Ann.*, XV, 39.

(2) XVIII, xx, 2.

(3) Pline nous apprend que le *modius* de blé de la Gaule, pesant 20 livres, rendait 22 livres de pain; que le *modius* de blé d'Italie, pesant 25 livres, rendait 24 ou 25 livres de pain. Le blé ne rendait donc en pain que son poids. Chez nous au contraire le sac de farine blanche pesant 157 kilogrammes, sac déduit, doit rendre 200 kilogrammes. C'est une preuve de l'imperfection des procédés de mouture et de panification chez les Romains, que je développerai ailleurs.

M. Jacob[1] est du même avis. « The price of bread
« in Rome when Pliny lived seems to have been
« nearly the same or a little lower than it usually
« is in our day in London. » Cet accord entre le
résultat de recherches faites en même temps à Paris et à Londres, sans la moindre communication
entre les auteurs, doit, ce me semble, inspirer quelque confiance dans l'exactitude de leurs déductions.

CHAPITRE XII.

PRIX DES DENRÉES, D'APRÈS L'INSCRIPTION DE STRATONICÉE.

Nous possédons dans l'inscription de Stratonicée, publiée par MM. Cardinali[2], le colonel Leake[3],
de Foscolombe[4], de Haubold[5] et Giraud[6], un prix
moyen des denrées, tarifé par l'empereur lui-même
et qu'on ne pouvait dépasser sans s'exposer à la
peine capitale.

Le préambule de cet édit, du dix-huitième con-

(1) *Precious metals*, t. I, p. 165. Cf. ARBUTHNOT, c. 2, 4,
p. 120-126, ed., 1727.

(2) Actes de la Société archéol. de Rome, t. II, p. 681-732,
avec fac-simile de l'inscr.

(3) *An edict of Diocletian fixing a maximum of prices throu-
ghout the roman empire.* A. D. 303. Lond., 1826, in-8.

(4) Mémoire sur le préambule d'un édit de l'empereur Dioclétien, relatif au prix des denrées. Paris, 1829, in-8. M. de Foscolombe fixe la date de cet édit aux derniers mois de l'an 301.

(5) *Antiquitatis Romanæ monumenta legalia; appendix.* Berlin, 1830.

(6) Recherches sur le droit de propriété chez les Romains.
Aix, 1838, in-8. Pièc. just., p. 32.

sulat de Dioclétien, porte : « Le prix des denrées, négociées dans les marchés ou apportées journellement dans les villes, a tellement dépassé toutes les bornes, que le désir effréné du gain n'est modéré ni par l'abondance des récoltes, ni par l'affluence des denrées [1]. L'esprit de pillage accourt partout où le bien public exige que nos armes soient dirigées, non-seulement vers les villages et les villes, mais sur toutes les routes, de sorte que les prix des subsistances parviennent non-seulement au quadruple ou à l'octuple, mais à un taux hors de toute mesure. Même quelquefois, par l'accaparement d'une seule denrée, le soldat a été privé de sa paie et de nos dons. Mus par ces considérations, nous avons cru devoir fixer, pour tout notre empire, des prix modérés [2], qui, dans les années de cherté, puissent contenir l'avarice dans de justes bornes et dont le tableau est joint à cet édit [3]. » L'empereur prescrit ensuite des peines sévères contre les contraventions à son ordonnance [4]. A ce préambule est joint, dans l'inscription, un tableau régulateur du prix des denrées qui remplit quinze pages in-8° dans l'édition de M. Leake.

(1) LEAKE, p. 10. FOSCOL., § V.
(2) Une loi d'Anastase, de 494 (Cod. Just. X, xxvii, 2), spécifie que les denrées seront payées au prix ordinaire des marchés, *justis pretiis quæ in civitate obtinent species vendant.* — Une autre loi, de 384 (Cod. Théod., XI, xv, 2), prouve que les réquisitions de vivres étaient payées au prix courant, *pretio forensi,* et les denrées vendues de gré à gré, *species petitas libens præstet.*
(3) Placet igitur pretia quæ subliti brevii scriptura designat, totius orbis nostri observantia contineri. Voy. LEAKE, p. 12; GIRAUD, Pièc. just., p. 38.
(4) Ut si quis contra formam statuti hujus fuerit audentia, capitali periculo subigetur. *Ibid.*

Il s'agit, avant tout, de déterminer quelle est l'unité monétaire qu'exprime le sigle ✳, par lequel sont désignés tous les prix dans l'édit impérial. M. Leake remarque, avec raison, que cet astérisque, formé de trois lignes croisées, désigne ordinairement, dans les anciens manuscrits, la drachme ou le *denarius*. On voit cependant, au premier coup d'œil, que ce sigle ne peut représenter ni la drachme attique, valant $0^{fr.}$ $92^{c.}$, ni le *denarius* d'argent, dont le prix a oscillé, depuis Auguste jusqu'à Gordien, entre $1^{fr.}$ $11^{c.}$ et $0^{fr.}$ $99^{c.}$. M. Giraud[1] adopte le *denarius*, et prétend, mais sans appuyer cette évaluation sur aucune preuve, que cette pièce d'argent valait 9 sous au temps de Dioclétien, assertion dont les pesées et les essais nombreux que j'ai faits au Cabinet du Roi démontrent l'inexactitude.

J'avais d'abord pensé, soit au follis d'argent qui valait, d'après J. Godefroy et le père Sirmond[2], environ 1 sou de notre monnaie, soit au follis de cuivre qui, selon Du Cange[3], était la 288ᵉ partie du *solidus* et qui équivalait par conséquent à $5\frac{1}{4}$ centimes. J'avais communiqué cette détermination à M. le comte Borghesi, correspondant de l'Académie des Inscriptions et Belles-Lettres, dont le nom fait autorité dans toutes les questions d'épigraphie et de numismatique romaines. La lettre par laquelle il a bien voulu répondre à ma communication, tout en modifiant mon sentiment sur la valeur du

---

(1) *Droit de Propriété*, Pièc. just., p. 58.
(2) *Comment. in Cod. Theod.*, XIV, iv, 3; t. V, p. 172, col. 2; p. 173, col. 1, et p. 264, col. 1 et 2. SIRMOND., *Not. in Serm. Augustini*, Serm. 40, alias, 389.
(3) *De infer. ævi numism.*, c. 88.

sigle ✳, éclaircit plusieurs autres points obscurs de l'inscription de Stratonicée. J'ai cru rendre service à la science en la publiant ici par extraits.

Les sigles à interpréter dans l'inscription étaient les suivants : M̊, K̄M̊, FM̊, *f*, et ✳. Voici l'explication proposée par M. le comte Borghesi sur chacun de ces signes.

Il ne peut y avoir de doute sur M̊, puisque Volusius Mæcianus, vers la fin de son petit traité, *De assis distributione*[1], a fait connaître les *notæ mensurarum* dans lesquelles il donne M̊ avec la signification de *modius*.

L'explication de K̄M̊ peut se tirer d'un passage de la *Veterinaria* de Pelagonius, publiée par Lioni à Florence, en 1826. Dans cet ouvrage, on trouve le remède suivant prescrit contre la maigreur des chevaux : « Triticum torrefactum, mixtum aquæ « mulsæ, diurnum MODIUM CASTRENSEM præbebis « diebus ultra viginti[2]. » Or, dans les inscriptions du temps de la décadence de l'empire, le mot *castra* se montre souvent écrit par un K, et l'on a même des exemples de la lettre K employée seule pour le mot entier *kastra*[3]. Il ne paraît pas douteux que, dans l'inscription de Stratonicée, on n'ait voulu, par les lettres K̄ M̊, désigner le *modius kastrensis*. Cette opinion a été adoptée par le P. Secchi, lequel, dans la *Bibliothèque Italienne*[4], journal littéraire qui s'imprime à Milan , a recueilli sur ce fait d'autres preuves, et a montré que le *modius*, aussi bien

(1) Apud Gronov. *de Pec. veter.*   (2) C. II, p. 20.
(3) FABRETTI, p. 388, n° XXXXIII.
(4) Cahier de septembre 1838, p. 433.

que les autres *mensuræ castrenses*, étaient le double
des mesures italiques ou communes. Il cite, entre
autres autorités, le passage suivant de saint Jérôme,
qui est péremptoire. « *Hin* duos χόας Atticos facit,
« quos nos appellare possumus duos sextarios Ita-
« licos ; ita ut *Hin* mensura sit Judaïci sextarii, nos-
« trique castrensis, cujus sexta pars facit tertiam
« partem sextarii Italici[1]. »

Pour retrouver la signification du sigle FM̊, il
faut recourir au fac-simile de Bankes, dans lequel
on voit ΓΛIF FM̊, et encore ΓΛIF à la ligne suivante. Il est hors de doute que, dans les deux endroits, il faut lire SALIS, et de là on est autorisé à
induire que trois fois le graveur s'est trompé en
ajoutant à la lettre Γ un jambage de trop. La véritable leçon est donc ΓΛIΓ ΓM, et dès lors ce sigle
nous sera expliqué par le même Volusius Mæcianus,
qui donne les lettres M S comme expression du demi-
modius (semimodii). Mais comme cette détermination serait loin de cadrer avec le prix de la denrée,
on peut interpréter le sigle ΓM̊ par *sesquimodius*,
un *modius* et demi, d'autant que dans Volusius
Mæcianus l'S est après l'M, tandis que dans notre
inscription elle est placée auparavant.

La lettre *f* signifie bien certainement *sextarius*.
Volusius Mæcianus donne, il est vrai, un signe différent pour les mesures des liquides. On trouve
cependant, dans la loi du *collegium* d'Esculape et
d'Hygie, rapportée par Spon[2], VINUM MENSURAS QQ

---

(1) *Comment. in Esechiel*, I, 4.
(2) *Miscell.*, p. 52. Cf. ORELL., n° 2417.

f vɪɪɪɪ (quinquennali sextariorum novem). Quant
aux mots *sextarius Italicus, Italicum pondo*, le
P. Secchi a prouvé par des monuments nouveaux
et par des passages formels d'Hesychius, de Gallien,
d'Héron, du scoliaste de Nicandre et de saint Épi-
phane, que les mots *Italicum* et *Romanum* sont
synonymes; seulement le premier de ces deux mots
est plus fréquemment employé par les Grecs.

La détermination des prix offre de plus grandes
difficultés, personne n'ayant encore traité de la
réforme monétaire que les monuments prouvent
avoir été faite par Dioclétien, vers l'an 298, autant
qu'on peut le conjecturer, et, par conséquent, peu
de temps avant la publication de l'édit. D'abord
le ✻ était trop universellement employé à désigner
le denier pour qu'on puisse croire que, dans le
tarif joint à l'édit, ce sigle eût changé de valeur. Les
marbres prouvent qu'il était encore généralement
usité dans les années 249 et 251[1]. Sur un des marbres publiés par Muratori[2], on lit : ✻ FOL. SES-
CENTOS, et ces abréviations sont expliquées par
une autre inscription de la même collection, où
on lit en toutes lettres : DENARIOR. FOLEX SEXCEN-
TOS. Les deux inscriptions sont ou du temps de
Constantin, ou postérieures à ce prince; ajoutez à
cela que ce signe se trouve fréquemment sur les
médailles d'Aurélien, de Probus, de Dioclétien et
de ses collègues, ainsi que sur celles de Constantin
et de ses successeurs, tantôt sous la même forme
que dans notre édit ✻, tantôt sous une des deux

(1) MARINI, *Fr. arv.*, p. 630. MURAT., p. 158, n° 1.
(2) P. 816, n° 4.

formes suivantes : ✳ ✲, mais toujours avec la signification invariable de *denier*[1].

Il faut donc admettre avec MM. Leake et Giraud
que le sigle ✳ désigne bien réellement un denier.
Mais qui pourrait admettre que ce denier fût l'ancien denier d'argent du temps de Néron, de 96 à la
livre, denier qui ne devait plus avoir cours à l'é-
poque du tarif, et dont l'adoption pour les prix de
ce tarif porterait un œuf à la valeur d'un demi-franc?
Ce denier est donc indubitablement le *denarius
æreus*, dont la plus ancienne mention nous est
fournie par Vopiscus. Cet auteur dit[2] que l'empereur Valérien fit donner à Aurélien : « Aureos An-
« tonianos diurnos binos, argenteos Philippeos mi-
« nutulos quinquagenos, *æris denarios centum*. »
Ce denier de cuivre existait effectivement encore à
la fin du IV° siècle, et il était employé dans un jeu,
qui aujourd'hui est encore en usage parmi les enfants; le fait est prouvé par le passage suivant de
Macrobe[3] : « æs ita fuisse signatum hodieque in-
« telligitur in aleæ lusu; nam pueri, DENARIOS in
« sublime jactantes, *capita aut navia*, lusu teste
« vetustatis, exclamant. » Ce denier, dans l'opinion de M. le comte Borghesi, n'est autre chose
que la médaille commune, dite de second module,
que Dioclétien frappa le premier sous une nouvelle forme, qui est souvent revêtue d'une légère

---

(1) Voyez notamment l'inscription de Vénus Gabinienne, rapportée par Orelli, n° 1368, et illustrée par Visconti.
(2) *In Aurelian.*, c. 9.
(3) *Saturn.*, I, 7. p. 217, ed. var. Cf. GODEFROY, *in Comment.
Cod. Theod.*, XII, 1, 107.

couche d'étain et dont les revers les plus ordinaires sont le *genium populi Romani* et la *sacra
moneta*. En effet, ces pièces portent fréquemment,
tantôt dans l'exergue, tantôt dans le champ, le sigle
du denier sous une des trois formes que nous avons
indiquées. La seule collection de M. le comte
Borghesi renferme dix-huit de ces pièces, frappées
par Dioclétien et ses collègues, toutes avec un des
sigles du denier; trois d'entre elles portent exactement le même que l'inscription de Stratonicée.

Ces observations suffisent pour faire reconnaître
d'une manière certaine la monnaie désignée par le
sigle ✳ dans l'édit de Dioclétien; quelques observations de M. le comte Borghesi vont maintenant nous faire trouver la valeur de cette monnaie.
Il a remarqué : 1° que les nouvelles pièces d'argent
frappées par Dioclétien, étaient égales en poids aux
ceration de Constantin; 2° que généralement deux
des pièces d'argent de Dioclétien pèsent 5,43
grammes, poids du *millaresion* de 60 à la livre. De
là on peut induire que Constantin conserva la taille
établie par Dioclétien pour la monnaie d'argent, et
ne fit que doubler l'unité en créant le *millaresion*,
qui valait deux *ceration*.

Mais s'il y a une relation évidente entre les monnaies d'argent des deux règnes, on n'en trouve plus
aucune pour les monnaies de cuivre. Les pesées
montrent que les deniers en cuivre de Dioclétien
sont à la taille de 3 à l'once, tandis qu'au contraire
ceux de Maxence, de Licinius et des premières années de Constantin, ne sont que de 4 à l'once. M. le
comte Borghesi pense que cette proportion fut con-

servée par Constantin dans sa réforme monétaire
de l'an 325 ; car un passage de Suidas prouve que
le follis se divisait non par trois mais par quatre. Ce
follis d'une once fut certainement une monnaie
fictive, comme le prouve d'ailleurs son nom[1]. On
ne trouve en effet, ni de Constantin, ni de ses successeurs, aucune monnaie de cuivre, à l'exception
des médailles, qui excède $\frac{1}{4}$ d'once. Il faut donc
croire qu'au moins dans le principe 4 deniers formaient le follis, et dans ce cas l'expression FOLLES
DENARIORUM, de l'inscription de Muratori, sera parfaitement juste; c'est la *libra denariorum* du moyen-
âge.

On peut tirer une grande lumière des pièces
d'argent de Dioclétien, qui portent, soit dans le
champ, soit à l'exergue, le chiffre XCVI, indiquant
que chacune de ces pièces en valait 96 de la moindre valeur. Les plus petites monnaies de Dioclétien
sont celles que Janini appelle de quatrième module
et Mionnet module de quinaire. Quatre de ces monnaies, auxquelles M. le comte Borghesi donne
le nom de *assarion*, correspondent pour le poids
au denier de cuivre, et ce rapport est excellent à
noter, parce que ce denier, lorsqu'il fut crée par
Valérien et Galien, fut évalué, bien qu'il n'en eût
pas la valeur intrinsèque, à un sesterce, qui se composait précisément de 4 as. Il résulte de là que, si la
pièce d'argent de Dioclétien valait 96 *assarion*, elle
était égale à 24 deniers, proportion conservée par
Constantin qui, lui aussi, divisa son *millaresion* en

_____

(1) *Follis* signifie *sac* ; ce mot correspond à la *bourse* des Turcs.

24 follis de cuivre. Ainsi la pièce d'argent de Dioclétien aura coûté 8 onces de cuivre, valeur moyenne entre le *ceration* de Constantin, qui en valait 12, et l'antique denier d'argent, évalué à 4 sesterces, dont chacun, même du temps de Caracalla et de Macrin, pesait encore une once.

En calculant d'après ces bases les prix des denrées donnés par l'inscription de Stratonicée, on voit que Lactance[1] a eu raison d'affirmer que le tarif de Dioclétien était trop bas. Il arriva de là que personne ne voulut plus vendre, ce qui occasionna une grande disette. Aussi, après avoir puni de la peine capitale beaucoup de contrevenants, fut-on obligé de laisser tomber le tarif en désuétude.

Ici s'arrêtent les observations de M. le comte Borghesi. Pour plus de commodité, nous allons traduire en monnaies usuelles de France les deniers de cuivre de Dioclétien. Ce denier valait la 24° partie de la pièce d'argent fin du poids de 2, 71 grammes, ou, ce qui revient au même, 113 milligrammes. Aujourd'hui le kilogramme d'argent pur vaut 222$^{fr.}$,22$^{c.}$, le gramme vaut 0,22 centimes, et le milligramme vaut la millième partie de cette somme. Le denier de cuivre, égal à 113 milligrammes, vaut donc $\frac{22}{1000} \times 113 = 2\frac{1}{2}$ centimes.

Les chiffres indiquant le prix du *modius* de froment, d'orge et de seigle, sont malheureusement effacés dans l'inscription; mais on y trouve celui du millet en grain ou en farine, du sorgho en grain, de l'épeautre ou *far, triticum spelta,* mondé ou non, de l'avoine, des fèves de marais, des len-

---

(1) *De Mort. Persec.*, c. 7.

tilles, des pois, du cicer, du lupin, des haricots secs, etc.[1]. Or l'épeautre vanné est taxé à 100 deniers, ou 2^{fr},50^c; l'épeautre en grain à 30 deniers, ou 75 centimes. Ces prix sont moindres que ceux que j'ai donnés, d'après Pline, pour l'époque de Néron à Vespasien; mais il ne faut pas oublier que la production des métaux avait diminué par l'épuisement des mines, les guerres civiles et étrangères, que la quantité du métal monnayé en circulation avait aussi diminué par le frai, les naufrages, et enfin que le tarif de Dioclétien était beaucoup trop bas, et que ce fut pour ce motif que, malgré les peines les plus sévères, il tomba plus promptement en désuétude.

Le prix moyen du blé, sous les règnes de Con-

---

(1) LEAKE, p. 27:

Mili pisti $\overline{K}\overset{\bullet}{M}$ unum . . . . . . ✳centum (kastrensem modium), 2 fr. 50 c.

Mili integri $\overline{K}\overset{\bullet}{M}$ . . . . ✳ quinquaginta = 1 fr. 25 c.

Panicii $\overline{K}\overset{\bullet}{M}$ . . . . ✳ quinquaginta = 1 fr. 25 c.

Speltæ mundæ $\overline{K}\overset{\bullet}{M}$ . . . . . . ✳ centum = 2 fr. 50 c.

Scandulæ sive speltæ $\overline{K}\overset{\bullet}{M}$ . . . ✳ triginta = » fr. 75 c.

Fabæ non fressæ . . . . ✳ sexaginta = 1 fr. 50 c.

Lenticlæ . . . . ✳ centum = 2 fr. 50 c.

Pisæ non fractæ . . . . ✳ sexaginta = 1 fr. 50 c.

Ciceris . . . . ✳ centum = 2 fr. 50 c.

Avenæ . . . . ✳ triginta = » fr. 75 c.

Lupini crudi . . . . ✳ sexaginta = 1 fr. 50 c.

Fasioli sicci . . . . ✳ centum = 2 fr. 50 c.

Pline (XVIII, 34) donne le prix de la livre de navets de Nursia, dont quelques-unes pesaient 40 livres; c'est un et deux sesterces (20 et 40 centimes), suivant les années : « In libras sestertii singuli, et in penuria bini. » C'est à peu près le prix actuel.

stantin, de Constance, de Julien et de Valentinien, est fixé à 1 sou d'or les 10 modius par les trois empereurs; ce prix était une moyenne calculée sur un bon nombre d'années. J. Godefroy l'atteste[1]: « Eaque stata ferme et ordinaria hoc tempore esti- « matio erat inter vilitatem et annonæ caritatem. » Ainsi Julien dit dans *le Misopogon*[2] que, lorsqu'à Antioche le grain valait au marché 1 *aureus*, ou 1 *solidus* les 10 *modius*, lui-même vendait pour 1 sou d'or 15 *modius* du blé appartenant au fisc impérial. C'était de sa part une largesse; 15ᵗ 11ᵉ les 135 livres de blé était le prix moyen. Ce prix s'était un peu élevé sous Valentinien, comme on peut le déduire d'un passage d'Ammien Marcellin, qui dit d'Hymetius, proconsul d'Afrique : « Denis modiis « singulis solidis indigentibus venumdatis emerat « ipse tricenos[3]. »

La novelle de Valentinien III, de l'an 446, *de tributis fiscalibus*, titre XXIII[4], qui établit un *maximum* en Mauritanie et fixe à 1 *solidus*, pour les soldats en marche et en guerre, le prix de 40 *modius* de *far*, ou de *triticum* (épeautre ou froment), de 270 livres de viande et de 200 *sextarius* de vin, cette novelle, dis-je, dont le texte est horriblement mutilé, ne peut servir de base pour l'échelle du prix des denrées. Ces provinces étaient alors ravagées par les Vandales; l'empereur leur remet les $\frac{7}{8}$ des tributs, corrige les abus de la perception, et il veut

(1) *Cod. Theod.*, t. II, p. 41, col. 1, 2, lib. VI, IV, 7, *de Prætoribus*.
(2) Misopog., p. 369, ed. Spanhem. Leps., 1696, in-fol.
(3) AMM. MARCELL., XXVIII, 1, 17.
(4) *Inter Theodos.*, t. VI. Append., p. 11 et 12. *63*

en retour, pour satisfaire ses soldats, pour leur donner du goût à la guerre et ménager leur bourse, que les Africains leur vendent à un taux très bas les denrées de première nécessité. Garnier[1] et M. Letronne[2] n'ont pas, à coup sûr, lu la novelle entière, dont le sens est positif; sans cela ils n'auraient pas établi la proportion de l'or au blé et le prix moyen du blé dans l'empire romain d'après cette loi, qui ne s'applique qu'à deux provinces épuisées par les dévastations des Barbares, *provincialibus publica clade vexatis,* et qui entend fixer un *maximum* exceptionnel pour le prix du blé, de la viande et du vin.

Comparons maintenant le rapport de l'or au blé sous l'empire romain au rapport des mêmes valeurs dans les temps modernes. De 1815 à 1830 le prix moyen de l'hectolitre de blé pesant 75 kilogrammes, ou 153 livres, poids de marc, a été de 21ᶠʳ 10ᶜ 3, qui représentent en or un poids de 119 grains.

A Rome, de Constantin à Valentinien, les 10 *modius* de blé, pesant 140 livres, se vendaient 1 *solidus*, qui était $\frac{1}{72}$ de la livre d'or et pesait par conséquent 85 grains. A ce compte, pour 119 grains d'or on aurait eu, à cette époque, 182 livres de blé, tandis que pour le même poids en or, dans les temps modernes, on a seulement 153 livres de la même denrée.

Ainsi le rapport du blé à l'or dans cette période de l'empire romain est au même rapport tel qu'il

(1) Hist. de la Monn., t. II, p. 340.
(2) Monn. gr. et rom., p. 123.
(3) Bullet. de la Société fr. de Statist., t. I, part. II, p. 61.

existe de nos jours :: 182 : 153, ou comme 6 : 5,
c'est-à-dire que la valeur de l'or par rapport au blé,
depuis Constantin jusqu'à Valentinien, n'excédait
guère que de $\frac{1}{6}$ cette même valeur en France de
1815 à 1830, ou, ce qui revient au même, le blé,
par rapport à l'or, n'a augmenté que de $\frac{1}{6}$.

Les prix de quelques autres denrées de première
nécessité, comparés dans le Code Théodosien et
dans l'inscription de Stratonicée, seront, comme
on va le voir, tout-à-fait d'accord avec le prix
moyen du blé. L'an 367 Valentinien et Valens établissent[1] qu'en Lucanie et dans le Bruttium on
pourra échanger à un prix modéré, *speciem mode-
ratam,* le tribut d'une amphore de vin (26 litres)
contre 70 livres de chair de porc et de mouton.
Or, dans la loi précédente[2] la livre de cochon a été
estimée à 6 follis ou 30 centimes[3]. L'amphore de
vin valait donc 420 follis, c'est-à-dire 21 francs, ce
qui revient à 80 centimes le litre. Le vin commun
était plus cher au IV° siècle qu'actuellement en
France.

L'huile et le lard étaient au même prix l'un que
l'autre en 389. Une loi des empereurs Valentinien,
Théodose et Arcadius taxe, pour les soldats[4], dans

(1) *Cod. Theod.,* XIV, IV, 4, *de suariis, pecuariis et suscepto-
ribus.*
(2) L. 3, *ibid.* « Senos folles per singulas libras. »
(3) 24 follis = en argent 5,43 grammes, d'où on tire la valeur du
follis de cuivre égale à 4 centimes $\frac{95}{100}$, en nombre rond 5 cent.: cette
détermination diffère un peu de celle de Du Cange, supr., p. 113.
(4) *Cod. Theod.,* VIII, IV, 17. « Certa taxatione pro octoginta libris laridæ carnis, pro octogenis etiam libris olei, et pro
duodenis modiis salis. » On fournissait auparavant les vivres en
nature aux soldats; on leur paya alors en or leur nourriture, et on
fixa un maximum en leur faveur.

toute la préfecture d'Illyrie, 80 livres de lard, 80
livres d'huile et 12 *modius* de sel, au prix fixé, *certa
taxatione*, d'un *solidus* = 15$^{fr.}$ 11$^{c.}$, ce qui donne
environ 19 centimes pour la livre d'huile et de
lard et 16 centimes pour le litre de sel. Ici c'est un
maximum imposé aux marchands en faveur des
militaires, et d'un tiers environ au-dessous du
prix vénal de 367, qui était, pour la viande de porc
et de mouton, de 30 centimes. Dans l'inscription
de Stratonicée, en 301, le *modius* et demi (ou
13 litres) de sel est évalué à 100 deniers = 2$^{fr.}$ 50$^{c.}$;
la livre de chair de porc à 12 deniers = 30 centimes; celle de viande de bœuf à 8 deniers = 20
centimes; de chèvre et de mouton à 8 deniers; de
lard excellent à 16 deniers = 40 centimes; de jam-
bon, première qualité, à 20 deniers = 50 centimes;
d'agneau et de chevreau à 12 deniers = 30 centimes; de cochon de lait à 16 deniers = 40 centimes; de graisse à 6 = deniers 15 centimes; de
beurre à 16 deniers = 40 centimes[1]. Le *sextarius*,
qui contenait $\frac{1}{2}$ litre, valait, pour l'huile à man-
ger, 12 deniers = 30 centimes; pour l'huile super-
fine 40 deniers = 1 franc[2]; pour les olives 4 deniers = 10 centimes; pour les vins d'Italie, depuis
8 deniers = 20 centimes, jusqu'à 30 deniers = 75
centimes; et enfin pour la bière, de 2 deniers = 5
centimes, à 4 deniers, ou 10 centimes.

Ces prix, nous le répétons, furent trouvés telle-

_____

(1) LEAKE, p. 13, ss.
(2) LEAKE, p. 13:

    Olei floris Ital. *f.* unum, ✳ quadraginta;
    Olei cibarii Ital. *f.* unum, ✳ duodecim.

ment bas que les marchands cessèrent de vendre, au péril même de leur vie. Mais on aura beau les augmenter, pourvu qu'on ne sorte pas des bornes de la vraisemblance, on n'arrivera pas à des évaluations plus grandes que les prix actuels des denrées en France. Ils confirment donc cette proposition, que j'avais avancée au début de ce chapitre et qui aurait pu sembler un paradoxe, c'est que la valeur potentielle de l'or et de l'argent au iv° siècle de l'ère chrétienne n'était guère moins grande qu'elle ne l'est aujourd'hui en France. Le signe avait déjà diminué en quantité par l'épuisement, l'abandon ou la mauvaise exploitation des mines, et représentait alors plus de salaire et de denrées qu'au temps de Claude et de Vespasien.

Tite-Live[1] dit que Romulus donna aux chevaliers 10000 as pour fournir un cheval, 2000 pour l'entretenir[2]. S'il a entendu parler d'as d'une livre, et c'était alors le poids de cette monnaie, le prix est exagéré au-delà de toute imagination; s'il a traduit l'évaluation des annalistes en as de $\frac{1}{2}$ once, le prix d'un cheval de guerre ne serait plus que 5000 onces = $416\frac{2}{3}$ livres romaines de cuivre, qui, d'après le rapport de 1 à 56 établi alors entre le cuivre et l'argent, valaient 7 livres $\frac{3}{4}$ d'argent environ, ou 507 francs de notre monnaie.

Dans le Code Théodosien[3], en 401, Arcadius et Honorius taxent à 18 sous d'or (271$^{fr.}$ 98$^{c.}$) un bon cheval de la Proconsulaire et de la Numidie, cheval dont le prix auparavant était de 20 sous

(1) I, 43.   (2) Voy. NIEBUHR, *Hist. Rom.*, t. II, p. 214.
(3) Cod. Théod., XI, 1, 29. *De annona et tributis.*

(3oo fr.), et à 15 sous (225 fr.) les chevaux de la Byzacène et de la Tripolitaine. Cette loi nous apprend que cette dernière race était un peu moins estimée que celle de l'Afrique proprement dite et de la Numidie, puisque, dans les recrues pour la cavalerie, elle était taxée au-dessous de l'autre. Ces prix sont des prix de réquisition payés aux contribuables, ou bien il s'agit de petits chevaux propres à la cavalerie légère et très abondants dans toute l'Afrique. Je me borne à ces citations, qu'il serait facile de quintupler, et je passe à l'estimation des salaires et de la solde sous la république et sous l'empire.

CHAPITRE XIII.

PRIX DE LA JOURNÉE DE TRAVAIL DE L'HOMME LIBRE.

Le salaire des hommes libres, tels que les Thètes et les Métèques dans l'Attique, était assez élevé. On trouve dans Aristophane[1] le salaire journalier d'un portefaix et d'un manœuvre employé à porter de la boue fixé à 4 oboles (61 cent.) et à 3 oboles (45 cent.); c'est aussi le prix indiqué par Lucien[2], au temps de Timon, pour une journée de laboureur ou de jardinier dans une propriété éloignée de la ville.

Lorsque Ptolémée envoya aux Rhodiens[3], pour réparer les désastres causés par un tremblement de terre, cent ouvriers constructeurs avec trois

---

(1) Cité par Pollux, VII, 29, sect, 133 et *Eccl.*, 310.
(2) *Timon*, VI.   (3) Polybe, V, 89.

cent cinquante manœuvres, il leur donna pour leur *opson* 14 talents par an ou 3 oboles par jour et par tête, ce qui n'était pourtant qu'une partie de leur salaire[1]. Ce que j'ai rapporté plus haut de la masse des richesses métalliques importées dans la Grèce depuis l'expédition d'Alexandre donne une grande probabilité à l'exactitude de ces prix; l'abondance du signe dut nécessairement élever la valeur des salaires.

Athénée[2] nous dit aussi que, dans leur jeunesse, les philosophes Ménédème et Asclépiade gagnaient 2 drachmes ($1^{fr.} 84^{c.}$) en travaillant la nuit dans un moulin.

Dans le Nouveau-Testament, le maître donne à ses journaliers un *denarius* ou $1^{fr.} 11^{c.}$ par jour[3]. L'extension de la domination romaine, dit M. Jacob[4], tendit peut-être à diminuer la production des métaux précieux, mais elle les attira puissamment dans Rome et dans l'Italie, et si les richesses métalliques ne s'étaient prodigieusement accrues, on n'aurait pas éprouvé cette élévation remarquable dans les prix qui est mentionnée par tous les écrivains.

Tous ces textes prouvent évidemment que, depuis la guerre du Péloponnèse jusqu'aux siècles d'Auguste et des Antonins, le prix de la journée de travail

---

(1) M. Bœckh dit positivement : « Cette somme ne pouvait être qu'une partie du salaire pour des hommes libres, puisqu'il y a encore d'autres besoins. »

(2) IV, 65, ed. Schweig.

(3) Fabroni, *Provedim. Annon.*, p. 116. Vid. Evang. sec. Math., c. XX, v. 2, sqq.

(4) T. I, p. 24, 25.

de l'homme libre, manœuvre, laboureur, jardinier, meunier, charpentier ou maçon, n'était guère que de $\frac{1}{3}$ au-dessous du prix moyen actuel de cette même journée en France.

Fabroni, l'un des savants italiens qui concoururent, avec la commission de la classe des sciences physiques et mathématiques de l'Institut de France, à l'établissement du système métrique, Fabroni, dont l'instruction était solide et variée et dont la voix aurait dû être écoutée, avait posé en fait[1] que le prix de la journée de travail chez les Grecs était à peu près le même que dans la Toscane en 1804, où il évalue la journée moyenne à 70 centimes[2].

Cette assertion, au premier abord, m'avait semblé un paradoxe, mais quand j'ai approfondi le sujet, réuni, comparé les témoignages, pesé leur valeur effective, j'ai été contraint de me rendre à l'évidence des faits.

Le prix de la journée du mineur, l'an 710 de Rome, peut être évalué, d'après le passage où Polybe[3], cité par Strabon, dit que 40 000 hommes employés aux mines d'argent de Carthagène, en Espagne, fournissaient à la république 25 mille drachmes par jour. Ce serait 48 centimes par jour, en supposant, avec M. Jacob, qu'alors le produit ne dépassait point la dépense. Cette exploitation, dit le savant Anglais[4], était alors très peu fructueuse et le produit net presque nul.

---

(1) *Loc. cit.*
(2) Dans le Val de Nievole, la journée d'homme est de 66 cent., celle de femme de 33 centimes sans nourriture. *Op. cit.*, p. 116.
(3) Fragm. XXXIV, c. 9, cité par STRABON, lib. III, p. 147.
(4) T. I, p. 99, 100.

I.

Le salaire journalier de l'homme libre, employé comme manœuvre, terrassier ou laboureur, se trouve rarement exprimé sous la république et le haut empire romain; mais nous le connaissons pour l'Attique, ainsi que le prix et le produit moyen de l'esclave. Nous possédons ces derniers éléments pour l'Italie romaine; nous pouvons, avec ces données, quoique les chiffres positifs nous manquent trop souvent, obtenir avec une certaine précision le prix moyen de la journée de l'*operarius*, du *mercenarius*, travailleurs libres qui, selon Varron[1], étaient employés, de préférence aux esclaves, dans les cantons malsains et pour les gros ouvrages des labours, des semailles, des fenaisons et de la moisson[2]. Galiani et Fabroni[3] avaient deviné, en quelque sorte, et avaient avancé, sans l'établir sur des preuves suffisantes, qu'en prenant une moyenne de vingt ans de leur temps et au siècle d'Auguste, on trouverait que le prix des denrées représente un poids en métal à peu près égal à celui qui est établi aujourd'hui comme terme moyen. Je crois avoir prouvé, par les nombreux exemples rapportés dans ce chapitre, que le fait est vrai si l'on compare avec les prix actuels les prix des denrées dans les six premiers siècles de l'empire romain.

Nous avons vu qu'à Athènes le prix moyen du blé n'était au plus que $\frac{1}{8}$ au-dessous des prix actuels en France, que la journée de travail d'un

---

(1) *De re rust.*, I, xvii, 2.
(2) Cicéron (*Pro Q. Roscio*, 10) fixe à 12 as (environ 80 centimes) la journée d'un travailleur libre.
(3) *Proved. Annon.*, p. 145, 146.

portefaix, d'un manœuvre, d'un jardinier, d'un laboureur, oscilla entre 3 oboles (45 centimes) et 4 oboles (61 centimes) pour l'époque comprise entre le siècle de Périclès et celui d'Alexandre.

Nous avons vu que ce salaire se maintint sous les Ptolémées, et qu'en Judée, du temps d'Auguste et de Tibère, il n'était que de $\frac{1}{5}$ ou de $\frac{1}{4}$ au-dessous du prix actuel, qui est, en prenant la moyenne de toute la France, de 1 franc à 1ᶠʳ. 25ᶜ.

Cette conclusion se trouve confirmée par la curieuse inscription de Stratonicée, dont les prix (il ne faut jamais perdre de vue ce point important) étaient réglés à un taux beaucoup trop bas.

En voici quelques fragments[1] :

Une journée de cultivateur de ferme.	0ᶠʳ.	65ᶜ.
— de maçon.	1	25
— de menuisier en bâtiments[2].	1	25
— de cuiseur de chaux.	1	25
— de marbrier.	1	50
— de fabricant de mosaïque.	1	50
— de forgeron.	1	25
— de boulanger.	1	25
— de chamelier, d'ânier ou de meneur de bardeaux[3]. . . } nourris.	»	50
— de muletier. . . }	»	65
— de berger. . . . }	»	50

<hr/>

(1) *An edict. of Diocletian*, p. 19, sqq.
(2) *Fabro intestino.* Cf. PLINE, XVI, 81.
(3) Cette mention du *burdonarius* dans l'édit de Dioclétien prouve que ce métis, produit du cheval et de l'ânesse, assez rare en France aujourd'hui, était très commun dans l'empire romain, puisqu'il donna son nom à une profession spéciale que, sous peine

Une journée de porteur d'eau travaillant
   tout le jour et nourri. . . . . »$^{fr.}$ 65$^c.$
   — de cureur d'égouts travaillant tout le
   jour et nourri. . . . . » 65

L'instruction primaire était un peu plus chère à
Rome que dans nos villages de France, car l'édit
assigne au pédagogue, par chaque enfant et par
mois. 1$^{fr.}$ 25$^{v.}$
Au maître de lecture. 1   25
   — de calcul. 1   90
   — de sténographie. 1   90
   — d'écriture. 1   25
Au grammairien grec ou latin et au géo-
   mètre. 5
Au maître d'architecture. 2   5o
Au gardien des habits, pour chaque bai-
   gneur. . . . . »   o5
Pour le garçon de bain. . . . . » o5

Des chaussures.

Souliers de muletier ou de paysan, sans
   clous, la paire. 3
   — de soldats. 2   5o
   — de patriciens. 3   75
   — de femmes. 1   5o

Des bâts.

Bât de bardeau [1]. 8   75

---

d'être inintelligible, on ne pourrait nommer *bardeaunier*, tandis
que le mot *burdonarius* était dans la langue, comme chez nous
celui d'ânier.

(1) Ce prix plus élevé ferait croire que le bardeau était plus
fort que l'âne, tandis qu'aujourd'hui l'âne et le mulet sont à peu
près de même taille.

Bât d'âne. 6,ᵈ 25ᵉ
— de chameau. 8   75

Des bois.

Bois de chêne, 14 coudées de long sur 68
    doigts de largeur carrée. 6   25
— de frêne, 14 coudées de long sur 48
    doigts de largeur sur les côtés. 5

Le frêne était comparativement plus cher que le
chêne ; ce dernier bois vaut ⅓ de plus que le premier aujourd'hui en France.

Vins fins.

Vins de Picenum (le sextarius), ½ litre. . » 75.
— de Tibur. . . . . » 75
— de la Sabine. . . . . » 75
— d'Aminée. . . . . » 75
— de Sorrente. . . . . » 75
— de Falerne. . . . . » 75
Vieux vin ordinaire de première qualité,
    hors des crûs ci-dessus. . . . . » 60
Vin commun. . . . . » 20
Cervoise. . . . . » 10
Bière. . . . . » 05

Le vin, qui était à si bas prix en Grèce et même
en Italie du temps de Caton, était, comme on le
voit, plus cher sous Dioclétien qu'il ne l'est aujour-
d'hui en France dans les pays de vignobles ; car le
vin commun ne s'y vend pas ordinairement 40
centimes le litre, pas plus que le vin vieux ordinaire n'y coûte 24 sous la bouteille. La culture des

vignes avait dû souffrir, plus que toute autre, de la dévastation des Barbares et du fléau des guerres civiles.

CHAPITRE XIV.

DE LA SOLDE DES TROUPES.

Le taux journalier de la solde militaire et les changements qu'il a successivement éprouvés sont des faits assez bien connus, et sur lesquels on peut recueillir un grand nombre de témoignages. De plus, la même paie se trouvant énoncée de plusieurs manières différentes par les auteurs contemporains, on trouve, dans cette variété d'expressions d'une même valeur, un nouveau moyen de s'assurer de la proportion qui existait entre les monnaies de divers métaux. Enfin, la paie du soldat est le plus uniforme et le moins variable de tous les salaires, la personne qui le reçoit n'ayant point la faculté de le débattre, et l'État qui le donne ayant toujours un grand éloignement à augmenter un article qui compose une partie si considérable de la dépense. Ce genre de salaires peut donc être regardé comme celui qui offre la mesure la moins incertaine du prix moyen des subsistances, c'est-à-dire du rapport entre les denrées de consommation générale et la valeur réelle de la monnaie courante.

Dans les premiers temps de la Grèce, les troupes ne recevaient point de solde; l'usage de payer les citoyens qui portaient les armes fut introduit par Périclès [1]. On donnait, dit M. Bœckh [2], la solde sous deux noms : d'abord le salaire pour le service, μισθός (le soldat pouvait le mettre de côté, sauf ce qu'il dépensait pour ses armes et ses vêtements); puis la nourriture, σῖτος, qui était rarement fournie en nature. Le paiement se faisait à la fois pour la solde et la nourriture.

La solde d'un oplite ne fut jamais moindre de deux oboles par jour, et on lui en donnait autant pour la nourriture. Tel était l'usage du temps de Démosthène, puisqu'il compte 10 drachmes par mois pour la nourriture des oplites et 30 pour les cavaliers. L'oplite recevait donc en tout 4 oboles par jour. De là le genre de vie du soldat fut appelé proverbialement la vie de 4 oboles (τετρωβολουβίος) [3]. Souvent la solde fut plus haute : au commencement de la guerre du Péloponnèse, chacun des oplites qui assiégeaient Potidée recevait 2 drachmes par jour, l'une pour lui, l'autre pour son valet [4].

Dans Aristophane [5], des Thraces demandent 2 drachmes de solde, y compris la nourriture. Toute l'armée de Sicile fut payée 1 drachme (92 centimes) par jour [6]; c'est-à-dire 3 oboles, pour la solde et autant pour la nourriture. C'est ce que recevaient les archers qui formaient la garde d'Athènes [7]. Le jeune

(1) ULP., sur Dém., *De ordin. republ.*, p. 50, A.
(2) *Économ. polit. des Athén.*, t. I, p. 444. Pour ce qui regarde la Grèce, je m'appuierai principalement sur le travail du savant allemand, car il a traité ce sujet avec une érudition, une rectitude et une sagacité remarquables.
(3) EUSTATHE, sur l'Odyssée, p. 1405; sur l'Iliade, p. 951.
(4) THUCYD., III, 17.
(5) *Acharn.*, 158; cette pièce est de l'olympiade 88, 3.
(6) THUCYD., VII, 27. (7) BŒCKH, t. I, p. 343.

Cyrus donna d'abord 1 darique d'or par mois, puis 1 ½ aux soldats grecs [1]; c'était, en argent, une valeur nominale de 20, puis de 30 drachmes, mais la somme était réellement plus forte, puisque l'or n'est compté ici que pour le décuple de l'argent.

Seuthès donnait[2] par mois 1 cyzicène, le double aux lochagues, aux généraux le quadruple. Thimbron offrit de payer suivant ce rapport; de même que Seuthès, il donnait 1 darique par mois aux soldats[3].

Après la destruction de Mantinée, les villes alliées des Spartiates fournirent de l'argent au lieu de troupes, à raison de 3 oboles d'égine ou 5 oboles attiques par jour pour un fantassin et de 12 pour un cavalier[4]. On stipula la même somme pour la nourriture seule (σῖτος) du fantassin pendant la guerre du Péloponnèse, mais le cavalier n'eut que 10 oboles[5].

On voit que les cavaliers étaient autrement traités que les fantassins, puisqu'on leur donnait tantôt le double, tantôt le triple et le quadruple. Athènes donnait ordinairement le triple[6]. Ce rapport existait aussi chez les Romains[7].

La solde des troupes de mer en Grèce était à peu près la même que celle des fantassins; aussi m'abstiendrai-je de traiter ce sujet, sur lequel on peut consulter Barthélemy et M. Bœckh[8].

Toutes ces données confirment celles que nous avons tirées du prix moyen du blé et des salaires

(1) Xénoph., *Anab.*, I, 3, 21. Ed. Weisk.
(2) *Anabas.*, VII, 11, 36; VII, 6, 1.
(3) *Anabas.*, VII, 6, 1.   (4) Xénoph., *Hellen.*, V, 11, 21.
(5) Thucyd., V, 47.   (6) Démosth., Philipp. I, p. 17, C.
(7) Juste-Lipse., *Milit. Rom.*, V, 16.
(8) Tom. I, p. 448 à 468.

de l'homme libre en Grèce et en Asie. Elles prouvent que le pouvoir des métaux, relativement au service militaire, au travail et à la nourriture, fut beaucoup moins grand qu'on ne l'avait cru jusqu'ici. Par exemple, les 3 oboles (45 centimes) fixées pour la nourriture de l'oplite sont encore, à 4 centimes près, le prix établi pour la nourriture du terrassier, du maçon, du charpentier, dans les deux tiers des départements de la France. Les ouvriers maçons, charpentiers, reçoivent 1ᶠ. 5oᶜ par jour sans nourriture ; ils ne prennent que 1 franc étant nourris, et la différence de ce salaire, avec ou sans nourriture, est agréée d'un commun accord comme une estimation équitable par les parties contractantes. Quant à la solde, plus forte pendant la guerre du Péloponnèse, un peu moins du temps de Philippe, parce que le nombre des mercenaires et des aventuriers s'était accru, elle fut stationnaire à Rome pendant deux siècles, s'augmenta sous Jules César, puis sous Domitien, et s'éleva encore dans le Bas-Empire. Je vais la suivre dans ses différentes phases.

Un passage de Plaute[1] prouve qu'avant l'an de Rome 536, la solde du fantassin était par jour de 3 as, nombre rond qu'il a donné sans doute au lieu de 3 as $\frac{1}{3}$, qui devait être le véritable nombre[2] et qui portait la solde à 100 as par mois. Il n'existe pas de témoignage positif plus ancien. Le sceptique Niebuhr[3], malgré les textes précis qui disent le

---

(1) *Mostell.*, II, 1, 10. Voy. LEBEAU, Mém. de l'Acad. des Inscr., t. XLI, p. 146.

(2) BOECKH, *Metrol. unters.*, p. 426, et NIEBUHR, Hist. rom., t. IV, p. 175, 176.　　　(3) *Ibid.*

contraire, pense que la solde fut établie longtemps avant la guerre de Véies; qu'elle fut de 3 as $\frac{1}{3}$ comme au temps de Plaute et de Polybe, que c'est l'εἰσφορά de 10 drachmes levée par le dernier Tarquin. Toutes ces conjectures, qu'il n'appuie d'aucune preuve, semblent très hasardées.

M. Letronne [1] prouve que, malgré les réductions successives de l'as, d'abord à 1 once puis à $\frac{1}{2}$ once, la paie du soldat fut maintenue à $\frac{1}{3}$ de *denarius* par jour.

Polybe, qui a écrit son histoire dans la première moitié du VIIe siècle de Rome, trente ou quarante ans environ avant la loi Papiria et la réduction de l'as à $\frac{1}{2}$ once, nous apprend que la paie journalière du soldat romain était encore de 5 as, de 16 au denier, ou $\frac{1}{3}$ de *denarius* [2], car il a, comme d'usage, négligé la fraction $\frac{1}{18}$. Jules César, dit Suétone [3], porta pour toujours la paie au double: *legionibus in perpetuum stipendium duplicavit.* Si la paie était de 5 as avant le dictateur, il a dû la porter à 10; et, en effet, nous voyons dans Tacite [4], qu'à la mort d'Auguste, la paie du fantassin était de 10 as ou $\frac{5}{8}$ du denier.

L'augmentation d'un quart ordonnée par Domitien [5], la porta à 13 $\frac{1}{3}$ as ou $\frac{5}{6}$ du denier par jour, ce qui fit 25 *denarius* par mois.

Cette augmentation de la paie des légionnaires fut nécessitée par plusieurs causes que je me contente d'indiquer et qui seront développées dans la

---

(1) Consid. gén., p. 28.
(2) VI, xxxix, 12, éd. Schweigh.   (3) *In Cæsare*, c. 26.
(4) *Ann.* I, 17. « Denis in diem assibus vitam æstimari. »
(5) Zonar., *Ann.*, XI, 19, p. 580. Suet., *in Domit.*, c. 7.

suite de cet ouvrage; ce furent d'abord l'avilissement du signe en raison de sa plus grande abondance, ensuite la décadence de l'agriculture et la
diminution de la population libre, enfin les événements politiques qui rendirent le métier de soldat
plus ou moins fructueux, plus ou moins nécessaire. Hamberger[1] dit qu'à partir de la mort d'Auguste il n'a plus rien trouvé sur la paie du soldat :
de inferioris ætatis stipendiis nihil nobis occurrit.
Ce savant Allemand, contre la coutume de sa nation, a bien mal cherché; car, indépendamment
du prix de la solde sous Domitien, consigné dans
Suétone et Zonare, on trouve dans l'histoire d'Auguste quelques renseignements sur la prestation
en vivres, l'*opsonium* des Grecs, qui faisait la moitié de la solde totale.

Le Code Théodosien me fournit aussi quelques
documents sur les primes des engagements, le prix
des recrues et des remplaçants à l'armée.

Les récits de Trebellius Pollio et de Vopiscus
nous apprennent, de même qu'une loi des empereurs Valentinien, Valens et Gratien[2], que ce salaire en fourniture de vivres était fixé, tantôt par
jour, tantôt pour l'année. Voici la prestation en
vivres que Valérien[3] fournit par an de son trésor
privé à Claude, simple tribun : « Blé, 3000 *modius;*
« orge, 6000 *modius;* 2000 livres de lard, 3500
« *sextarius* de vin vieux, 150 *sextarius* de bonne
« huile, 600 *sextarius* de deuxième qualité, et, par

(1) *De Stipend. milit.*, p. 30, 31, § 11.
(2) Cod. Théod, VII, 1v, 17, *de Erog. milit. ann.*
(3) TREBELL. POLL., *in Claud.*, c. 14.

« jour, 1000 livres de bois et 4 fourneaux pour « cuire les aliments. »

Le même empereur assigne par jour au tribun Probus : en viande de porc, 6 livres; de chevreau, 10 livres; 1 poulet [1] pour deux jours; vin vieux, 10 *sextarius*, avec du bœuf séché, du sel, des légumes, du bois en quantité suffisante [2].

Le même Valérien assigne à Aurélien, commandant alors à Rome avec le titre de *dux*, 16 pains militaires blancs, 40 pains de munition (*panes castrenses*), ½ jeune porc, 2 volailles, 30 livres de viande de cochon, 40 livres de bœuf, 1 *sextarius* d'huile fine, 1 *sextarius* d'huile de deuxième qualité, 1 *sextarius* de jus (*liquaminis*), de légumes et d'herbages quantité suffisante, et, pour sa dépense personnelle (*ipsi autem ad sumptus*), 2 *aureus* antoniniens par jour (environ 50 francs) [3].

Je n'ai rien découvert sur la paie du simple soldat; mais si on suivait encore, au milieu du IIIe siècle, l'usage de la république et du haut empire, qui, pour la solde et le partage du butin, n'accordait aux tribuns que le quadruple de la portion afférente au simple légionnaire, cette solde, comme on le voit, vivres et argent compris, aurait bien augmenté depuis Domitien. On s'en convaincra facilement, puisque j'ai donné plus haut la valeur de ces diverses denrées d'après l'inscription de Stratonicée.

---

(1) Un poulet vaut 60 deniers de cuivre = 1 fr. 50 c., dans l'édit de Dioclétien, en 301, par conséquent à une époque rapprochée des règnes de Valérien, d'Aurélien, de Probus et de Claude-le-Gothique.

(2) Vopisc., *in Prob.*, c. 4.   (3) Vopisc., *Aurel.*, c. 9.

L'accroissement du luxe et de la mollesse, la décadence de l'esprit militaire chez les Romains, les progrès du christianisme, les honneurs rendus au célibat et à la vie anachorétique ou claustrale, enfin les mauvais succès de leurs guerres contre les Barbares du Nord et de l'Orient, devaient dégoûter du métier les citoyens romains déjà bien moins belliqueux, et élever à un haut prix les remplacements, les réengagements et les engagements volontaires.

Une loi de 375, des empereurs Valentinien, Valens et Gratien[1], fixe la valeur du conscrit à 36 sous d'or de principal et 6 sous d'or à fournir en sus à la recrue pour son habillement. Ce prix varie selon les circonstances, tantôt 25[2] tantôt 30[3] sous d'or de principal, sans la somme additionnelle pour vivres, menus frais et habillement.

Enfin l'historien Socrate[4] affirme que ce même Valens fixa le prix des recrues, ayant la taille et les conditions voulues pour le service, à 80 *aureus* toujours en principal.

Ainsi, même en négligeant ces prix exagérés de la solde dans l'époque désastreuse des ive et ve siècles, on voit qu'en Grèce le taux moyen de la solde du fantassin, nourriture comprise, était au moins de 4 oboles (61 centimes); à Rome, depuis César, $\frac{5}{8}$ de denier ou 70 centimes; sous Domitien, 83 cen-

---

(1) Cod. Théod., *de Tironibus*, VII, 13, 7.
(2) *Ibid., infr., l.* 13.
(3) *Leg.* 20, *infr., et nov. Valent.* I, 40, *inter Theod.* Vid. J. Goth., *Comment., h. l.*
(4) Livre IV, ch. 18 ou 33.

times, et le triple ou le quadruple pour le cavalier. Comparons maintenant ces prix avec ce que coûte l'armée en France.

L'empereur Napoléon calculait qu'en prenant la base la plus large 500 000 hommes sur le pied de guerre, artillerie, génie, cavalerie, habillements, vivres et munitions, trains et ambulances compris, lui coûtaient au plus 500 000 000[1], ou, en moyenne, pour un an, 1000 francs par homme.

Le budget de la guerre de 1839 ne porte, pour 348 000 hommes, que 263 000 000[2], mais c'est un état de paix.

Ainsi, l'armée coûte moins aujourd'hui qu'en Grèce et en Asie depuis le siècle de Périclès jusqu'à celui d'Alexandre, que dans l'empire romain depuis César jusqu'à Justinien; car il faut joindre au prix de la solde de l'infanterie et de la cavalerie grecque et romaine celui des transports de machines, des équipages de siége, etc., dont le chiffre ne nous a pas été transmis par les écrivains grecs et romains.

Ce nouvel ordre de faits, qui permet une déduction rigoureuse, ajouté à ceux que nous ont fournis le prix moyen des denrées de première nécessité, le taux du salaire et de la journée de travail de l'homme libre ou esclave, sera confirmé de nouveau par la recherche du prix de l'esclave dans la période que j'ai embrassée pour la république et l'empire romain.

(1) La dépense annuelle d'un soldat d'infanterie est évaluée en France à 334 fr. 62 c., ou 92 centimes par jour. *Revue des deux Mondes*, t. XIX, p. 554. Des Classes souffrantes, par M. A. Cochut.

(2) Voy. pour le budget le *Moniteur* et les séances de la Chambre des Députés, du 6 au 8 juin 1838.

CHAPITRE XV.

DU PRIX DES ESCLAVES.

Le prix des esclaves dépendait du nombre, de la concurrence et des besoins; il variait aussi selon le sexe, l'âge, la santé, les forces, la beauté, l'intelligence, les talents et les qualités morales. La méthode rigoureuse que je me suis prescrite dans ces recherches m'interdit de réunir, de mentionner les exceptions[1]; c'est le prix moyen de l'esclave propre aux travaux de l'agriculture ou à l'exercice d'un métier ordinaire que je tâche d'obtenir avec une certaine précision.

Barthélemy[2] avait évalué de 300 à 600 drachmes les esclaves employés aux travaux des mines de l'Attique. M. Bœckh, d'après trois textes de Xénophon[3] et de Démosthène[4], réfute cette supposition, et ne porte la valeur de ces esclaves mineurs qu'à 150 drachmes au plus. Mais les exemples qu'il cite ne peuvent évidemment servir à établir un prix moyen; d'ailleurs ils sont antérieurs à l'expédition d'Alexandre; or, le prix de l'esclave a doublé au moins depuis cette époque. L'abondance du signe métallique importé dans la Grèce, comme je l'ai dit plus haut, dut nécessairement élever le prix des denrées et la valeur des salaires. Cette obser-

---

(1) On les trouvera dans l'Anacharsis, t. II, p. 115, éd., in-18, et dans M. Bœckh., Écon. polit. des Athén., l. I, ch. 13.
(2) *L. c.*   (3) De Vectigal., IV, 23.
(4) *Contr. Pantæn.*, p. 624, C. 630, B.

vation n'aurait pas dû échapper à la sagacité du savant Allemand.

Les forgerons du père de Démosthène valaient, les uns 5, les autres 6 mines; les moindres n'étaient pas au-dessous de 3[1]. Ce prix de 5 mines, que nous trouvons pour des esclaves sachant un métier, ne paraît pas extraordinaire, puisque Diogène Laërce[2] indique 5oo drachmes comme le prix moyen d'un esclave. C'est donc à tort que M. Bœckh ne porte le prix moyen de l'esclave qu'à 125 ou 15o drachmes, c'est-à-dire à 1 $\frac{1}{4}$ mine ou 1 $\frac{1}{2}$ mine.

Les contrats de vente des esclaves acquis par l'Apollon Delphien, avec la condition qu'ils seraient libres du reste et qu'ils ne pourraient être soumis à l'esclavage par personne, portent 4 mines pour un homme, 3 et jusqu'à 5 pour une femme[3].

La rançon des prisonniers de guerre ne pouvait régler le prix moyen des esclaves, puisque la plus ou moins grande abondance des prisonniers, l'a-

---

(1) Dɪᴍᴏsᴛʜ., c. *Aph*., I, p. 548, B. C.
(2) Vie d'Aristippe., liv. II, p. 51, A.
(3) Cʜᴀɴᴅʟᴇʀ, *Inscript.*, II, 154. Conf. Mᴜʀᴀᴛᴏʀɪ, p. ᴅxᴄɪɪɪ, et les marbr. d'Oxford, II, xxıx, 2. Ces hommes sont des esclaves sacrés, ιιpόδουλοι, comme les *veneri* d'Eryx en Sicile, les filles d'Aphrodite à Corinthe, les hiérodules de Comana dans le Pont, que les prêtres ne pouvaient pas plus aliéner que les thessaliens ne pouvaient vendre hors du pays leurs serfs les Penestes, ou les Spartiates leurs ilotes. *Voy.* Sᴛʀᴀʙᴏɴ, pag. 365, 366, 542. Vous trouvez dans la condition de ces esclaves sacrés, ainsi que dans celle des Penestes, des Brutiens, des Periœces et des Ilotes, le germe de l'institution du colonat au moyen-âge et des serfs libres, mais attachés à la glèbe, de nos deux premières races. Nous retrouvons ces serfs en Sicile, en Italie jusqu'au ve siècle de Rome, et j'espère, dans un travail spécial, en suivre la filiation jusqu'au ııı^e siècle de l'empire, où leur condition est fixée par les lois. *Voy.* Jᴀᴄᴏʙ, *Precious Metals*, t. I, p. 173, 174.

vantage de les garder, la nécessité de s'en défaire devaient considérablement influer sur le prix de la vente.

Les Chalcidiens, prisonniers des Athéniens avant la guerre des Perses, furent mis en liberté à raison de 2 mines par homme[1].

Denys l'Ancien, après avoir vaincu les Rhégiens, exigea pour chaque homme une rançon de 3 mines[2]. La rançon habituelle était de 3 à 5 mines du temps de Philippe, lorsque beaucoup d'Athéniens furent faits prisonniers en Macédoine[3]. Cependant le cartel d'échange entre Démétrius Poliorcète et les Rhodiens fixe déjà 1000 drachmes (915 francs) pour le rachat d'un homme libre, et 500 drachmes pour celui d'un esclave[4]. Ce haut prix, double de la rançon du temps de Philippe, prouve que l'abondance des métaux en circulation depuis la conquête d'Alexandre avait fait hausser les valeurs.

Les soldats romains vendus en Achaïe par Annibal furent rachetés par les Achéens mêmes pour la somme de 5 mines, que l'Etat remit à leurs maîtres[5].

Les esclaves employés aux mines rapportaient net, à Athènes, 1 obole par jour; mais celui qui les louait s'engageait à les remplacer en cas de

(1) HÉRODOTE, V, 77.
(2) ARISTOTE, Écon., II, tom. II, p. 506, A., éd. Duval, 1529, in-fol. L'événement est de l'olympiade 98, 2.
(3) DÉMOSTH., de Fals. legat., p. 222, A.
(4) DIOD., XX, 84.
(5) Suivant Polybe 1200 coûtèrent 100 talents à l'État, ce qui est exactement le même prix sous une autre forme. Voy. TITE-LIVE, XXXIV, 50. Ceci arriva la 1re année de la 146e olympiade, l'an 550 de Rome.

mort[1]. L'esclave corroyeur gagnait 2 oboles par jour et le chef d'atelier jusqu'à 3[2].

« Ainsi, les 32 ou 33 forgerons ou armuriers de Démosthène, dit M. Bœckh[3], rapportaient annuellement 30 mines, et les faiseurs de siéges 12, tous frais faits. Puisqu'ils valaient, les premiers 190, les seconds 40 mines[4], ils rapportaient les uns 30, les autres 16 p. $\frac{0}{0}$; le maître, au reste, fournissait les matériaux. Lorsque le corroyeur de Timarque produisait 2 oboles et le chef d'atelier 3 oboles, ce gain pouvait aussi comprendre le bénéfice retiré des fournitures. De même les esclaves loués à un fermier pour le travail des mines, rapportant 1 obole par jour, ce qui, en comptant 350 jours de travail par an, et en admettant un capital moyen de 140 drachmes, donne un intérêt de 41, 66 p. $\frac{0}{0}$, on peut conclure que ce produit n'est pas uniquement dû aux esclaves, mais encore aux mines elles-mêmes que l'on affermait en même temps. »

Cependant ce bénéfice énorme, qu'on tirait du travail des esclaves employés aux mines, ferait croire que M. Bœckh a trop réduit le prix de la vente de ces esclaves en le portant de 125 à 150 drachmes. Le peu de données exactes qu'on possède sur le loyer des maisons et sur le fermage des

---

(1) Xénoph. *de vectig.*, IV, 23, sq. — On trouve un exemple d'un contrat d'assurance contre la fuite des esclaves dans la proposition d'un noble Macédonien, qui, pour une prime de 8 drachmes par tête d'esclave, s'offrait à rendre le prix déclaré par le maître pour le prix de l'esclave échappé. Arist., Économ., II, tom. II, p. 510, C.

(2) Eschin., c. *Timarch.*, p. 183.   (3) T. I, p. 123.
(4) Demosth., c. *Aphob.*, I, p. 548, B. C.

terres dans l'Attique semble motiver ma supposition. Car, selon Isée[1], une maison de Mélite, valant 3o mines, et une autre de 5 mines située à Eleusis, ne rapportaient ensemble que 3 mines par an, 8 $\frac{1}{2}$ p. $\frac{0}{0}$; et un bien situé à Thria, de la valeur de 15o mines, n'était affermé que pour 12, c'est-à-dire qu'il produisait seulement 8 p. $\frac{0}{0}$.

Il paraîtra sans doute de la dernière évidence que le prix moyen de l'esclave donné par M. Bœckh est trop réduit. Conçoit-on, en effet, que, si on pouvait tirer d'un esclave, dont la vie et la santé étaient même assurées, 16, 3o et 41 p. $\frac{0}{0}$, tandis qu'on ne retirait que 8 p. $\frac{0}{0}$ d'un placement en maisons et en fonds de terre, les Athéniens, peuple éminemment industriel et calculateur, n'eussent pas importé en peu de temps une quantité d'esclaves telle, que le produit du travail de ces animaux intelligents se serait nivelé avec le revenu des placements ordinaires.

Pour conclure, je pense que le prix moyen de l'esclave procuré par la traite ou élevé dans la maison ne peut guère, depuis la guerre du Péloponnèse jusqu'à la mort de Philippe, être évalué à moins de 5 à 6 mines, et que, depuis l'expédition d'Alexandre jusqu'à la conquête romaine, ce prix s'est élevé environ à une somme double.

Le premier document positif qu'on rencontre en Italie sur le prix des esclaves remonte au vi[e] siècle de Rome. Plaute, qui mourut en 569, estime[2]

___

(1) De l'hérit. d'Hagnias, p. 393. Voy. BŒCKH, t. I, ch. 24.
(2) *Captiv.*, II, 11, 103; V, 11 21. IV, 15.

à 20 mines (1829ʳ· 55ᶜ·) un bon et robuste esclave, et un enfant à 6 mines (548ʳ· 86ᶜ·). Dans le Pseu-dolus[1], Phenicium, jolie esclave, a été vendue 20 mines, et dans le Pœnulus[2], deux petites filles et leur nourrice ont été achetées à très bas prix 18 mines (1646ʳ· 60ᶜ·). Le prix moyen des esclaves femel-les à Constantinople, en 1824, a été donné ainsi par le docteur Maddom[3] : une belle Abyssinienne, 150 piastres fortes (814ʳ· 50ᶜ·); esclave noire ordinaire, 80 piastres (434ʳ· 40ᶜ·); jeune Grecque, 280 piastres (1520ʳ· 40ᶜ·).

Pline[4], en parlant des rossignols, nous donne le prix moyen de l'esclave pour son époque, et même celui de l'esclave valet du légionnaire pour un temps plus reculé. « Ainsi donc, dit-il, on vend ces oiseaux le prix d'un esclave, et même plus cher que ne coûtait jadis un valet de soldat; je sais qu'un rossignol blanc s'est vendu 6000 sesterces[5] (environ 1500 fr.). »

Plutarque[6] nous a transmis le prix moyen d'un esclave cultivateur dans le vi° siècle de Rome; ce prix est de 1500 drachmes ou deniers (près de 1300 fr.). Columelle[7] nous donne la valeur d'un vi-gneron, comparée avec celle d'un jugère de très bonne terre, dans le 1ᵉʳ siècle de l'ère chrétienne; car nous savons que Columelle était contemporain de Pline le naturaliste et du philosophe Sénèque. Ce prix

(1) I, 1, 49, 50.   (2) IV, 11, 74, 76.
(3) *Travels in Turkey*. London, 1824, in-8°, lettres I et II.
(4) X, 43, t. I, p. 561, lign. 10.
(5) « Ergo servorum illis pretia sunt, et quidem ampliora quam quibus olim armigeri parabantur. Scio sestertiis sex candidam ve-nisse. »
(6) *Cato maj.*, c. 4, éd. Reisk.   (7) III, 111, 8.

est de 8000 sesterces (environ 2000 fr.) [1], d'après la
valeur connue du sesterce et du *denarius*, son quadruple à cette époque. C'est huit fois le prix d'un jugère de terre arable de moyenne qualité, propre à faire
un vignoble, dit toujours Columelle. Ainsi nous apprenons par là qu'un jugère ou demi-arpent de terre
convenable à la vigne, valait $\frac{2000}{8} = 267$ fr. L'intérêt
de l'argent était alors de 6 p. % par an; Columelle le fixe
à ce taux [2]. Si tel était l'intérêt commun de l'argent,
l'intérêt du prix d'un esclave, à raison de la durée
moyenne de sa vie, doit être évalué à 12 p. % par
an, sans tenir compte des intérêts composés. Le
code Théodosien, dans une loi très curieuse et peu
citée, indique à la fois le prix de l'esclave, celui de
son travail et de la durée probable de sa vie, en
409, sous Honorius et Théodose. Le Romain libre,
pris et vendu comme esclave par les Barbares, recouvre sa liberté, en payant à l'acheteur le prix qu'il
a coûté, ou en lui donnant cinq années de son
travail; ce travail de cinq ans, à 1 franc par jour,
égalerait le prix moyen de l'esclave, tel que nous
venons de l'établir [3].

A l'île de Cuba, où les esclaves, dit M. de Hum-

(1) Aussi donnait-on alors la liberté aux femmes esclaves qui
avaient plus de trois enfants. COLUM., I, VIII, 18.

(2) Justinien (Cod., IV, XXXII, 26, *de Usuris*) défend de
stipuler dans un contrat l'intérêt au-delà de 4 p. %. « Minime
licere ultra tertiam partem centesimæ, usurarum nomine in quo-
cumque contractu stipulari.» BLAIR, *Inquiry into the slavery*, p. 256
et note 115, se trompe, je crois, en fixant à 12 p. % l'intérêt de l'argent entre la fin de la république et le commencement de l'empire.

(3) Cod. Théod., V, v, 2, t. I, p. 441. Voy. le passage ci-dessous,
p. 154, not. 2.

boldt, ne sont aux hommes libres que dans la proportion de 6 à 1, où ils sont traités avec une grande
douceur, où ils trouvent un climat analogue à celui
de l'Afrique d'où ils sont transportés, il en meurt 7
sur 100 par année. M. de Humboldt [1] s'est procuré
des états exacts d'importation et de décès qui con-
statent ce fait. Hufeland [2] assure qu'il meurt chaque
année $\frac{1}{5}$ ou $\frac{1}{6}$ des nègres esclaves. La perte annuelle
en esclaves était évaluée à 10 p. $\frac{0}{0}$ à Saint-Domingue, et à 12 dans les colonies à sucre anglaises et
hollandaises de l'archipel des Antilles.

On ne peut croire qu'elle fût moindre de 12 p. $\frac{0}{0}$
chez les Romains, où les esclaves, transportés de
climats très différents de celui de l'Italie, étaient
chargés de fers, entassés dans des cachots, et soumis aux plus durs traitements.

On peut donc évaluer la durée moyenne
d'un esclave à 8 ans au plus; ainsi un esclave vi-
gneron coûtait, du temps de Columelle, 8000
sesterces ou. . . . . 2140[f.] » «

Intérêts simples à 6 p. $\frac{0}{0}$ pour 8
ans. 1027   20

3 livres de froment par jour; pour
8 ans, 8762 livres, à 3 sous la livre. . 1314   30

264 litres de vin par an, 2112
pour 8 ans à 3 sous le litre. 316   80

Total pour 8 ans. 4798   30
Ce qui fait pour 1 an. 599   79

(1) Essai politique sur la Nouvelle-Espagne, II, c. 7; t. I,
p. 131, éd. in-4°.

(2) Art de prolonger la vie de l'homme, p. 121.

Le travail de l'esclave est évalué à la moitié du travail de l'homme de journée libre ; il faut donc doubler la somme de 599$^{fr.}$ 79^c ce qui porte à 1199$^{fr.}$ 58^c chez les Romains la quantité de travail que fait chez nous un journalier dans une année. Il faut y ajouter en sus les autres aliments, l'habillement, la chaussure, le logement et les frais de garde des esclaves.

En France, le prix moyen du journalier ou valet de ferme cultivateur est, au plus, de 20 à 25 sous par jour[1], nourriture comprise. M. de Humboldt le porte à 30 ou 40 sous ; mais je suis positivement sûr que cette évaluation est trop forte de plus d'un tiers, si on entend par là le prix moyen de la journée de travail du cultivateur en France. Ainsi le prix d'un laboureur ou d'un vigneron à gages ou à la journée s'élève au plus chez nous à 450 francs par an, et l'on n'a à payer ni habillement, ni logement, ni frais de garde, etc.

En additionnant le capital employé à l'achat de l'esclave, l'intérêt de ce capital, la nourriture et le vêtement, le déchet annuel et en comparant ce résultat avec la somme de travail produit, on voit que ce prix s'élève fort au-dessus des salaires les plus hauts du journalier ou domestique cultivateur d'Italie, de France, et même d'Angleterre.

D'après le prix de culture avec des esclaves, aux VIe, VIIe et VIIIe siècles de Rome, on peut apprécier celui de la journée du travailleur libre, *operarius,*

(1) C'est une moyenne tirée de quatre-vingts départements que j'ai visités depuis vingt-cinq ans, et dans lesquels j'ai recueilli des renseignements exacts sur le prix de la journée de travail.

mercenarius, qui était préféré pour les gros ouvrages, en raison de sa force et de sa santé, et on voit qu'il devait s'élever au-dessus du prix moyen actuel en France et en Italie ; car les Romains, à coup sûr, n'auraient pas fait cultiver leurs terres par des esclaves qui offraient des dangers et des inconvénients sans nombre, s'ils avaient pu se procurer des travailleurs libres suffisamment et à meilleur marché.

Dans le siècle où nous vivons et avec la nature des idées qui nous dominent, je me suis félicité de pouvoir démontrer que les calculs étroits de l'égoïsme, de l'avarice et de la cupidité doivent être d'accord, s'ils sont éclairés sur leurs véritables intérêts, avec les principes élevés et invariables de la morale, de la justice et de la charité.

Le prix de l'esclave n'est indiqué pour l'époque d'Adrien que d'une manière trop vague pour qu'on puisse s'en servir.

Pétrone[1] et Fortunatianus[2] indiquent 1000 deniers ou 997 francs, comme la récompense donnée à Rome au dénonciateur de l'esclave échappé ; mais la profession de l'esclave reste dans le vague. Scévola[3] fait connaître le prix de l'esclave pour les règnes de Marc-Aurèle et de Commode par cette phrase : *Si debeas decem millia* (HS.) *aut hominem* ; dix mille sesterces valent à peu près 2500 francs ; ce prix est en rapport avec celui de l'esclave vigneron de Columelle, du pêcheur, évalué par Juvenal[4] à 6000

---

(1) *Satyr.*, § I, 97, p. 598, éd. Burman.
(2) *Art. Reth.*, schol. I, p. 65, Caperon.
(3) Dig., XVI, 11, 22, *de Compens.*
(4) *Satyr.*, IV, 15 et 26.

sesterces (environ 1600 fr.), et du *verna* de Tibur, qu'Horace [1] estime 8000 sesterces, un peu plus de 2150 francs.

Je trouve bien dans le code Justinien [2] et dans le Digeste [3] que, par deux lois d'Adrien et d'Antonin-le-Pieux, l'esclave affranchi par un testament non valable, ou par un légataire dont le legs aurait été postérieurement déclaré nul, conservait sa liberté en payant 20 *aureus* à l'héritier légal. Mais cette somme n'est qu'une espèce de dédommagement et non un rachat ni un prix moyen.

Il en est de même des deux lois d'Alexandre-Sévère, l'une sur les mineurs, l'autre sur les esclaves affranchis par testament [4]. Dans ces deux cas les 20 *solidus* ne sont qu'une transaction pour éviter un procès entre l'esclave affranchi et l'héritier, qui pourrait contester la légalité de l'affranchissement.

Nous trouvons cependant une consultation de Paulus [5] où 20 *solidus* semblent être donnés comme le prix ordinaire d'un esclave artisan; mais c'est évidemment une pure supposition de jurisconsulte, et, pour le prouver, il suffit de citer un passage d'une lettre de Javolenus [6], jurisconsulte de la même époque, qui porte à 2 *solidus* (31 fr.) le prix d'une esclave. Qui pourrait admettre comme sérieuse une pareille estimation?

Des textes positifs ont d'ailleurs prouvé que,

(1) *Epist.*, II, 11, 5.
(2) VII, iv, 2, *de Fideicomm. libert.*
(3) V, ii, 8, § 17, *de Inoff. test.*
(4) Dig., IV, iv, 31; XL, iv, 47.   (5) Dig., XVII, 1, 26, § 8.
(6) « Ancillam bona fide duorum aureorum emptam. » Dig., XLVII, 11, 74.

depuis la deuxième guerre punique jusqu'au règne de Trajan, le prix de l'esclave cultivateur s'est maintenu entre 2000 et 2500 fr. C'était, avant 1789, le prix d'un bon nègre adulte à Saint-Domingue. Au siècle des Antonins[1], 997 francs de récompense sont donnés à Rome, d'après un passage formel de Pétrone, au dénonciateur d'un esclave échappé. Personne, à coup sûr, ne voudra nier que le prix de l'esclave ne dût être bien supérieur à la récompense qu'obtenait son dénonciateur.

Enfin une loi d'Honorius et de Théodose, datée de l'an 409, stipule que les Romains vendus comme esclaves, et qui veulent recouvrer leur liberté, paieront à l'acheteur ou le prix d'acquisition, ou cinq années de leur travail[2]. Cinq années de travail sont ainsi données comme l'équivalent du prix d'un esclave; or, si ce prix n'était que de 20 *solidus*, le travail de cinq années ne reviendrait qu'à 302$^{fr.}$ 20$^{c.}$, c'est-à-dire que l'esclave aurait gagné 60$^{fr.}$ 45$^{c.}$ par an, à peu près 15 centimes par jour, résultat que le simple bon sens repousse absolument.

Il existe cependant une loi de Constantin qui semble établir ce prix de 20 *solidus* comme celui d'un esclave ordinaire. Si quelqu'un, dit-il, reçoit un esclave fugitif à l'insu de son maître, il rendra l'esclave avec un *autre pareil* ou 20 *solidus*[3].

---

(1) Les savants s'accordent à fixer cette limite pour la composition du Satyricon, faussement attribué d'abord à Pétrone, qui fut consul sous Néron.

(2) « Aut datum pro se pretium emptoribus restituere, aut labore, obsequio vel opere quinquennii vicem referre beneficii. » Cod. Théod., *de Postlim.*, V, v, 2.

(3) « Eum cum alio pari vel viginti solidis reddat. » Cod. Just., VI, 1, 4.

La victime du vol recouvre, comme on voit, son capital, plus un dédommagement exorbitant pour la non-jouissance instantanée de ce capital. Mais 20 *solidus* ne peuvent être regardés comme l'équivalent de *l'esclave pareil;* car, s'il en était ainsi, il en résulterait que tout esclave mâle ou femelle, jeune ou vieux, faible ou vigoureux, valet ou artisan, était toujours estimé au même prix, conséquence tout-à-fait inadmissible. La somme de 20 *solidus* était évidemment une composition et devait être inférieure au prix d'un esclave; car c'était un capital beaucoup plus sûr, sujet à beaucoup moins de chances qu'un esclave, et dont les produits, loin de jamais s'éteindre, devaient progressivement s'accroître s'il était bien administré.

D'un autre côté, une loi de Gratien, de Valens et de Théodose, de l'an 386, ordonne que le recéleur d'un colon fugitif paiera 6 onces d'or pour prix de ce colon, et 12 onces s'il appartient au fisc[1]. Il s'agit ici d'un serf attaché à la glèbe, dont la condition n'était guère supérieure à celle d'un esclave et dont néanmoins le prix est, comme on le voit, suivant les cas, de 560 fr. 70 c. ou de 1121 fr. 44 c.

Aussi l'érudit Hamberger[2] dit-il que, pour trouver une fixation formelle du prix de l'esclave, il faut descendre jusqu'à Justinien. Deux lois de ce prince semblent, en effet, donner un prix moyen pour l'esclave, et cependant nous ne les regardons pas comme aussi concluantes que l'a pensé le savant

---

(1) « Pro eo qui privatus erit sex uncias, pro eo qui patrimonialis (vel fiscalis), libram auri cogatur inferre. » Cod. Théod., V, ix, 2.

(2) Dissert. cit., p. 32.

Denis Godefroy[1]. Dans la première de ces lois[2], il s'agit d'une succession dévolue à plusieurs légataires qui ont le choix entre divers meubles, tels que des esclaves et de l'argent. L'un de ces légataires meurt lui-même et se trouve représenté au partage par plusieurs héritiers qui ne sont pas d'accord sur le choix à faire. L'empereur veut qu'ils tirent au sort entre eux, et que celui qui sera désigné par le sort fasse le choix en satisfaisant ses co-héritiers. Pour ceux qui voudraient de l'argent au lieu d'esclaves, Justinien fixe le prix de l'esclave de la manière suivante : un esclave mâle et femelle au-dessus de dix ans, s'il n'a pas de métier, 20 *solidus*; au-dessous de dix ans, 10 *solidus*; si l'adulte mâle ou femelle a un métier, il est estimé à 30 *solidus*. Peut-on raisonnablement supposer que ces prix, établis pour un compte de famille, pour des indemnités entre co-héritiers, aient été les mêmes que les prix du commerce?

L'autorité apparente de la deuxième loi, dans la question qui nous occupe, est encore plus facile à réfuter. Il s'agit, dans cette loi[3], d'une personne qui, entraînée par sa générosité, donne plus qu'elle ne possède, soit en argent, soit en esclaves. Les esclaves donnés et que le donateur ne possède pas doivent être estimés, pour que le prix en soit payé au donataire. La loi fixe, dans ce cas, un prix de 15 *solidus* par tête d'esclave. Est-ce là un prix moyen? Non, sans doute; car, ici comme dans un des exem-

---

(1) *Comment. in Cod. Just.* ed. Amstel., 1660, in-fol., VII, vii, 1, § 5; not. 32, 33.

(2) Cod. Just. VI, xliii, 3.   (3) Cod. Just., VIII, liv, 35, § 3.

ples que nous avons discutés, tous les esclaves, sans distinction, auraient eu le même prix moyen, ce qui est impossible. C'est un *maximum* établi en faveur d'un donateur imprudent, pour qu'il ne soit pas trop victime de sa libéralité.

Si pourtant on voulait admettre, ce qui nous semble improbable, 20 *solidus* comme le prix moyen de l'esclave au temps de Justinien, on ne pourrait l'expliquer que par les progrès toujours croissants de la religion chrétienne vers l'abolition de l'esclavage. Dans cette hypothèse, le bas prix aurait résulté du peu de sûreté de la propriété; mais, quelque opinion qu'on adopte, il nous semble impossible que, depuis Trajan jusqu'à Justinien, le prix moyen de l'esclave ait été au-dessous de 1000 ou 1200 fr. Je ne donne pas de limite plus précise; car la guerre étant, comme je l'ai dit, principalement chargée d'approvisionner le marché d'esclaves, leur prix dut varier selon les lieux, les événements et les circonstances.

Maintenant, par la multitude d'exemples et le grand nombre des prix de salaires et de denrées que j'ai cités, tant dans ce chapitre que dans les précédents, je crois avoir prouvé jusqu'à l'évidence que le rapport des métaux précieux au prix moyen du blé, de la solde et de la journée de travail, était, dans le haut et dans le bas empire romain, à peu près égal à ce qu'il est aujourd'hni en France, résultat bien contraire à ce qu'avaient avancé les économistes, les anciens érudits et même, en dernier lieu, MM. Bœckh et Letronne. Cependant, il n'est aucun point de l'économie politique romaine que je croie déterminé avec plus de certitude; ma con-

viction est complète quant à ce résultat; mais en
expliquer la cause est bien plus difficile. Voici néanmoins une observation qui peut conduire à la solution de la difficulté. Il est évident que les métaux
précieux se répandent aujourd'hui dans les cinq
parties du monde, et que, dans l'antiquité, leur
usage était limité au bassin de la Méditerranée et
à quelques contrées de l'Asie et de l'Afrique. S'il
y avait cinq fois moins d'or et d'argent qu'aujour-
d'hui, il y avait cinq fois moins de besoins. L'industrie des manufactures était moins perfectionnée,
le commerce moins actif, et la valeur relative des
métaux put être la même, quoique la quantité mise
en circulation ait beaucoup augmenté depuis les
siècles de Périclès et de Constantin jusqu'à l'époque actuelle. Si ce fait était contesté, il faudrait admettre, ce qui me semble impossible, que la haute
Asie et le monde grec et romain durent avoir des
mines d'argent et d'or presque aussi abondantes
que celles de l'Amérique; que ces empires durent
avoir aussi pour l'exploitation de ces mines une
population très abondante, la main-d'œuvre à très
bon marché, et enfin, pour l'extraction de l'argent
en filons, une mécanique et une métallurgie très
perfectionnées, quoique leurs procédés nous soient
tout-à-fait inconnus. Sans cela le haut prix de la
production de l'or et de l'argent eût inévitablement
augmenté leur valeur relativement au blé, aux salaires et aux denrées de première nécessité, dans
une proportion beaucoup plus forte que celle qui
nous est donnée par des lois et des textes précis.
Nous trouvons, au contraire, la proportion de l'or
à l'argent de 1 à 12 dans les deux premiers siècles

de l'ère vulgaire, de 1 à 15, comme à présent en Europe, durant presque tout le IIIe siècle, de 1 à 18 à la fin du IVe et dans la première moitié du Ve. Nous trouvons enfin le prix des denrées à peu près égal aux prix actuels de France.

CHAPITRE XVI.

ORIGINES DU CENS.

La constitution politique de la république romaine, les divisions des plébéiens et des patriciens, ces luttes, ces discussions, ces rivalités continuelles qui prouvaient le besoin de distraire le peuple et de l'occuper au dehors, firent de la guerre un système, un moyen, un ressort du gouvernement romain.

Les Romains vivaient donc dans une guerre éternelle et toujours violente. Ils s'appliquèrent à chercher, ils réussirent à trouver les moyens de vaincre et de conquérir.

On les voit étudier les divers procédés des peuples qu'ils combattent, adopter celles de leurs inventions qu'ils jugent utiles, perfectionner continuellement leur discipline, leur ordonnance, leurs manœuvres, leurs armes et leurs machines. Dès les premiers temps de leur monarchie ils avaient un corps de génie organisé parmi leurs légions. C'est le peuple de l'Europe qui a entretenu le premier des armées permanentes soldées, équipées, pourvues constamment avec une extrême vigilance d'armes, de vêtements, de vivres.

La nécessité de vaincre força les Romains à perfectionner les moyens d'obtenir la victoire. La connaissance exacte de leurs ressources en hommes, en argent et en vivres, était la condition indispensable du succès. La nécessité créa donc chez ce peuple guerrier la statistique, le cadastre, les registres de naissance et de décès. Tout cela fut compris dans l'institution du·cens, et cette institution, base fondamentale du gouvernement et de la puissance romaine, est due à Servius Tullius, le sixième des rois de Rome, et date de l'an 197 de cette ville, 555 ans avant J.-C.

L'institution du cens remonte à une très haute antiquité. Hérodote[1] l'attribue à Amasis; Diodore[2], Elien[3], Diogène Laërce[4] en font mention, et Dracon la transporta à Athènes. Perizonius[5] et Abram[6] prouvent qu'elle était en vigueur chez d'autres nations. La loi obligeait de déclarer son nom et son revenu, sous peine de mort en cas de fausse déclaration[7]. Le comique Diphilus parle, dans une pièce intitulée *le Marchand*, d'une loi presque semblable en vigueur à Corinthe[8]; seulement l'amende était la première peine de l'infraction ; la mort punissait la récidive. Il existait aussi un cadastre[9] en Grèce et à Athènes, même avant Solon, comme en Egypte et en Perse. Indépendamment des terres et

(1) II, 177.   (2) I, 77.
(3) *Var. Hist.*, IV, 1.   (4) VII, 168.
(5) *Ad Ælian.*, *Var. Hist.*, loc. cit. Cf. X, 14.
(6) *Ad Cicer.*, *Orat. pro Sextio*, c. 48.
(7) Voy. Schweigh, *ad Herodot.*, II, 177.
(8) Athen., *Deipnosoph.*, VI, 12, éd. Schweigh.
(9) Boeckh, Écon. polit. des Athéniens, t. II, p. 325, tr. fr.

des maisons, les capitaux productifs ou non, les
esclaves, les produits bruts ou travaillés, le bétail,
le mobilier, les dots même, en un mot, tout fut
évalué en numéraire, comme il est facile de s'en
convaincre en comparant les biens laissés par l'ancien Démosthène avec l'estimation des biens et le
cens du fils[1]. Ce cadastre ancien englobait la propriété entière; plus tard on y ajouta un second cadastre foncier qui n'établit l'impôt que sur la terre
productive[2].

Servius, qui connut sans doute le cadastre athénien et les lois sur cette matière perfectionnées
par Solon[3], institua donc le cens ou dénombrement
de tous les citoyens romains en état de porter les
armes. Le recensement de cette partie de la population dut être fait exactement tous les cinq
ans; les censeurs en furent chargés sous la république, et comme les centuries, les rangs et le
droit d'élection étaient fondés sur la propriété et le
revenu, il fut indispensable de tenir des tables exactes de statistique. Dans un tel ordre de choses, les
naissances, les décès, le nombre des citoyens par
âge et par sexe, la situation, la nature, l'étendue,
le rapport des terres, des capitaux possédés par
chaque citoyen, étaient soigneusement enregistrés
et vérifiés à chaque lustre. Cicéron le dit positivement dans son traité sur les lois, et l'on sait que ce
livre, quoique offrant le tableau des lois d'une république idéale, est presque toujours le résumé

(1) Boeckh, op. cit., t. II, p. 329, 330.
(2) Plato., de Legibus, V, p. 741, C; p. 745, A.
(3) Plutarch., Solo, c. 18.

des anciennes lois et des institutions de Rome.
« Que les censeurs, dit la loi, recensent le peuple
« selon l'âge, le nombre des enfants, des esclaves,
« le revenu ; qu'ils surveillent les temples, les rou-
« tes, les eaux, le trésor, les impôts ; qu'ils parta-
« gent le peuple en tribus ; qu'ensuite ils le répar-
« tissent par fortunes, par âges et par ordres ; qu'ils
« enregistrent les enfants des chevaliers et des fan-
« tassins ; qu'ils prohibent le célibat, dirigent les
« mœurs du peuple et ne laissent pas dans le Sénat
« un homme taré ; qu'ils soient au nombre de deux ;
« que leur magistrature soit quinquennale et que
« cette autorité ne soit jamais abrogée... Que les
« censeurs observent la loi de bonne foi et que les
« particuliers leur apportent leurs actes [1]. »

On voit que les censeurs, dont le pouvoir durait
cinq ans, avaient tous les moyens d'établir une
bonne statistique. Ce dernier paragraphe du traité
des lois est curieux, car il prouve que les particuliers étaient obligés d'apporter leurs titres de toute
espèce, *acta* [2], aux censeurs, qui contrôlaient l'exactitude de leur déclaration par serment. Les villes

(1) « Censores, populi ævitates, soboles, familias, pecuniasque
censento : urbis templa, vias, aquas, ærarium, vectigalia tuento:
populique partes in tribus distribuunto : exin pecunias, ævitates,
ordines partiunto : equitum peditumque prolem describunto : cæ-
libes esse prohibento : mores populi regunto : probrum in senatu
ne relinquunto : bini sunto : magistratum quinquennium habento:
eaque potestas semper esto. Censores fide legem custodiunto : privati ad eos acta referunto. » *De Legibus*, III, 3 et 4.

(2) Ce mot *acta*, dont le sens, dans ce passage, me semble avoir
été mal saisi par Turnèbe et par M. Leclerc (Des Journ. chez les
Rom., p. 203), ne peut signifier ici que les registres de recettes et
de dépenses des particuliers, qui constataient le revenu, ou les actes
de vente établissant la valeur du capital.

municipales de l'Italie avaient de pareils registres ; Cicéron les indique dans son plaidoyer pour le poëte Archias [1] « Archias, dit-il, a obtenu le droit de cité à Héraclée. Vous nous demandez les registres publics d'Héraclée, que nous savons tous avoir péri dans la guerre d'Italie par l'incendie des archives de la ville. *Tabulas Heracliensium, incenso tabulario, interisse scimus omnes.*» Ailleurs [2] il cite les registres publics qui contenaient l'état de toutes les propriétés de l'Italie et de la Sicile. Suétone [3] allégue nominativement ceux d'Antium. Nous avons même un témoin irrécusable de l'exactitude avec laquelle étaient tenus ces registres, qui étaient rédigés jour par jour et divisés par chapitres et par pages numérotées. C'est une inscription trouvée à Cæré en 1548, et qui est rapportée par Gruter [4] et par Orelli [5]; on y lit : COMMENTARIUM COTTIDIANUM MUNICIPII CÆRITUM. INDE PAGINA XXVII, KAPITE VI... INDE PAGINA ALTERA, KAPITE PRIMO... INDE PAGINA VIII KAPITE PRIMO.

Quand nous n'aurions ni ces témoignages précieux ni celui de Florus [6], qui les confirme et qui atteste que la République se connaissait parfaitement elle-même, et que le gouvernement d'un grand empire était tenu dans tous ses détails avec le même soin que l'administration d'une petite maison par un simple particulier ; quand, dis-je, ces

(1) Chap. IV. (2) *Agrar.* I, 2, (3) *Caligula,* c. 8. (4) N°° 214 et 215. (5) *Select. inscr.,* n° 3787. (6) Lib. I, cap. vi. « Summaque regis Servii solertia ita est ordinata respublica, ut omnia patrimonii, dignitatis, ætatis, artium officiorumque discrimina in tabulas referrentur, ac si maxima civitas minimæ domus diligentia contineretur. »

assertions positives nous manqueraient pour Rome
et l'Italie, nous pourrions affirmer *à priori* qu'il y
existait des tableaux statistiques semblables. Une
partie de la Grèce avait cet usage; les colonies
grecques transplantées en Italie durent le conserver. Rome elle-même, en grande partie, avait reçu
des Grecs, soit directement, soit par l'intermédiaire
des Etrusques [1], son culte, ses mœurs et ses lois.
De plus, avec un gouvernement fondé sur de telles
institutions, il était impossible qu'il en fût autrement. Les 20 000 citoyens d'Athènes, les 450 000 citoyens romains du temps de César étaient réellement
une noblesse privilégiée, quoiqu'elle portât le nom
de peuple; les esclaves, les étrangers ne jouissaient
pas des mêmes droits. De même enfin que le Livre
d'or à Venise contenait l'état de toutes les familles
patriciennes, que le nobiliaire de France comprend
le nom et les armes de 80 000 familles nobles, de
même les registres de naissance, de décès, par sexe
et par âge, étaient indispensables à Rome et dans
l'Italie. L'âge auquel un citoyen prenait la prétexte,
la robe virile, y était consigné. Sans cela, comment
aurait-on pu établir son admissibilité aux divers
emplois publics? La loi fixait un âge pour sortir de
tutelle, un âge pour être admis dans l'ordre équestre ou sénatorial, pour être nommé tribun du peuple, questeur, édile, préteur, censeur ou consul [2].
Il en était de même pour être apte à se marier, à

(1) Boeckh., *Metrol. unters.*, p. 208, sqq.
(2) Voy. le mémoire de mon savant confrère, M. Pardessus,
*Sur les différents rapports sous lesquels l'âge était considéré
dans la législation romaine*. Académ. des Inscrip., tom. XIII,
p. 266, 269.

tester, à contracter, à prêter serment en justice.

On pourrait regarder comme une hyperbole les mots de Florus que j'ai cités, mais les Codes Théodosien, Justinien, et surtout le jurisconsulte Ulpien [1], en traitant du cens, *de Censibus*, nous ont transmis la forme de ces tables de recensement ou de dénombrement (*tabulæ censuales*), qui étaient une statistique détaillée, appuyée, pour les individus libres des deux sexes, sur des registres de population, par noms, ordre, âge, état, pays, revenus, divisés en pères de famille, mères, fils et filles, et de plus comprenant, pour les esclaves mâles et femelles, l'emploi, la profession et le produit de leur travail.

Pour les biens-fonds, ces tables étaient basées sur un cadastre et une estimation vérifiés tous les lustres; elles contenaient la qualité du champ, la nature des cultures, soit blé, fourrages, vignes, oliviers, prés, pâtures, bois taillis ou futaies, étangs, ports, salines, etc.

Les champs étaient désignés par leur nom, la quantité de jugères, le nombre des arbres, vignes, oliviers et autres arbustes qu'ils contenaient. La ville, le bourg voisin, les abornements, les fermiers ou colons de chaque parcellaire, enfin le produit des terres s'y trouvaient aussi indiqués.

Je donne à la fin de ce volume une de ces tables, dressée d'après les indications précises des auteurs anciens.

---

(7) Lib. L, tit. xv, leg. 2, 3, 4, Digest.

CHAPITRE XVII.

DU CADASTRE.

Il me semble nécessaire de remplir autant que possible le cadre tracé dans le fragment que je viens de citer d'un ouvrage à jamais regrettable, les livres d'Ulpien sur le cens, *de Censibus*, fragment que je reproduis en entier à la fin du volume. On peut s'appuyer, dans ces recherches, sur des documents positifs, curieux à connaître, et qui n'ont pas été jusqu'ici assez employés. Le recueil des *Agrimensores* ou ingénieurs romains chargés du cadastre, le Digeste [1], les codes Théodosien [2] et Justinien [3] fournissent des matériaux abondants qui, mis en œuvre par une main habile, peuvent éclaircir plusieurs questions encore assez obscures sur le droit agraire, l'impôt territorial, l'immunité, la répartition de la propriété foncière, son évaluation et sa limitation. Nous en ferons usage plus tard, et nous nous bornerons ici à ce qui concerne le cadastre.

La sagacité de Niebuhr avait entrevu tout le parti qu'on pouvait tirer de la collection de ces *cadastreurs* latins, ouvrage moins connu qu'aucun autre écrit de l'antiquité profane. « On croirait à peine, « dit-il, que, dans les traités d'histoire littéraire,

---

(1) Lib. XV, *de Censibus*, et XLI, 1, 16; XLIII, 12, 7.
(2) Lib. II, tit. xxvi, *Finium regundorum*, et lib. XIII, tit. x, *de Censu*, et J. Gothofr., *Comment.*, l. c.
(3) XI, 57, *de Censibus, et Censitoribus, et Peræquatoribus et Inspectoribus*.

« ces *agrimensores* sont classés avec les auteurs qui
« ont écrit sur l'agriculture [1]. » Il annonça, en 1812,
dans sa dissertation sur le *droit agraire*, l'intention
d'en donner une édition; car celle de Goesius [2], la
dernière qui ait paru et qui est même assez rare,
n'est, dit-il [3], *qu'un pénible travail presque sans
mérite.*

On aurait peine à croire, d'après la seule assertion d'Ulpien (car rien de pareil n'existe dans nos
États modernes), quelle rigoureuse précision,
quelle minutieuse exactitude les géomètres arpenteurs de l'empire romain apportaient dans leurs
opérations; nous allons en citer quelques exemples.

Une définition des termes techniques est d'abord
nécessaire.

L'*ager*, district, est l'ensemble du territoire appartenant à une communauté de citoyens. C'est l'op-
posé de *terra*, qui comprend beaucoup de ces cir-
conscriptions de propriété [4].

Toute propriété foncière (*ager* dans un sens plus
restreint) est romaine ou étrangère.

Toute terre romaine, est ou propriété de l'État,
soit du domaine communal, soit du domaine public, ou propriété particulière; l'*ager* est ou *publi-
cus* ou *privatus*.

(1) NIEBUHR, *Hist. rom.*, t. IV, 2e appendice, p. 442.
(2) *Rei agrariæ auctores.* Amstelodami, 1674. Il eût été à
désirer que Niebuhr refît cette édition; il eût sans doute fort amé-
lioré son appendice sur les *agrimensores*, qui, plein d'erreurs et
de fausses citations, me semble fort au-dessous de la réputation
d'un critique aussi distingué.
(3) Ouvr. et vol. cit., pag. 469.
(4) VARRO, *De ling. lat.*, VII, 2. Voy. NIEBUHR, t. IV, p. 422.

La propriété de l'État est, ou consacrée aux dieux, *sacer,* ou destinée à l'usage des hommes, *profanus, humani juris.*

Toute propriété de l'Etat (*humani juris*) était concédée, soit à ceux qui en avaient perdu la possession, soit à des citoyens ou à des alliés. Toute propriété particulière était, ou démembrée du domaine commun (*ager ex publico factus privatus*), ou bien elle était devenue romaine par la collation des droits de cité à une commune étrangère; c'était alors l'*ager municipalis.* La première espèce d'*ager* était, ou vendue, *ager quæstorius,* ou concédée, *assignatus*[1].

L'*ager municipalis* était, ou le territoire communal que, du temps de son indépendance, avait possédé chaque ville italique, ou une propriété privée, *ager privatus.* Ceci s'applique aux colonies en général, même aux colonies militaires[2].

Ce fut à mesurer, dessiner, limiter, classer, estimer ces diverses natures de propriétés dans l'empire romain que les ingénieurs du cadastre appliquèrent tous leurs soins et toute leur habileté.

Les terres arables ou fauchables[3] d'une colonie ou d'un municipe étaient partagées en *centuries* ou carrés de 5o, de 200, de 24o et même de 4oo ju-

---

(1) « Quæstorii dicuntur agri, quos populus Romanus, devictis pulsisque hostibus, possedit, mandavitque quæstoribus ut eos venundarent, quæ centuriæ nunc appellantur plinthi, id est laterculi. » HYGIN., *de Limit. const.,* ap. *Goesium,* p. 2o5.

(2) Voy. le passage fondamental d'Hyginus (*ibidem*), qui décrit en détail la nature, les immunités et les charges de ces diverses propriétés.

(3) « Qua arater et falx ierit. » HYGIN., *ap. Goes.,* p. 195, 2o4, et RIGALT., *h. l.* Cf. LABOULAYE, Droit de propr., p. 73 et note 2.

gères[1]; la division de 200 jugères était la plus ordinaire.

Le reste du territoire, sous le nom de *subsecivus* ou excédant de la centurie, lorsqu'il contenait moins de 200 jugères et ne pouvait y entrer à cause de sa forme irrégulière, était mesuré, dessiné, mais non limité en détail; il était, ou attribué à la colonie, ou réservé, comme domaine public, pour des concessions futures[2].

Le plan cadastral du territoire entier était gravé sur cuivre[3] et déposé dans le *Tabularium*, soit de la république, soit de l'empereur; un double était conservé dans les archives de la colonie ou du municipe.

(1) *Agrimens.* ed. Goesii, p. 153, 216, 20, 154, 227.

(2) Vespasien, dit Aggenus (*De limit. et controv. agr.*, p. 50, 68), vendit ces portions de territoire; Titus en fit de même. Domitien les rendit aux anciens possesseurs (*Id., ibid.*, p. 59. Suétone, *Domit.*, c. 9. Vide, *in tab. ænea Faleriæ, epist. Domit.*, ap. Orelli, n° 3118.). Un passage de Siculus Flaccus (Goes, p. 23) prouve qu'il n'y avait pas de prescription pour cette nature de propriété, qui était considérée comme domaine public ou impérial.

(3) Je donne en entier ce texte vraiment classique sur cette matière : «Subsecivorum omnium librum facere debebimus, ut, quando voluerit imperator, sciat quot in eum locum homines deduci possint; aut si coloniæ concessa fuerint, concessa coloniæ in *ære inscribemus.* Si Reip. concessa fuerint, in ære subseciva concessa, ut Juliensibus, inscribemus. *Omnes significationes et formas æris tabulis inscribemus*, data, assignata, concessa, excepta, commutata pro suo, reddita veteri possessori, et quæcumque alia inscriptio singularum litterarum in usu fuerit, et *in ære* permaneat. *Libros æris et typum totius perticæ linteis descriptum*, secundum suas terminationes, adscriptis affinibus, tabulario Cæsaris inferemus; et si qua beneficio concessa aut assignata coloniæ fuerint, sive in proximo, sive inter alias civitates, in *libro beneficiorum* adscribemus. Et quicquid aliud ad instrumentum mensorum pertinebit, non solum colonia, sed et tabularium Cæsaris manu conditoris subscriptum habere debet.» Hyginus, *de Limit. constit.*, p. 193, ed. Goes.; Cf. *ibid.*, Aog., *de Limit. agr.*, p. 54.

La description jointe à ce plan, mentionnant toutes les conditions de la propriété, *data, assignata, concessa, excepta, commutata, reddita veteri possessori*, était gravée sur cuivre, signée par l'auteur du cadastre, puis transportée sur des toiles de lin, déposées et conservées aussi dans les archives[1]. Hyginus rapporte à ce sujet un perfectionnement introduit dans la levée des plans par un *evocat*[2] du temps de Trajan, perfectionnement qui prévenait toutes contestations entre propriétaires.

Un passage très curieux de Siculus Flaccus[3] nous apprend qu'il existait de son temps, sous Domitien, des cadastres semblables, *publica instrumenta*, qui remontaient aux fondateurs des colonies, *cum pulsi essent populi*, par conséquent aux IIe, IIIe, IVe et Ve siècles de la République, et même que les bornes posées par les Gracques et par Sylla[4], subsistaient encore. Frontin[5], au sujet de la Calabre, de la Lucanie et du Brutium, cite les bornes posées par les Gracques : « Territorium Tarentinum... in

---

(1) « Typum totius perticæ (tout le territoire) linteis descriptum. » Pourrait-on induire de ces textes que les toiles de lin étaient appliquées sur des planches de cuivre et qu'on en tirait des épreuves? De là et de la gravure des cachets à l'imprimerie stéréotype il n'y avait qu'un pas, et cependant les anciens ne l'ont pas fait. Les lois elles-mêmes étaient quelquefois transcrites et publiées sur toile. *Vid.* Cod. Théod., XI, 27, 1, et GOTHOFR., *Comment.*, t. IV, p. 189.

(2) « Vir militaris disciplinæ, professionis quoque nostræ capacissimus. » GŒS., p. 209.

(3) « Leges civibus datæ, id est coloniis, municipiisque et præfecturis. » *Ibidem*, p. 24.

(4) « Etiam limitibus manentibus quos Gracchani aut Syllani posuerunt. » *Ibid.*, p. 25.

(5) *De Coloniis*, p. 109. sqq.

« jugera N. CC. limitibus Gracchanis... Ager Venu-
« sinus cum limitibus Gracchanis, etc. » Enfin, il
donne comme extrait du cadastre de César ou de
Néron : «...Quadratæ centuriæ in jugera N. CC. Gru-
« mentinensis, limitibus Gracchanis quadratis in
« jugera N. CC. » On voit par là que ces bornes
avaient duré depuis les Gracques jusqu'à Trajan, et
Siculus Flaccus prouve, comme je l'ai dit, que de
son temps il en existait de bien plus anciennes.
Hyginus [1] assure même que les bornes des colonies
fondées par les rois et les dictateurs, *deductæ a
regibus aut dictatoribus*, subsistaient encore de
son temps sous Trajan : « Nam tetrantum veterum
lapides adhuc adparent, » et il cite nommément
les bornes limites de Minturnes en Campanie.

§ I.

Délimitations, abornements.

La religion romaine avait consacré le Terme, et
en avait fait un dieu; c'était le symbole du respect pour la propriété. La mesure et la délimitation des terres sont venues à Rome par l'Etrurie
et se trouvent prescrites dans le fragment de Vé-
goia, qui remonte au v° siècle de Rome [2]. Cet augure prononce l'anathème contre l'homme libre
qui déplacera une borne, et la peine de mort ou
un esclavage plus dur contre l'esclave coupable de

---

(1) *Ibid.*, p. 160.
(2) Niebuhr (*Hist. rom.*, t. IV, p. 443), malgré son scepticisme
habituel, admet cette date comme certaine.

ce délit[1]. Une loi de Caligula fixe 50 *aureus* (1518 francs) d'amende comme peine du déplacement des bornes par un homme libre; une autre loi de Nerva prononce la peine capitale si c'est un esclave. Une peine était aussi portée contre ceux qui, pour rendre la délimitation indécise, changeaient l'aspect des lieux, par exemple en faisant d'un arbre une trogne, d'une forêt un champ labouré ou autre chose semblable[2].

Il faut voir dans le recueil des *Agrimensores*[3] quels soins attentifs et minutieux présidaient à la pose et à la désignation des limites, soit du territoire entier, soit des propriétés privées de toute nature[4]. Ces bornes étaient de formes, de couleurs variées, de pierres ordinairement étrangères au pays, portant des inscriptions qui indiquaient le nom du territoire, celui du possesseur, l'étendue de la terre : « Titulos finitis spatiis positos, qui in-

(1) «Cum autem Jupiter terram Hetruriæ sibi vindicavit, constituit jussitque metiri campos signarique agros, sciens hominum avaritiam vel terrenam cupidinem, terminis omnia scita esse voluit..... Sed qui contigerit moveritque, possessionem promovendo suam, alterius minuendo, ob hoc scelus damnabitur a diis. Si servi faciant, dominio mutabuntur in deterius; sed si conscientia dominica fiet, celerius domus extirpabitur, gensque ejus omnis interiet. » *R. agr. auct.*, ed. Goes., p. 258.

(2) Dig., XLVII, xxi, 3, *de Termino moto.* Cf. Giraud, Droit de propr., p. 100, 102 et note.

(3) Hygin., *de Limit. const.*, ap. Goes., p. 150, 153. Front., *de Col.*, p. 117. Simplic., *de Condit. agrorum*, p. 87 et 88.

(4) Voy. la loi Mamilia, citée par Siculus Flaccus, Frontin, Aggenus, *ap. Goes.*, p. 8, 40, 53, et rapportée en entier p. 339. Voy. aussi Saxi, *Dissertat. ad leg. Mamil.* Lips., 1782, in-4°, 2° éd. Cette loi, qui est de l'an 589 de Rome, consacre l'inviolabilité des limites, et fixe contre les transgressions une amende de 25000 sesterces. Cf. Girard, ouvr. cit., p. 120 et suiv.

« dicent cujus agri quis dominus, quod spatium
« tueatur[1] ». Cet usage de bornes écrites se conserva très longtemps, car je trouve mentionnées
dans Arcadius, arpenteur du moyen-âge, dans Latinus et Mysrontius, arpenteurs du Bas-Empire, des
bornes garnies de lames de cuivre qui portaient
les noms d'Auguste, de Néron, de Vespasien, de
Trajan, avec les mesures et les indications que j'ai
citées : « Terminos rotundos, quos Augusteos vo-
« camus... Caii Cæsaris lapides rotundi.... Sunt et
« alii Neroniani, Vespasiani et Trajani imperato-
« rum laminæ, et quadrati in diversis numeris
« constituti[2]. »

On enfouissait sous les bornes, non-seulement,
comme à présent, de la chaux, du plâtre, des char-
bons, du verre cassé, des cendres ou des morceaux
de brique, mais encore de grosses pièces de monnaies, *decanummos vel pentanummos*[3].

Sur les limites du territoire étaient plantées des
bornes de marbre ou vert, ou gorge de pigeon (*pa-
vonazzo*), ou bleu, ou blanc, et ces bornes étaient
enfoncées de 5 pieds dans la terre[4]. On choisissait,
autant que possible, pour la circonscription du
territoire d'une cité ou d'une colonie, des limites
naturelles, telles que des cours d'eau, des chaînes

---

(1) Siculus Flacus, *op. cit.*, p. 9. Cf. Ulp., Dig., L. xv, 4.
« Nomen fundi, quo pago sit, quos duos vicinos proximos habeat,
quot jugerum sit. » Et Frontin, *de Col.*, p. 111 : « Ager finitur terminis Tiburtinis pro parte scriptis. » Il s'agit dans ce dernier passage du district de Palerme, en Sicile.

(2) Goesius, p. 254 et 255.

(3) *Varior. auct. de Limit.*, p. 265. Un usage semblable se retrouve dans l'Inde à une époque fort reculée. Lois de Manou,
VIII, 250, 251.

(4) Arcad., *ap. Goes.*, p. 259.

ue collines, de montagnes, des lisières de forêts, des routes royales ou vicinales[1]. Les points culminants servaient de repères pour la triangulation et les opérations géodésiques. Dans ces opérations, les *agrimensores* se servaient de la *machinola* ou *gnomon* décrit par Festus[2], instrument analogue au graphomètre employé aujourd'hui au même usage; de là leur qualification de *mensores machinarii*[3].

Enfin on plantait en ligne sur les bornes du territoire diverses espèces d'arbres étrangers au pays[4]; c'étaient ordinairement le sureau et le coignassier, arbres importés en Italie, qui servaient à marquer les limites, ainsi que le dattier, *dactylum*, l'amandier, le cyprès et le *ficus cypria*[5]. A Carthage et dans la province d'Afrique, c'était l'olivier sauvage, le coignassier et le sureau, qu'on plantait pour désigner les limites des territoires[6].

---

(1) SICULUS FLACCUS, p. 9. « Viæ publicæ regalesque quæ publice muniuntur... Vicinales autem viæ aliter muniuntur per pagos. » Ce passage curieux nous montre que l'entretien des diverses classes de routes, dans l'Italie romaine, était soumis aux mêmes conditions qu'en France, avant la révolution.

(2) Voc. *Groma*.

(3) Voy. M. GIRAUD, p. 106, 134, et G. BUDÉ, *Annot. ad Pand.*, p. 452, part. I, édit. 1541.

(4) « Genera arborum in ea regione qua metivimus peregrina. » LATINUS et MYSRONTIUS, *ap. Goes.*, p. 254.

(5) SICULUS FLACCUS, *ibid.*, p. 7. ARCADIUS, LATINUS, etc., *ibid.*, p. 254, 259, 260. Ce dernier arbre est probablement le figuier sycomore, *ficus sycomorus*. LINN. Voy. SAUMAISE, *Plinian. exerc.*, p. 326, sqq.

(6) FAUSTUS et VALÉRIUS, *ap. Goes.* p. 306. Le peuplier fusiforme *populus fastigiata*, que nous nommons peuplier d'Italie, ne s'y trouve jamais employé; nous savons maintenant que ce bel arbre, dont nous ne possédons que l'individu mâle, est originaire de la Géorgie; mais nous ignorons l'époque, qui pourtant semble assez moderne, de son importation en Italie et en France.

Siculus Flaccus atteste[1] en outre que les arpen-
tages et les plans faits par des particuliers n'avaient
pas d'autorité légale; on devait recourir au cadastre officiel, conservé dans les archives de l'Etat.

Telle était, dans l'antiquité, l'exactitude minutieuse qu'on apportait à la confection du cadastre.
De même qu'à Athènes il y avait un premier cadastre
général, et un second cadastre foncier; à Rome
aussi, sous l'empire et même sous la république,
les plans du territoire tributaire ou communal, *ager
vectigalis*[2] ou *arcificinius*, se distinguaient de l'*ager
immunis* ou territoire exempt d'impôts, par une
forme et par des mesures particulières[3]. Hyginus,
ingénieur cadastral du temps de Trajan, donne
cette indication sans en expliquer le motif. On
pourrait présumer que ces plans d'une forme particulière se rapportaient à un livre particulier, cité
souvent par les *Agrimensores*, le registre des concessions, *liber beneficiorum.* Ce livre[4] faisait, comme

---

(1) *De Condit. agr.*, ap. Goes., p. 16. « Illa tantum fides videatur quæ æris tabulis manifestata est. Omnium enim agrorum,
et divisorum et assignatorum formas, sed et divisionem et commentarios principatus in sanctuario habet. Qualescumque enim formæ
fuerint, si ambigatur de earum fide, ad sanctuarium principis re-
vertendum erit. »

(2) SIMPLICIUS, p. 89, FRONTIN, *de Coloniis*, p. 106, parlent
de l'*ager vectigalis virginum Vestæ*. Ce sont des propriétés
sises à Lavinium, à Lanuvium, qui payaient une rente aux Ves-
tales; car ces prêtresses vénérées jouissaient bien certainement de
l'immunité et du droit quiritaire. D'ailleurs Frontin, dans un autre
endroit, p. 139, l'indique assez clairement.

(3) HYGIN., p. 198. « Debet enim aliquid interesse inter agrum
immunem et vectigalem; nam quemadmodum illis conditio diversa
est, mensurarum quoque ita actus debet esse dissimilis. »

(4) *Vide supra*, note 3, p. 169, et Goes., p. 193, et Cod.
Théod., t. II, p. 176, c. 2; dans le commentaire de Godefroy *immunitas* et *beneficium* sont regardés comme synonymes.

nous l'avons vu, partie intégrale du cadastre général, et était aussi conservé dans les archives impériales.

§ II.

Estimation, classement des terres.

Frontin[1] nous apprend qu'à partir de l'établissement des colonies de la république, les terres
concédées furent partagées entre les colons d'après
l'estimation de leur fertilité, *pro æstimio ubertatis.*
Hygin[2] dit que les portions furent plus ou moins
grandes en raison de la valeur des terrains. On
pourrait, sans témérité, induire de ces nombreux
passages que l'impôt était assis d'après la valeur
respective des terres. Surtout le texte qui regarde
le delta du Tibre[3] et qui porte l'indice d'une déclaration de cette nature, *professio pro æstimatione
ubertatis,* me semblait favorable à cette opinion.
Mais ce renseignement, qui se rapporte au règne
d'Auguste, et qu'on pourrait regarder comme un
peu vague dans son expression, est éclairci et confirmé par un texte précis de Siculus Flaccus[4], où

(1) *De Coloniis,* p. 110, 113, 116, 117 et 130.
(2) Pag. 152.
(3) Pag. 130. « Pars agri quæ circa portum est Tyberis, in ju-
geribus est adsignata, atque oppidanis tradita, et pro æstimatione
ubertatis *professionem* acceperunt. »
(4) *De Condit. agror.,* p. 17, 18. « Pluribus personis non
æqualiter assignatur modus, sed nec singulis acceptis modi per
omnes regiones æqualitas est; nam secundum bonitatem agrorum,
computatione facta, acceptas partiti sunt; melioris itaque agri minorem modum acceperunt. »

l'on voit qu'anciennement, dans le partage entre les soldats d'un *manipule*, on tenait compte de la fertilité du sol, *bonitatem agrorum*, et que celui qui obtenait le meilleur fonds avait une moindre mesure en superficie, *melioris agri minorem modum*. Ce fait est confirmé par la table alimentaire *Bebiana et Corneliana*, qui montre que, dans un sol montagneux, les propriétaires d'un *fundus* entier n'étaient pas rares, et qu'au contraire, dans les pays fertiles et bien cultivés, le *fundus* était partagé en plusieurs parcelles appartenant à différents propriétaires[1].

Hyginus[2] ajoute encore quelques détails très curieux relativement au classement des terres dans le cadastre et à la quotité d'impôts qu'elles payaient par *jugère*. « Ces terres sujettes à l'impôt foncier, dit-il, *agri vectigales*, sont diversement imposées. Dans quelques provinces, elles paient une part fixe du produit en nature; les unes le 5e, les autres le 7e. Maintenant, le plus grand nombre acquitte l'impôt en argent, et cela d'après l'estimation de la valeur de la propriété; car on a attribué une différente valeur aux différentes classes de terre, comme en Pannonie, aux terres labourables de première, de deuxième qualité, aux prés[3], aux fu-

(1) *Dissert. del conte Borghesi*, Bull. dell' Instit. di corresp. archeol., jan. 1835, p. 148.

(2) *De Limit. constit.*, p. 198.

(3) Je lis avec Rigault *pratis* au lieu de *partis*, et *pascui* au lieu de *pascuæ*; je traduis par le mot *taillis* le *sylva vulgaris* d'Hygin, qui correspond à la *sylva cædua* de Caton, R. R., I, § 7, et de Varron, I, vii, 9. Ces corrections et cette explication me semblent si évidentes qu'il est inutile de perdre son temps à les justifier.

taies qui donnent du gland, aux taillis, aux pâtures. L'impôt est assis par jugère sur toute cette nature de fonds en raison de leur produit. C'est pour
cela qu'il faut apporter une grande exactitude dans
l'arpentage , afin de ne pas être trompé par de
fausses déclarations. »

Je réserve les développements de ce passage si
curieux d'Hyginus, pour le chapitre où je traiterai
de l'impôt foncier, chapitre dans lequel ils seront
bien mieux à leur place, et je vais donner quelques
détails sur les mutations et les corrections opérées
à des époques déterminées dans le cadastre et dans
le cens.

§ III.

Mutations, corrections dans les plans et les registres du cadastre.

D'après les passages d'Ulpien [1] que j'ai indiqués,
les accroissements qui avaient eu lieu sur une propriété depuis l'ordonnance du recensement, devaient être déclarés avant que le cens ne fût clos;
le *censiteur* devait dégrever ceux qui n'avaient pu
jouir de leur bien dans la mesure de leur déclaration, par des causes indépendantes de leur volonté ; soit qu'un tremblement de terre eût englouti
une portion de leurs champs, soit que l'inclémence
des saisons eût fait périr leurs vignes ou leurs
plantations. Au contraire, ceux qui avaient coupé
leurs vignes ou leurs arbres étaient soumis à l'impôt sur le même pied que dans le cens précédent,

_____

(1) Voy. ci-dessus, p. 165, et le texte à la fin du volume.

à moins qu'ils ne prouvassent au *censiteur* la nécessité de cette destruction.

Enfin, le même document nous montre que les erreurs des cens précédents étaient corrigées d'après les nouvelles déclarations. Le fisc, pour s'assurer de l'exactitude et de la bonne foi des déclarants, s'était attribué un privilége exorbitant[1] : dans les cas de fraude à l'égard du cens, *fraudati census accusatione,* comme dans ceux d'adultère et de lèse-majesté, les dépositions des esclaves contre leurs maîtres étaient valables en justice.

Tous ces textes positifs démontrent que les mutations et les corrections dans le cens et dans le cadastre, même dans les déclarations des propriétaires qui en formaient la base, étaient inscrites avec autant de soin qu'on en avait mis à exécuter les travaux d'arpentage, de délimitation, de classement, d'estimation de la valeur des propriétés.

Les *agrimensores* furent chargés de ce travail; ils formaient une classe nombreuse et respectable, et Théodose le Jeune leur concéda le titre et le rang de *spectabiles*[2]. On fixa, pour leurs travaux un salaire convenable, qui fut *payé par le propriétaire du fonds*[3]. C'était 1 *aureus* (15ᶠ. 11ᶜ.) par centurie

(1) Cod. Just., *de Quæstionibus*, IX, XLI, 1.
(2) *Ap. Goes.*, p. 343.
(3) Niebuhr, *Hist. Rom.*, t. IV, p. 445, dit *payé par l'État.* Cette assertion fausse m'oblige à citer une loi de Théodose et Valentinien qui, omise dans le Code Théodosien, a été conservée dans le recueil de Goesius, p. 343 :
«Præcipimus itaque agrimensori jus, ut pro laborum vicissitudine et geometricæ artis, *a fundo cui finem restituet*, *aureum*, si in trifinii rationem statuerit, et convenientiam trium centuria-

(200 jugères), sans les frais de voyage, qu'on leur donnait pour rétablir la contenance, et si on leur faisait tracer les limites, 1 *aureus* par chaque douzième de la propriété. Ils en percevaient autant pour la conciliation des débats entre les parties. A l'imitation des jurisconsultes, les *agrimensores* avaient ouvert des écoles régulières, et les étudiants même étaient qualifiés de *clarissimi*[1].

Ce sont eux qui, dans les codes Théodosien et Justinien[2], avec les noms et les titres de *censiteurs*, de *peréquateurs*, d'*inspecteurs*, sont chargés du soin de régler le cens, le cadastre, l'assiette des impôts, tant sur les biens que sur les personnes. L'empereur les délègue pour atteindre à une peréquation aussi juste que possible. J'ai indiqué les lois principales qui, dans les grands recueils de la jurisprudence romaine, ont trait à ce sujet. Le savant J. Godefroy sera toujours consulté avec fruit sur toutes ces questions. Je me contenterai de citer, en terminant ce paragraphe, une loi très remarquable des empereurs Gratien, Valentinien et Théodose II, qui a pour but de retrancher les immunités abusives, et dont la date est l'an 383. Cette loi porte : « Les peréquations des cens que l'accord unanime des provinces, que nos ratifications, que les travaux des censeurs et des peréquateurs, qu'enfin l'autorité des juges ordinaires, des gouverneurs de pro-

rum ibidem esse signaverit, *tres aureos accipiat,* absque sua pulveratica. Quod si limitem direxerit, volumus ut *per singulas possessionis uncias singulos aureos accipiat.* Tantumdem pro *intentione* (lege *contentione*) quæ inter partes sopietur. »

(1) *Ibid.*   (2) Cod. Théod., XIII, x, 8. Cod. Just. X, xxv, 1.

vince et des préfets du prétoire ont corrigées, amendées et approuvées universellement, doivent rester à jamais permanentes. Les immunités données spécialement, soit sur les biens, soit sur les personnes, et qui sont inscrites, sans titres valables, dans les registres publics du cens, dans les cadastres des villes ou des provinces, sont abrogées, et tous les possesseurs de ces immunités seront astreints aux impôts établis d'après la peréquation approuvée et *fixée* par les censiteurs, les peréquateurs, les contribuables et les juges[1]. »

Niebuhr[2] pense qu'avec un cadastre et des règlements semblables, la faculté de vendre des morceaux d'une mesure arbitraire était interdite. Ce mode de vente, auquel nous sommes habitués, eût, dit-il, fait échouer tout l'art et toute l'habileté que les *agrimensores* apportaient dans l'arpentage et dans la détermination de l'étendue et des limites primitives. D'après le savant allemand, les partages et les ventes, lorsque le fonds n'était pas aliéné en entier, avaient toujours lieu sur le pied duodécimal, et c'est ce qui explique pourquoi, dans le Digeste, il

---

(1) « Exæquationes censuum quas consensus provinciarum, quas nostra responsa, quas censorum et peræquatorum officia, quas auctoritates denique ordinariorum et amplissimorum judicum necessaria emendatione vel constitutione probaverant, inconcussa æternitate permaneant. Immunitates vero specialiter datæ, jugatio vel capitatio, libris publicis et civitatum ac provinciarum encautariis sine aliquá probatione factæ, penes fruentes ereptæ, in functionem pristinam redeant. Omnes omnino, abolita specialium immunitatum gratia, necessitas tributariæ functionis, firmata censitorum, peræquatorum, provincialium judicum peræquatione, constrixerit. » Cod. Théod., *de Censu*, XIII, x, 8, t. V, p. 122, sqq et GOTHOFR. Comment. h. l.

(2) *Hist. Rom.*, t. IV, p. 439.

est si souvent parlé de plusieurs propriétaires du même *fundus*. Nous n'oserions affirmer que, dans les fractionnements des *fundus*, on ait toujours observé la proportion duodécimale; un partage entre cinq, sept ou neuf héritiers, par exemple, aurait nécessairement donné lieu à des fractions. Mais je n'hésite pas à admettre avec Niebuhr [1], qu'un *fundus* assigné par l'Etat ou possédé par un particulier était considéré comme une ferme close, comme un tout dans des limites invariables. Cette opinion, contestée par M. Giraud [2], est mise hors de doute par la loi *de finium regundorum*, dans laquelle plusieurs propriétaires d'un même *fundus* sont regardés comme un seul et même individu [3]. Ils l'étaient déjà du temps de Trajan, puisque dans la table alimentaire *Bebiana et Corneliana*, trouvée à Circello en 1832 [4], on voit deux individus, L. Vibius et N. Nævius, qui hypothèquent tous deux des parcellaires du même *fundus Flavianus*, et deux autres des portions du *fundus Aquilianus*.

Nous savons par les Pandectes, les inscriptions et les anciens titres, qu'un *fundus* portait ordinaire-

---

(1) *Hist. Rom.*, 439, 440.   (2) **Droit de propr.**, p. 129, 130.

(3) « Si alter fundus *duorum*, alter *trium* sit, potest judex *uni parti* adjudicare locum de quo quæritur, *licet plures dominos habeat*, quoniam *magis fundo* quam personis adjudicari fines intelliguntur. Hic autem cum fit adjudicatio pluribus, unusquisque portionem habebit quam in fundo habet *et pro indiviso.* Si communem fundum ego et tu habemus et vicinum fundum ego solus, scribit Pomponius non posse nos accipere (judicium finium regundorum), quia ego et socius meus.... unius loco habemus. » **Digest.**, X, 1, 4, § 5 et 7.

(4) **Bulletin. dell' Instit. di correspond. archeol.**, ann. 1835, p. 148. *Dissert. del conte B. Borghesi sulla tavola alimentaria Bebiana.*

ment un nom propre qui ne variait point selon le changement de possesseur ; au contraire, il se perpétuait si bien, qu'aujourd'hui encore, dans l'Italie et dans le midi de la France, on retrouve plusieurs centaines d'exemples de la conservation des noms de propriétés romaines. Sur les quatre *fundus* que la donation d'A. Quintilius désigne à Ferentinum, il en est deux qui ont gardé leur nom presque sans aucun changement, car les *fundi Roianus* et *Ceponanianus*[1] étaient, sans aucun doute, ceux qu'on appelle aujourd'ui la *Roana* et la *Cipollara*. Saint Jérôme[2] dit que l'on appelait de son temps du nom du poëte Attius, le *fundus* qui lui échut en partage lors de l'assignation des terres de la colonie de Pisaurum. Enfin, M. de Bausset, dans un mémoire manuscrit sur les antiquités de Béziers, déposé aux archives de l'Académie des Inscriptions, cite vingt-cinq bourgs, villages ou *fundus* qui portent encore des noms romains, tels que Cornélian, dérivé de *Cornelianus*, Salvian, de *Salvianus*, Gubian, de *Gubianus*, Pouppian, de *Puppienus Sevir*, et beaucoup d'autres semblables.

CHAPITRE XVIII.

DE L'ANCIENNETÉ DU CADASTRE CHEZ LES ROMAINS.

J'ai prouvé par le témoignage d'un augure arpenteur du v⁰ siècle de Rome, par celui de deux ingé-

(1) Marianna Dionigi, *Viaggi in alcune citta del Lazio*, p. 18.
(2) *Chron.*, n. 1877. et Niebuhr, tom. IV, p. 440.

nieurs du cadastre, Siculus Flaccus et Hyginus, vivant sous Domitien et sous Trajan [1], que les lois réglant l'état de la propriété foncière, même pour l'époque des premières conquêtes de Rome dans l'Italie, y existaient encore au 1ᵉʳ siècle de l'ère vulgaire. Ces ingénieurs exacts et précis assurent même, j'ai transcrit les textes, que, dans plusieurs colonies, *les bornes limites plantées par les rois subsistaient encore de leur temps.*

Le savant et judicieux Bœckh [2], admet comme vraie et certainement puisée à des sources antiques, l'assertion d'Aurelius Victor [3] qui dit que Servius établit à Rome le système des poids, des mesures, des classes et des centuries : *Servius Tullius mensuras, pondera, classes centuriasque constituit.* Qu'on le nomme Servius ou Mastarna, qu'on le fasse Latin ou Étrusque, peu importe ; les fables sont de la tradition, les institutions sont de l'histoire. Ainsi des témoignages positifs admis par M. Bœckh prouvent que la monnaie de cuivre remonte au moins à Servius [4]. Une conséquence de ce fait, c'est que la *mancipatio per æs et libram,* confirmée par la loi des douze tables [5] et qui se perpétua jusqu'à Constantin, existait antérieurement à Servius ; car la forme de cette aliénation solennelle remonte évidemment à une époque où la monnaie n'existait pas encore. Si l'on admet l'ancienneté

---

(1) *Vide supra*, p. 170, sqq.   (2) *Metrol. unters.*, p. 162.
(3) *De Vir. illustr.*, c. VII.
(4) Pline, XXXIII, 13, XVIII, 3. Dion. Halycar., p. 220, l. 35. Cassiodore, *Varior.*, VII, 32. Bœckh, *loc. cit.*
(5) *Fragm. vatic.*, § 50. « Et mancipationem et in jure cessionem lex xii tabularum confirmat. »

de cette cérémonie, il faut admettre aussi l'authenticité du cens de Servius, qui repose sur des témoignages tout aussi positifs, et qui d'ailleurs, selon plusieurs jurisconsultes habiles, présente avec la *mancipatio per œs et libram* des rapports incontestables. Pour la forme, par exemple, les cinq citoyens qui assistaient comme témoins à la vente représentaient sans doute les cinq classes de Servius Tullius[1]. Pour le fonds, la vente *per œs et libram* était une constatation légale des mutations de propriété, et par suite des changements dans les capacités politiques attachées à la propriété[2].

C'est après avoir rapporté toutes ces autorités graves que j'oserai exposer, d'après Denys d'Halycarnasse, et employer avec assurance les détails de la forme du cens et du cadastre exécutés par Servius Tullius l'an 197 de Rome, 555 ans avant la naissance de J.-C.

Le scepticisme paradoxal que Niebuhr a cherché à faire prévaloir, et qui a obtenu un certain succès, m'a obligé à réunir les témoignages les plus positifs et qui n'avaient pas encore été employés, relativement à cette époque reculée de l'histoire romaine.

« Ce fut après avoir heureusement terminé la guerre contre les Etrusques, que Servius Tullius, dit Tite-Live[3], entreprit un grand ouvrage, le plus beau qui ait jamais honoré la mémoire d'aucun législateur; car si nous devons à Numa[4] nos institu-

(1) Voy. FESTUS, *Classici testes*, et les notes de J. Scaliger.
(2) SCHILLING, cité par Laboulaye, p. 131, n. 1.
(3) TIT.-LIV., I, 42.
(4) Le sceptique Niebuhr (*Hist. Rom.* t. II, p. 211, ss.) veut

tions religieuses, Servius a eu dans la postérité la gloire d'avoir créé nos institutions politiques et fixé une sage gradation des rangs et des fortunes. Dans cette vue, il établit le cens, opération si utile dans un empire qui devait être aussi étendu; au lieu qu'auparavant, soit dans la guerre, soit dans la paix, les charges tombaient également sur chaque tête, elles furent réglées dorénavant en proportion des fortunes. Il institua les classes, les centuries, et fonda sur la base du *cens* cet ordre admirable qui n'a pas moins contribué à la paix intérieure de Rome, qu'à sa gloire militaire. »

Denys d'Halycarnasse nous a conservé, sur le cens et sur le cadastre institué par Servius, quelques renseignements précieux que je dois citer en entier, car ils fournissent une base solide aux calculs qu'on pourra établir sur les résultats épars dans les auteurs anciens, en montrant qu'il existait des éléments fixes desquels ces écrivains ont tiré leurs déductions.

qu'il n'y ait pas eu d'espèces monnayées avant Servius. Bœckh, (p. 162) s'accorde avec lui sur ce point et pense que le collége des *ærarii*, fondé par Numa et dont il est parlé dans Pline (XXXIV, 1), n'était pas une corporation de monnayeurs; mais il croit pouvoir affirmer que, sous ce prince, on se servit, pour signe d'échange, de cuivre brut, *æs rude*, ou même de cuir et de *tessons*, si l'on en croit Suidas (v. Ἀσσάρια). Ce fait, si la source en était authentique, serait le premier exemple d'une monnaie de convention, que nous savons avoir eu aussi cours à Carthage, sous la forme de morceaux de cuir ronds marqués d'une empreinte. D'ailleurs on pourrait peut-être ne pas regarder comme tout-à-fait improbable l'usage de la monnaie fondue sous Numa, si l'on songe qu'elle avait cours alors dans la Grèce, dans l'Italie inférieure et dans la Sicile, et que Phidon commença à en frapper dans le ixe siècle avant notre ère. La collection d'as publiée par les PP. Marchi et Tessieri, et les preuves qu'ils allèguent en faveur de l'antiquité de ces as, semblent confirmer cette opinion.

« Servius Tullius, dit l'historien grec [1], après avoir partagé le territoire entre les tribus de la campagne, fit fortifier les bourgs, πάγους, pour servir de refuge aux paysans lors des incursions de l'ennemi. Ces postes étaient commandés par des magistrats chargés d'enregistrer les noms de ceux qui se retiraient dans chaque bourg, et de connaître les propriétés dont ils tiraient leur subsistance. Toutes les fois qu'il était nécessaire d'appeler aux armes les cultivateurs ou d'exiger les impôts par tête, les chefs levaient les tributs et les hommes. De plus, afin de connaître et de compter plus facilement le nombre des habitants, Servius fit dédier dans chaque bourg des autels aux dieux surveillants et protecteurs du bourg; il ordonna que, chaque année, tous les habitants vinssent honorer ces dieux par des sacrifices communs. Il établit une fête sous le nom de Paganales, et en régla lui-même les cérémonies, que (dit toujours Denys d'Halycarnasse) les Romains observent encore aujourd'hui. Il ordonna de plus qu'à ces sacrifices et à cette assemblée, tous les habitants apportassent une pièce de monnaie déterminée, mais différente, selon que c'était un homme, une femme ou un enfant au-dessous de l'âge de puberté. » Cette différence consistait, soit dans la diversité des modules des pièces, soit même dans la diversité de leurs empreintes. Il paraît néanmoins que les monnaies de cuivre portant l'effigie de divers animaux ne sont point, à proprement parler, des monnaies romaines. Pline, qui dit le contraire,

____

(1) *Antiq. rom.*, ed. Sylburg., Francf., 1586, in-f°, p. 220, l. 13.

serait tombé dans une erreur palpable, et n'aurait connu, s'il faut s'en rapporter aux recherches consciencieuses des PP. Marchi et Tessieri, ni l'époque précise de la fonte, à Rome, de l'*œs grave* figuré, ni la véritable empreinte des as, ni leur poids à diverses époques[1]. L'inspection des as romains conservés à la Bibliothèque royale de Paris et dans les musées de Rome, surtout dans le musée Kircher, plus riche en *œs grave* que tout le reste de l'Europe, prouve cependant que cette monnaie de cuivre était fondue dans des moules empreints d'un type déterminé et varié, ce qui explique avec certitude le passage de Denys sur ces pièces de monnaies *déterminées*, *mais différentes*, qu'apportaient aux Paganales les hommes, les femmes et les enfants. L'ouvrage si consciencieux des PP. Marchi et Tessieri, dans lequel sont classées, décrites, figurées 600 pièces, sorties de 40 ateliers monétaires de cette contrée, antérieurs à l'an 250 de Rome, cet ouvrage qui n'a paru qu'en 1839, fournit, pour de nouvelles recherches, une base solide appuyée sur des monuments irrécusables, et doit changer les idées reçues tant sur la valeur des textes que sur plusieurs points de l'histoire de ces temps reculés.

« Les monnaies du cens, comptées par ceux qui présidaient aux sacrifices, donnaient exactement le nombre de la population, distinguée par sexe et par âge (κατὰ γένη καὶ καθ' ἡλικίας). Lucius Piso, dit toujours Denys, rapporte, dans le premier livre de ses Annales, que Servius voulut aussi savoir le nombre des naissances et des décès, et le nombre

---

(1) Marchi et Tess., *Æs grave*, p. 12, sqq.

de ceux qui prenaient la robe virile dans la ville de Rome. Dans ce but il fixa une somme que les parents devaient payer, pour chaque enfant nouveauné au trésor d'Ilithye, pour chaque individu mort au trésor de Libitine, et à celui de la déesse *Juventus* pour ceux qui prenaient la robe virile; ce qui lui donnait le moyen de connaître quel était, chaque année, le nombre total des citoyens et le nombre partiel de ceux qui avaient l'âge propre à la guerre. Dans les tribus de la ville et de la campagne il établit des chefs, semblables aux phylarques et aux comarques, qu'il chargea de connaître exactement quel était le domicile de chaque citoyen. Lorsqu'il eut fondé ces institutions, il ordonna à tous les citoyens romains de donner leurs noms, et, après avoir prêté le serment fixé par les lois que leur estimation était véridique et de bonne foi, d'évaluer leurs biens en *argent* (ἀργύριον), de déclarer leur âge, les noms de leurs père et mère, de leur femme et de leurs enfants, de plus, quel quartier de la ville ou quel bourg du territoire chacun habitait. Il établit ensuite contre ceux qui ne se soumettraient pas au cens une peine sévère: leurs biens étaient confisqués; ils étaient battus de verges et vendus à l'encan comme esclaves. Il institua le lustre, où tous les citoyens romains étaient obligés de se présenter en armes dans le Champ-de-Mars. Ce lustre ou dénombrement comprit, dit Denys d'Halycarnasse[1], 85,000 moins 300 citoyens, dont les biens étaient soumis au cens, comme on le lit dans les *tables censoriales*[2]. »

(1) P. 225, l. 40.
(2) Voy., sur cette timocratie introduite à Rome par l'Etrusque

La sixième classe, celle des prolétaires, les femmes, les enfants, les jeunes gens au-dessous de dix-sept ans et les esclaves, n'étaient pas compris dans ce dénombrement; mais on reconnaît que Denys, écrivain laborieux et exact, avait puisé ses documents aux meilleures sources, dans ces tables de cadastre et de statistique qui formaient la base de l'administration des censeurs et du gouvernement romain, et dont l'existence est encore indiquée par les ingénieurs cadastraux du temps de Domitien[1]. Ce même historien[2] a soin de nous dire que ces tables censoriales, τιμητικὰ ὑπομνήματα, passaient du père au fils chez les Romains, et que chaque famille les transmettait à ses descendants avec autant de soin que la religion de leurs ancêtres. « Ces tables, dit toujours l'historien grec, sont conservées par les hommes éminents appartenant aux familles censoriales. J'y ai puisé ces faits, etc. » Les esclaves étaient peu nombreux à Rome du temps de Servius ; cependant ce prince, administrateur habile, chercha à les attacher à leurs maîtres, et voulut, je crois, en connaître le nombre en établissant les fêtes compitales, auxquelles les esclaves seuls assistaient et portaient chacun un gâteau[3].

Servius Tullius, Ottfried Muller, *Die Etrusken*, liv. XI, c. II. p. 10, et la trad. par C. GIRAUD, Droit de propriété chez les Romains, Pièces just., p. 22.

(1) *Vide supra*, p. 170.
(2) *Antiquit. rom.*, lib. I, p. 60, l. 42.
(3) *Antiquit. rom.*, lib. IV, p. 219. Voyez dans Beaufort (*Rep. rom.*, lib. IV, ch, 4) le nombre des citoyens donné par chaque cens.

CHAPITRE XIX.

CADASTRE DE TOUT L'EMPIRE EXÉCUTÉ PAR AUGUSTE..

La tenue exacte des registres du cadastre et de l'état civil, qui avait, comme je l'ai dit plus haut, commencé avec les rois et s'était maintenue sous la république, où elle formait une des principales attributions de la censure [1], ne fut point négligée par les empereurs qui avaient succédé au titre et aux fonctions de censeurs. Tite-Live [2] et Suétone [3] nous apprennent que ces actes existaient aussi dans les provinces.

Ce dernier auteur et Tacite assurent qu'Auguste avait écrit de sa main le résumé de la statistique de l'empire romain. Ce registre, que Tacite nomme simplement *libellum*, mais que Suétone [4] désigne, avec plus de précision, par le titre de *rationarium imperii, breviarium totius imperii*, contenait le résumé des ressources de l'empire, le nombre des citoyens et des alliés sous les armes, l'état des flottes, des provinces, des royaumes, des tributs, des impôts directs ou indirects, des dépenses nécessaires et des gratifications. Auguste, dit toujours Tacite, avait écrit le tout de sa propre

---

(1) L'an 375 de Rome, les tribuns se plaignent que le sénat cache les registres du cens où sont inscrites ses usures et les dettes du peuple. Ce passage important prouve que les registres du cens comprenaient aussi les capitaux prêtés à intérêts. « Fugere senatum testes, tabulas publicas census cujusque, quia nolint conspici summam æris alieni, quæ indicatura sit demersam partem a parte civitatis. » Tit.-Liv., VI, 27.

(2) XXIX, 37.   (3) *Calig.*, 8.   (4) *In August.*, c. 28, 102.

main; il y avait ajouté le conseil de ne plus étendre les bornes de l'empire[1]. Niebuhr[2], fort jeune
encore il est vrai, a jeté des doutes sur la réalité
du cadastre et du recensement général de l'empire
romain exécuté par Auguste, et qui est pourtant
admis comme un fait positif par son ami Savigny[3]. Ce scepticisme outré d'un critique habile
nous force à rassembler les témoignages et les faits
qui en établissent l'existence.

Suétone[4] dit qu'outre l'histoire de sa vie et les
dispositions relatives à ses funérailles, Auguste avait
écrit un tableau abrégé de tout l'empire, combien
de soldats sous les armes, combien d'argent dans
le trésor public et dans les autres caisses des impôts
de toute nature. Il y avait même ajouté les noms
des affranchis et des esclaves auxquels on pouvait
demander l'apurement de leurs comptes[5].

---

(1) *Annal.*, lib. I, c. 11. « Tiberius proferri libellum recitari-
que jussit. Opes publicæ continebantur : quantum civium socio-
rumque in armis, quot classes, regna, provinciæ, tributa et vectigalia, et necessitates ac largitiones; quæ cuncta sua manu perscri-
pserat Augustus, addideratque consilium coercendi intra terminos
imperii, etc. »

(2) *Hist. Rom.*, t. IV, p. 457. C'est en 1812, et avant d'avoir
connu l'Italie, qu'il imprima cette dissertation sur le droit agraire,
reproduite dans la traduction française; du reste il s'est jugé sévè-
rement lui-même, puisqu'il a cru devoir la retrancher de sa seconde édition.

(3) Thém., X, 248, n. 1.   (4) *Aug.*, 102, et Pitisc., note 45.

(5) « De tribus voluminibus, uno mandata de funere suo com-
plexus est; altero indicem rerum a se gestarum, quem vellet in-
cidi in æneis tabulis quæ ante mausoleum statuerentur; tertio *breviarium totius imperii* quantum militum sub signis ubique esset,
quantum pecuniæ in ærario et fiscis vectigaliorum residuis; adjecit
et libertorum servorumque nomina a quibus ratio exigi posset. »

Le mot *nomina* peut signifier ici *dette*, mais c'est peu important
pour l'objet qui nous occupe.

Tacite et Suétone ne nous ont pas transmis le contenu de cet abrégé statistique de tout l'empire romain, mais il est utile et curieux d'établir par les témoignages historiques et les faits positifs jusqu'où
s'étendirent ce cadastre et ce recensement général,
exécutés sous Auguste, et dont il avait écrit les tableaux sommaires de sa main, sous le titre de bré-
viaire ou abrégé, résumé de tout l'empire.

Le célèbre Frontin donne même le nom de l'ingénieur en chef du cadastre, Balbus, « qui, dit-il, pendant le règne d'Auguste, a déterminé les formes et les
mesures de toutes les provinces, de toutes les cités[1],
qui les a consignées dans les registres cadastraux,
et qui a développé et rédigé les lois qui régissent la
propriété foncière pour l'universalité de l'empire[2]. »

Cassiodore confirme ce témoignage et ajoute :
« Sous Auguste, l'empire romain a été divisé en
parcellaires et décrit dans le cadastre, de manière
que chaque possesseur connût exactement la contenance de son bien-fonds et la quotité d'impôts
que devait payer sa propriété[3]. »

---

(1) *Civitates* est pris ici dans l'acception de ville avec tout son
territoire, ou petit Etat séparé. On sait que la circonscription des
évêchés de France, avant la révolution de 1789, était la même que
celle des anciennes cités de la Gaule.

(2) « Huic addendæ sunt mensuræ limitum et terminorum ex
libris Augusti et Neronis Cæsarum; sed et Balbi mensoris, qui
temporibus Augusti omnium provinciarum et civitatum formas et
mensuras compertas in commentarios contulit, et legem agrariam
per universitatem provinciarum distinxit et declaravit. » *De Colon.*,
ap. Goes., p. 109.

(3) « Augusti si quidem temporibus orbis Romanus agris divisus
censuque descriptus est, ut possessio sua nulli haberetur incerta,
quam pro tributorum susceperat quantitate solvenda. » VARIAR.,
III, 52.

Les histoires sacrée et profane sont unanimes sur ce recensement général dont la date se rattache à l'époque la plus célèbre dans le monde, celle de la naissance de Jésus-Christ[1].

Saint Luc[2] nous dit que, lorsque Auguste publia son édit ordonnant le recensement de toutes les contrées soumises aux Romains, les Juifs, quoique régis par un roi de leur nation, obéirent à cette injonction et se rendirent chacun dans leur pays natal pour ce recensement : Καὶ ἐπορεύοντο πάντες ἀπογράφεσθαι ἕκαστος εἰς τὴν ἰδίαν πόλιν.

Josephe[3] rapporte que Quirinius, sénateur et consulaire, fut envoyé par Auguste avec quelques soldats, σὺν ὀλίγοις, en Syrie et dans la Judée, annexée à la Syrie, pour y rendre la justice, y estimer et y recenser toutes les propriétes : en Syrie, δικαιοδότης καὶ τιμητὴς τῶν οὐσίων et en Judée, ἀποτιμησόμενός τε αὐτῶν τὰς οὐσίας.

Le mot cens, κῆνσος, qui comprenait le dénombrement des habitants, l'estimation et le cadastre des propriétés, bases nécessaires de la répartition des impôts et des levées, prit en grec, surtout dans le grec du Nouveau-Testament, l'acception de tribut; aussi vous lisez dans saint Mathieu[4] : « Les rois de

---

(1) Je crois avoir prouvé, dans une dissertation encore inédite, d'après les synchronismes des proconsuls de Syrie, de la mort d'Hérode, combinés avec les textes des Évangiles et des premiers Pères de l'Église, que Jésus-Christ est né véritablement, non pas six ans seulement, comme l'a dit San-Clemente, ni huit ans, comme l'a soutenu le père Magnan (*Problema de anno nativitatis Christi*, Rom., 1772), mais onze ans avant le commencement de l'ère vulgaire, enfin l'an de Rome 743.

(2) Evang., cap. II, 1, 3. Ἐξῆλθε δόγμα παρὰ Καίσαρος Αὐγουστοῦ ἀπογράφεσθαι πᾶσαν τὴν οἰκουμένην, c'est-à-dire tout l'empire romain.

(3) *Ant. Jud.*, XVIII, 1.   (4) XVII, 24.

la terre, dont ils tirent des impôts ou des tributs, »
τέλη ἢ κῆνσον. Vous y voyez les Pharisiens demander
à Jésus-Christ s'ils devaient payer ou non le tribut,
κῆνσον, à César, et il leur répond : « Montrez-moi la
monnaie du tribut, » *nummum census*, dit la traduction latine.

C'est pour ce recensement que Joseph fut forcé
d'aller avec Marie, de Nazareth, ville de Galilée, à
Bethléhem en Judée, parce qu'il était de la famille
et de la patrie de David ; et le Christ naquit à Bethléhem pendant le cadastre de tout l'empire romain,
ἀπογραφὴ πάσης τῆς οἰκουμένης. Eusèbe [1] atteste aussi ce
fait important.

Tertullien [2] rappelle ce recensement opéré sous
Auguste : « Ex censibus sub Augusto in Judæa actis
« genus Christi inquirere eos potuisse, » et Josephe [3]
indique que ces opérations furent terminées, pour
la Judée, en moins d'un an. Justin [4] le martyr cite
aussi le recensement fait sous Quirinius en Judée :
Ἐπὶ Κυρηνιοῦ τοῦ ὑμετέρου ἐν Ἰουδαίᾳ πρώτου γενομένου.

L'usage établi pour ces recensements était que
chaque habitant fût recensé dans le lieu de sa
naissance [5] ; aussi saint Luc nous dit qu'après l'é-
dit d'Auguste, tous se rendirent dans leur canton
pour y faire leur déclaration : « Et ibant omnes ut
« *profiterentur* singuli in suam civitatem. »

Cet usage existait déjà 173 ans avant J.-C. [6], comme
nous le savons par Tite-Live. Quand les censeurs

(1) *Hist. eccl.*, I, 5.   (2) *Contra Marcion.*, IV, 19.
(3) XVIII, 2. *Vide* PERIZON., *Dissert.* IV, p. 330.
(4) *Apol.* II *ad imperatorem Anton. Pium.*
(5) Voy. le passage d'Ulpien, § 2, à la fin du vol.
(6) L'an 579 de Rome.

voulurent clore le lustre, le consul L. Posthumius
ordonna, du haut de la tribune, que tous les alliés
et les Latins retournassent dans leur pays, afin
qu'aucun ne fût porté sur le cens à Rome, mais
que tous fussent recensés dans leurs cantons respectifs[1]. La même injonction est reproduite par
Ulpien dans ses livres sur le cens.

Ces tables de recensement, de cadastre et d'estimation, avec les détails, existent, comme je l'ai montré, dans les premiers siècles de Rome. Etablies par
Servius Tullius, on les suit sous la république d'é-
poque en époque; témoin ce lustre ou cens fait par
Quintius[2], l'an de Rome 288, 465 ans avant J.-C.,
où on recensa 104 214 citoyens, outre les pères et
mères qui avaient perdu leurs enfants et qui restaient sans postérité, *præter orbos orbasque*[3].

« Largius, dit l'exact historien Denys d'Halicarnasse[4], ordonna à tous les Romains, suivant la loi
sage et utile établie par Servius Tullius, le plus po-
pulaire des rois, d'apporter, tribu par tribu, l'estimation de leurs biens, en y joignant les noms de
leurs femmes et de leurs enfants, leur âge et celui
de leurs enfants. Le recensement ayant été achevé

---

(1) « Qui socium, latini nominis, ex edicto C. Claudii consulis,
redire in civitates suas debuissent, ne quis eorum Romæ, sed omnes in suis civitatibus censerentur. » Tit.-Liv., XLII, 10. Nie-
bubr a prouvé que ces phrases : *Socium latinique nomin.*; *Prisci*,
Latini, signifient *les alliés et les Latins*, *les Latins et les Prisci*;
de même que *P. R. Quirit.*, le peuple romain et les *Quirites* ou
Sabins sortis avec Numa de la ville de *Cures*.

(2) Tit.-Liv., III, 3.

(3) Voy. aussi, sur les motifs et l'utilité du cens, Denys, XI,
737, et IX, 594, lign. 38.

(4) Liv. V, p. 338, l. 35.

très vite (car il y avait des peines graves contre les contrevenants, telles que la confiscation des biens et la perte du titre de citoyen), on trouva 150 700 citoyens au-dessus de l'âge de puberté. »

Plutarque, dans la vie de Caton-l'Ancien[1], donne une idée de l'étendue des fonctions des censeurs et de la minutieuse exactitude avec laquelle ils exécutaient le cens, c'est-à-dire l'inventaire et l'estimation générale de toutes les propriétés mobilières et immobilières. « Caton, dit-il, ordonna une estimation des habits, des voitures, des ornements de femme, des meubles et ustensiles de ménage. »

Quels sont les peuples modernes qui peuvent se vanter d'une exactitude pareille dans leurs tables statistiques et leurs registres de population? quels sont ceux qui possèdent une connaissance aussi précise de leurs moyens et de leurs ressources en tout genre?

Je citerai encore ce passage positif de Dion[2] : « L'an de Rome 708, le nombre des citoyens romains était considérablement diminué par la quantité qui en avait péri, comme on s'en apercevait à la vue, et comme César s'en convainquit par les tables de recensement qu'il dressa lui-même en qualité de censeur; aussi attribua-t-il des prérogatives à la fécondité des mariages. »

Tacite nous montre les Clites, nation sujette du roi Archélaüs, se réfugiant sur le Taurus parce qu'on la forçait de se soumettre au cens et au ca-

[1] Cap. xviii, tom. II, p. 583, ed. Reisk.
[2] Lib. XLIII, cap. xxv.

dastre, et de payer les tributs suivant le mode romain[1] : «Quia nostrum in modum deferre census,
« pati tributa adigebatur. »

Claude, dans son discours au sénat[2], loue les
Gaulois d'être restés fidèles à son père Drusus, qui
faisait la guerre aux Germains, et cela après le recensement, opération nouvelle alors et inaccoutu-
mée chez les Gaulois, *novo tum opere et inassueto
Gallis*. La Gaule Narbonnaise y était soumise depuis longtemps, et cette opération, ajoute Claude,
quoiqu'elle n'ait pour but que de faire connaître
publiquement l'état de nos ressources, nous savons
trop par expérience combien elle est délicate.
« Quod opus quam arduum sit nobis nunc cum
« maxime, quamvis nihil ultra quam ut publice no-
« tæ sint facultates nostræ exquiratur, nimis magno
« experimento cognoscimus. » Nous voyons ensuite
un autre cens, (c'était le troisième dans les Gaules)
commencé par Germanicus et fini l'année suivante
par Vitellius et C. Antius. Tacite rapporte ces faits,
qui sont positifs[3].

Ces passages n'ont pas besoin de commentaires;
ils montrent que le cens, c'est-à-dire le dénombre-

---

(1) *Ann.* VI, 41.

(2) *Inscript. tab. ær. Lugd.*, ap. Brottier, ad Tacit. Annal.,
lib. XI, 24, tom. II, p. 351.

(3) *Ann.*, lib. I, 31; lib. II, 6. Voy. Tit.-Liv. *Epitom.*, 134,
et Dion Cass., LIII, 22; Pour l'Asie et les autres provinces,
Dion XLII, 6. Hygin., *de Limitibus constituendis*, p. 198, ed.
W. Goesii. Le cens général d'Auguste est rappelé par tous les
agrimensores latins, même les derniers, Latinus et Mysrontius,
p. 255, ed. Goesii, qui citent aussi les cadastres de Caligula, de
Néron, de Trajan, de Vespasien.

ment exact des personnes, le cadastre scrupuleux des propriétés, était la base fondamentale de l'administration romaine. Sur la connaissance exacte de ses ressources en tout genre se mesuraient l'audace et la prudence du gouvernement; la péréquation dans la levée des hommes et des impôts en était la conséquence nécessaire, et cette conséquence seule mène à d'autres et explique beaucoup de faits.

On voit donc que l'usage des tables détaillées de naissances, de décès, même les registres de population tenus exactement par conditions, par sexes et par âges, l'emploi du cadastre, c'est-à-dire l'arpentage et l'estimation de toutes les propriétés, vérifiés, modifiés à chaque lustre, naquirent en quelque sorte avec Rome et s'étendirent successivement dans toutes les parties du monde soumises à ses lois ou à son influence. Auguste eut la gloire d'exécuter avec précision le recensement et le cadastre détaillés de l'Italie, des provinces, des villes libres et des royaumes rangés sous sa domination, ce qui lui fit donner par ses contemporains le titre de père de famille de tout l'empire, *pater familias totius imperii.*

Ces règlements subsistèrent sous les empereurs suivants. Julius Capitolinus nous fait suivre l'existence et le perfectionnement des registres de l'état civil sous l'empire du philosophe Marc-Aurèle. Ce prince ordonna que chaque citoyen déclarât, devant les préfets du trésor de Saturne, l'enfant qui lui naîtrait, et lui imposât un nom avant le délai de trente jours. Il établit aussi dans les provinces l'usage des tabellions publics, devant lesquels on remplissait,

pour les naissances, la même formalité qui s'obser-
vait à Rome devant les préfets du trésor de Saturne[1].

Alexandre-Sévère[2] suivit ces sages mesures d'administration ; ses tables de statistique, ses états de
revue et de contrôle pour les armées étaient dans
le meilleur ordre, et il en lisait sans cesse tous les
résumés : *et perlegebat cuncta pittacia.*

Ce fut son préfet du prétoire, Domitius Ulpianus,
collègue de Paulus, jurisconsulte habile, cité si souvent dans le Digeste, qui publia cette table des probabilités de la vie humaine que les Pandectes nous
ont conservée, et qui fixe à trente ans la durée
moyenne de la vie pour cette époque. On a vu, par
la loi d'Ulpien sur les recensements, que les registres de l'état civil et de statistique détaillée avaient
toujours été tenus avec le plus grand soin. Sous
Gallien, Alexandrie souffrit un siége et fut, dit Eusèbe, témoin oculaire[3], tellement dépeuplée par la
famine et les maladies, qu'on trouva, après le siége,
un moindre nombre d'habitants, depuis l'âge de 4
ans jusqu'à celui de 80, qu'on n'y en comptait auparavant depuis 40 jusqu'à 70. On connaissait, dit-
il, ces différences par les rôles dressés pour les distributions gratuites de blé.

(1) « Jussit apud præfectos ærarii Saturni unumquemque civium
natos liberos profiteri, intra tricesimum diem, nomine imposito.
Per provincias tabulariorum publicorum usum instituit, apud
quos idem de originibus fieret quod Romæ apud præfectos ærarii. »
Hist. Aug. *M. Ant. Philosoph.*, c. IX, t. I, p. 327, éd. Var. On
sait que, vers l'an 216, Caracalla donna le droit de citoyen à tous
les sujets de l'empire. (CREVIER, Hist. des Emp., t. VII, p. 211,
in-8. DIO.CASS., LXXVII. 9, Digest., I, v. 17.)

(2) LAMPRID. *in Alex. Sever*, cap. XXI.

(3) Hist. eccl., VIII, 21.

Il y eut encore, l'an 305 de J.-C., un recensement général sous Dioclétien. Ce prince, pour suffire aux frais de l'établissement des quatre Augustes ou Césars qu'il institua, refit un cadastre général de l'empire[1]. Lactance[2] nous a laissé un témoignage de l'exactitude avec laquelle le cens était exécuté : « Agri glebatim metiebantur, vites et arbo- « res numerabantur, animalia omnis generis scri- « bebantur, hominum capita notabantur ; unus- « quisque cum liberis, cum servis aderant[3]. » Sous Constantin, ce cadastre minutieux se répétait tous les quinze ans. Eumène dit formellement : « Ha- « bemus enim et hominum numerum qui delati « sunt et agrorum modum[4]. » Le code Théodosien[5] prouve qu'une fausse déclaration était punie de mort et de la confiscation des biens : « Si quis de- « clinet fidem censuum et mentiatur callide pau- « pertatis ingenium, mox detectus, capitale subibit « exitium et bona ejus in fisci jus migrabunt. » Les recensements généraux sont rares après Constantin. En 406, pourtant, des péréquateurs sont envoyés dans diverses provinces, et au bout de dix ans la péréquation d'Agapitus fut admise à perpétuité[6].

---

(1) Ἀνεμετρήσατό τε τὴν ἤπειρον καὶ φόροις ἐβάρυνεν. LYDUS, de Magistr. Rom., I. 4. VESME, de Re tributaria, mss., p. 9.

(2) De Mortib. persec., ch. 23.

(3) Voy. GIBBON, Décad. de l'Emp. rom., ch. XVII, tom. IV, p. 139, tr. fr.

(4) EUMEN., In Paneg., vet., VIII, p. 6.

(5) XIII, xi, leg. 1.

(6) Cod. Théod., de Censitoribus, XIII, xi, 10 et 13; VESME, mss. de 1837, p. 60.

CHAPITRE XX.

Cette institution fondamentale de la république et de l'empire, qui au moyen des registres de population exactement tenus par conditions, par âges et par sexes, au moyen d'un cadastre et d'estimations précises vérifiées à chaque lustre sur les lieux et d'après les titres de propriété, donnait aux chefs du gouvernement romain l'appréciation exacte et précise des ressources de l'État dans tous les genres, qui rendait de plus le poids des impôts facile à supporter parce qu'ils étaient plus également répartis; enfin, cette loi juste et sévère du cens, base solide de la puissance romaine, n'a point été jusqu'ici dignement appréciée, et cependant elle aurait pu fournir un beau chapitre à l'immortel auteur de la *Grandeur et Décadence des Romains.*

Il est maintenant utile de prouver que ces documents statistiques étaient publiés régulièrement, et que les historiens grecs et latins ont eu tous les moyens de nous transmettre des renseignements exacts et fidèles.

Les Romains, dans le dernier siècle de la république et sous les empereurs, eurent des bulletins, journaux quotidiens ou hebdomadaires, qui correspondaient à nos procès-verbaux des Chambres, à notre Bulletin des lois, à une partie de nos Annuaires et à nos gazettes des tribunaux. Ces journaux étaient régulièrement publiés, mais on ne peut former que des conjectures sur le mode de publication. Il est difficile d'admettre qu'il y ait eu, comme chez nous, des bureaux de rédaction, des abonnements, des distributions quotidiennes dans la ville, des envois réguliers dans les provinces; mais ceci importe peu à la question qui nous occupe; il nous suffit qu'on ne puisse révoquer en doute la publication des *acta diurna*, et le fait est parfaitement constaté.

Jules César, si nous en croyons Suétone[1], aurait été le fondateur de cette publication dans son premier consulat, où il eut pour collègue Bibulus : « Inito honore', primus omnium instituit ut tam « senatus quam populi diurna acta conficerentur « et publicarentur. »

Ces actes ou procès-verbaux des séances du sénat, que les Grecs appelaient ὑπομνήματα, étaient rédigés, sous la surveillance d'un sénateur, par des esclaves publics nommés *tabularii, scribæ, logographi, actuarii*[2]. Ces *actuarii* étaient des sténographes, comme le prouvent Suétone[3] et Sénèque[4]. Sans doute la fonction de rédacteur des séances du

---

(1) *J. Cæs.*, 20. Crévier dit pourtant que cet usage est plus ancien que César, et qu'on a un fragment d'un semblable journal dans le second consulat de Paul-Émile, l'an 584 (Hist. rom., tom. IX, p. 103, in-8). M. V. Leclerc, dans un savant mémoire lu en 1837 à l'Académie des Inscriptions, *Sur l'époque et l'usage des journaux chez les Romains*, a réfuté cette assertion dénuée de preuves. Cet ouvrage vient d'être imprimé chez Firmin Didot, avec le titre : *Des Journaux chez les Romains*. J'avais déjà traité la question des journaux dans un mémoire lu à l'Académie des Inscriptions en 1826, et qui a été imprimé en 1833 parmi les Mémoires de cette académie.

(2) Cf. CAPITOLIN., *Ant. phil.* 9, *Macrin.* 7, Cod. Just., lib. X, tit. LXIX; TERTULL., *Apol*, 20. (3) *J. Cæs.*, 55. (4) *Ep.* 33.

sénat était honorable, car Adrien en fut chargé par Trajan [1].

Quand la séance devait être secrète, des sénateurs remplissaient l'office de ces tachygraphes, de ces greffiers, de ces scribes.

Les actes du peuple se nommaient *publica acta* [2], comme on le voit dans Suétone [3], ou, par abrégé, *acta* ou *diurna*, parce qu'ils paraissaient tous les jours, ce que prouvent les phrases de Tacite [4] : *Diurna actorum scriptura*, ou *libri actorum diurni*, ou enfin *diurna urbis acta* [5]. Ces journaux du peuple romain étaient très répandus [6]; ils circulaient, dit Tacite, dans les provinces et dans les armées : « Diurna populi Romani per provincias, « per exercitus curatius leguntur [7]. »

Ils contenaient tout ce qui pouvait intéresser le peuple romain : des extraits des registres de l'état civil, les jugements publics, les supplices, le résultat des comices, les naissances, les décès, les mariages, les divorces, enfin tout ce qui regardait la construction des édifices et les nouvelles du jour [8].

En effet, l'état civil devait être plus régulièrement tenu que jamais, surtout depuis les lois Julia et Papia, qui infligeaient des peines aux célibataires et accordaient des prérogatives aux Romains qui

---

(1) «(Hadrianus) post quæsturam, acta senatus curavit.» SPAR-
TIEN, *in Adrian.*, cap. III.

(2) TACITE, *Ann.* V, 4. CAPITOLIN., *l. c.*

(3) *Tiber.*, 5; *Caligula*, 8; et *passim*.

(4) *Ann.* III, 3.   (5) *Ann.* XIII, 31.   (6) SUÉTON., *Claud.*, 41.

(7) *Ann.* XVI, 22.

(8) Cf. AMMIAN., lib. XXII, 3; TACIT. XIII, 31; SUÉTON., *l. c.*

avaient des enfants. Il paraît même qu'auparavant,
les mariages et les divorces étaient consignés dans
cette espèce de bulletin des lois ; la septième lettre
de Cœlius à Cicéron l'indique[1] : « Paulla Valeria,
« soror Triarii, divortium sine caussa fecit. Nuptura
« est D. Bruto, nondum retulerat (*sous-entendu* in
« acta). » Juvénal[2] le prouve pour les naissances par
ce vers :

> Tollis enim, et libris actorum spargere gaudes
> Argumenta viri.

et pour les mariages par cet autre :

> Fient ista palam, cupient et in acta referri[3].

Scœvola[4] montre que ces actes servaient à prouver l'état des personnes. Je cite ce passage précis :
« Mulier gravida repudiata, absente marito filium
« enixa, ut spurium in actis professa est. » Je citerai
encore cet autre témoignage de Capitolin[5] : « Fi-
« lium Gordianum nomine Antonini, et signo illus-
« travit, quum apud præfectum ærarii, more Ro-
« mano, professus filium, publicis actis ejus no-
« men insereret. »

Il paraît que ces actes étaient dressés par des
esclaves, écrivains et greffiers publics, et conservés dans les archives de l'*atrium* du temple de la
liberté. Tite-Live[6] le témoigne en ces termes : « Cen-
« sores extemplo in atrium Libertatis ascenderunt, et

---

(1) *Ad. fam.*, VIII, 7.
(2) IX, 84.   (3) Juvénal, II, 136.
(4) Dig., XXII, iii, 29.   (5) *In Gordianis*, cap. V.
(6) XLIII, 16.

« ibi, signatis tabellis publicis, clausoque tabulario
« et dimissis servis publicis...» Une ancienne inscription, citée par Juste-Lipse [1], montre que les
préposés de ces archives portaient le titre de *curatores tabulariorum publicorum*. Nous apprenons
par Tacite [2] que la tenue de ces registres publics fut
transférée successivement des questeurs aux préfets
du trésor. J'ai expliqué la cause de ces mutations
dans mes notes sur les nouvelles inscriptions de
Tarquinies [3]. Quant aux archives ou *tabularia*, Cicéron en fait mention dans sa harangue pour le
poëte Archias [4], et Virgile dans ce vers des Géorgi-
ques [5] :

Insanumque forum, aut populi tabularia vidit.

Lampride [6] nous donne une idée de l'exactitude
avec laquelle ces registres (*acta*) étaient rédigés, et
nous montre que les magistrats les plus considérables présidaient à leur rédaction. «Fecit (Al. Se-
« verus) Romæ curatores urbis XIV, sed ex consula-
« ribus viris, quos audire negotia urbis jussit, ita ut
« omnes aut magna pars adessent cum acta fierent. »

Il y avait même, outre ces actes, d'autres registres dont Vopiscus [7] annonce s'être servi pour son
histoire: « Usus sum etiam regestis scribarum porticus Porphyreticæ, actis etiam senatus ac populi.»

Les faits que j'ai rassemblés sur l'existence et
l'exactitude des journaux et des registres du sénat

---

(1) *Ad. Tacit. Annal.*, VI, 4.
(2) *Annal.*, XIII, 28.
(3) Annales de l'Instit. archéol., t. IV, p. 157, 162 (1832).
(4) *Pro Archia*, c. 4.   (5) Lib. II, v. 502.
(6) *In Alex. Sever.*, cap. xxxiii.   (7) *In Probo*, cap. ii.

et du peuple romain suffisent pour indiquer le degré de confiance qu'on doit accorder aux historiens grecs et latins qui les ont consultés, et montrent qu'ils ont eu tous les moyens de nous transmettre des détails et des chiffres précis.

Ces considérations préliminaires, ou plutôt les faits nombreux qu'elles présentent sur l'ordre, la sévérité, l'exactitude, je dirais presque la minutieuse ponctualité de l'administration et du gouvernement romain, quant à la connaissance de ses forces en hommes propres à la guerre, de ses ressources en impôts directs ou indirects, même de la valeur capitale des propriétés mobilières et immobilières de tous les sujets de la république ou de l'empire; enfin, cette exposition du matériel de la puissance d'une nation entièrement agricole et guerrière, m'a paru le préambule nécessaire des discussions que je vais entreprendre sur la population de l'Italie.

On saura désormais que les récits, les données et les chiffres des historiens graves ont dû s'appuyer sur les bases fixes et solides du cens, du cadastre, de la capitation, et d'un état civil régulièrement tenu.

LIVRE SECOND.

POPULATION.

CHAPITRE I.

POPULATION LIBRE DE L'ITALIE.

Comme j'embrasse dans mon sujet la population libre *de l'Italie*, je crois inutile de discuter tous les dénombrements exécutés *à Rome* par les rois, les consuls, et même les censeurs qui furent institués l'an 310 de la république[1]; car le territoire romain était alors resserré dans des limites assez étroites, et qu'il est d'ailleurs presque impossible de déterminer exactement. J'ai donné le premier recensement, qui eut lieu sous Servius Tullius; je ne rapporterai ici que le trente-cinquième, exécuté avant la première guerre punique, l'an de la république 488, par les censeurs Cn. C. Blasio et M. Rutilus. On y trouva, dit Eutrope[2], 292 334 citoyens romains, quoique la guerre n'eût jamais cessé depuis la fondation de la république.

Vers l'an 527, un peu avant la seconde guerre punique, Rome, qui avait déjà conquis toute la portion de l'Italie comprise entre les mers et une ligne transversale tirée du port de Luna aux bouches du Rubicon, fit le recensement de ses forces

---

(1) Brottier en a donné la liste. *Emendat. ad Tacitum*, Ann. XI, 25, tom. II, p. 353.
(2) Lib. II, cap. x, Fast. Capit. et BROTTIER, loc. cit.

I.

et de celles de ses alliés : elle craignait une attaque terrible de la part des Gaulois cisalpins. C'est le nombre d'hommes de l'âge propre au service militaire que Polybe nous a transmis. Cet historien grave et précis nous dit que le sénat, afin de connaître au juste l'étendue de ses moyens, se fit apporter les registres de population, contenant le nombre des hommes [1] en état de porter les armes, ἐν ταῖς ἡλικίαις.

J'ai montré avec quel soin étaient tenues chez les Romains, depuis Servius Tullius, les tables de naissances, de décès, de population par âges, par sexes et par conditions. Ce passage curieux de Polybe, combiné avec ceux des auteurs que j'ai rapportés, nous apprend que le cadastre et la statistique romaine s'appliquaient immédiatement à toutes les contrées soumises, et nous donne une nouvelle idée de la sagesse et des lumières en administration de ce sénat, qui, au moyen de ces tableaux, pouvait régir la république aussi facilement que chaque sénateur régissait sa propre maison, et qui, connaissant exactement toutes ses ressources, se donnait toutes les chances de succès, ne tentait rien au-dessus de ses forces, n'osait que le possible, et ne commençait une guerre qu'avec les moyens de la soutenir, et l'assurance presque certaine de la victoire.

« Les peuples italiens, dit Polybe, effrayés de « l'irruption et de l'approche des Gaulois, ne cru-

(1) Καθόλου δὲ τοῖς ὑποτεταγμένοις ἀναφέρειν ἐπίταξαν ἀπογραφὰς τῶν ἐν ταῖς ἡλικίαις, σπουδάζοντες εἰδέναι τὸ σύμπαν πλῆθος τῆς ὑπαρχούσης αὐτοῖς δυνάμεως. *Hist.* II, 23, § 9.

« rent pas combattre seulement comme auxiliaires
« des Romains, ni que la guerre fût dirigée uni-
« quement contre la puissance de leurs maîtres;
« mais ils jugèrent qu'eux-mêmes, leurs villes et
« leurs champs étaient menacés d'un péril immi-
« nent; aussi firent-ils preuve d'obéissance et de
« zèle. » Voici, d'après le même auteur[1], le recensement des forces actives ou en réserve que possédaient les Romains, l'an de Rome 529.

Avec les consuls, il partit quatre légions romaines, chacune de 5 200 fantassins et de 300 chevaux. Il y avait en outre avec eux, en alliés,
30 000 hommes de pied et 2 000 chevaux; de plus,
50 000 fantassins et 4 000 cavaliers, tant Sabins que
Tyrrhéniens, étaient accourus au secours de Rome.
On mit un préteur à leur tête et on les plaça sur
les frontières de la Tyrrhénie.

Les Ombriens et les Sarsinates, habitants de l'A-
pennin, fournirent 20 000 hommes; les Vénètes et
les Cénomans, le même nombre. A Rome on tenait
tout prêt, comme réserve, un corps de 20 000 fantassins et de 1500 cavaliers levés parmi les citoyens romains et, de plus, 30 000 hommes de pied
et 2 000 de cavalerie, pris chez les alliés.

Les tables de population ou de conscription offraient en outre: chez les Latins, 80 000 fantassins
et 5 000 chevaux;

Chez les Samnites, 70 000 fantassins et 7 000
chevaux;

Chez les Iapyges et les Messapiens, 50 000 hommes de pied et 16 000 de cavalerie;

(1) II, 24.

Chez les Lucaniens, 3o ooo fantassins et 3 ooo cavaliers;

Chez les Marses, les Marruciniens, les Férentaniens et les Vestiniens, 2o ooo fantassins et 4 ooo cavaliers.

Les Romains avaient de plus en Sicile 2 légions, chacune de 4 2oo fantassins et de 2oo cavaliers.

Enfin on recensa, comme propres à la guerre (ἐν τῇ ἡλικίᾳ), dans la population de Rome et de la Campanie, 25o ooo hommes de pied et 23 ooo de cavalerie[1]. Dans ce nombre sont compris les peuples isopolites qui entraient dans les légions[2].

Total des forces militaires à la disposition des Romains :

Fantassins.	6g9 2oo
Cavaliers.	6g 1oo
	768 3oo

Polybe met en nombres ronds :

Fantassins.	7oo ooo
Cavaliers.	7o ooo

Il est bon de remarquer que les Campaniens sont joints aux Romains, parce que, à cette époque, ils avaient le droit de cité, quoique sans suffrage. Tite-Live[3] nous dit qu'ils en jouirent depuis l'an de Rome 416 jusqu'en 538, où ils en furent privés;

---

(1) Dans Orose, qui copie Fabius Pictor, l'infanterie est de 348 2oo, la cavalerie de 26 6oo, en tout 374 8oo; c'est évidemment une erreur de chiffres. Il y a un C de trop dans le premier nombre; en le retranchant, le total 274 8oo ne diffère que de 1 8oo de celui de Polybe qui est 273 ooo. Voy. NIEBUHR, *Hist. Rom.*, t. III, p. 98, not. 5; et EUTROPE, III, 2.

(2) NIEBUHR, vol. cit., p. 95-99.

(3) VIII, 14. Voy. DUKER, h. l.

ils furent même grièvement punis, car ils avaient passé dans le parti d'Annibal. Tite-Live et Polybe[1] citent, dans cette période de 416 à 538, une légion romaine formée tout entière de Campaniens et commandée par un chef campanien.

Ce nombre des Romains et des Campaniens en âge de porter les armes, extrait des registres de population et donné par Polybe, s'accorde très bien avec celui que fournit le dénombrement qui suivit immédiatement, l'an de Rome 533, et qui fut de 270 213 citoyens[2].

Diodore de Sicile, dans le fragment de son xxve livre[3], donne, en somme totale, les mêmes nombres que Polybe, c'est-à-dire 700 000 fantassins et 70 000 cavaliers. Dans le second livre de sa Bibliothèque historique[4], il adopte un nombre plus fort et se contredit ainsi lui-même. Voici ses propres expressions : « Les Romains, peu de temps avant la « guerre d'Annibal, prévoyant la grandeur du pé- « ril, firent le recensement de tous les hommes « qui, en Italie, étaient propres au service militaire, « et le nombre total, tant des citoyens que des al- « liés, approcha d'un million. » Ou Diodore s'est trompé dans cette première évaluation qu'il a corrigée lui-même dans son xxve livre, ou il a compris dans ce nombre toute la population apte à la guerre des Vénètes et des Cénomans, dont Polybe n'a compté que l'armée active ; mais la première supposition est plus probable.

L'évaluation de Pline ne diffère que légèrement

---

(1) Tit.-Liv. *Epit.* XII et XV ; Polyb., I, 7.
(2) Tit.-Liv., *Epitom.* XX.   (3) *Eclog.* 3.   (4) Cap. V.

de celle de Polybe. Il augmente le nombre des cavaliers qu'il porte à 80 000, et il exclut de la somme
des fantassins, qu'il porte de même à 700 000, les
Transpadans, entre lesquels Polybe avait compté
les Vénètes et les Cénomans. « Italia, L. Æmilio
« Paulo, C. Atilio Regulo coss., nunciato Gallico tu-
« multu, sola, sine externis ullis auxiliis, atque
« etiam tunc sine Transpadanis, equitum LXXX. M.
« peditum DCC. M. armavit[1]. »

Du reste l'accord de Polybe, de Diodore et de Pline,
le résultat si approché donné par Fabius Pictor,
conservé par Orose et par Eutrope, vérifié encore
par le nombre des cens antérieurs et postérieurs à
cette époque, doivent nous faire admettre comme
authentique le total de 770 000 en nombre rond,
768 300 en nombre exact; car il est tiré des registres de population par âges, registres dont j'ai
démontré l'existence constante et la scrupuleuse
exactitude. Ces registres, cités deux fois par Polybe
qui était bien à portée de les connaître, étaient communs à toute l'Italie soumise aux Romains[2]; ils
nous donnent avec précision la population libre
de cette contrée à cette époque.

Mais ce n'est pas l'Italie tout entière jusqu'aux
Alpes qui fournit les 770 000 hommes en état de
porter les armes; la domination romaine se terminait alors, vers le nord, au 44e degré de latitude,
sur la ligne qui, de l'embouchure du Rubicon
dans l'Adriatique, coupe l'Italie parallèlement,

---

(1) PLIN. III, 24, t. I, p. 177, l. 17.
(2) Voyez dans ORELLI, n° 3787, la longue inscription où sont
mentionnés les registres municipaux de Cæré, et ci-dessus, p. 163.

et aboutit au port de Luna dans la mer Thyrré-
nienne[1]; elle s'étendait, vers le midi, jusqu'au
détroit de Messine. Il faut déduire les 20 000 hommes fournis par les Vénètes et les Cénomans,
ce qui réduit à 750 000 la population militaire
de l'Italie jusqu'à Luna et au Rubicon. Hume
trouve ce nombre très considérable, et cependant
il ne révoque en doute ni l'exactitude de Polybe
ni celle des données qu'il fournit. La population
qu'on peut en déduire lui semble approcher de
celle que cette portion de l'Italie présente aujour-
d'hui; mais son esprit judicieux lui fait entrevoir
qu'alors il devait y avoir peu d'esclaves, excepté à
Rome et dans les grandes villes[2]. Dès lors, tout
rentre dans les limites du probable; car, les esclaves étant peu nombreux et le sol cultivé par des
mains libres, il est tout simple que les registres de
conscription offrissent un grand nombre d'hommes propres au service militaire.

Il est certain que ce nombre même paraîtrait
incroyable, si l'on calculait le reste de la population
italienne d'après la proportion qui existe, dans nos
Etats modernes, entre la somme des soldats présents au drapeau ou recrutés par la conscription
annuelle, et la population entière de chaque
royaume. Les levées annuelles, nommées chez les
Romains *delectus*, qui se faisaient dans les circonstances ordinaires, n'employaient qu'un petit nom-

---

(1) Voyez J. Durandi, Mém. de l'Acad. de Turin, 1811; Litté-
rature et Beaux-Arts, t. IV, p. 6, 7.

(2) « But perhaps, in those early times, there were very few
slaves, except in Rome, or the great cities. » Essai XI, p. 440,
Populness of ancient nations, in-8°, Lond., 1784.

bre de conscrits ; mais ici il s'agissait de la vie ou
de la mort de la république, de l'existence et de la
liberté de l'Italie. C'était le *tumultus Gallicus;* on
proclamait le *justitium* ou la suspension de toutes
les fonctions civiles, on quittait la toge pour l'ha-
bit militaire ; toute exemption de service était an-
nulée, et tout ce qui était en état de porter les armes était appelé à les prendre. Tous les hommes,
depuis l'adolescence jusqu'à la vieillesse, auraient
combattu véritablement *pro aris et focis,* pour que
leurs biens, leurs femmes, leurs enfants et eux-
mêmes ne devinssent pas la proie des Barbares, le
jouet de leur insolence, de leur avarice et de leur
brutale cruauté. L'exemple de la prise et de l'incendie de Rome par les Gaulois restait gravé dans
la mémoire ; l'Italie avait appris par de terribles
leçons ce qu'elle avait à craindre de la Gaule ; le
péril était imminent, mais les ressources étaient
grandes. Le devoir, la nécessité, l'horreur et même
la crainte qu'inspiraient les Barbares, firent de chaque homme un soldat.

Si l'on pèse ces considérations, on sentira que le
danger d'une invasion armée exigeait d'autres mesures qu'une guerre ordinaire, et que, dans ce cas
(Polybe d'ailleurs le dit positivement), le sénat
fit le relevé de toute la population en état de
combattre, portée sur les registres du cens, ἀπο-
γραφαῖς et καταγραφαῖς.

La seule difficulté qui se présente est de savoir
à quel âge commençait, à quel âge finissait l'obligation du service militaire. Cette obligation s'étendait, dans les cas ordinaires, de dix-sept à quarante-
cinq ans, dans les cas extraordinaires, de dix-sept à

soixante. Plusieurs exemples cités par Juste-Lipse[1], divers passages de Tite-Live[2], prouvent que l'obligation du service à l'extérieur, dans un cas urgent, s'étendait jusqu'à cinquante ans, et jusqu'à soixante pour la garde de la ville et des forteresses. Dans la guerre de Macédoine, on décréta, dit Tite-Live, qu'il n'y aurait pas d'exemption pour les hommes au-dessous de cinquante ans[3]. Spurius Ligustinus s'enrôle pour donner l'exemple, en disant : « Et pourtant j'ai plus de cinquante ans[4]. » En 354, on enrôle, non-seulement les *juniores*, c'est-à-dire les hommes de dix-sept à quarante-cinq ans, mais encore les *seniores* qui étaient, comme nous l'apprenons de Varron[5], dans l'âge de quarante-cinq à soixante ans, et on leur confia la garde de la ville[6]. Les plus robustes de cette classe sont même incorporés, en 366, dans les légions qui marchent sous les ordres de Camille[7]. Enfin, en 456, quand l'Etrurie se coalise avec les Ombriens et les Gaulois, le sénat proclame le *justitium* et enrôle, non-seulement les *juniores* et les ingénus, mais il forme même des cohortes de *seniores* et répartit les affranchis dans les centuries des légions[8].

---

(1) *De Milit. Rom.*, Oper. t. III, p. 15, ed. in-fol., 1637.
(2) V, 10; VI, 2, 6; X, 21.
(3) « Nulli qui non major annis quinquaginta esset vacationem militiæ esse. » XLII, 33.
(4) « Et major annis sum quinquaginta. » *Ibid.*, c. 34.
(5) Ap. Censorin., c. 14, p. 64, ed. Lindenbrog.
(6) « Nec juniores modo conscripti, sed seniores etiam coacti nomina dare, ut urbis custodiam agerent. » Tit.-Liv. V, 10.
(7) « Justitio indicto, delectum juniorum habuit, ita ut *seniores* quoque, quibus aliquid roboris superesset, in verba sua juratos, centuriaret. » *Id.* VI, 2.
(8) « His nunciis senatus conterritus, justitium indici, delectum

Ainsi, dans le recensement que nous a transmis Polybe et qui était destiné à faire connaître toutes les forces dont pouvait disposer la république, on a dû tenir compte aussi des citoyens, depuis 45 ans jusqu'à 60, qui, dans un cas urgent, pouvaient s'armer pour la défense du pays. Ainsi, les 750 000 soldats qu'il dénombre pour la partie de l'Italie que nous considérons devaient être des hommes libres de 17 à 60 ans. Nous ne connaissons pas *a priori* la population entière de cette partie de l'Italie, mais nous pouvons la déterminer approximativement, au moyen des tables de MM. Duvillard et Mathieu. En doublant le nombre 750 000 pour avoir à la fois les hommes et les femmes de 17 à 60 ans, et calculant le reste de la population d'après cette base, nous trouvons une population libre totale d'un peu moins de 3 000 000. Un autre calcul va nous conduire au même résultat.

On s'est accordé généralement à multiplier par 4 le nombre des hommes en état de porter les armes, afin d'obtenir le chiffre total de la population; deux exemples montreront que chez les peuples anciens ce rapport est exact quelquefois, mais qu'il se trouve un peu faible dans certaines circonstances.

Il est prouvé d'ailleurs, par les tables de probabilités de la vie dressées à Rome, que la loi de la population était peu différente de ce qu'elle est chez nous. « Auguste, dit Strabon[1], fut obligé de détruire la petite tribu des *Salassi*, habitants du

---

omnis generis hominum haberi jussit, nec ingenui modo aut juniores sacramento adacti, sed seniorum etiam cohortes factæ, libertinique centuriati. » TIT.-LIV., X, 21.

(1) Lib. IV, p. 205, t. II, p. 95, tr. fr.

val d'Aoste, qui étaient des brigands incorrigibles. Il les fit tous vendre comme esclaves à Eporedia [1]. Le nombre de ceux qu'on vendit fut de 36 000, sans compter 8 000 personnes en état de porter les armes [2]. » Ce nombre est au-dessous du quart, qui serait 11 000; mais les Salassi avaient perdu beaucoup de soldats avant d'être réduits en esclavage.

Je vais citer textuellement un passage de César, d'abord parce qu'il est le plus positif, nous étant transmis directement par ce grand général, aussi habile administrateur qu'il était orateur éloquent et historien exact, et que, de plus, ce témoignage fournit la preuve que l'usage des registres de population et des tableaux statistiques, si nouveau, pour ainsi dire, chez les nations modernes, existait même chez une nation barbare. Je m'étonne seulement qu'un fait de ce genre, dont l'antiquité nous offre des traces à chaque époque et dans chaque écrivain, ait été négligé jusqu'ici, même par les auteurs qui, tels que Montesquieu, Hume, Wallace et Gibbon, se sont occupés de recherches sur la population, sur la grandeur des Romains, sur les richesses, les ressources, enfin les produits de l'empire. La statistique, à la vérité, est une science toute nouvelle, et l'économie politique ne date que du siècle dernier, où elle a été presque créée par A. Smith. Voici ce passage important sous le double rapport que j'ai cité : « On trouva dans le camp

---

(1) Il y a encore dans le Canavais, entre Ivrée et Turin, un gros village appelé *Salassa*. La tradition du pays est que les habitants de ce bourg y ont été transportés par les Romains.

(2) Τῶν μὲν οὖν ἄλλων σωμάτων τρεῖς μυριάδες ἐξητάσθησαν ἐπὶ τοῖς ἑξακισχιλίοις, τῶν δὲ μαχίμων ἀνδρῶν ὀκτακισχίλιοι.

« des Helvétiens des tableaux écrits en lettres
« grecques, qui furent apportés à César. Ces ta-
« bleaux exprimaient *nominativement* (*nominatim*)
« le nombre des Helvétiens en âge de porter les ar-
« mes qui avaient quitté leur pays, et, *en outre*,
« *séparément* (*et item separatim*), celui des enfants,
« des vieillards et des femmes. Le nombre des indi-
« vidus en état de porter les armes était de 92 000,
« le total de tout sexe et de tout âge était de
« 368 000[1]. » On voit qu'ici le nombre des hommes
en âge de porter les armes est à la population entière comme 92 : 368, exactement le quart.

M. Letronne, dans son excellent mémoire sur
la population de l'Attique[2], a trouvé, par ses calculs, la même proportion.

Revenons à Polybe et appliquons le calcul aux
750 000 individus en âge de porter les armes, consignés, l'an 529 de Rome, sur les registres de population de la partie de l'Italie soumise alors aux
Romains. Leur domination ne s'étendait, comme
je l'ai dit plus haut, que depuis le détroit de Sicile
jusqu'au 44° degré de latitude, ou des bouches du
Rubicon jusqu'au port de Luna. Il faut peut-être
en retrancher la péninsule des Bruttiens, qui ne

(1) « In castris Helvetiorum tabulæ repertæ sunt, litteris græcis confectæ, et ad Cæsarem relatæ; quibus in tabulis nominatim ratio confecta erat, qui numerus domo exisset eorum qui arma ferre possent; et item separatim pueri, senes, mulieresque. Quarum omnium rerum summa erat, ex his qui arma ferre possent, ad millia xcii; summa omnium fuerunt ad millia ccclxviii. » Cæsar, *Bell. Gall.*, I, 29.

(2) Mém. de l'Acad. des Inscr. et Bell.-Lettr., t. VI, p. 179, 182, 184, 187, 188.

font point partie de la liste des peuples mentionnés par Polybe, quoiqu'ils aient pu y être compris
avec les Lucaniens, les Messapiens et les Iapyges,
leurs voisins.

Or, en multipliant par 4, vous auriez encore
3 000 000 d'habitants libres de tout sexe et de tout
âge pour la population de cette partie de l'Italie; mais
ce nombre est sans doute trop faible, car les prolétaires, à Rome, dans les colonies et dans les autres
villes de l'Italie, les pères sans enfants, les pupilles,
n'étaient pas soumis au cens ou service militaire.
Tite-Live nous a conservé ce renseignement précieux. « L'an de Rome 288, le consul Quintius
fit le recensement et trouva 104 214 citoyens, sans
compter les pères et mères qui avaient perdu leurs
enfants[1]. » Plutarque[2] donne, pour le dénombrement fait par Valerius Publicola, l'an 245 de Rome,
130 000 citoyens, sans compter les orphelins et les
femmes ou filles propriétaires, *viduas.*

L'an 62a de Rome, Q. Pompeius et Q. Metellus,
les premiers censeurs plébéiens, achevèrent le lustre, et on recensa 317 823 têtes de citoyens romains, outre les pupilles, les veuves et les filles,
præter pupillos et viduas[3]. Ces deux passages

---

(1) « Censa civium capita centum quatuor millia et ducenta quatuordecim, præter orbos orbasque. » III, 3. Le cens précédent,
cité par Denys d'Halicarnasse et antérieur de neuf ans, avait donné
un peu plus de 103 000 citoyens. *Ant. Rom.*, l. IX, p. 594.

(2) *Publicola*, t. I, p. 407, ed. Reiske.

(3) Tit.-Liv., *Epit. LIX.* Voy. Sigonius, *de Antiq. jure Ital.*,
f° 57, sqq. Le mot *vidua* signifie non-seulement une veuve, mais
encore toute femme non mariée. Voy. Niebuhr, *Hist. Rom.*, t. II,
p. 227, s., qui, dans ce dénombrement, croit qu'on a désigné par

indiquent que les mères de famille, ayant des enfants, étaient recensées avec les citoyens et soumises au service militaire en payant un remplaçant; sans cela pourquoi cette exception à l'égard des filles ou des veuves et des mères qui avaient perdu leurs enfants, *orbas et viduas?* Cicéron[1], en citant comme type de l'institution romaine l'exemple des Corinthiens, qui assignaient aux chevaliers des sommés sur les veuves et les orphelins, prête une forte autorité à cette conjecture. Cependant Denys d'Halicarnasse, dont je vais citer textuellement un passage fondamental quant au nombre des esclaves, des marchands, des ouvriers, des femmes et des enfants à Rome, l'an 278, exclut formellement les femmes du cens des citoyens romains. D'où vient alors que, dans les deux cens rapportés par Tite-Live, on excepte seulement les filles propriétaires et les femmes dans le veuvage ou l'*orbité?* Niebuhr[2] explique ainsi pourquoi, dans les dénombrements, on séparait les orph.... et les femmes non mariées. « Sans contredit, ils ....ent en dehors de la formule; dans un cens qui représentait le contrôle d'une armée et tous ses accessoires, les adolescents non encore appelés au service, non plus que les femmes, ne pouvaient figurer pour leur propre compte; on ne pouvait en faire mention que sous le *caput*, le nom d'un père ou d'un mari; mais le caractère particulier de l'impôt dont

---

ce mot *vidua* l'héritière, ἐπίκληρος. JAVOLENUS, Dig. L, XVI, 202, § 3, *de Verbor. signif.*, et MODESTINUS, *ibid.*, leg. 101, lui donnent cette acception.

(1) *De Republica*, II, 20.   (2) *Hist. Rom.*, t. II, p. 228.

on les frappait est la raison décisive de cette ano-
malie. »

Si ce point laisse encore quelques doutes, le texte
formel du savant historien des *Antiquités romaines*
va jeter une vive lumière sur les rapports de profession, d'âge, de sexe et de condition qui existaient
à Rome dans la population, et cet élément important de statistique, je l'avais cherché en vain dans
l'histoire romaine; il n'avait pas été employé jusqu'ici. Denys d'Halicarnasse s'exprime en ces termes[1] : « Il y avait alors (an de Rome 278) plus de
110 000 citoyens romains ayant atteint l'âge de puberté, comme le dernier recensement l'avait prouvé ;
un nombre triple du premier était fourni par les
femmes et les enfants, les esclaves, les marchands
et les étrangers exerçant les professions mécaniques; car il n'est permis à aucun Romain de gagner
sa vie ni par le trafic ni par une industrie ma-
nuelle[2]. »

Ce renseignement précieux nous est transmis
par le même historien qui nous a fait connaître
l'institution du cens sous Servius Tullius, et les
moyens ingénieux par lesquels ce roi parvint à
connaître exactement la population et les ressour-

---

(1) Τῶν μὲν γὰρ ἐν ἤδη πολιτῶν ὑπὲρ τὰς ἔνδεκα μυριάδας
ἦσαν, ὡς ἐκ τῆς ἔγγιστα τιμήσεως εὑρέθη·γυναικῶν δὲ καὶ παίδων
καὶ τῆς οἰκετικῆς θεραπείας ἐμπόρων τὲ καὶ τῶν ἐργαζομένων τὰς
βαναύσους τέχνας μετοίκων· οὐδενὶ γὰρ ἐξῆν Ῥωμαίων οὔτε κάπηλον
οὔτε χειροτέχνην βίον ἔχειν· οὐκ ἔλαττον ἢ τριπλάσιοι τοῦ πολιτικοῦ
πλήθους. *Antiq. rom.*, p. 583, l. 24.
(2) Valère-Maxime (III, 4, § 2) prouve le mépris que les Romains avaient pour les commerçants par ce trait : « Tarquinium
Priscum ad imperium in urbem nostram fortuna advexit : fasti-
diendum quod mercatore Demarato genitum. »

ces de son pays. Cet historien érudit, Denys d'Halicarnasse, nous affirme avoir tiré les documents
dont il fait usage des tables de recensement; on
peut donc lui accorder sur ce point de fait une entière confiance.

On a vu que l'âge fixé pour le service militaire
était de dix-sept ans accomplis jusqu'à soixante[1].
Ainsi, la population de Rome et de son territoire
se montait, l'an de Rome 278, 34 ans après l'expulsion des rois, à 440 000 individus, dont le
quart, de dix-sept ans jusqu'à soixante, était du
sexe masculin, propre aux emplois civils et militaires, et recensé comme tel; le reste, ou 330 000,
était composé des vieillards, des femmes, des enfants de condition libre, plus des esclaves, des
marchands ou artisans, tous *metœques* ou étrangers
à la ville de Rome. Or, avec ces données, et en
prenant pour base les tables de population calculées par MM. Duvillard et Mathieu, et insérées dans
l'Annuaire du Bureau des longitudes de 1839, nous
trouvons pour Rome à cette époque, d'abord :

Citoyens mâles de dix-sept à soixante ans. 110 000
Citoyens mâles au-dessous de dix-sept
    ans et au-dessus de soixante. 85 145
Femmes libres et citoyennes de tout âge[2]. 195 145

        Total de la population libre. 390 290

_____

(1) Voyez plus haut, p. 218. Tuberon., *ap. A. Gellium*, X,
28; Tit.-Liv., XXV, 5; Plutarch., ed. Reiske, *Gracch.*, t. IV,
p. 658; Dionys. Halicarn., lib. V, p. 338, ed. Sylburg.

(2) Le nombre des femmes, depuis quatorze ans jusqu'à la
mort, est toujours, dans tous les pays, supérieur à celui des hommes. Ainsi la supposition que j'ai admise de l'égalité du nombre

Quoique je m'occupe spécialement dans ce chapitre de la population libre, je dois signaler par
anticipation les résultats que le calcul de cette population me donne relativement au nombre des esclaves, des affranchis et des métœques dans l'Italie
ancienne. Les courtes considérations que je vais
émettre serviront de préliminaire au chapitre
suivant, où je rechercherai, par une autre voie,
le chiffre de la population servile. En retranchant
le nombre que nous venons d'obtenir du total de
la population, qui est de 440 000, il ne reste pour
les métœques, les esclaves et les affranchis, que
49 710.

Les métœques ou *peregrini*[1], qui étaient des
hommes libres, mais privés des droits de cité et de
suffrage, exerçaient les professions industrielles ou
mercantiles; mais Rome était alors très peu commerçante. En supposant qu'en 278, le rapport
des métœques et des affranchis aux citoyens y fût
celui de 1 à 12, vous trouvez 32 524 métœques ou
affranchis, en tout 422 814 hommes libres, et, par
conséquent, 17 186 esclaves. Le rapport de la population libre à la population esclave est donc à peu
près comme 422 : 17, ou comme 25 $\frac{1}{2}$: 1.

On voit combien, à cette époque, le nombre
des esclaves était faible relativement à la popula-

entre les deux sexes tend plutôt à réduire qu'à augmenter le chiffre de la population libre. Mais à Rome, l'infanticide étant permis
par les lois, et la république ayant besoin de soldats, on exposait
sans doute à leur naissance plus de filles que de garçons.

(1) Ce mot de *métœque* (*metœcus*) est employé dans le sens
d'étrangers par Eumène, *Paneg. Flav.* c. 4 *in fin.* et par Frontin,
de Col., p. 105, 108, ed. Goes.

tion libre, et qu'ils ne formaient alors qu'un 25ᵉ de la population totale. Mais ce petit nombre d'esclaves cessera d'étonner, si l'on songe que les lois des Douze-Tables, rappelées dans la loi Licinia, portée l'an 378, limitaient formellement la quantité d'esclaves qu'on pouvait occuper à la culture des terres et prescrivaient pour ces travaux l'emploi des hommes libres.

Du reste, le résultat auquel nous sommes parvenus est tout-à-fait nouveau, et, quoique les éléments en eussent été donnés par Denys d'Halicarnasse, il m'a fort étonné d'abord. Mais, comme il est incontestable, on doit l'admettre et il jettera une vive lumière sur l'histoire des rapports de la population libre avec la population esclave pendant les six premiers siècles de la république romaine. Ce même résultat peut nous conduire à apprécier avec plus d'exactitude le rapport des âges, des sexes, et celui des hommes libres, l'an de Rome 529, dans l'Italie inférieure, dont Polybe nous a fait connaître si exactement la population libre. Il nous montre en même temps que, malgré les pertes causées à Rome et dans l'Italie par les guerres et les ravages qu'elles entraînent, le nombre des jeunes gens qui arrivaient à l'âge de porter les armes était beaucoup plus grand, relativement à la population totale, qu'il ne l'est dans des Etats moins belliqueux. « Il est probable, dit Malthus[1], que les pertes constantes occasionnées par la guerre avaient fait naître l'habitude de n'assujettir le principe actif de population à presque aucune gêne. Cette rapide succes-

_____
(1) Essai sur le principe de population, t. I, p. 333, tr. fr.

sion de jeunes gens fut, sans contredit, ce qui mit ces peuples en état de faire succéder de nouvelles armées à leurs armées détruites, sans paraître jamais s'épuiser. » Ce fait, que j'ai déduit pour la première fois du texte de Denys d'Halicarnasse, que j'ai indiqué plus haut d'après Polybe, confirme les prévisions d'un homme de génie comme Malthus, qui, en traitant de la population et la considérant sous ses différentes faces, se montre entièrement maître de son sujet.

Ce principe actif de population, constaté par le calcul, explique beaucoup de faits de l'histoire de l'invasion des Barbares, entre autres cette reproduction miraculeuse de guerriers, qui fit donner au nord de l'Europe l'épithète de *fabrique du genre humain.*

Le nombre donné par Polybe, d'après les tables de recensement de l'an de Rome 529, est, comme je l'ai dit, de 750 000 citoyens libres de dix-sept à soixante ans. J'ai cherché, d'après les tables de population insérées dans l'Annuaire du Bureau des longitudes de 1839, le nombre des individus qui, sur 10 000 000, existait entre les âges de dix-sept et soixante ans ; ce nombre est 5 636 824. Alors, au moyen d'une simple proportion, nous trouvons, en 529, dans la partie de l'Italie soumise à la domination romaine :

Pour la population mâle de dix-sept à
    soixante ans 750 000
Idem de la naissance à dix-sept ans et
    de soixante ans jusqu'à la mort . . .   580 536
Femmes libres de tout âge. 1 330 536

Citoyens de tout sexe et de tout âge. . 2 661 072

Polybe ne nous donnant pas, comme Denys
d'Halicarnasse, le moyen d'évaluer le chiffre de la
population totale, nous ne pouvons rechercher ici
quel était, en l'an 529 de Rome, le rapport des hommes libres aux esclaves, aux métœques et aux affranchis. Il ne faudrait pas adopter pour cette époque les proportions que nous avons posées pour
l'an 278; car en 529, l'accroissement des richesses
et de la puissance de Rome, et l'adjonction à son
empire des colonies grecques de l'Italie inférieure,
avaient dû amener une augmentation dans le nombre des esclaves et dans celui des métœques exerçant le négoce ou les professions manuelles. Mais,
en tenant compte de cette considération, on voit
déjà que le chiffre de la population totale et le rapport des esclaves aux hommes libres sont beaucoup
au-dessous de l'idée qu'on s'en fait généralement,
faute d'avoir discuté et réduit à leur juste valeur
une foule d'indications erronées ou obscures et
d'évaluations exagérées.

Du reste, j'ai présenté en détail la marche de
mes raisonnements et de mes calculs, afin que tout
le monde pût en vérifier l'exactitude; car ces faits
de statistique ancienne se trouvent établis pour la
première fois; ils sont d'une grande importance
pour la connaissance exacte de l'histoire et des ressources de l'empire romain; ils nous conduiront à
de nouveaux résultats dans le cours de ces recherches, et, de plus, ils peuvent jeter de la lumière sur
la théorie de la population dans les temps anciens,
en substituant la rigueur des méthodes et l'exactitude de la langue des calculs au vague des hypothèses et des raisonnements.

J'ajouterai encore une observation. Je m'étais interdit de lire l'Essai sur la population du savant Malthus, afin de ne baser mes conclusions que sur les faits, de me garantir de tout esprit de système, de toute idée purement théorique. Le passage que j'ai cité prouve que Malthus est arrivé par la théorie à des résultats peu différents de ceux que j'ai obtenus par le calcul. Ce rapport singulier (l'an de Rome 529) de la population en état de porter les armes au reste de la population libre ou esclave justifie ses idées sur la puissance du principe actif de population ; il explique naturellement plusieurs faits de l'histoire romaine qui semblaient presque merveilleux et qui étonnaient Tite-Live : « Comment, par exemple, les Eques et les Volsques, si souvent vaincus, se trouvaient toujours en état de tenir la campagne avec de nouvelles armées [1]. » Ce qui s'applique à ces peuples est également applicable aux Samnites, aux Etrusques et aux autres peuples de l'Italie.

Malthus confirme encore mes assertions sur un autre point. J'ai été flatté, je l'avoue, de me trouver d'accord avec un esprit aussi distingué, et de voir que nous étions arrivés au même but, ayant pris chacun une route différente. « Je pense, dit Malthus [2], que Hume [3] s'est trompé quand il a cru que la portion du globe soumise aux Romains ne fut jamais plus peuplée que pendant la longue paix dont elle jouit sous Trajan et les Antonins. » C'est un point que j'éclaircirai par d'innombrables té-

(1) Tit.-Liv., VI, 12.   (2) Tom. I, p. 339.
(3) Essai, XI, p. 505.

moignages dans la partie de ces recherches où je traiterai de la diminution des produits et de la population en Italie.

CHAPITRE II.

La constitution de l'esclavage antique, le nombre des esclaves dans chaque pays, ou plutôt le rapport de la population servile à la population libre, n'ont pas encore été déterminés avec la précision que comporte le sujet. On peut avancer hardiment que l'histoire de ce grand crime social, qui remonte à l'origine des nations, qui subsiste encore aujourd'hui dans la plus grande partie du globe, et que la civilisation européenne s'efforce d'abolir ou de modifier, manque presque entièrement à la science.

Depuis la renaissance des lettres, la critique et l'érudition ont dirigé leurs recherches sur cette matière si intéressante à connaître, et qui reste néanmoins, après tant d'efforts, enveloppée d'un voile obscur ou plongée dans un vague désespérant. Nous avons perdu malheureusement le traité du savant Varron sur l'esclavage, intitulé *Marcipor* et cité seulement par Nonius[1].

Les dissertations latines de Pignorius[2] et de

---

[1] *Vid.* TURNEB., *Advers.* XXIV, 46.
[2] *De servis et eorum apud veteres ministeriis commentarius.* Amstel., 1674, in-18.

Popma[1], sur les esclaves des Romains, de Guil-
laume de Loon sur les affranchissements, de Juste
Lipse sur les saturnales, de Laurentius sur les
courtisanes; les traités d'Estor[2], d'Otto[3], d'Hipp.
Bonacossa, de Mizellius et de Tœrner, sur les esclaves
des anciens; de Joachim, de Schacher, de Velasquez,
sur les affranchissements; de Gudling et de Va-
dianus, sur les mariages des esclaves; de Jugler[4],
sur le commerce des esclaves chez les anciens; de
Burigny, sur les esclaves[5] romains; du même auteur, sur les affranchis[6] romains; de Heyne[7], sur
les contrées qui fournissaient des esclaves aux marchés de la Grèce et de Rome; d'Héringius, sur les
moulins des anciens, et de Meursius, sur le luxe
romain; l'histoire de l'esclavage en Grèce, par
Reitmeier[8]; le mémoire de Sainte-Croix sur la population de l'Attique[9]; les recherches récentes de
Durandi, sur la population de l'Italie[10]; de M. Blair,
sur l'état de l'esclavage chez les Romains[11], et de

(1) *De operis servorum liber.* Amstel., 1672, in-18.
(2) *Opusc. select.*, t. I, p. 526.
(3) *Diss. ad l. xxvii, Dig., ad leg. Aquil.*, § xi.
(4) Ἀνδραποδοκαπήλειον, *sive de nundinatione servorum apud veteres.* Lips., 1742, in-8°.
(5) Acad. des Inscr., t. LXIII, p. 102, éd. in-12.
(6) *Ibid.*, t. LXVIII, p. 139, éd. in-12.
(7) *Opusc. acad.*, t. IV, p. 120.
(8) *Geschichte und Zustand der sklaverey und Leibeigenschaft in Griechenland.* Berlin, 1789.
(9) Mém. de l'Ac. des Insc., t. XLVIII, p. 172, éd. in-4°.
(10) *Della popolazione d'Italia*, Mém. de l'Ac. de Turin, t. IV, p. 18, Letterat. et Art., 1821.
(11) *Inquiry into the state of slavery amongst the Romans.* Edimburgh, 1833. Cet ouvrage, fruit des recherches conscien-cieuses d'un esprit très juste et très distingué, est, ce me semble, le meilleur traité qui existe jusqu'à ce jour sur cette grande ques-

M. de Saint-Paul sur la constitution de l'esclavage
en Occident[1] ; tous ces écrits, généralement consciencieux, mais souvent dépourvus de méthode
et de précision, ont accueilli beaucoup de faits,
réuni un grand nombre de matériaux, et cependant
l'édifice reste encore à construire.

On pourrait me reprocher avec raison la sévérité
de ce jugement si je ne me hâtais de faire une
honorable exception pour les recherches spéciales
de Heyne sur les pays qui fournissaient des esclaves
à la Grèce et à Rome; de M. Bœckh, dans son Eco-
nomie politique des Athéniens, et de notre savant
confrère M. Letronne, dans son mémoire sur la
population de l'Attique. Le nom seul de ces trois
hommes est une garantie du mérite de leurs ouvrages.

J'ai senti plus que personne la difficulté du sujet que je traite. Depuis vingt ans que je m'occupe
de l'économie politique des Romains, la possibilité
de déterminer, avec toute la précision dont la matière est susceptible, les rapports entre le chiffre de
la population libre et celui de la population servile à diverses époques de la république et de l'empire, a été l'objet de constantes, de sérieuses mé-
ditations. Au lieu de m'étendre, comme la plupart
des érudits, sur tout le monde connu des anciens,

tion, et, quoique je diffère avec M. Blair sur le nombre des esclaves en Italie sous la république et l'empire, qui ne me semble
pas établi sur des bases assez solides, je dois rendre une complète
justice au mérite de cet ouvrage, que la modestie de l'auteur (pré-
face, p. 11) rabaisse certainement au-dessous de sa juste valeur.

(1) Discours sur la constitution de l'esclavage en Occident.
Montpellier, 1837.

je me suis borné à étudier complétement l'Italie, et encore me suis-je restreint, pour l'époque de la république, aux portions de cette contrée comprises entre les mers et une ligne parallèle tirée de Luna au Rubicon. Là seulement existe, pour cette époque, un recensement exact de la population libre.

Il est facile de prouver[1], par des raisonnements établis sur la frugalité des mœurs romaines, sur l'absence du luxe pendant les 550 premières années de la république, faits dont les Curius, les Fabricius, les Régulus sont un exemple frappant, que les Romains, dans les IVe et Ve siècles de Rome, avaient peu d'esclaves et même qu'ils en avaient peu besoin, et qu'ils ne pouvaient en avoir qu'un petit nombre. Les Romains et les autres peuples de l'Italie menaient une vie simple et frugale, partagée tout entière entre les travaux de l'agriculture, la guerre et les arts de première nécessité. La reproduction des hommes libres leur était essentielle pour subvenir aux pertes que leur population recevait des guerres continues et destructives dans lesquelles ils étaient toujours engagés. Ils n'avaient garde de laisser consommer par des esclaves des produits destinés à nourrir des conquérants ou des défenseurs. On cessera d'être étonné du petit nombre des esclaves dans cette époque, relativement à la population libre, si l'on pèse la force des circonstances qui en firent, pour l'existence de la république romaine, une condition nécessaire.

Un coup d'œil rapide sur l'histoire des trois siè-

(1) Voy. Durandi, ouvr. cité, p. 21-25.

cles écoulés depuis l'expulsion des rois jusqu'à la fin de la seconde guerre punique rendra cette observation évidente.

Sous les rois, les patriciens eurent tout le pouvoir; depuis l'expulsion des Tarquins et l'établissement des magistratures annuelles, le peuple accrut successivement son autorité. Les grands l'épuisaient par l'usure; il se libéra de ses dettes en se retirant sur le mont Sacré, obtint l'appel au peuple, l'établissement des tribuns et des édiles plébéiens. La loi des Douze Tables réduisit l'intérêt de l'argent à ɩ p. $\frac{o}{o}$ par an. Les violences des décemvirs patriciens amenèrent le rétablissement des tribuns, puis la permission des mariages entre les familles plébéiennes et patriciennes, et l'admission des plébéiens aux grandes charges. Dès lors tout tend à établir l'égalité entre les deux ordres et à opérer l'égale répartition des propriétés.

Les lois agraires, proposées pour la première fois l'an de Rome 268, sont sans cesse renouvelées; elles limitaient de 2 à 7 jugères l'étendue de la propriété de chaque citoyen; on les élude en distribuant au peuple les terres conquises : 1 500 colons envoyés à Labicum, l'an de Rome 339, reçoivent par tête deux jugères, c'est-à-dire un demi-hectare[1]. L'an 360, 3 000 citoyens sont envoyés en colonie chez les Volsques; on leur donne trois jugères et demi par tête (environ 89 ares). L'an 362, un édit du sénat accorde sept jugères (1 hectare 76 ares), dans le territoire de Véies, non-seulement à chaque chef de famille plébéienne, mais même à chacun des

[1] Tit.-Liv., IV, 47.

hommes libres qui étaient dans sa maison, pour
les engager, dit la loi, à se marier et à élever des
enfants qui servissent un jour la république [1].

Ce fut le maximum de la propriété foncière d'un
plébéien ; le besoin de créer une population libre,
d'avoir des soldats et des défenseurs, est exprimé
dans cette loi.

Bientôt (l'an de Rome 388) Licinius Stolo fit
passer la loi qui défendait à tout citoyen, quel qu'il
fût, de posséder plus de 500 jugères (126 hectares) de terre, et ordonnait que l'excédant serait
ôté aux riches et distribué à ceux qui n'avaient aucune propriété foncière. Cette même loi fixe un
nombre circonscrit de domestiques et d'esclaves
pour faire valoir ces terres ainsi partagées, et en-
joint de se servir d'Italiens et d'hommes libres [2].

Dix ans après Licinius Stolo est condamné d'a-
près la loi qu'il avait portée lui-même ; il se trouva
posséder plus de 500 jugères. Ses biens furent confisqués, et le peuple lui infligea de plus une amende
de 10 000 as [3].

Stolon, étant tribun, avait porté la loi sur les
dettes et la loi sur la limitation des propriétés fon-
cières ; il avait enlevé le consulat aux patriciens ; il
leur était odieux de toutes manières. Ils profitèrent
avec beaucoup d'habileté de la faute que l'avarice

(1) « Senatusconsultum fit ut agri Vejentani septena jugera
plebi dividerentur ; nec patribus familiæ tantum, sed ut omnium
in domo liberorum capitum ratio haberetur, vellentque in eam
spem liberos tollere. » Tit.-Liv., V, 30.

(2) Tit. Liv., VI, 35. Varro, *De re rust.*, I, 11, 9. Valer. Max.,
VIII, vi, 3. Plin., XVIII, 4. Appian., *Bell. civ.*, I, 8.

(3) Tit.-Liv., VII, 16, et les auteurs précédemment cités.

et la cupidité avaient fait commettre au premier plébéien consulaire. Désormais on les voit lutter avec le peuple de désintéressement et de frugalité. La modération dans les désirs, le mépris des richesses, qui n'étaient peut-être que l'amour des honneurs et du pouvoir habilement déguisé, deviennent dans leurs mains un moyen puissant pour regagner la faveur du peuple et ressaisir l'autorité.

Cette noble ou adroite émulation produit le beau siècle des mœurs et des vertus romaines : « Alors, dit Valère Maxime, ces consuls, qu'on allait chercher à leur charrue, se plaisaient à fertiliser le sol stérile et malsain de Pupinies, et, ignorant nos délicatesses, ameublissaient au prix de leurs sueurs ces terres compactes et rebelles. Ce n'est pas tout encore ; ceux que les périls de la république appelaient au commandement suprême, leur pauvreté (pourquoi hésiterais-je à donner à la vérité son nom propre ?) leur pauvreté les forçait à être bouviers [1]. »

Q. Cincinnatus, de sept jugères qu'il avait possédés, était réduit à quatre ; avec ces quatre journaux labourés par ses mains, non-seulement il soutint la dignité du père de famille, mais il mérita qu'on lui apportât la dictature [2].

Fabricius et Emilius Papus ne possédaient en argent qu'une petite patère et une salière consacrées au

---

(1) « Illi (consules) deliciarum ignari, vastissimas glebas plurimo cum sudore dissipabant ; imo vero quos pericula reip. imperatores asserebant, angustiæ rei familiaris (quid cesso proprium nomen veritati reddere ?) bubulcos fieri cogebant. » IV, iv, 4.

(2) VALÈRE MAX., IV, iv, 7.

culte des dieux[1]. Les consuls et les généraux de leur temps n'en avaient pas davantage, et ce même Fabricius nous dit que sa fortune se borne à un petit champ qu'il cultive de ses mains et sans esclaves[2].

Manius Curius, le vainqueur de Pyrrhus, refusa la part de butin et le don de cinquante jugères que le peuple lui offrit en reconnaissance de ses grands services ; il jugea cette libéralité excessive. Il dit dans sa harangue, dont Valère Maxime, Pline et Columelle[3] nous ont donné l'extrait, qu'un sénateur, même un consulaire et un triomphateur, qui possède plus de vingt-cinq arpents, est digne de blâme, et qu'il regarde comme un citoyen pernicieux à l'Etat celui auquel sept jugères ne peuvent suffire. Joignant l'exemple au précepte, il n'accepta que cette portion, égale à celle qui était assigné à chaque plébéien.

L'an 496, Régulus, vainqueur en Afrique et nommé proconsul, sollicite son rappel. Il écrit au sénat que le régisseur des sept jugères qu'il possédait à Pupinies est mort, et que l'*homme de journée*, profitant de l'occasion, s'est enfui après avoir enlevé tous les instruments de culture; qu'il demande donc qu'on lui envoie un successeur, car, si son champ n'était pas cultivé, il n'aurait plus de quoi nourrir sa femme et ses enfants. Le sénat ordonna que le champ de Régulus serait de suite affermé et cultivé, qu'on rachèterait aux frais de l'Etat

(1) VAL. MAX., IV, IV, 3. PLINE, XXXIII, 54.
(2) DIONYS. HALICARN., *Excerpt. legat.*, p. 746, l. 10, ed. Sylburg.
(3) VAL. MAX., IV, 3, 5. PLIN., XVIII, 4. COLUM., I, III, 10.

les instruments dérobés, et que la république se
chargerait aussi de la nourriture de la femme et
des enfants de Régulus[1].

Avec des mœurs et des lois semblables, Rome
devait avoir peu d'esclaves. L'ensemble des faits
nous autoriserait déjà à en déduire cette conclusion ; nous allons voir qu'elle est convertie en certitude par le témoignage d'un historien postérieur
seulement de deux siècles. Voici le tableau général
que Valère Maxime[2] nous présente de ce v° siècle
de Rome : « Point ou presque point d'argent, *peu
d'esclaves*, sept jugères de terre médiocre, l'indi-
gence dans les familles, les obsèques payées par l'E-
tat, les filles sans dot; mais d'illustres consulats, de
merveilleuses dictatures , d'innombrables triom-
phes, tel est l'ensemble des mœurs et des faits. »

Ces mœurs simples et frugales subsistèrent encore dans la première moitié du sixième siècle de
Rome. Je précise avec soin les époques et j'appelle
l'attention sur ce point ; car, depuis la fin de la
deuxième guerre punique, surtout après la prise
de Carthage et de Corinthe, le tableau change totalement.

«Cette famille Ælia, dit avec ironie Valère Maxime,
qu'elle était opulente! Seize Ælius vivaient à la fois
sous le toit d'une seule petite maison située au lieu
où sont maintenant les monuments de Marius. Ils
ne possédaient (c'était près de Véies) qu'un seul
champ qui réclamait moins de cultivateurs qu'il
n'avait de maîtres; mais, en revanche, ils occupaient

(1) VALER. MAX.,IV,IV, 6. SENEC., *Consol. ad Helviam*,c.12.
(2) IV, IV, 11.

dans le cirque et aux spectacles la place d'honneur
que l'Etat assignait à leur vertu[1]. »

Fabius Maximus, le dictateur, avait racheté d'Annibal des prisonniers à un prix convenu. Le sénat
ayant refusé de fournir l'argent, Fabius envoie à
Rome son fils vendre le seul bien qu'il possédât, et
en remet aussitôt la valeur à Annibal. Ce bien, dit
Valère Maxime[2], se composait de sept jugères, et
encore situés dans le territoire aride de Pupinies ;
mais c'était toute la fortune de Fabius, et ce grand
homme aima mieux sacrifier son patrimoine que
de voir son pays perdre sa réputation de fidélité à
ses engagements.

Dans la seconde guerre punique, Cn. Scipion
écrit d'Espagne au sénat pour demander un successeur. Il expose qu'ayant une fille nubile il est
nécessaire qu'il soit présent à Rome pour lui former une dot ; le sénat se charge du rôle de père,
établit la dot d'après l'avis de la mère et des parents
de Scipion, fournit l'argent du trésor public et
marie la jeune fille. Le sénat fit, par sa libéralité,
que les filles de Fabius et de Scipion ne se mariè-
rent point sans dot, ce qui leur serait arrivé, puisque, de l'héritage paternel, elles ne recevaient et ne
pouvaient transmettre à leurs époux que la gloire.
Cette dot fut de 11 000, as (environ 950 francs), ce
qui fait connaître, dit Valère Maxime[3], et l'huma-

(1) VALÈR. MAX., IV, iv, 8. « Ælia familia quam locuples !
sexdecim eodem tempore Ælii fuerunt, quibus una domuncula
erat eodem loci quo nunc sunt Mariana monumenta : et unus in
agro Vejente fundus, minus multo cultores desiderans quam dominos habebat.» Cf. PLUTARCH. Paul. Æmil. c. 5, t. II, p. 251.

(2) IV, viii, 1.   (3) IV, iv, 10.

nité du sénat et la quotité des anciens patrimoines. Ils étaient si exigus que Tatia, fille de Cæson, avec 10 000 as (860 francs), fut jugée apporter une très grande dot à son époux, et que Mégullia, qui apporta 50 000 as 4 300 francs), en reçut le surnom de *Dotata*.

Ces mœurs simples durèrent jusqu'à la conquête de la Macédoine.

Paul Emile, après avoir vaincu Persée, ne donna à Q. Ælius Tubero, pour sa part du butin, que cinq livres d'argent, selon Valère Maxime[1] ; Pline[2] ajoute que Tubéron ne posséda jusqu'à sa mort, en vaisselle d'argent, que deux coupes, récompense publique et honorable de sa valeur et de ses services. Ce même Paul Emile, le premier citoyen de Rome, lui qui, par la conquête de la Macédoine, délivra le peuple romain du fardeau des impôts, mourut si pauvre que, pour rembourser la dot de sa femme, on fut obligé de vendre son champ, seule propriété qu'il eût laissée.

Enfin, des témoignages positifs et précis établissent qu'à cette époque, de 550 de Rome à 575, la culture était exercée presque totalement par des propriétaires et des journaliers libres. Caton le dit positivement dans deux endroits de son livre et en donne d'abord la raison politique. « Nos pères, dit-il[3], pour désigner un bon citoyen, le citaient comme un bon colon et un bon agriculteur ; car ce sont les laboureurs qui fournissent les plus braves et

---

[1] VALER. MAX., IV, IV, 9. PLUTARCH., *Paul. Æmil.*, c. v.
[2] XXXIII, 50.   [3] *De re rust.*, Prœm., 2.

les plus robustes soldats. Le profit qu'on retire de la
culture est le plus honorable, le plus durable, le moins
sujet au blâme et à l'envie [1]» En parlant du choix d'un
lieu pour l'emplacement d'une ferme ou l'achat d'un
domaine rural, il recommande de le prendre dans un
pays sain, où les journaliers soient très nombreux :
loco salubri, operariorum copia sit. Plus loin [2] il
dit : « Sois bon pour tes voisins. S'ils te voient d'un
bon œil, tu vendras plus aisément tes produits, tu
trouveras plus facilement à louer des journaliers :
operas facilius locabis, operarios facilius conduces.»
Or, ce terme *d'operarius*, ἐργάτης des Grecs, *mercenarius, qui operam prœbet*, comme l'explique
Forcellini, n'a jamais désigné les esclaves, *man-
cipia, ergastula, servos;* Varron en fait la distinction positive [3].

Pour la culture de 100 jugères (50 arpents ou 25
hectares) de vignes, Caton [4] estime qu'il faut : le régisseur, sa femme, 10 journaliers (*operarios* x), 1
bouvier, 1 ânier, 1 *salictarius*, chargé de l'emploi de
l'osier, 1 porcher; total, 16 hommes. Pour celle de
240 jugères en oliviers : le régisseur, sa femme, 5
journaliers (*operarios* v), 3 bouviers, 1 porcher, 1
ânier, 1 berger; total, 13 hommes. Dans tous ces
passages il n'est pas question d'esclaves. Or, si la
culture se faisait de cette manière dans la vieillesse

(1) « At ex agricolis et viri fortissimi et milites strenuissimi
gignuntur, maximeque pius quæstus stabilissimus consequitur,
minime invidiosus. »
(2) *De Re rust.*, I, 3 ; *ibid.*, IV.
(3) *De Re rust.*, I, xvii ; xviii, 1.
(4) *De Re rust.*, XI, 1; X, 1.

de Caton, après la défaite des Carthaginois, d'Antiochus et la conquête de la Macédoine, il est sûr
qu'avant la deuxième guerre punique, le travail
cher et peu actif des esclaves ne devait pas être employé de préférence.

Enfin une loi de nécessité, l'insalubrité de beaucoup de cantons de l'Italie, exigeait pour leur culture des hommes libres, robustes, acclimatés, conditions rares dans la classe des esclaves, qui ne se
reproduisaient qu'en petit nombre dans le pays[1],
et que leur état de faiblesse, causé par la mauvaise nourriture, le séjour des prisons, le manque
d'air et les mauvais traitements, rendait plus susceptibles des impressions du climat.

Le témoignage de Varron[2], contemporain de
César et de Cicéron, est positif, et ce fait doit changer les idées reçues sur le mode de la culture de
l'Italie, à une époque où Rome était la maîtresse
du monde et où le nombre des esclaves s'était considérablement accru. Je vais traduire en entier ce
passage très curieux :

« Toutes les terres, dit-il, sont cultivées par des
hommes libres, ou par des esclaves, ou par un mé-
lange de ces deux classes. Les hommes libres culti-
vent, soit par eux-mêmes, comme la plupart des petits
propriétaires, avec l'aide de leurs enfants; soit par
des mercenaires ou journaliers libres pris à louage,
lorsqu'on exécute les grands travaux, tels que les
fenaisons et les vendanges; soit enfin par ces hom-

---

(1) Il en est de même aux Antilles. Voy. le Rapport de M de
Tocqueville à la chambre des Députés en 1839.

(2) *De Re rust.*, I, XVII, 2.

mes que nous appelons *obérés*[1]. Je dis de toutes les
terres en général, continue Varron, qu'il est plus
avantageux de cultiver les cantons malsains avec
des ouvriers payés, *mercenariis*, qu'avec des esclaves, *servis*, et que, même dans les lieux salubres,
les grands travaux rustiques, tels que la récolte des
fruits, la moisson et la vendange, doivent être con-
fiés à des travailleurs à gages[2]. »

Enfin, du temps de Trajan même, il paraît que,
dans la Gaule cisalpine, du moins dans la partie
située vers le lac de Côme, on ne se servait pas
d'esclaves pour la culture. Pline le Jeune[3] nous dit :
« Nulle part je n'emploie d'esclaves à la culture de
mes terres, et c'est un usage absolument inconnu
dans le pays : *Nam nec ipse usquam vinctos habeo,
nec ibi quisquam.* »

Il est évident d'après ces passages, et j'en développerai ailleurs les raisons, qu'il devait y avoir
beaucoup moins d'esclaves employés à la culture
des terres qu'on ne le croit communément. Le service domestique dans les villes leur était particulièrement affecté; et il est facile de concevoir que

(1) *Obærarii* ou *obærati.* C'étaient des hommes qui engageaient
leur travail, pendant un temps fixe, pour l'acquit de leurs dettes;
on les nommait aussi *nexi, vincti;* ils portaient des fers, mais
n'étaient point esclaves.

(2) «Omnes agri coluntur hominibus servis aut liberis aut
utrisque. Liberis, aut cum ipsi colunt, ut plerique pauperculi cum
sua progenie : aut mercenariis, cum, conducticiis liberorum operis,
res majores, ut vindemias ac foenisicia, administrant; iisque quos
obærarios nostri vocitarunt. De quibus universis hoc dico : Gravia
loca utilius esse mercenariis colere, quam servis, et in salubribus
quoque locis opera rustica majora, ut sunt in condendis fructibus
vindemiæ aut messis. »

(3) Epist. III, xix, 7, ed. Schæff.

des Gaulois, des Germains, des Syriens, des habitants de l'Afrique ou de l'Asie, auraient succombé promptement à l'influence d'un climat si différent du leur, d'un air pestilentiel, et à l'épuisement causé par des travaux rudes et une nourriture insuffisante. Or, le prix moyen d'un esclave laboureur mâle, du temps de Caton, était assez haut, et montait à 1500 drachmes (*denarius*), 1150 francs de notre monnaie.

Une loi de Jules César[1] obligeait les herbagers d'avoir, parmi les pâtres, un tiers d'habitants libres, et pourtant ce genre de service semblait, par sa nature, être plus approprié à la classe, à la condition et aux facultés des esclaves.

Le passage où Caton dit que la classe des laboureurs fournit les plus forts et les plus braves soldats, que le profit qu'on retire de l'agriculture est le plus honorable, le plus sûr, le moins sujet au blâme, amène naturellement cette réflexion : Dans un pays et à une époque où l'intérêt légal était fixé à 1 et à 1 ½ p. % par an, où le trafic et le négoce, l'industrie et les arts mécaniques étaient interdits aux citoyens, la culture de la terre était le seul moyen de soutenir ou d'accroître un peu sa fortune. Les propriétés devaient être divisées, car il y avait beaucoup de concurrence. La division des propriétés permettait de cultiver par ses mains ou avec les bras de sa famille. Il y avait donc peu d'emploi pour les esclaves, et un peuple simple et frugal ne recherche pas les choses inutiles. Tel a été, à ce qu'il me semble, l'état de la société à Rome et

---

(1) Suéton, *Jul.*, *Cæs.*, cap. XLII.

dans l'Italie pendant les 450 premières années, et cette conclusion est fondée sur une grande masse de faits et de témoignages positifs fournis par l'histoire. Voilà pour les cinq premiers siècles.

A cette autre époque dont j'ai parlé (an de Rome 529), quarante ans s'étaient écoulés depuis que les Romains, après une guerre obstinée de soixante-deux ans, avaient subjugué les Samnites, les Lucaniens, les Bruttiens, et conquis enfin toute l'Italie inférieure. Les esclaves qu'ils avaient acquis dans ces combats étaient alors morts pour la plupart ; il ne pouvait en rester que quelques vieillards. La guerre était pourtant alors le seul moyen d'acquérir des esclaves ; le commerce était nul, et Rome, dans les cinq premiers siècles, n'eut que fort peu d'argent monnayé, signe évident que les échanges étaient excessivement bornés.

De plus, ce système habile d'agglomération qui, après la conquête, changeait les peuples soumis en citoyens romains, en alliés ou en colonies, détruisait, si je puis m'exprimer ainsi, la pépinière de l'esclavage. En Sicile même, l'alliance soudaine d'Hiéron, roi de Syracuse, avec les Romains, et la prompte soumission de l'île presque entière leur enlevèrent l'occasion de faire des prisonniers qui seraient devenus des esclaves.

Dans la première guerre punique, le nombre des hommes de cette classe dut nécessairement diminuer, si l'on considère la quantité de flottes que les Romains perdirent, soit dans les combats, soit dans les tempêtes, soit par leur inexpérience dans la navigation ; car les vaisseaux avaient deux tiers de rameurs pour un tiers de soldats, et ce travail

manuel, dédaigné par les fils de Mars et de Romulus,
retombait presque tout entier sur les hommes affranchis et sur ceux de condition servile. Ajoutez
à cela que, dans la première guerre punique, les
Romains et les Carthaginois échangèrent souvent
les prisonniers de guerre. On ne voit donc aucun
moyen qui, depuis l'an 278 de Rome jusqu'en 529,
eût pu faire beaucoup augmenter le nombre des
esclaves en Italie.

Après cette exposition abrégée, je vais indiquer
les bases sur lesquelles je m'appuie pour construire; on pourra juger d'avance du degré de so-
lidité de l'édifice. Mais d'abord je développerai
quelques considérations sur la nature des renseignements qui nous sont fournis par l'antiquité, et
je signalerai l'esprit de système qui se montre généralement dans les ouvrages publiés, depuis trois
siècles, sur l'arithmétique politique des anciens.

CHAPITRE III.

EXAGÉRATIONS DES AUTEURS ANCIENS ET MODERNES RELATIVEMENT AU NOMBRE DES ESCLAVES.

Les grands écrivains de la Grèce et de Rome ne
nous offrent, relativement à la statistique, que des
notions insuffisantes, ou quelquefois suspectes.
« Les historiens, dit M. Letronne[1], plus occupés
« d'intéresser que d'instruire, ont trop souvent
« mieux aimé peindre des tableaux d'un effet har-

(1) Nouv. Mém. de l'Acad. des Inscript., t. VI, p. 165, 166.

« monieux ou brillant que remonter péniblement,
« par des observations sur les ressources respecti-
« ves des peuples, jusqu'aux secrètes et véritables
« causes des événements. D'un autre côté, les phi-
« losophes et les moralistes anciens se sont moins
« attachés à nous transmettre fidèlement les obser-
« vations qu'ils avaient faites et les renseignements
« qu'ils avaient recueillis, qu'à choisir parmi ces
« renseignements ceux qui s'accordaient le mieux
« avec leurs idées sur l'existence et l'organisation
« d'un état social purement imaginaire. » J'ajouterai que les écrivains anciens, brillant, chacun à
leur manière, de tout l'éclat, de toutes les parures
du style, s'adressent à l'imagination vive des hommes plutôt qu'à leur raison calme et réfléchie. Le
style est pour eux l'homme tout entier; l'éloquence
et la verve, non les moyens, mais le but. La recherche et l'élégance dans les narrations leur in-
terdisent souvent les chiffres, les calculs, les proportions et les rapports des diverses classes de la
population entre elles[1]. D'ailleurs ces grands historiens, poëtes et orateurs admirables, n'avaient

(1) Par exemple, dans le récit des révoltes d'esclaves qui, depuis 618 jusqu'à 679 de Rome, exposèrent la république à de si
grands dangers, les auteurs anciens ont consigné ordinairement le
nombre des hommes tués dans une bataille, quelquefois le nombre
total qui a péri dans la guerre, et cependant on n'y rencontre jamais la proportion qui existait entre les populations libre et servile quand ces révoltes ont éclaté. On voit seulement, par le chiffre
des esclaves révoltés et celui des morts et des prisonniers, tels
que nous les a transmis l'antiquité grecque et romaine, que le total
de la population servile en Sicile et en Italie, dans le viie siècle
de la république, devait être fort inférieur à ce qu'on le suppose
généralement. M. Letronne avait déjà fait pressentir cette opinion
en réfutant Athénée. Mém. cit., p. 175, ss.

point reçu de la nature ou ont dédaigné d'acquérir l'exactitude scrupuleuse du savant ou de l'érudit.

On peut dire aussi que l'âge de la civilisation déterminait ces goûts et ces préférences. Sous plus d'un rapport, les sociétés grecque et romaine étaient encore dans l'adolescence. Animées des passions vives et fougueuses de la jeunesse, accessibles à toutes les illusions de cet.âge, elles encourageaient de leur éclatante approbation les ouvrages où la forme et l'imagination dominaient; elles ne montraient qu'un froid dédain, elles n'accordaient qu'une médiocre estime à des penseurs profonds, à des narrateurs exacts tels que Polybe et Strabon. La forme seule du style de l'encyclopédie de Pline, sa manière brillante et recherchée que semblait devoir exclure la nature même de son sujet, est une preuve irréfragable de l'influence que le siècle a exercée sur l'écrivain.

Les hommes les plus éminents du xviii' siècle ont reçu de même l'influence de leur époque, et n'ont point été étrangers à l'esprit de système dans leurs jugements sur l'antiquité. Montesquieu, cette intelligence si vive et si nette, a voyagé dans l'Italie moderne; il n'y a pourtant vu qu'un désert auprès des innombrables habitants dont son imagination l'a peuplée du temps des Romains; et c'est après avoir, dit-il[1], lu les historiens anciens et modernes, et comparé tous les temps, qu'il avance « que la seule ville de Rome contenait autrefois « plus de peuple qu'un grand royaume de l'Europe

---

[1] MONTESQUIEU, Lettres persanes, CXII. Voy. Esprit des lois, liv. XXIII, ch. 17, 18, 19, 23.

« n'en a aujourd'hui, et qu'il y a à peine sur la terre
« la dixième partie des hommes qui y étaient dans
« les anciens temps. »

Buffon, quoique en avant de son siècle pour
l'exactitude et la méthode, construisait la théorie de
la formation du globe, lorsque la géologie, qui lui
servait de base, venait à peine de naître.

Les méthodes scientifiques ont fait, depuis cinquante ans, d'irrécusables progrès; l'érudition a dû
profiter de leur exemple, surtout dans les parties
de ses recherches qui, telles que l'arithmétique
politique, sont accessibles au calcul.

Je crois avoir réuni les données nécessaires pour
ramener à une simple règle de proportion le grand
problème de la population et des produits de l'I-
talie sous la domination romaine; aucun de ces
éléments n'avait été employé jusqu'à présent pour
résoudre cette question difficile. Nous connaissons :

1° Le rapport de l'argent au prix moyen du blé
et de la journée de travail ;

2° La consommation journalière en blé d'un individu de famille agricole en France, dans l'Italie
ancienne et moderne, et le produit en pain d'une
quantité fixe de blé;

3° Le rapport de la semence au produit du blé
dans toute l'Italie ancienne et moderne ;

4° Le produit moyen en blé d'un jugère de terre
labourable[1] ;

5° Le montant de l'importation des blés étrangers à diverses époques de l'empire romain.

(1) La quotité d'arpents cultivés annuellement en froment ne
nous est pas connue; on ne pourra l'obtenir que par un rapprochement entre l'Italie moderne et l'Italie ancienne.

Ces divers éléments ont été déterminés pour la France et l'Italie actuelles, et nous pourrons comparer, à des époques diverses et dans des climats différents, des quantités et des résultats semblables. Nous pourrons déduire du calcul des produits et de la consommation annuelle, la population totale de l'Italie romaine à diverses époques.

Les dénombrements qui existent nous donnent le montant de la population libre.

Nous obtiendrons le montant de la population esclave en retranchant la somme des hommes libres de la population totale, et ces deux calculs, tirés d'éléments très différents, auront l'avantage de se contrôler et de se vérifier réciproquement. Malheureusement, les érudits qui ont, avant moi, traité la question, ont mieux aimé s'en rapporter aux déclamations de quelques rhéteurs ampoulés que de fatiguer leur esprit dans d'arides et pénibles calculs; aussi je me vois encore ici obligé à combattre une erreur accréditée depuis trois siècles, comme je l'ai fait dans les chapitres précédents, pour la population libre de l'Italie, pour le rapport des métaux monnayés entre eux et leur valeur intrinsèque et relative.

Les savants ouvrages de Vossius[1], de Juste Lipse, sur la grandeur romaine, de Meursius sur le luxe romain, de Pignorius sur les esclaves, l'histoire de l'esclavage en Grèce par Reitmeier, ont fait autorité et ont été suivis jusqu'au commencement du XIXe siècle, époque à laquelle MM. Boeckh et Letronne, pour l'Attique, ont soumis les faits à l'é-

---

(1) Isaaci Vossii *Observ. var.*, p. 65-68. Londres, 1686.

preuve d'une saine critique. MM. Blair et Saint-Paul, au contraire, dans leurs travaux récents sur l'esclavage, ont, de même que Montesquieu, vu la population romaine, esclave ou libre, de l'Italie, à travers un télescope grossissant. J'ai tâché et j'essaie encore de faire, pour la population et les produits de l'Italie sous la république et sous l'empire, ce que les savants et les critiques éminents que j'ai nommés, MM. Boeckh et Letronne, ont fait pour l'Attique, depuis la guerre du Péloponnèse jusqu'à la bataille de Chéronée.

La méthode rigoureuse des sciences physiques et mathématiques a été, je le répète, tout-à-fait étrangère aux savants qui, depuis la renaissance des lettres jusqu'à nos jours, ont discuté ces problèmes d'arithmétique politique. Tous se sont appuyés sur des faits évidemment exagérés, sur des autorités souvent fort suspectes ; ils ont fait de l'exception la règle générale. Si Pline et d'autres déclamateurs ont dit emphatiquement que Rome s'étendait d'Otricoli jusqu'à Ostie, que le palais de Néron était plus grand qu'une ville, si Athénée a donné aux riches Romains des milliers d'esclaves, on en a tiré la conclusion que la Rome d'Auguste, dont la superficie n'était pourtant que le cinquième de celle de Paris, avait une population de plusieurs millions d'habitants, et que les esclaves, dans les derniers siècles de la république et les trois premiers de l'empire, devaient être au moins dix fois plus nombreux que les hommes libres.

M. Blair[1], plus modéré, ne met en Italie qu'un

—————————

(1) Chap. 1, p. 10 et 15. Voir l'art. sur l'ouvrage de M. Blair,

esclave pour un homme libre , depuis l'expulsion des rois jusqu'à la prise de Corinthe , et depuis cette époque (608 de Rome, 144 av. J.-C.) jusqu'à Alexandre Sévère (222 à 235 de J.-C.), trois esclaves pour un homme libre. Ajoutons que ce rapport n'est déduit que d'une simple hypothèse, et que l'auteur, pour fixer le chiffre de la population servile, n'a pas cherché à obtenir le produit total en blé de l'Italie, plus la somme de l'importation sous la république et sous l'empire, élément qui, joint à la consommation journalière en froment d'un individu de famille citadine ou agricole, peut seul fournir une approximation un peu exacte de la population totale de cette contrée sous la domination romaine.

Il me semble qu'avant d'admettre, comme un fait incontestable, des conclusions tirées de données aussi vagues et d'y soumettre son jugement, on devait se poser d'abord ces questions préjudicielles :

D'où venait, comment se reproduisait, où se recrutait cette population servile qu'on vous représente si excessive ?

Tous sont d'accord

Que le nombre des esclaves mâles était quatre à cinq fois plus fort que celui des femelles[1]; que les

---

Recherches sur l'esclavage chez les Romains, dans le *Quarterly Review*, tom. L, p. 401.

(1) M. LETRONNE (Mém. sur la pop. de l'Attique, Acad. des Inscr., t. VI, p. 196) prouve qu'il y avait au plus dans Athènes un esclave femelle sur douze esclaves mâles. Caton-le-Censeur séparait les deux sexes, et leur vendait, pour un temps limité, le droit de s'approcher et de se voir mutuellement. PLUTARCH., *Cat. maj*,

mariages, dans cette classe, étaient généralement prohibés; que la population esclave ne se recrutait que par la guerre, la traite, les ventes volontaires, et qu'elle diminuait par l'affranchissement. J'ai établi par de nombreux témoignages que le prix moyen de l'esclave mâle, adulte, propre aux travaux de l'agriculture, a oscillé en Grèce et en Italie, depuis la guerre médique jusqu'à la fin de la deuxième guerre punique, entre 500 et 1200 francs [1].

Il faut ajouter que, dans cette période, la presque totalité de la population servile ne se recrutait qu'aux dépens de la population libre, et que la durée moyenne de la vie d'un esclave en Italie [2] devait être au plus, comme dans les Antilles, de 8 à 9 ans; car l'esclave était une chose et non une personne [3]. Varron [4], à la fin du VII. siècle de Rome, le place, avec les chars, au nombre des instruments agricoles. C'était, dit-il, un instrument doué de la parole, *instrumentum vocale*, plus utile peut-être que les instruments demi-muets, *instrumentum semi-mutum*, tels que le cheval, le bœuf et le

c. 21, t. II, p. 592, ed. Reisk. Hume, (*Polit. disc.*, X), et M. Blair (p. 120, 121), conviennent, que, dans l'Italie romaine, le nombre des *vernæ*, ou esclaves nés dans la maison, était fort inférieur à celui des esclaves achetés et importés. Sur le bien de Trimalcion, à Cumes (Petron., *Sat.* LIII), il y avait parmi les *vernæ*, quarante mâles et trente femelles. Voyez, sur le rapport des sexes parmi les esclaves des villes, M. Blair, p. 122 et 254, not. 73, 74.

(1) Voir ci-dessus le chapitre sur le prix des esclaves, liv. I, ch. XIV, pag. 143-159.

(2) Heyne, *Op. cit.*, p. 132.   (3) *Ibid.*, p. 123.   (4) I, XVII, 1.

chien, et que le plaustrum ou la charrue, *instru-mentum mutum.* Or, dans cet état de choses, pour motiver le grand nombre d'esclaves dans le monde ancien et spécialement dans l'Italie romaine, il faudrait trouver de vastes contrées où la population fût exubérante, les aliments surabondants, très peu coûteux, et dans lesquelles le prix de la nourriture et du vêtement de l'esclave, cultivateur ou domestique, depuis la naissance jusqu'à quinze ans, fût au-dessous du prix de la vente.

Il aurait fallu enfin que des nations entières trouvassent du profit à élever des hommes pour la traite, comme nous élevons des bœufs, des chevaux, des mulets, des moutons, pour nous en servir ou pour les vendre, et les auteurs anciens affirment que, relativement à l'espèce humaine, c'était une mauvaise spéculation[1]. On voit que dans l'Orient et même dans l'empire Ottoman, où l'esclave est traité avec douceur, devient membre de la famille et peut arriver à tout, il y a pourtant bien moins d'esclaves que d'hommes libres. La guerre ne recrutait que momentanément la population servile et détruisait les sources de la reproduction. Enfin, si elle avait produit ce nombre fabuleux d'esclaves dont l'imagination des écrivains que j'ai cités a peuplé l'Italie, tous les pays en guerre avec Rome auraient dû être dépeuplés, et nous voyons l'effet contraire.

Le savant et judicieux Heyne, dans son opuscule *Sur les pays d'où l'on tirait les esclaves pour*

[1] Xénophon, *Econom.*, c. 21, sq., ed. Weisk.

les amener aux marchés de la Grèce et de Rome[1], n'a pu lever cette difficulté, qui est réellement insoluble. Aussi cet esprit sage et éclairé s'est-il contenté de réunir quelques généralités sur ce sujet, et s'est-il abstenu de fixer le nombre d'esclaves que le nord, l'occident et l'orient de l'Europe et de l'Asie fournissaient annuellement à la Grèce et à l'Italie. Il signale seulement, comme une des causes du décroissement des produits alimentaires de l'Italie dans les vi° et vii° siècles de Rome, cette grande importation d'esclaves illyriens, gaulois, espagnols, qui, peu propres aux travaux rustiques, ont porté un coup mortel à l'agriculture, déjà attaquée dans son principe vital par la concentration des propriétés.

CHAPITRE IV.

DISCUSSION DES TEXTES QUI ONT SERVI DE BASE AUX ÉVALUATIONS EXAGÉRÉES DU NOMBRE DES ESCLAVES.

M. Letronne a déjà très bien discuté, dans son mémoire sur la population de l'Attique, le chapitre emphatique d'Athénée. « Les faits principaux, dit-il, reposent sur une faible garantie; c'est le témoignage d'un compilateur du iii° siècle, d'Athénée, qui cite un auteur inconnu. Lorsqu'on lit avec quelque attention la déclamation tout entière qu'Athénée met en cette occasion dans la bouche de

---

(1) *Op. cit.*, p. 132.

ses interlocuteurs, on aperçoit des exagérations si extravagantes qu'on ne peut se dispenser d'y reconnaître un parti pris d'augmenter à l'excès le nombre des esclaves.

« Il prétend, d'après Timée, qu'il y avait, dans la seule ville de Corinthe, 460 000 esclaves, ou un septième de plus que dans l'Attique.

« L'exagération est bien plus sensible dans ce qu'il rapporte de la seconde révolte des esclaves en Sicile, qui eut lieu vers 135 avant J.-C. ; il y périt, selon lui, plus *d'un million d'esclaves*, ce qui est déjà fort difficile à croire. Mais on doit retrancher au moins les neuf dixièmes de ce nombre exorbitant ; car, selon Diodore de Sicile, les esclaves révoltés en cette circonstance ne s'élevèrent pas à plus de 200 000, et l'on ne saurait supposer qu'il ait péri plus de la moitié des rebelles [1].

« A l'époque de cette révolte en Sicile, il y en eut une dans l'Attique : Athénée, en s'appuyant du témoignage de Posidonius, prétend que 20 000 esclaves, dans les mines, égorgèrent leurs gardiens, s'emparèrent de la forteresse de Sunium et ravagèrent pendant longtemps le pays. Le fait est vrai ; mais on ne risque rien de retrancher les dix-neuf vingtièmes des esclaves révoltés. Diodore rapporte que le nombre ne fut pas de plus de 1 000 ; et cela est très vraisemblable, parce qu'à cette époque les mines étaient presque entièrement épuisées. Ainsi Athénée est à peu près convaincu d'avoir exagéré le nombre qu'il a trouvé dans Posidonius.

« Mais ce qui passe toute croyance, c'est le fait

_____

(1) Diod. Sic., *Eclog.*, lib. XXXVI, p. 528, lin. 24.

relatif à l'île d'Egine, et pour lequel il ose s'appuyer de l'imposante autorité d'Aristote. On y comptait, dit-il, 470 000 esclaves, ou 70 000 de plus que dans l'Attique; ce qui suppose une population d'au moins 700 000 âmes répartie sur le terrain montagneux, rocailleux et infertile[1] d'un Etat qui n'a pas plus de quatre lieues carrées de surface[2]; c'est 180 000 habitants par lieue carrée; c'est-à-dire que la population y aurait été aussi pressée que dans Paris.

« Voilà, pour cette fois, une absurdité palpable, qui ne peut être attribuée ni à Aristote ni à aucun homme de sens. Mais, comme si ce nombre n'était pas déjà assez merveilleux, un des interlocuteurs reprend qu'à Rome il y avait bien plus d'esclaves encore. Chaque Romain, dit Laurentius, en possède autant : beaucoup en ont 10 000, 20 000 et davantage; non pas, comme le riche Nicias, pour s'en faire un revenu, mais, la plupart, pour avoir un nombreux cortége[3]. Ailleurs, si l'on en croit un autre convive, Alcibiade, ayant remporté le prix de la course des chars aux jeux Olympiques, donna un repas à toute la Grèce assemblée pour la célébration des jeux[4]. On s'étonne peu de ces exagérations quand on connaît la manière d'Athénée:

(1) Voyez comme Démosthène parle de cette île : *Contra Aristocrat.*, p. 458. C. ed. Wolf.
(2) M. Boeckh, Econ. pol., t. I, p. 64 et 65, admet sans scrupule ces chiffres de 460 000 esclaves à Corinthe et de 470 000 dans Egine. Cette aveugle crédulité m'étonne dans un critique aussi distingué. *Ces nombres ridicules indiqués pour les esclaves d'Egine et de Corinthe* ont été relevés par Niebuhr, Hist. rom., t. III, p. 97, et jugés par lui indignes de l'attention d'un homme sérieux.
(3) Athén., VI, p. 272. E.   (4) *Ibid.*, I, 5, p. 3. E.

I.   17

on sait qu'assez ordinairement un de ses interlocuteurs avance une proposition paradoxale qu'il
soutient à tort ou à raison; un autre l'attaque et
renchérit encore, au moyen d'assertions les moins
croyables; et dans ce cas les citations d'auteurs
graves ne lui manquent jamais.

« Les rapprochements que je viens de faire, dit
toujours M. Letronne, en montrant combien Athénée a exagéré partout le nombre des esclaves, doivent nous tenir en défiance sur le témoignage qu'il
allègue relativement à ceux de l'Attique : car, s'il
n'a pas craint de citer évidemment à faux des auteurs tels qu'Aristote et Posidonius, on ne voit pas
pourquoi il se serait fait scrupule d'en user de
même avec un auteur aussi peu connu que Ctésiclès. »

Les textes spécieux qui ont servi de base aux
évaluations incroyables du nombre des esclaves en
Italie ne méritent guère plus de confiance que les
assertions des emphatiques Ctésiclès et Laurentius
dans Athénée.

Ce sont, outre les 20 000 esclaves que ce dernier,
qui écrivait dans le II⁰ siècle, attribue à quelques
Romains [1], outre les 4 000 esclaves d'Isidore [2], les
5 000 d'Ovidius et les 8 000 de Mélanie [3], les fameux
passages de Sénèque [4] dans ses déclamations sur
la Clémence et sur la Tranquillité de l'âme, et
celui où Pline, toujours admirateur du temps passé,
laudator temporis acti, s'emporte contre l'impro-
bité des esclaves de son temps [5].

---

(1) L. c.   (2) PLIN., XXXIII, 47.
(3) PIONOR, *de Servis*, præf., p. 5.   (4) *De Clementia*, I, 24.
(5) PLIN., XXXIII, 6, tom. II, p. 605, lin. 15.

Voici le premier passage de Sénèque :

« On fit un jour, dans le sénat, la proposition de distinguer les esclaves des hommes libres par un vêtement particulier; mais on vit le danger qui nous menacerait si les esclaves s'avisaient de nous compter[1]. »

Sénèque, comme on le voit, ne précise point l'époque de cette motion : *Dicta est* aliquando *sententia.* Supposons que ce fut sous les règnes de Caligula, de Claude ou de Néron. On s'est appuyé de ce texte vague, jeté dans une déclamation philosophique, et qui peut-être ne concerne que la capitale, pour porter, en Italie, le nombre des esclaves à dix fois, vingt fois au-dessus de celui des hommes libres. En effet, la phrase du rhéteur laissait un champ vaste à l'imagination et permettait de s'étendre à l'aise dans la région des conjectures.

Mais Vossius, Juste Lipse, Pignorius, MM. de Pastoret, Blair et de Saint-Paul, qui élèvent si prodigieusement les ressources, la population, l'industrie de Rome et le nombre de ses esclaves, n'ont pas rapproché de la déclamation de Sénèque ce passage d'un chroniqueur exact et naïf, de Lampride, qui dit[2] : « Alexandre Sévère eut la pensée d'attribuer

---

(1) « Dicta est aliquando in senatu sententia, ut servos a liberis cultus distingueret : deinde apparuit quantum periculum immineret, si servi nostri numerare nos cœpissent. »

(2) « In animo habuit omnibus officiis genus vestium proprium dare, et omnibus dignitatibus, ut a vestitu dignoscerentur, et omnibus servis, ut in populo possent agnosci, ne quis seditiosus esset, simul ne servi ingenuis miscerentur. Sed hoc Ulpiano Pauloque displicuit, dicentibus plurimum rixarum fore si faciles essent homines ad injurias. Tum satis esse constituit ut equites Romani a senatoribus clavi qualitate discernerentur. » *Alex. Sev.*, c. XXVII.

un costume particulier à tous les emplois, à toutes les dignités, de manière à les faire distinguer par leur vêtement. Il voulut même étendre cette disposition jusque sur les esclaves, afin que, pouvant être reconnus au milieu du reste de la population, ils fussent moins portés à la révolte et ne pussent être confondus avec les hommes libres. Mais Ulpien et Paulus combattirent ce projet, en disant qu'il y aurait beaucoup de querelles entre les diverses classes qu'un signe distinctif désignerait aux outrages. Alors on se contenta de distinguer les chevaliers des sénateurs par les proportions du *clave*[1]. »

Il est évident que, dans ce projet d'ordonnance impériale et dans la discussion préparatoire, il n'est pas question du nombre immense des esclaves et du péril qu'auraient couru les hommes libres si les serfs avaient pu se compter.

C'est un prince sage et éclairé, c'est le chef du gouvernement qui propose la mesure, preuve évidente, à mon sens, qu'il n'y voyait de péril ni pour l'État, ni pour sa personne, ni pour la société. Enfin ses deux habiles ministres, les fameux jurisconsultes Paul et Ulpien, ne font pas valoir cet argument si décisif du nombre immense des esclaves et du danger qu'il y aurait de leur faire connaître leurs forces : autre preuve qu'alors n'existaient ni le danger, ni la cause alléguée auparavant, à tort ou à raison, dans le sénat romain, comme pouvant mettre l'État en péril.

---

(1) Aux sénateurs la tunique avec le laticlave, aux chevaliers avec l'angusticlave.

Cependant il n'y a aucun motif de croire qu'en 225, 45 ans seulement après la mort de Marc-Aurèle, la population servile fut beaucoup moins nombreuse en Italie que dans les derniers siècles de la république et sous les règnes de Claude ou de Néron. Ici donc, comme l'a fait M. Letronne pour la population de l'Attique, il faut peser la valeur des témoignages; et celui de Lampride, qui cite les discussions des empereurs et de ses ministres, qui a pu consulter les procès-verbaux, a un bien autre poids que celui du philosophe Sénèque, qui, en dissertant sur la Clémence, s'occupe beaucoup plus des artifices de la rhétorique et du brillant des idées que de l'exactitude des faits et de la justesse des déductions.

L'autre passage du même philosophe stoïcien [1], qui a tant contribué à fausser les idées sur la proportion des esclaves aux hommes libres, est un éloge de la modération des désirs et le développement de ce célèbre axiome : *omnia mecum porto :* ce n'est véritablement qu'une déclamation philosophique. « Regardes-tu comme pauvre, s'écrie-t-il, « ou plutôt comme l'égal des Dieux immortels, celui « qui s'est mis à l'abri de tous les coups de la fortune? Penses-tu qu'il fût plus heureux, Démé- « trius, cet affranchi de Pompée, qui ne rougit point « d'être plus riche que son maître? Tous les jours « on lui présentait la liste de ses esclaves, comme à « un général l'état de situation de son armée, à lui « qui aurait dû, depuis longtemps, se croire riche

---

[1] *De Tranquillitate animi,* cap. VIII.

« avec deux *sous-esclaves* et un bouge un peu moins
« étroit[1]. » Le reste du chapitre contient l'éloge de
la pauvreté de Diogène, de sa fermeté contre les
coups de la fortune, lorsqu'il fut abandonné par
son unique esclave, et les inconvénients de la richesse obligée de nourrir, de vêtir de nombreux
domestiques, de se défendre contre leur rapacité...
« N'est-il pas plus heureux, ajoute-t-il, celui qui ne
« doit rien qu'à l'homme auquel il peut le plus fa-
« cilement refuser, à lui-même? » Evidemment il
n'y a, comme je l'ai dit, dans tout ce chapitre, qu'un
parallèle de la médiocrité des désirs et des embar-
ras de la richesse, qu'une antithèse brillante ornée
de toutes les fleurs de la rhétorique. C'est le développement d'un précepte de morale, où l'auteur a
cité un exemple fameux dont on s'est appuyé pour
en tirer des conclusions, évidemment fausses et
exagérées, sur le nombre total de la population
servile.

Un troisième passage de Sénèque est une déclamation encore plus emphatique : il prêche le mépris des richesses; l'hyperbole y respire dans toute
son exagération[2].

---

(1) « Hunc tu pauperem putas, an Diis immortalibus similem,
qui se fortuitis omnibus exuit? Feliciorem tu Demetrium Pompeia-
num vocas, quem non puduit locupletiorem esse Pompeio? Numerus illi quotidie servorum, velut imperatori exercitus, refere-
batur, cui jam dudum divitiæ esse debuerant duo vicarii et cella
laxior. »

(2) « O miserum, si quem delectat sui patrimonii liber magnus,
et vasta spatia terrarum colenda per vinctos, et immensi greges
pecorum per provincias et regna pascendi, et familia bellicosis na-
tionibus major, et ædificia privata laxitatem urbium magnarum
vincentia ! » *De Beneficiis*, VII, 10.

Le passage de Pline, cité par Juste Lipse[1] dans son évaluation du nombre des esclaves, est une déclamation du même genre. Pline fait l'éloge de la vie antique et de la probité de cette époque où l'on pouvait ne rien fermer ni cacheter. « Maintenant, dit-il, on est obligé de « sceller les aliments et la boisson pour les soustraire aux rapines domestiques. C'est à quoi nous « ont réduit ces légions de serviteurs, cette foule « d'étrangers qui peuplent nos maisons et qui nous « forcent d'employer un nomenclateur, même pour « nos esclaves. Il en était autrement chez les vieux « Romains; un *marcipor* et un *lucipor*, compa-« triotes de leurs maîtres, mangeaient à leur table, « avaient tous les vivres à leur disposition, et le père « de famille n'avait pas besoin de se garder contre « ses domestiques[2]. » Ne reconnaît-on pas là le style ampoulé si ordinaire à Pline, et croit-on que cette brillante antithèse, où il s'est attaché à faire ressortir la modération et la probité antiques, pour les opposer au luxe et à la corruption des mœurs de son temps, soit un élément pur de toute exagération et bien propre à entrer dans la solution d'un problème de statistique? C'est évidemment une déclamation contre le luxe, déclamation

____

[1] *Not. in Senec. de Tranquill. animi*, ch. VIII.
[2] « Quæ fuit illa priscorum vita, qualis innocentia, in qua nihil signabatur ! At nunc cibi quoque ac potus anulo vindicantur a rapina. Hoc profecere mancipiorum legiones, et in domo turba externa, ac servorum quoque causa nomenclator adhibendus. Aliter apud antiquos; singuli Marcipores Luciporesve, dominorum gentiles, omnem victum in promiscuo habebant, nec ulla domi custodia a domesticis opus erat. » PLIN., XXXIII, 6, tom. II, p. 605, lign. 14, ed. Hard.

qu'on a envisagée comme un fait, et non, ainsi qu'on aurait dû le faire, comme une amplification de rhétorique.

Le passage de Pétrone, employé par Juste Lipse[1] et quelques autres comme une preuve du grand nombre des esclaves, montre combien peut errer une habile critique si elle est préoccupée par l'esprit de système. Il cite avec complaisance l'assertion du captateur de testaments, Eumolpe, lorsque ce chevalier d'industrie fait courir à Crotone le bruit qu'il avait tant d'esclaves, répandus dans ses terres de Numidie, qu'avec eux il aurait pu s'emparer même de Carthage[2].

Je ne citerai point quelques autres passages exceptionnels, moins positifs que les précédents, et qu'on a réunis sans critique et sans discernement pour appuyer des hypothèses sur le nombre excessif de la population libre ou esclave de l'Italie. Je puis affirmer qu'aucun d'eux ne renferme une donnée tant soit peu précise, qui permette d'arriver à une évaluation quelconque, et que, pour le problème du nombre de la population servile à diverses époques de la république et de l'empire, la question restait encore tout entière. Je me serais même interdit de l'aborder si je n'avais réuni d'autres bases, et trouvé des moyens plus directs d'arriver à une approximation aussi exacte que le sujet le comporte.

(1) *Magn. Rom.*, II, 15, tom. III, p. 416. *b*.

(2) « Familiam quidem tam magnam per agros Numidiæ sparsam habere ut vel Carthaginem posset capere. » PÉTRONE, t. II, p. 120; ed. in-12. 1713.

Le nombre des esclaves en Italie dut être, comme je l'ai déjà dit, très faible dans les cinq premiers siècles de Rome; le principe d'agglomération qui a fait la grandeur de la république prédominait alors. On ôtait aux peuples vaincus une portion de leur territoire pour y placer des colons libres, et, généralement, on les soumettait à un tribut modéré sans les asservir. L'élément démocratique qui, en 388, signala sa prépondérance par l'établissement des lois Liciniennes, prévalut à Rome jusqu'à la conquête de la Macédoine[1]. Les lois somptuaires, qui défendaient, comme on sait, à tout citoyen, quel qu'il fût, de posséder plus de 500 jugères (126 hectares), fixaient un nombre circonscrit de domestiques, c'est-à-dire d'affranchis et d'esclaves, pour faire valoir ces terres ainsi partagées, et enjoignaient expressément de se servir d'Italiens et d'hommes libres.

Heyne[2] suppose que les guerres puniques et enfin la destruction de Carthage ont dû verser, à Rome et dans l'Italie, une masse énorme de Carthaginois et d'Africains; mais il oublie que, pendant les deux premières guerres, il y eut, sauf de rares exceptions, un cartel d'échange pour les prisonniers, d'ailleurs peu nombreux, que le droit des gens était barbare, qu'entre les deux républiques rivales la haine fut terrible, l'animosité excessive, et que les tombeaux, en Afrique et en Italie, reçurent bien plus de morts que les champs et les villes d'esclaves

---

(1) Voyez ci-dessus le chapitre II sur la population servile, p. 235-240.

(2) Op. cit., p. 129.

prisonniers. Si les esclaves carthaginois ou africains avaient été si nombreux en Italie, comment
leurs noms ethniques seraient-ils si rares dans les
comédies de Plaute, représentées, en grande partie, durant la deuxième guerre punique [1], et ne se
trouvent-ils pas dans celles de Térence, africain
lui-même, et contemporain du vainqueur de Numance et de Carthage? Or, parmi les noms de pays
donnés aux esclaves dans ces drames, vous trouvez
les noms de Syrus, de Syriscus, de Syra, de Geta,
de Cappadox, de Messenio, et jamais ceux de Pœnus,
d'Afer ou de Numida [2].

Les pays qui fournirent principalement d'esclaves la Grèce et Rome, jusqu'à la conquête des
Gaules par Jules César, furent la Thrace, la Scythie,
la Dacie, la Gétie, la Phrygie, le Pont, en un mot
le sud de l'Europe occidentale et une partie de
l'Asie-Mineure [3]. Les principaux marchés d'esclaves
étaient, pour le Nord, l'*emporium* de Tanaïs, situé
à l'embouchure de ce fleuve; pour l'Asie-Mineure,
Ephèse et Sidé; pour la Grèce, Samos, Athènes et
Délos. Il est évident que la nature du sol, dans les
steppes de la Gétie et de la Scythie, l'aridité des
grands plateaux de la Phrygie et de la Cappadoce,
celle des montagnes de la Cilicie Trachée, de la Lycie
et de la Carie, n'ont pu créer une quantité de pro-

---

(1) On trouve la courtisane *Phœnicium* dans le Pseudolus.
Dans le Pœnulus même, il n'y a que *Hanno*, le père, et *Giddeneme*,
la nourrice, qui portent des noms puniques.

(2) Voyez dans Pionorius, *de Servis*, p. 67-69, la liste des
noms ethniques appliqués aux esclaves chez les Grecs et les Romains; pas un nom punique ou africain ne s'y rencontre.

(3) Strabon, VII, p. 304. Heyne, p. 128.

duits alimentaires suffisante pour une exportation
d'esclaves, dix fois ou même trois fois plus nombreux
que les hommes libres, métœques ou affranchis de
la Grèce et de l'Italie. Le seul passage de l'antiquité
qui se prêterait, au premier coup d'œil, à cette hypothèse exagérée, est celui de Strabon[1], allégué si
souvent comme un fait incontestable, sans la moindre observation critique ; le voici :

« C'est Tryphon, ainsi que la faiblesse des princes
« qui régnèrent successivement à cette époque sur
« la Syrie et sur la Cilicie, qui donnèrent aux Cili-
« ciens l'idée d'organiser une société de pirates...
« Ce qui surtout encourageait le crime, c'étaient les
« grands profits qu'on retirait de l'exportation des
« personnes réduites en servitude. Indépendam-
« ment de la facilité de faire des esclaves, les bri-
« gands avaient, à peu de distance, une place de
« commerce considérable et riche, l'île de Délos,
« capable de recevoir et d'expédier dans le même
« jour plusieurs milliers d'esclaves. » Le texte grec
porte : ἡ Δῆλος, δυναμένη μυριάδας ἀνδραπόδων αὐθημερὸν
καὶ δέξασθαι, καὶ ἀποπέμψαι. Presque tous les partisans
de l'innombrable population des époques grecque
et romaine ont pris au positif ce mot μυριάδας que
Coray a traduit par *plusieurs milliers*. M. de Saint-
Paul[2] a copié cette traduction. Il est facile de se
convaincre que Strabon n'a voulu exprimer, par ce
mot *myriades*, qu'un grand nombre d'esclaves, de
même que Cicéron et les Latins emploient le mot
sexcenta[3], de même que nous disons des *myriades*

(1) XIV, p. 668. Voy. aussi p. 664.
(2) P. 76.   (3) *Sexcenta* possum *decreta* proferre.

de canards ou d'étourneaux. Henri Etienne [1] le prouve par de nombreux exemples. Il suffit, pour démontrer l'absurdité de ce nombre pris au posi- tif, d'une simple multiplication. Le mot μυριάδα; est au pluriel ; en supposant que Strabon n'ait voulu indiquer que deux ou trois myriades, ce se- rait 20 000 ou 30 000 multipliant 365, c'est-à-dire 7 300 000, ou 10 950 000 esclaves que Délos aurait reçus et expédiés chaque année.

De plus, l'époque de cette affluence d'esclaves à Délos peut être fixée d'après ce texte de Strabon : C'est, dit-il, Diodotus, surnommé Tryphon, le même qu'Antiochus, fils de Démétrius [2], contraignit à se tuer, qui organisa chez les Ciliciens la pre- mière société de pirates. On peut présumer que ce fut de l'an 610 à 615 de Rome (144 à 139 avant J.-C.).« La piraterie, dit Strabon, avait fait de grands « progrès dans la Pamphylie et dans la Cilicie Tra- « chée. Les habitants de ces deux provinces, ajoute- « t-il, ont fait de leur pays un repaire de brigands, « soit en exerçant eux-mêmes le métier de pirates, « soit en offrant un abri aux vaisseaux des forbans, « et des marchés où ceux-ci viennent exposer en « vente les objets du pillage. C'est à Sidé, ville de « Pamphylie, que ces brigands avaient établi leurs « chantiers, et c'est là qu'ils vendaient à l'encan « leurs prisonniers, sans même dissimuler qu'ils « vendaient des hommes libres. » Ce dernier fait est

____

(1) *Voc.* Μύριοι, t. II, p. 990. B.
(2) « Antiochus VII, dit Sidétès, fils de Démétrius Soter, et frère de Démétrius Nicator. » Cf. APPIAN., *de Rebus Syriac.*, ch. LXVIII. JUSTIN, XXXVI, 1. ROLLIN, Hist. anc., t. IX, p. 54.

rapporté par Freinshemius[1] à l'année 675 de Rome,
soixante ans après la mort de Tryphon. La destruction de la piraterie par le grand Pompée eut lieu
dans les années 685, 686 de Rome. Il est donc probable que c'est entre 675 et 685 que Délos reçut
en entrepôt ce grand nombre d'esclaves dont nous
parle Strabon, et qui était le produit de la piraterie
cilicienne, parvenue à son plus grand développement. Mais certainement la population servile de
l'Italie ne s'accrut pas de tous les esclaves importés, d'abord parce que les Ciliciens enlevèrent sur
les côtes de cette province beaucoup d'esclaves,
beaucoup d'habitants qu'on ne revendit pas dans
leur patrie, et enfin parce que les individus libres,
qui étaient vendus dans les autres contrées soumises à la domination romaine, s'affranchissaient
bientôt du servage, en réclamant contre ce rapt et
en prouvant légalement leur ingénuité.

CHAPITRE V.

DÉTERMINATION DU NOMBRE DES ESCLAVES PENDANT LA DURÉE DE LA RÉPUBLIQUE.

M. Blair[2] établit que, dans l'Italie romaine, depuis l'expulsion des rois jusqu'à la prise de Corinthe (de 244 à 608), il y eut un esclave pour un
homme libre. L'auteur qui émettait, en 1833, cette

(1) *Supplem. ad* Tit.-Liv., XC, 32.
(2) Ch. 1, p. 10 et 15.

assertion sans l'appuyer d'aucune preuve, eût été certainement plus circonspect s'il eût connu l'excellent mémoire de M. Letronne sur la population de l'Attique, publié en 1822; car on ne peut comparer, ni pour le commerce et l'industrie, ni pour le luxe et la richesse, l'Italie des six premiers siècles de la république à l'Attique depuis le commencement de la guerre du Péloponnèse jusqu'à la bataille de Chéronée. Or, M. Letronne a prouvé[1] que, dans cette période, la population esclave a été, au plus, de 110000, et la population libre, y compris les étrangers, de 130000 individus au moins de tout âge et de tout sexe. Il n'y avait donc pas dans l'Attique, à l'époque du plus grand développement de sa puissance, un esclave pour un homme libre.

Mais nous possédons, pour l'Italie, un document positif, qu'un historien exact et érudit, Denys d'Halicarnasse, affirme avoir tiré des tables de recensement. Je n'en donnerai ici que la substance, car je l'ai exposé et discuté complétement dans un des chapitres précédents[2]. « Il y avait alors, dit-il (an de Rome 278), plus de 110000 citoyens romains ayant atteint l'âge de puberté, comme le dernier recensement l'avait prouvé; un nombre triple du premier était fourni par les femmes et les enfants, les esclaves, les marchands et les étrangers exerçant les professions mécaniques[3]. » On sait que l'âge fixé pour le service militaire, soit à l'intérieur,

(1) Mém. de l'Ac. des Inscr., t. VI, p. 192-220.
(2) Voyez ci-dessus, ch. I, p. 223, ss.
(3) Ant. Rom., IX, 583, lin. 24.

soit à l'extérieur de Rome, était de dix-sept ans jusqu'à soixante ; le reste de la population, ou 330 000,
était composé des vieillards, des femmes, des enfants de condition libre, des esclaves, des affranchis ;
plus des marchands ou artisans, tous métœques
ou étrangers à la ville de Rome. Or, en mettant en
usage ces données, suivant la méthode employée
dans les tables de population de MM. Duvillard et
Mathieu, nous trouvons pour Rome à cette époque :

Citoyens mâles de dix-sept à soixante ans   110 000
Citoyens mâles au-dessous de dix-sept et
  au-dessus de soixante. 85 145
Femmes libres et citoyennes de tout âge   195 145

Total. 390 290

En retranchant ce nombre du total de la population, 440 000, il ne reste pour les esclaves, les
métœques et les affranchis, que 49 710 individus.
Or, comme nous avons supposé qu'à Rome, en
278, le rapport des métœques et des affranchis aux
citoyens était de 1 à 12, nous trouvons 32 523 métœques ou affranchis, en tout 422 814 hommes
libres et par conséquent 17 186 esclaves. Ainsi,
la population libre et la population servile sont
entre elles dans le rapport de 422 814 à 17 186, ou,
à peu près, de 25 à 1.

Le passage précieux de Denys d'Halicarnasse
que je viens de citer, et qui avait été négligé jusqu'ici, est le seul, à ma connaissance, qui, dans
toute l'Italie romaine, présente un rapport aussi
direct de la population libre et de la population
servile ; il détruit entièrement l'hypothèse de

M. Blair, qui, depuis l'expulsion des rois jusqu'à la prise de Corinthe (244 à 608), admet au moins un esclave pour un homme libre : *At least on slave to every free Roman.*

Pour obtenir ce rapport à d'autres époques de la république, il fallait, comme je l'ai dit, avoir pour bases de calcul dans l'Italie ancienne :

D'abord, le produit moyen du blé ;

Ensuite, la consommation journalière en blé d'un individu de famille citadine ou agricole ;

Enfin, le nombre d'arpents cultivés annuellement en blé et le rapport de la semence au produit.

Le produit moyen du blé dans l'Italie ancienne peut être évalué, avec une grande probabilité, à 5 pour 1 du temps de Varron[1], quoique cet auteur cite[2] quelques cantons privilégiés de l'Italie et de l'Etrurie qui rendaient 10 et 15 grains pour 1. En effet, Cicéron, en parlant[3] des champs léontins, l'un des meilleurs territoires de la Sicile, dit que, lorsqu'on obtient 8 médimnes pour 1, c'est un bon produit, et que le produit moyen de la Sicile entière n'est que de 5 pour 1[4]. Or, l'Italie, pour la fertilité,

---

(1) C'est encore le produit moyen dans les Etats de l'Eglise, *cinque per uno*, d'après NICOLAI, *Memorie sulle campagne et sull' annona di Roma*, in-4°. Roma, 1803, t. III, p. 218. A Pise, d'après l'estimation du cadastre, le produit des mauvaises terres est de 3 pour 1, celui des plus fertiles de 8 pour 1, pour le blé, l'avoine, les vesces, les fèves, les haricots et le seigle. Le maïs rend 40 pour 1. La même proportion existe dans le territoire d'Arezzo ; mais dans les terrains infertiles on n'ensemence que la moitié des terres, et on laisse l'autre moitié en jachères.

(2) *De re rust.*, I, XLIV, 1, 2.   (3) *Verrin.* III, 47.

(4) J'abrége cette discussion, qui sera traitée à fond dans mon troisième livre.

ne devait pas l'emporter sur la Sicile. Ce rapport n'était, au plus, que 4 à 1 du temps de Columelle, qui dit positivement[1] : « Nam frumenta, majore « parte Italiæ, quando cum quarto responderint vix « meminisse possumus. »

La consommation journalière en blé d'un individu de famille citadine ou agricole nous est fournie par des textes positifs de Caton, de Salluste et de Sénèque. Cette base était d'autant plus importante à établir et à vérifier, que sa détermination peut conduire à des résultats très curieux, et servir à fixer la population de plusieurs pays soumis à la domination grecque et romaine. En effet, comme l'impôt se payait en nature, et qu'il était, ou le 5e, ou le 10e, ou le 20e, ou enfin une partie aliquote du produit en grain, il sera facile, pour toutes les contrées où l'antiquité nous a transmis le chiffre total de l'impôt, d'obtenir, par un calcul très simple, le chiffre de sa population totale. Par exemple, la population de la Sicile du temps de Verrès, de la Laconie à l'époque de la guerre des Mèdes, des Gaules au IIIe et au IVe siècle de l'ère vulgaire, peut être fixée avec une assez grande précision[2].

Caton, dans le chapitre qui traite des aliments de la famille agricole, fixe la nourriture des travailleurs, selon les diverses saisons de l'année, à 4 et 5 livres romaines de pain[3], dont la moyenne représente 3 livres françaises, poids de marc.

(1) III, III, 4.
(2) Voyez, dans mon quatrième livre, tom. II, les chapitres sur l'administration romaine en Italie et dans les provinces, et ci-dessous ch. VIII, la population de la Gaule.
(3) « Familiæ cibaria qui opus faciunt, per hiemem, panis

Salluste, dans un des fragments de son histoire[1],
prouve que les plébéiens, habitants de Rome, dotés
par la loi *frumentaire*, recevaient chacun, de même
que les prisonniers, 5 modius (66 livres ¦) de blé,
par mois, et que cette nourriture était à peine suffisante. Je dois rapporter ce texte positif : « Lege
« frumentaria... quinis modiis libertatem omnium
« æstumavere, qui profecto non amplius prosint[2]
« alimentis carceris. Namque ut illis exiguitate mors
« prohibetur, senescunt vires : sic neque absolvit
« cura familiari tam parva res. »

Sénèque[3] attribue la même quantité d'aliments
aux esclaves de la ville et aux comédiens : *servus
est; quinque modios accipit.*

Ainsi, la consommation journalière en blé d'un
plébéien[4], d'un esclave et d'un prisonnier, dans la
capitale était, par jour, d'un peu plus de 2 livres,
poids de marc. Cette estimation donnée par Salluste, qui fut l'ami de César, et qui, dans son discours sur le gouvernement de la république[5], appelle l'attention du dictateur sur les distributions
gratuites, et par Sénèque, qui fut ministre sous le

P. IV. Ubi vineam fodere cœperint, panis P. v, usque adeo dum
ficus esse cœperint; deinde ad P. IV redito. » CATO, *De re rust.*,
ch. LVI.

(1) Lib. III, c. x, t. II, p. 75-77, ed. Havero. Cf. lib. I, c. VI,
p. 13.

(2) Au lieu de *possunt;* correction heureuse de JUSTE LIPSE,
Elect., II, 8.

(3) *Epist.* LXXX, *in fine.*

(4) Alexis Comnène, vers l'an 1200, assignait aux ecclésiastiques
50 modius de blé par an, un peu moins de deux livres par jour.
Constit. imper., p. 287, ed. Goth.

(5) *Orat.* I, c. 41.

règne de Néron, me paraît devoir être admise. Les fonctions que remplirent ces deux illustres Romains les mirent à même de connaître exactement les chiffres qu'ils nous ont transmis.

L'assertion de Donatus[1], grammairien du IVe siècle, qui attribue aux esclaves 4 modius de blé (53 livres) par mois, ne peut avoir la même valeur, et Schneider[2] a manqué tout-à-fait de critique lorsqu'il a avancé, en citant Polybe[3], que le fantassin romain ne consommait par mois en blé que ⅔ de médimne ou 53 livres; car Polybe parle ici de la solde, qui était payée à la fois, et suivant le grade, en argent et en nature : au fantassin, 2 oboles par jour et ⅔ de médimne de blé par mois; au cavalier, 6 oboles par jour et 2 médimnes de froment par mois[4]. Dans le sens que Schneider attribue au passage de Polybe, le cavalier aurait consommé chaque jour trois fois plus de pain que le fantassin, ce qui est évidemment absurde et impossible[5].

Ainsi, la consommation journalière d'un citadin de Rome était d'un peu plus de 2 livres françaises, et celle d'un campagnard, de 3 livres.

J'ai cru nécessaire de vérifier, dans l'Italie et la

(1) Ad Terentii *Phorm.*, I, 1, 9.
(2) *Comment. in Caton.*, t. V, p. 126.
(3) VI, 39.
(4) Boeckh, Econ. polit. des Athéniens, p. 132, calcule la population totale de l'Attique d'après cette donnée : 7 ¼ médimnes pour 354 jours. Il dit que c'était aussi la ration du soldat romain. Cette évaluation est trop faible; les hommes libres mangeaient plus. Les esclaves ne recevaient que ce qui leur était nécessaire pour vivre et non pour se nourrir complétement. M. Ed. Biot a prouvé qu'il en était de même en Chine.
(5) Juste-Lipse, *Elect.*, I, 8, t. I, p. 249, col. 1, est tombé dans la même erreur au sujet de ce passage de Polybe.

France actuelles, cette différence entre la consommation des deux classes, différence qui, d'après
Caton, Salluste et Sénèque, s'élève à un tiers environ. Je n'ai point épargné le temps ni les recherches ; elles ont été consignées dans un mémoire,
lu à l'Académie des Sciences en 1832, *Sur la consommation journalière en blé d'un individu dans
les familles citadines ou agricoles de France et
d'Italie*. J'en donne ici la substance.

Pour assurer ma marche dans le grand ouvrage
que j'ai entrepris sur la population et les produits
de l'Italie sous la domination romaine, il fallait s'appuyer sur deux bases solides : le recensement et la
consommation journalière.

Le premier me donnait le nombre des citoyens
libres ; je l'ai établi dans le Ier chapitre de ce livre,
et je crois que cette question est résolue avec toute
la précision que comporte le sujet.

Pour obtenir le nombre des esclaves et introduire dans l'arithmétique politique un certain degré
d'exactitude, il était important de fixer la consommation journalière en blé de l'individu dans l'Italie ancienne et moderne ; de longues et minu-
tieuses recherches ont été faites pour obtenir ce
chiffre. Pendant trois voyages en Italie, je suis
venu à bout de me le procurer dans les parties du
Piémont, du Milanais, de la Toscane, de l'État Romain et du royaume de Naples , où le blé est la
nourriture principale, où l'on ne cultive ni le maïs
ni la pomme de terre.

J'ai obtenu, dans chacun de ces pays, communication des registres de 200 familles agricoles qui,
pendant plusieurs années, avaient pesé exactement

le blé qu'elles mettaient au moulin, la farine qu'elles en retiraient et le pain produit par cette farine.

La moyenne tirée de ces 1 000 registres particuliers, qu'on a lieu de croire exacts, a donné :

Pour la consommation journalière en blé d'un individu de famille agricole en Italie, en nombre rond, 1 livre 8 onces, poids de marc.

J'ai tiré la même moyenne de 2 000 familles agricoles de vingt départements de la France, où le blé est presque la seule, ou du moins la principale nourriture.

La moyenne de consommation journalière, en pain de blé, s'est trouvée aussi 1 livre 8 onces, plus une fraction.

Celle d'un individu à Paris est de 342 livres par an, un peu moins de 1 livre par jour, d'après l'exacte statistique de M. de Chabrol.

Le chiffre n'était pas connu jusqu'ici pour les familles agricoles. Un fait remarquable peut se déduire de ces calculs: c'est qu'un rapport à peu près semblable existe chez les Romains et chez nous entre la consommation du citadin et du campagnard.

Ainsi, nous avons pour la quantité de pain consommée par jour à Rome :

Livres franç.

Par un citadin. 2,21
— campagnard. 3

En France :

Par un Parisien. 0,93
Dans les vingt départements cités 1,70

M. Édouard Biot est arrivé, sans connaître mon

travail, à un résultat semblable pour la Chine, et a prouvé[1] que la consommation journalière en riz des familles agricoles était de 1 livre 8 onces. Ce rapport de consommation presque identique, dans des contrées aussi éloignées que la Chine et la France, est certainement un fait très curieux, et si l'on pouvait déduire la force musculaire moyenne de la quantité des aliments, on en conclurait que le Chinois est presque aussi robuste que le Français ou l'Italien, car le blé, à poids égal, ne contient guère plus de substance nutritive que le riz, quoique ce dernier grain soit moins riche en gluten.

J'ai regretté de n'avoir pu prendre une base plus large que celle de 3 000 familles, pour obtenir avec plus de précision la moyenne de la consommation journalière de l'agriculteur en France et en Italie; mais on sent aisément la difficulté d'obtenir ces renseignements. Il n'y avait rien de fait, à ma connaissance, sur cette matière, et le résultat de ce long et pénible travail offrira du moins une approximation basée sur quelque chose de positif.

Après ce résumé, qui est moins une digression que l'établissement d'une base nécessaire au calcul, je reviens à l'Italie ancienne, et je dois chercher à expliquer la cause de cette grande consommation de pain, donnée comme moyenne par Caton au vi⁰ siècle de Rome, et de la consommation en blé aux vii⁰ et viii⁰ siècles, qui nous a été transmise par Salluste et par Sénèque. Les Romains mangèrent d'abord le blé cru ou seulement ramolli dans

---

(1) Système monét. des Chinois,; *Journ. Asiat.*, 3⁰ sér., t. IV, p. 122.

l'eau[1]; ensuite ils s'avisèrent de le griller. Pline nous apprend que c'est Numa à qui l'Italie doit les procédés de torréfaction des grains, l'invention du four et des vases à griller le froment. Enfin l'on arriva au grand art de moudre, et d'abord ou mangea crue la pâte faite avec cette farine. On se servait, pour moudre le grain, d'un pilon ou de deux pierres frappées ou tournées l'une sur l'autre, et c'est de là que, même quand l'usage du pain fut devenu commun, dans les sacrifices, qui conservaient toujours l'image de la vie et des mœurs des anciens temps, on garda l'habitude de piler sur la pierre et de rôtir au feu les grains. C'est cette pâte crue, *puls*, que le soldat romain apprêtait pour plusieurs jours; c'est la σταῖτα et le μάζα[1] des Grecs, excepté que cette dernière pâte était mêlée d'huile et se faisait de farine d'orge broyée au pilon ou à la meule. Aussi ne préparait-on cette pâte que pour un jour, de peur qu'elle ne s'aigrît. Enfin on inventa le van, qui nettoie le grain, on trouva le moyen de séparer le son de la farine; plus tard, et après beaucoup d'essais malheureux, on ajouta le levain, et d'abord on mangea le pain cru, jusqu'à ce que le hasard eut appris qu'en le cuisant on l'empêchait de s'aigrir et on le conservait bien plus longtemps. Ce ne fut qu'après la guerre contre Persée, l'an 580, que Rome eut des boulangers; Pline a marqué soigneusement cette époque.

(1) HEYN., *Opusc. acad.*, t. I, *De Frugum sativarum panificiique originibus*, p. 367.

(2) Μάζα· ἄλφιτα πεφύρμενα ὕδατι καὶ ἐλαίῳ. Hesychius, *voc.* Μάζα. — Μάζα, *massa hordeacea ut* σταῖτα *triticea*. Constantin. *lexic.*, *ead.* v.

Comme les Romains n'ont connu, avant l'ère chrétienne[1], ni les moulins à vent ni cette espèce de pierre meulière[2] particulière à la Brie, et si supérieure, pour la mouture, aux autres pierres, il est également facile d'expliquer la différence de consommation à Rome sous Auguste et actuellement en France.

Parmentier a prouvé que, depuis une époque assez rapprochée, le siècle de Louis XIV par exemple, l'art de moudre a reçu en France de bien grands perfectionnements, que la différence de l'ancienne à la nouvelle mouture peut s'étendre jusqu'à la moitié en sus du pain fourni par la même quantité de blé. En effet on a assigné d'abord 4 setiers, puis 3, enfin 2 setiers de blé pour la consommation annuelle d'un habitant de Paris, qui n'est plus aujourd'hui que de 1 ⅕ setier ou à peu près 342 livres par individu. J'ajouterai à ces faits mes observations directes et ma propre expérience. Dans le Perche, que j'ai longtemps habité, des moulins grossièrement fabriqués, qui avaient des meules de granit et de trapp, ont été reconstruits d'après les règles de la mécanique, dont les progrès, depuis trente ans, ont été si considérables. On les a pourvus de bonnes meules de La Ferté, on a moulu le grain en

---

(1) CONSTANTIN (v. Μύλη) dit : « Molæ usus in Cappadocia repertus manuariæ primum. Inde alias inventus usus earum quæ ad ventum; et, paulo ante Augustum aquariæ Romæ in Tiberi primum factæ, Pompon. Sabinus auctor est. » Voy. MONOEZ, Mém. de la classe d'hist. et de litt. ancienne, t. III, p. 446.

(2) Silex meulière de M. ALEXANDRE BRONGNIART, Dict. des Sciences natur., au mot Silex. — Quartz agathe de la minéralogie d'Haüy.

deux fois, on a imprimé au bluteau un mouvement circulaire, et le produit en farine de la même quantité de blé s'est accru d'un sixième.

Ainsi s'explique facilement l'énorme disproportion entre la consommation journalière de blé chez les Romains et chez nous; la raison en est toute dans l'imperfection des procédés de mouture et de panification. Ainsi doit s'expliquer aussi un fait remarquable signalé par Pline[1], et que M. Bœckh s'est contenté d'indiquer en passant, probablement parce qu'il n'en a pas soupçonné la cause. La farine se vendait à Rome, suivant sa qualité, 40, 48 ou 96 as le *modius*. Ces prix, si élevés relativement aux cours des grains à cette époque[2], ont leur raison dans l'imperfection des procédés de mouture, qui étaient encore dans l'enfance et devaient entraîner des frais considérables.

Il s'agit maintenant d'obtenir la quotité d'arpents cultivés annuellement en blé dans l'Italie ancienne. L'antiquité ne nous a point transmis ce chiffre, mais nous espérons y arriver par un rapprochement entre l'Italie ancienne et l'Italie ou la France actuelle, contrées soumises au cadastre, et pour lesquelle la population totale et le nombre d'hectares de terre arable ont été déterminés avec une grande précision.

Nous prendrons d'abord la portion de l'Italie désignée par Polybe[3], et qui, en 529 de Rome, présente, pour la population mâle libre, de dix-sept à soixante ans, 750 000 individus.

---

(1) XVIII, xx, 2.   (2) Voy. liv. I, ch. xi, p. 97-111.
(3) II, xxiii, 9. Voy. ci-dessus, ch. I, p. 209, 210, 214, 215.

La domination romaine, comme je l'ai dit, se terminait alors, vers le nord, au 44° degré de latitude, sur la ligne qui, de l'embouchure du Rubicon dans l'Adriatique, coupe l'Italie parallèlement et aboutit dans la mer de Toscane au port de Luna. Rome occupait toute la péninsule depuis cette ligne jusqu'au détroit de Sicile.

Cette portion de l'Italie, représentée aujourd'hui par le royaume de Naples, moins la Sicile, par les Etats de l'Eglise, le grand duché de Toscane, les duchés de Modène et de Lucques, a de surface 7774 lieues carrées [1] ou 15 356 109 hectares.

D'après le beau travail publié en 1836 sur la statistique de la France par M. le ministre de l'agriculture et du commerce [2], la France, sur une superficie de 52 768 618 hectares, n'a que 25 559 151 hectares de terres labourables [3]. Nous obtiendrons approximativement la quantité de terres labourables en Italie au moyen de la proportion suivante : 52 768 618 hectares, total de la superficie de la

		lieues carr.
(1) Royaume de Naples (continent).		4 100
États de l'Église.		2 250
Duché de Toscane.		1 098
— de Modène.		272
— de Lucques.		54
TOTAL.		7 774

Voy. Malte-Brun, éd. Huot, 1836, t. VII, p. 401, 338, 358. La lieue dont il est fait usage est de 2280 ⅓ toises.

(2) Tableau XXV, p. 108.

(3) Voici la division du sol de la France :

	hectares.	ares.	c.
Terres labourables.	25 559 151	75	24
Prés.	4 834 621	01	42
Vignes.	2 134 822	37	08
A reporter.	32 528 595	13	74

France, sont à 15 356 109 hectares, total de la superficie de l'Italie, comme 25 559 151 hectares, quantité des terres labourables en France, sont à x, quantité des terres labourables en Italie; $x =$ 7 437 926 hectares. Sans doute ce nombre n'est pas rigoureusement vrai, mais on m'accordera qu'il doit être assez rapproché de la vérité pour ne pouvoir introduire une forte erreur dans le chiffre auquel je prétends arriver. En effet, il est à peu près la moitié de la superficie totale de l'Italie telle que nous la considérons. Or on voit la même proportion en France entre la superficie totale, 52 000 000 d'hectares, et la quantité de terres cultivées en blé, qui est de 25 000 000 d'hectares. Un rapport identique se manifeste encore dans d'autres contrées. D'après M. Ed. Biot[1], la surface totale de la Chine étant de 333 000 000 d'hectares, la culture régulière embrasse les $\frac{6}{11}$, environ la moitié, de l'empire. On verra d'ailleurs par la suite de mon travail, que,

	hectares.	ares.	c.
Report.......	32 528 595	13	74
Bois..........................	7 422 314	28	25
Vergers, pépinières et jardins............	643 699	13	31
Oseraies, aulnaies et saussaies...........	64 490	13	12
Étangs, abreuvoirs, mares, etc...........	209 431	61	16
Landes, pâtis, bruyères, etc.............	7 799 672	49	00
Canaux de navigation............... ..	1 631	41	00
Cultures diverses...................	951 934	25	64
Propriétés bâties..................	241 841	92	29
Routes, chemins, places publiques, rues, etc.	1 225 014	91	47
Rivières, lacs, ruisseaux...............	458 165	51	84
Forêts, domaines non productifs....... ..	1 203 980	32	51
Cimetières, églises, presbytères, bâtim. publ.	17 847	75	39
TOTAL......	52 768 618	88	72

(1) Journ. asiat., 3e série, t. V, p. 329.

loin de diminuer la quantité des terres cultivées, pour arriver à une consommation et, par conséquent, à une population moindres, j'ai peut-être exagéré cette quantité.

Admettons donc qu'il y eût, sous la république, dans la portion de l'Italie que j'ai indiquée, 7 437 926 hectares de terres labourables. Le système des jachères étant alors en vigueur[1], une partie de cette superficie restait annuellement improductive[2]. Nicolaï, dans sa statistique de l'Etat Romain[3], retranche, pour les jachères, $\frac{1}{4}$ de la superficie labourable, et je me suis assuré par l'examen du cadastre, que, dans la campagne d'Arezzo, la moitié du terrain cultivable reste en jachère chaque année. Si nous appliquions ces deux évaluations à l'état ancien de l'Italie, l'une serait certainement trop faible, l'autre serait peut-être exagérée. D'après le calcul de Columelle[4], 35 jugères de terrain restaient annuellement improductifs dans une propriété de 100 jugères de terre cultivable. En admettant cette proportion, il faudrait retrancher de la superficie totale des terres cultivables en Italie, évaluée à 7 437 926 hectares, 35 sur 100 pour les jachères. Il resterait donc 65 pour 100 de terre annuellement productive, c'est-à-dire une quantité d'environ 4 834 653 hectares[5].

---

(1) PLINE, XVIII, 46, ed. Hardouin.
(2) Cf. VARRON, I, xxix, 1. COLUM., II, x, 7. VIRGIL., Georg., I, 71. PLIN., XVIII, 50.   (3) Tom. III, p. 222.
(4) Voy. ci-dessous, t. II, livre III, ch. xi, sur le revenu des terres labourables.
(5) Nicolaï (ouvr. cit., t. III, p. 218 et suiv.), après avoir distrait de la superficie totale des États Romains les parties occupées par les routes, les chemins, les rivières, les torrents, les fossés, les

Nous avons fixé à 5 pour 1 le rapport du produit à la semence; mais avant de faire usage de cet élément, il est indispensable de savoir à quelle quantité s'élevait la semence pour chaque hectare de superficie. Varron nous apprend qu'on semait cinq modius de froment dans un jugère de terre [1]. Cinq modius équivalent à $66 \frac{425}{1000}$ livres anciennes, et un jugère à 25 ares 28 centiares. A ce compte, la semence d'un hectare aurait été de $262 \frac{715}{1000}$ livres de blé, et son produit brut de 5 fois cette quantité. Mais il faut toujours déduire de ce produit la semence de l'année suivante, ce qui réduit le produit net à 4 pour 1, rapport qui est du reste donné par Columelle, comme nous le montrerons ailleurs. Ainsi le produit net d'un hectare était chaque année de $1\,050 \frac{4}{5}$ livres de blé, et, par conséquent, les 4 834 653 hectares cultivés annuellement en blé donnaient 5 080 543 452 livres de blé à consommer par an.

Nous avons déjà fixé les quantités de blé nécessaires à la consommation d'un individu de famille citadine ou agricole. Ces quantités n'étant pas identiques, il importerait de savoir dans quelle propor-

marais, les lacs, les étangs, les terrains stériles, les propriétés bâties, les vignes, les vergers, les olivètes, les prairies, et un quart pour les jachères, obtient, pour la quantité de terrain cultivée annuellement en blé, 600 mille *rubbio*, égalant 1 104 000 hectares, ce qui, au moyen d'une simple proportion, donnerait, pour toute la partie de l'Italie que nous considérons, 3 814 486 hectares annuellement cultivés en blé. Ce calcul, comme on voit, est beaucoup plus faible que le nôtre, et nous met à l'abri de tout reproche d'exagération. On ne doit pas du reste s'appuyer de l'autorité de Nicolaï pour nous accuser d'inexactitude, car cet auteur n'écrit point d'après des bases officielles.

(1) « Seruntur in jugero v modii tritici. » Lib. I, c. XLIV, 1.

tiou étaient les paysans et les citadins par rapport à la population totale. Nous pouvons admettre sans hé- siter que le quart de la population habitait les villes, et que les trois autres quarts étaient disséminés dans les campagnes. En France, par exemple, où l'on compte 32 000 000 d'habitants, les chefs-lieux d'arrondissement et de département ne renfer- ment ensemble que 4 680 000 individus environ. A ce nombre il faudrait ajouter la partie de la po- pulation des bourgs et des villages qui, assez riche pour ne pas se livrer aux travaux agricoles, rentre, quant à la consommation, dans la classe des cita- dins. Mais on aurait beau forcer tous les calculs, on ne dépasserait certainement pas le nombre de 8 000 000, qui forme le quart de la population to- tale du royaume.

Reprenons maintenant les éléments que nous avons réunis et arrivons à la solution du problème. Un campagnard consommait 3 livres de blé par jour ou 1 095 par an; 3 campagnards consom- maient 3 fois cette quantité, c'est-à-dire 3 285 livres. La consommation d'un citadin était de 5 modius ou 66 $\frac{425}{1000}$ livres par mois, ce qui fait, par année, 797 $\frac{1}{100}$ livres, soit, en nombre rond, 797 livres. Ainsi, 4 individus, dont 3 paysans et 1 citadin, consommaient annuellement ensem- ble 4 082 livres de blé. Donc, autant de fois 5 080 543 452, nombre qui représente la quantité de livres de blé annuellement affectée à la con- sommation, contiendra 4 082, autant de fois il y aura 4 individus dans la population totale. Ce cal- cul nous donnera, en définitive, pour la portion de l'Italie que nous considérons, une population totale de 4 978 484 individus. C'est environ 640 habitants par lieue carrée, proportion qui est maintenant en général plus que double en Italie, mais qui se retrouve cependant, avec peu de différence, dans quelques portions de cette contrée et dans certaines parties de la France.

Polybe donne, d'après les tables de recensement, le nombre des citoyens en âge de porter les armes, c'est-à-dire de dix-sept à soixante ans, pour l'an de Rome 529[1]; ce nombre est de 750 000 individus.

D'après les tables de population calculées par M. Duvillard et corrigées par M. Mathieu[2], le nombre des individus de tout sexe, de dix-sept à soixante ans, pour une population de 10 000 000, est de 5 626 819; d'où, par une simple proportion, nous tirons 2 801 301 individus de tout sexe et de toute condition dans la limite de dix-sept à soixante ans pour la population totale de l'Italie en 529, qui était de 4 978 484 individus.

Dans les tables que nous venons de citer, le nombre des femmes est réputé égal à celui des hommes. Ainsi, en doublant le chiffre de 750 000, qui, d'après Polybe, représente les mâles libres de dix-sept à soixante ans, nous trouverons, pour la population libre mâle et femelle de dix-sept à soixante ans, 1 500 000 têtes, et il nous restera pour la population affranchie, métœque, esclave, mâle et femelle, du même âge, 1 301 301 individus.

Il faut maintenant tenir compte de la population de tout sexe et de toute condition depuis la nais-

___

(1) Voy. ci-dessus, p. 211 et suiv.
(2) Annuaire du Bureau des longitudes pour 1839, pag. 178, 179, et table III, p. 184.

sance jusqu'à dix-sept ans, et depuis soixante ans jusqu'à la mort. Une population de 10 000 000 d'individus en renferme 3 485 535 de la naissance à dix-sept ans, et 887 646 depuis soixante ans jusqu'à la mort, en tout 4 373 181 ; nombre qui, pour la population totale de l'Italie telle que nous l'avons établie, se réduit, au moyen d'une proportion, à 2 177 181 individus. Tâchons maintenant de démêler dans ce nombre les hommes et les femmes libres des hommes et des femmes esclaves, métœques et affranchis. Nous venons de voir que, sur 2 801 301 individus de dix-sept à soixante ans, il y avait 1 500 000 individus libres et 1 301 301 esclaves de tout sexe. Une dernière proportion basée sur ces données nous conduira au résultat que nous cherchons. Mais il importe de faire observer que cette manière de procéder est très défavorable à l'opinion que je cherche à établir, car l'éducation des esclaves ne présentait pas assez de profit pour qu'on eût beaucoup de ces serviteurs depuis la naissance jusqu'à quinze ans. Aussi, dans cette première période de la vie, le rapport de la population esclave à la population libre devait-il être extrêmement faible. De plus, les hommes libres, *operarii, mercenarii*, étaient, comme je l'ai déjà dit, préférés pour la culture des grains, des prés naturels ou artificiels, des vignes, etc. Cet avis une fois donné, établissons notre proportion et tirons-en la conséquence.

$$2\,801\,301 : 2\,177\,181 :: 1\,301\,301 : x;$$

$$\text{D'où } x = \frac{2\,177\,181 \times 1\,301\,301}{2\,801\,301} = 1\,011\,376.$$

Il y aurait donc 1 011 376 esclaves, métœques ou

affranchis, de tout sexe, de la naissance à dix-sept ans et depuis soixante ans jusqu'à la mort; nous en avons trouvé 1 301 301 dans l'âge de dix-sept à soixante; ainsi, le total des individus, hommes et femmes, esclaves, affranchis ou métœques, était, dans l'Italie en 529, de 2 312 677.

La population libre, de la naissance à dix-sept ans et de dix-sept ans jusqu'à la mort, est, d'après le calcul que nous venons de faire, de 1 165 805; celle de dix-sept à soixante ans s'élevait à 1 500 000; le total est de 2 665 805. Il n'y a qu'une légère différence entre ce nombre et celui que nous avons trouvé plus haut[1] en employant des éléments de calcul différents.

En additionnant les deux totaux partiels que nous venons d'obtenir (2 312 677 + 2 665 805) nous retrouvons, pour la population entière de cette portion de l'Italie, le nombre que nous avait fourni le calcul des consommations, 4 978 482.

Ainsi, en 529, dans la partie de l'Italie que nous avons considérée, la population libre était à la population affranchie, métœque ou esclave, à peu près comme 26 est à 23.

CHAPITRE VI.

DES AFFRANCHISSEMENTS.

Dans les calculs que je viens de présenter, la population totale de l'Italie a été obtenue, pour ainsi dire, en deux fragments, dont le premier renferme

(1) Voy. ci-dessus, p. 218 et 227.

I.

le chiffre total de la population libre dégagé de tout élément étranger. Si maintenant, dans le second, il était possible de déterminer séparément quel fut, aux mêmes époques et dans les mêmes limites de territoire, le nombre des étrangers et celui des affranchis, la question de la population servile se présenterait ensuite simple, isolée, et conséquemment plus facile à résoudre avec quelque précision. Malheureusement je désespère de pouvoir déterminer *a priori* le nombre des métœques exerçant, à Rome et dans l'Italie, des professions industrielles ou commerciales. Quant au nombre des affranchis, il peut être fixé d'une manière approximative pour 145 années de Rome, depuis 398 jusqu'en 543. Je trouve les éléments de cette détermination dans deux passages bien connus de Tite-Live, que personne jusqu'ici ne s'est avisé de rapprocher, pour en faire jaillir la curieuse notion de statistique qu'ils renferment.

« L'an 398, dit Tite-Live[1], Cnæus Manlius, qui était à Sutrium[2], ayant convoqué ses soldats par tribus, porta une loi dans le camp, ce qui était sans exemple. Cette loi avait pour objet d'établir, au profit du trésor public, un impôt d'un vingtième sur la valeur de tous les esclaves qui seraient désormais affranchis. Comme le trésor n'était pas riche et que le produit du nouvel impôt devait être assez considérable, le sénat en ratifia l'établissement. »

Le même historien rapporte[3] qu'en 543, la neuvième année de la seconde guerre punique, lorsque, sur trente colonies romaines, douze refusèrent

(1) VII, 16.   (2) Sutri, à 10 lieues de Rome.   (3) XXVII, 10.

leur contingent en hommes et en argent, le sénat, ayant épuisé toutes ses ressources, prit le parti de tirer du *sanctius ærarium* l'or produit par le 20° du prix des esclaves affranchis; c'était l'*aurum vicesimarium*, qu'on mettait tous les ans en réserve pour ne s'en servir que dans les dernières extrémités. On en tira 4 000 livres pesant d'or[1].

La première question à résoudre serait celle de savoir si ces 4 000 livres d'or étaient la somme totale qu'avait produite l'impôt sur les affranchissements, durant les 145 années écoulées depuis l'an 398 jusqu'à l'an 543. Or tout tend à le prouver.

Rome, depuis neuf ans, soutenait contre Annibal et sur son propre territoire une guerre désastreuse. La troisième année de cette guerre[2], après les défaites du Tésin, de Trasimène et de Cannes, la flotte et l'armée de Sicile et de Sardaigne sont sans argent et sans vivres; le sénat déclare que la république était hors d'état de leur en fournir. La quatrième année de cette même guerre, le tribut avait été doublé, et moitié en avait été exigée sur-le-champ[3]. Les armées d'Espagne sont dans un dénûment complet, et le sénat invite les fournisseurs à avancer les vivres et l'argent nécessaires, sous la condition d'être remboursés les premiers dès que l'Etat pourrait le faire[4]. Cette même année, pour les besoins de la marine, on établit un impôt progressif sur les fortunes des citoyens qui possédaient depuis

---

(1) « Cætera expedientibus, quæ ad bellum opus erant, consulibus, aurum vicesimarium, quod in sanctiore ærario ad ultimos casus servabatur, promi placuit; prompta ad *quatuor millia pondo auri*. » Tit.-Liv., *l. c.*   (2) Tit.-Liv., XXIII, 21.
(3) *Ib.*, XXIII, 31.   (4) *Ib.*, XXIII, 48.

5o ooo as jusqu'à 100 000 et au-dessus, chose
inouïe jusque-là[1]. On manquait d'argent pour l'entretien des temples et le paiement des dépenses
courantes; les entrepreneurs s'en chargent à leurs
frais, et s'engagent à n'exiger le remboursement
qu'après la fin de la guerre. Le même engagement
est contracté par les maîtres des esclaves qu'on
avait affranchis pour en former l'armée de Sem-
pronius. Enfin, la neuvième année de la guerre,
douze colonies romaines sur trente refusent tout
tribut en argent et en hommes, et c'est alors que le
sénat vide le *sanctius ærarium*, sa dernière res-
source dans les dernières extrémités de la république. Sans doute la modération ou l'habileté du
gouvernement lui interdit de faire un nouvel appel
à la générosité des citoyens, ou lui fit sentir le danger de créer des mécontents en s'adressant à des
bourses épuisées. Avec la bonne foi qui régnait à
cette époque dans ce conseil, il est présumable que
toute la réserve de ce trésor fut employée, puisque
c'est seulement six ans après, quand les douze colonies sont contraintes à payer l'arriéré de leur tribut et une amende en sus, que les diverses créances
contractées pendant les désastres de la guerre sont
acquittées, et encore en trois termes assez reculés.

On peut donc regarder les 4 ooo livres pesant
d'or, que renfermait le *sanctius ærarium* en 543,
comme le produit total des affranchissements pendant les 145 ans écoulés depuis la promulgation de
la loi qui avait établi le *vicesima manumissionum*.
4 ooo livres romaines équivalent à 1 3o5, 35 kilo-

(1) Tit.-Liv., XXIV, 11.

grammes. Le prix du kilogramme d'or fin étant de 3 444 $^{fr.}$ 45 $^{c.}$[1] les 1 3o5, 35 kilogrammes, ou, ce qui revient au même, les 4 000 livres romaines pesant d'or ont une valeur intrinsèque de 4 496 200 francs.

Nous savons, par Polybe et par Tite-Live, le prix moyen de l'esclave pour une époque très rapprochée de l'an 543 de Rome. Les soldats romains vendus en Achaïe par Annibal furent rachetés, l'an de Rome 558, au taux fixé par les Achéens eux-mêmes, pour la somme de 5 mines par tête[2]. Polybe dit que 1 200 esclaves coûtèrent 100 talents. Ces deux estimations, qui sont parfaitement identiques, portent le prix du rachat de chaque homme à 457 $^{fr.}$ 38 $^{c.}$. Ce prix est très faible sans doute, et j'aurais pu, sur de bonnes autorités, en adopter de plus élevés; mais, en attaquant des erreurs universellement accréditées, j'ai senti combien il était important d'éviter jusqu'à l'apparence de l'exagération, et je me suis fait une loi de choisir les bases les plus favorables à l'opinion que je combats.

Les 4 000 livres puisées dans le *sanctius ærarium* étaient, je l'ai déjà dit, la somme du 20ᵉ des prix de tous les esclaves affranchis pendant 145 années. En adoptant pour prix moyen de l'esclave à cette époque 457 $^{fr.}$ 38 $^{c.}$, on trouve que chaque esclave affranchi a dû rapporter à l'Etat 22 $^{fr.}$ 85 $^{c.}$. Cette somme étant comprise environ 200 000 fois dans les 4 000 livres romaines d'or, ce sont 200 000 esclaves qui ont été affranchis dans l'espace de 145 années, c'est-à-dire 1 380 esclaves par année. Ce petit

---

(1) Le titre de l'or devrait être abaissé à 0,995 ou 0,997 ; mais c'est presque de l'or sans alliage. (2) Tit.-Liv., XXXIV, 5o.

nombre d'affranchissements annuels dans l'Italie
inférieure montre déjà que le chiffre total de la
population servile, à cette époque, était fort inférieur à ce qu'on l'avait cru jusqu'ici.

Reprenons maintenant le calcul de la population que nous avons donné pour l'an 529 de Rome.
Nous avons trouvé, pour les citoyens *ingénus* de
tout sexe et de tout âge, 2 665 805 individus; il faut
y ajouter les affranchis pour avoir le chiffre total
de la population *libre* indigène.

D'après les considérations que nous venons de
présenter, on peut estimer à 1 380 le nombre des
esclaves affranchis dans le courant de l'année 529.
Mais, pour déterminer au juste, au moyen des tables
de population imprimées dans l'Annuaire du Bureau des longitudes, le nombre des esclaves affranchis pendant les années précédentes et qui existaient encore en 529, il faudrait connaître l'âge
moyen auquel l'esclave recouvrait sa liberté. Ici
nous aurons recours à une supposition, mais qui
offrira tous les caractères d'une grande probabilité.
Un esclave ne devait pas être affranchi avant d'a-
voir mérité ce suprême bienfait par de longs et
éminents services; il ne devait pas être très jeune
lorsqu'il arrivait à la liberté. D'un autre côté, on ne
peut le supposer trop âgé puisque la vie moyenne
des esclaves était fort courte. Je crois m'approcher
beaucoup de la vérité en admettant que trente ans
était l'âge moyen auquel les esclaves romains recevaient en général le bienfait de la liberté. Cet âge
était d'ailleurs une des limites posées par le législateur aux droits divers que la manumission conférait à l'affranchi. Une des conditions imposées

a ce dernier pour devenir citoyen romain, c'était d'être âgé de plus de trente ans. Si l'esclave avait moins de trente années, l'affranchissement ne lui conférait que le titre de citoyen latin[1]. Or, nous trouvons dans Justinien[2] la preuve que la manumission qui attribuait à l'affranchi le nom de Latin était tombée en désuétude : *Latinorum vero nomen non frequentabatur;* d'où l'on pourrait conclure que l'affranchissement était rarement accordé aux esclaves au-dessous de trente ans.

En adoptant cette hypothèse, il y avait en 529 de Rome, dans l'Italie inférieure, 1 380 individus âgés de trente ans en moyenne, et qui avaient été affranchis cette année même. Il en avait été affranchi un égal nombre en 528, autant en 527, autant encore en 526, autant enfin dans chacune des années précédentes; mais tous évidemment n'avaient pas vécu jusqu'en 529. La loi de la mortalité, insérée dans l'Annuaire du Bureau des longitudes, appliquée au calcul qui nous occupe par une série de proportions successives, montre qu'il pouvait encore exister 2 individus parmi les 1 380 qui avaient été affranchis l'an 454 de Rome, mais qu'il n'en restait plus aucun de ceux qui avaient reçu l'affranchissement dans les années précédentes. Les mêmes moyens nous conduisent à connaître le nombre des individus, affranchis durant chacune des 76 années écoulées entre l'an 454 et l'an 529, qui existaient encore à cette dernière époque. Ces 76 nombres partiels, joints aux 1 380 individus affranchis l'an 529, donnent un total d'environ 50 000.

(1) GAII, *Comment.*, I, v, 17.
(2) Instit., *de Libertin.*, I, v, 3.

Ce nombre doit être ajouté à celui de la population libre, et cette opération, en réduisant d'autant le chiffre de 2 312 677, que nous avions trouvé pour la population esclave, métœque et affranchie, simplifiera aussi ce chiffre en réduisant à deux seulement les trois éléments qu'il exprimait.

Récapitulons maintenant les divers résultats que nous ont fournis les recherches exposées dans ce chapitre et dans le précédent. Le calcul des consommations nous a donné pour le nombre total des habitants de l'Italie, telle qu'elle était limitée en 529, le chiffre de 4 978 482. Cette population totale était ainsi divisée :

Hommes libres de dix-sept à soixante ans.	750 000
Femmes libres du même âge.	750 000
Hommes et femmes libres, de la naissance à dix-sept ans et de soixante ans jusqu'à la mort	1 165 805
Affranchis.	50 000
Total de la population libre. . . .	2 715 805
Les esclaves et les métœques de tout âge et de tout sexe étaient au nombre de	2 262 677
Population totale.	4 978 482

La population libre était donc à la population esclave et métœque à peu près dans le rapport de 27 à 22, c'est-à-dire qu'il y avait 22 esclaves ou métœques pour 27 hommes libres.

Il nous reste à examiner quelle a pu être la population de l'Italie sous les empereurs ; mais il nous faudra changer ici quelques éléments de calcul et nous résigner à des résultats un peu moins précis.

CHAPITRE VII.

POPULATION SOUS L'EMPIRE ET CONCLUSION.

Gibbon, doué d'un coup d'œil vif et juste, et
l'un des esprits les plus judicieux qui aient appliqué les sciences et l'érudition aux recherches historiques, a pensé[1] que, dans l'empire romain, le
nombre des esclaves fut à peu près égal à celui des
hommes libres; mais M. Jacob fait observer[2], avec
raison ce me semble, que, depuis le règne d'Auguste,
la marine militaire ayant diminué, la traite des esclaves propres à ce service dut diminuer aussi; que,
le prix des esclaves ayant augmenté, on eut plus
de profit à en nourrir, à en élever dans l'intérieur
du pays, et que, par conséquent, l'importation dut
être moins considérable. Nous n'avons aucun
moyen d'évaluer les rapports entre le nombre des
hommes libres et celui des esclaves sous l'empire;
mais la connaissance de la consommation journalière en blé, qui a servi de base à nos recherches pour
la population totale de l'Italie du temps de la république, nous donne encore les éléments d'un calcul
semblable pour l'Italie sous les empereurs. On
verra que cette population totale fut bien au-dessous de ce que l'ont faite l'exagération et l'esprit de
système, et les conséquences de nos calculs seront
en même temps un argument contre les évaluations

---

(1) Liv. I, ch. ii, t. I, p. 96, tr. fr., éd. 1777.
(2) *Precious Metals*, t. I, p. 182, sqq.

tout-à-fait improbables qu'on a données de la population servile; car la proportion de cette dernière à la population libre, loin de s'accroître, tendit au contraire à diminuer constamment sous les empereurs.

L'Italie ancienne, telle que nous avons maintenant à la considérer, est exactement représentée par l'Italie moderne, moins les îles[1]. La surface de cette contrée est de 13 400 lieues carrées, ou 26 466 180 hectares, dont 12 800 240 de terres labourables, en jugeant toujours par comparaison avec l'état actuel de la France et des Etats de l'Eglise. Retranchant de ce nombre 35 pour $\frac{0}{0}$ qui demeuraient annuellement en jachères, il reste 8 320 156 hectares de terrain qui produisaient du grain chaque année. Cette quantité de terres cultivées donnait tous les ans, à 5 modius par jugère de semence et à 4 pour 1 de produit net, 8 742 819 925 livres de blé.

Il faut maintenant tenir compte d'un élément dont nous n'avons pas eu à nous occuper lorsque nous avons considéré l'Italie pendant l'ère républicaine; je veux parler du montant de l'importation. Josephe[2] et Aurelius Victor[3] nous apprennent que, sous Auguste, on importait annuellement en Italie 60 000 000 de modius de blé, quantité égale à 796 800 000 livres. Nous savons de plus, par Ta-

(1) Cette péninsule a, selon M. Blair (p. 15, not. 6), et suivant l'*Atlas historique et géographique d'Edimbourg*, entre 16 et 17 millions de population, et le savant Écossais attribue 27 776 000 individus de population totale à l'Italie sous Claude.

(2) JOSEPH., *Bell. Judaïc.*, II, 16, p. 189, 190, edit. Haverc.
(3) VICTOR, Ep. I, p. 156, ed. Bipont.

cite [1], que sous les règnes de Tibère et de Claude, l'importation fut encore un peu plus forte, de sorte que nous pouvons la porter, en moyenne, à 1 000 000 000 de livres. Quelques personnes trouveront, au premier abord, cette quantité beaucoup trop faible; le résultat définitif de nos calculs prouvera peut-être qu'elle est trop élevée.

La quantité de blé affectée annuellement à la consommation de l'Italie se composait donc :

1° Du produit du pays. . . . . . 8 742 819 925 liv.
2° Du montant de l'importation. 1 000 000 000

Total. . . . 9 742 819 925

Autant de fois cette quantité renfermait 4 082, nombre qui représente la consommation annuelle de 3 paysans et de 1 citadin, autant de fois il y avait 4 individus dans la population totale. En d'autres termes, le chiffre de la population totale égale la quantité de blé annuellement consommée, divisée par 4 082 et multipliée par 4, égale enfin 9 547 104 individus.

Si maintenant nous revenons sur nos précédents calculs, nous trouverons que la quantité de blé que nous avons supposé être annuellement importée en Italie aurait suffi à la consommation du pays pendant cinq semaines. Or, il est prouvé qu'en France, dans les années de la plus grande disette, 1817 par exemple, l'importation en grains n'a jamais excédé la consommation du royaume entier pendant une semaine [2], et cependant, à cette époque, le prix de

(1) *Ann.*, VI, 13.
(2) Voy. la Statistique de la France publiée par M. le ministre du commerce en 1836.

l'hectolitre de blé s'est élevé jusqu'à près de 80 francs, c'est-à-dire quatre fois au-dessus du prix moyen de cette denrée. Ajoutons encore que les grains importés étaient affranchis de toute espèce de droit, ce qui, joint au prix élevé des céréales, devait en favoriser l'importation.

Il résulte évidemment, ce me semble, des textes positifs que j'ai cités, des témoignages dont j'ai apprécié la valeur, enfin des calculs basés sur la connaissance exacte de la consommation journalière d'un individu de famille citadine ou agricole, élément qui n'avait pas encore été employé jusqu'ici; il résulte, dis-je, de toutes ces prémisses, que l'Italie romaine eut, à toutes les époques de son histoire, une population libre plus forte et moins d'esclaves qu'on ne l'a cru généralement; que, loin de dépasser le nombre des individus libres, le chiffre des esclaves ne l'atteignit même point et resta constamment inférieur.

Ce résultat, que je crois établi sur des bases solides, bien que contraire aux idées admises jusqu'à présent sans examen et sans preuves, doit contribuer à dissiper quelques préjugés fortement enracinés et à éclairer d'une lumière plus vive et plus nette l'histoire et l'économie politique de la république et de l'empire romain.

CHAPITRE VIII.

POPULATION DES GAULES.

On a vu, dans le chapitre précédent, à quels résultats neufs et intéressants peut conduire la connaissance de la consommation journalière d'un
individu de famille citadine ou agricole. Malheureusement cette précieuse donnée a besoin d'être
appuyée sur d'autres renseignements accessoires,
qui manquent pour la plupart des contrées dont
se composait l'empire romain. Nous les possédons
pour les Gaules, et les faits qui s'en déduisent ne
paraîtront pas, j'espère, sans intérêt.

MM. de Savigny et de Vesme[1] ont très bien prouvé
que les mots *caput*, *capitatio*, *jugum*, *jugatio*,
désignaient la contribution foncière, différente de
la capitation proprement dite, *capitatio humana*
ou *capitatio* seulement. Quelquefois pourtant la
capitatio terrena est opposée à la *capitatio humana*. Le plus souvent *caput*, *capitatio*, servent
à désigner l'une ou l'autre contribution, ce qui a
été la cause de beaucoup d'erreurs.

Nous avons, pour les règnes de Constantin et de
Constance, deux documents que jusqu'ici personne
n'avait pu concilier, et qui doivent nous fournir, à ce
qu'il me semble, le montant du capital imposable

---

(1) Voyez, pour SAVIGNY, la Thémis, t. X, p. 228, 242, ss.;
pour DE VESME, son Mém. manuscr. sur les impôts dans l'empire
romain, au secrétariat de l'Institut, p. 12, 1837; p. 67, 1836.

et de l'impôt foncier dans les Gaules au iv° siècle; et
de plus, au moyen de la connaissance du nombre
des jugères de terre imposable et de leur produit
en grains, un aperçu assez exact de la population des
Gaules à cette époque. Godefroy, Burmann, MM. de
Savigny et de Vesme, sont d'accord que le mot
caput signifiait aussi une unité imposable fixe, qui
comprenait souvent plusieurs domaines et plusieurs propriétaires différents[1]. Eumène, dans son
discours à Constantin[2], donne le nombre de ces
caput pour le territoire ou la *civitas* des Eduens.
Ce prince avait accordé à la cité des Eduens divers
avantages, entre autres une diminution de la contribution foncière; l'orateur parle en ces termes :
« Septem millia capitum remisisti, quintam amplius
« partem nostrorum censuum... Remissione ista
« septem millium capitum, viginti-quinque millibus
« dedisti vires, dedisti opem, dedisti salutem. » Le

---

(1) Un seul quelquefois possédait plusieurs *caput*, témoins ces
vers de Sidoine Apollinaire, qui demande qu'on le dégrève de
trois de ces *caput*. Carm., XIII, vers 19, 20 :

> Geryones nos esse putà, monstrumque tributum;
> Hic capita, ut vivam, tu mihi tolle tria.

témoin ce passage de SICULUS FLACCUS dans les *Rei agrariæ auctores*, ed. Goesii, p. 22 et not. p. 128 : « Uni foco* territoria com-
plurium acceptarum attribuuntur. » Voyez aussi les passages suivants : « In Africa saltus non minores habent privati quam reipu-
blicæ territoria... Habent in saltibus privati non exiguum popu-
lum, amplos etiam vicos circa villam in modum municipiorum. »
ACGENUS, *ap. Goes.*, p. 71.

(2) EUMENII *gratiarum actio*, cap. v, vi, xi, xii, in *Paneg.
veter.*, ed. Arntzen, in-4°, t. II, p. 450.

---

* Le mot *feu*, se prenait, chez les anciens comme chez nous, dans le sens
d'habitation. Voyez FORCELLINI, au mot *focus*, et HORACE, Ep. I, xiv, 2.
Agellus habitatus quinque focis.

passage suivant d'Eumène prouve que les Gaules tout
entières étaient traitées comme la cité des Eduens :
« Nec queri poterat (civitas Eduorum) cum et agros
« qui descripti fuerant haberemus, et *Gallicani*
« *census* communi formula teneremur[1]. » Ce sont
donc sept mille parcelles de terrain, unités imposables pour la contribution foncière, dont l'empereur
accorde le dégrèvement. Ainsi, dans le principe, les
unités imposables étaient au nombre de 32 000;
elles furent réduites à 25 000 par Constantin. On
voit déjà que chaque *caput* devait payer un impôt
égal. Ammien fixe la cote de contribution foncière
à laquelle était taxée chacune de ces unités imposables pour l'époque où Julien gouvernait les Gaules.
Voici ce passage décisif[2] : « Primitus partes eas
« (Gallias) ingressus, pro capitibus singulis, tributi
« nomine, vicenos-quinos aureos reperit flagitari.
« Discedens vero, septenos tantum[3] *munera uni-*
« *versa complentes.* » Ainsi, au commencement de
l'administration de Julien, chaque *caput* payait, par
an, 25 *aureus* ou 378 fr., et cette somme fut réduite à
7 ou 106 fr., quand ce prince quitta les Gaules. M. de
Savigny prouve parfaitement qu'une somme aussi
énorme ne pouvait s'appliquer à la capitation personnelle; mais cet auteur n'a pas rapproché du passage d'Ammien un document précieux, tiré d'une

(1) Voy. DE VESME, Ms. de 1836, p. 69 71.
(2) AMM. MARCELL., XVI, v, 14.
(3) Gronovius, Valois, Lindenbrog et Wagner, qui ont pris
dans AMMIEN ces caput de 7 et de 25 *aureus* pour une capitation
personnelle, n'ont pu se tirer de ce dédale, et avouent eux-mêmes
que la difficulté leur reste insoluble. Voy. AMM. MARCELL., ed.
Wagner, t. II, p. 189, 190; SAVIGNY, Thémis, t. X, p. 523.

novelle de Majorien[1], qui dit que chaque *caput* ou *jugum*, dont le capital était estimé 1 000 *solidus*, payait, d'impôt foncier annuel, 2 *solidus*, et, de plus, un demi *solidus* additionnel pour frais de perception. «Quia per rectores provinciarum exigi omnem « canonem, tam ad *arcam præfecturæ* pertinentem « quam *sacris vel privatis largitionibus*[2] inferen- « dum, sed et binos per jugum vel millenos soli- « dos[3], remunerationibus deputatos compelli debere « præcepimus, possessori non putamus onerosum, « quem a multis molestiis et sportularum, et nume- « rosis mutaturæ dispendiis liberamus, si semissem « solidi per juga singula, sive singulas millenas, am- « plius jubeamus inferri, qui, pro ordinatione nos- « tra, inter diversa officia dividatur. » Les textes d'Ammien et de Majorien semblaient inconciliables, surtout dans le système de M. de Savigny, qui appli-que le passage d'Ammien à la contribution foncière seulement; j'avais désespéré longtemps de réussir à les accorder, mais il ne s'agit que de développer le calcul des nombres contenus dans les deux pas-sages d'Eumène et d'Ammien, d'en tirer le nombre total des *caput* ou unités imposables des Gaules et de déterminer leur valeur, d'après l'estimation

---

(1) *Novell.*, l. IV, tit. 1. Cod. Théod., t. VI, *in fin.*, p. 33.

(2) Ces termes indiquent le fisc et le trésor des époques anté-rieures. L'*arca præfecturæ* représente l'*ærarium publicum* depuis Auguste jusqu'à Dioclétien; les *sacræ et privatæ largitiones* ont remplacé le *fiscum imperatoris*. L'une acquittait les dépenses de l'État, les autres toutes celles de la cour impériale.

(3) Ainsi le *jugum* ou unité imposable est estimé *mille* sous d'or; de là le mot *millena*, employé plus bas comme synonyme de *jugum*, et qui se retrouve, avec la même signification, dans une lettre de Cassiodore. *Var.*, II, 37.

donnée par la loi de Majorien, pour obtenir un résultat curieux et tout-à-fait probable sur la somme de l'impôt foncier, sur celle des terres imposables, et même de la population des Gaules aux trois époques citées. Nous allons reprendre la discussion du passage d'Eumène.

La cité des Eduens, d'après Gibbon[1] et M. de Savigny[2], formant la 48e partie de la France actuelle, il y aurait eu, dans la partie des Gaules que représente aujourd'hui le territoire du royaume français, d'abord 48 fois 32 000 *caput* ou 1 536 000, dont il faut déduire les 7 000 retranchés dans la cité des Eduens, ce qui réduit le nombre total des unités imposables à 1 529 000.

Ce nombre une fois posé, il en résulterait que l'impôt foncier total, pour le territoire entier de la portion des Gaules correspondant à la France actuelle, aurait été, d'après Ammien Marcellin, avant le dégrèvement de Julien, de 577 962 000 francs, et, après ce dégrèvement, de 162 074 000 francs[3].

Si, au contraire, on calcule l'impôt foncier de la portion des Gaules représentée par la France actuelle, en adoptant pour base la novelle de Majorien, on ne trouvera que 57 757 975 francs. Il se

(1) Hist. de la décad. des Rom., trad. Guizot, vol. III, p. 388, 393, 417.
(2) Thémis, tom. X, p. 522.
(3) Dans son calcul M. de Savigny suppose que le dégrèvement de Constantin s'est opéré sur la Gaule entière, et il admet en conséquence, pour la portion des Gaules qui est représentée par la France actuelle, 1 200 000 *caput* seulement. M. de Vesme pense le contraire, et le passage d'Eumène semble en effet prouver formellement que le dégrèvement de Constantin était purement local, et s'appliquait seulement à la cité des Éduens.

présente entre ces deux résultats une énorme différence; mais l'explication de cette différence, que
personne encore n'a pu donner, je la trouve dans
trois mots d'Ammien, dont la valeur n'a point été
assez appréciée par M. de Savigny. Dans la loi de Majorien il n'est absolument question que de l'impôt
foncier et de ce que j'appellerai, avec M. de Savigny,
les centimes additionnels; la somme n'est que de
57 757 975 francs. Dans Ammien Marcellin, au
contraire, il s'agit, non-seulement de l'impôt foncier, mais encore de toutes les contributions, réquisitions et prestations d'une nature quelconque,
universa munera complentes. Il n'est donc pas
étonnant que la somme de toutes ces branches de
l'impôt, d'après les données que fournit Ammien,
s'élève à plus de 162 000 000, c'est-à-dire à un peu
moins des $\frac{2}{5}$ en sus de la taxe foncière prise isolé-
ment. Aujourd'hui, en France, la contribution
foncière, avec les centimes additionnels, ne s'élève
qu'à environ 262 000 000, tandis que la totalité des
impôts est de 1 062 000 000.

A vec cette explication, la somme de l'impôt foncier sous Majorien et celle de toutes les contributions directes ou indirectes sous Julien ne sont pas
en désaccord l'une avec l'autre. Vous trouvez les
titres de cent espèces d'impositions différentes
assises sur la propriété, dans le Digeste, dans les
Codes Théodosien et Justinien : par exemple le *canon frumentarius;* les *capitatio terrena et humana;*
les *extraordinaria et sordida munera*; les *annonæ, vestium, armorum et tyronum collationes;*
le *cursus vehicularis*, etc., sans compter les dépenses communales et municipales, et l'entretien

des villes, des monuments, des routes, des digues, des ponts, des chaussées, etc. On trouvera toutes ces impositions détaillées dans mon quatrième livre, où je traiterai des finances du peuple romain.

Je crois maintenant pouvoir tirer de ces données une évaluation approximative de la quantité des terres imposables, du produit en grains et de la population des Gaules à cette époque. Mais il est bon de se rendre compte, avant tout, d'abord de l'origine, ensuite de la valeur de cette unité imposable qu'on désignait sous le nom de *caput*.

Dans les premiers temps de la république, avant l'établissement de la solde, les pensions payées aux légionnaires étaient nommées *capita*, parce qu'elles répondaient à un *caput*[1].

Le mot *capitatio* est employé par Appien et Tertullien, auteurs qui écrivaient sous Trajan et les Antonins, pour désigner un impôt personnel[2]. Ainsi, à cette époque, et même antérieurement, le mot *caput*, racine de *capitatio*, devait déjà exprimer une unité imposable, quoique dans un sens différent de celui que donne au même mot le texte de Majorien.

Depuis Auguste, et surtout depuis Trajan, l'immense extension des frontières de l'empire avait rendu nécessaire la formation et l'entretien d'une nombreuse armée permanente. Les empereurs cherchèrent à s'attacher les soldats en faisant aux vété-

---

(1) Voy. LYDUS, *de Magistr.*, I, 46. NIEBUHR, *Hist. Rom.*, t. IV, p. 174, note 259, tr. fr.

(2) Voy. GODEFROY, Comm. sur le Code Théod., liv. XIII, titre X, t. V, p. 116, col. 2.

rans des distributions d'argent et de terres. Hyginus, ingénieur cadastral qui écrivait sous Trajan, dit expressément que *trois légionnaires* recevaient *deux cents jugères de terre*, ce qui faisait 66 jugères $\frac{2}{3}$ par tête[1]. Le légionnaire était alors ce qu'est aujourd'hui le simple soldat. La portion de terre qu'on lui assignait était donc la plus petite parmi celles dont se composaient les distributions gratuites ; c'était aussi la portion qu'on donnait au plus grand nombre ; on conçoit dès lors qu'elle ait été adoptée pour unité. Le simple soldat recevait une de ces unités; les centurions, les tribuns, etc., en recevaient deux, trois, suivant l'élévation de leur grade[2].

Nous apprenons en effet par deux lois insérées au Code Théodosien que, sous Constantin et même sous Valentinien, la portion de terrain primitivement distribuée aux vétérans n'avait pas subi de changement notable. Ces deux empereurs accordèrent aux simples légionnaires une certaine quantité de terrain qui n'est pas exprimée, mais qu'on peut aisément déterminer puisque, pour cultiver et semer cette quantité de terrain, la loi accordait au vétéran une paire de bœufs, cinquante *modius* de froment et autant d'orge[3]. Cinquante *modius*

---

(1) « Solent culti agri ad pretium emeritorum æstimari. Si in illa pertica *centurias* ducentenum jugerum fecerimus, et *accipientibus dabuntur jugera sexagena sena besses, unam centuriam tres homines accipere debebunt.* » Hygin., *de Limit. constit.*, dans Goesius, p. 191. Dans cette portion des vétérans, il y avait des terres de labour et des prairies : « Agrum... assignare debebimus, qua falx et arater ierit. » *Id., ibid.*, p. 195, et not. Rigaltii.

(2) Voy. Niebuhr, *Hist. Rom.*, t. IV, p. 175, et note 262, tr. fr.

(3) « Veterani, juxta nostrum præceptum, vagantes terras accipiant, easque perpetuo habeant immunes ; et ad emenda ruri ne-

de froment suffisaient pour la semence de dix
jugères et cinquante *modius* d'orge pour celle de
neuf jugères environ [1], en tout dix-neuf jugères
de terre cultivée en grain. Le système des jachères
étant alors en vigueur, on sent que cette quantité
de dix-neuf jugères ne formait pas à beaucoup
près la totalité des terres arables qui entraient dans
la part du vétéran. Mais on sait qu'une paire de
bœufs peut labourer chaque année environ vingt-
cinq arpents [2], ce qui suppose, dans l'allocation
du légionnaire romain, environ cinquante jugères
de terres arables. Si maintenant l'on fait attention
que cette portion renfermait des prairies, qu'elle
devait renfermer aussi des taillis et des pacages,
qu'il pouvait y avoir enfin des vignes, des olivètes,
des vergers, des jardins, on ne pourra raisonnablement nier que la quantité des terres distribuées
aux vétérans sous Constantin et sous Valentinien

cessaria pecuniæ in nummis viginti quinque millia follium (1250 fr.)
consequantur; boum quoque par, et frugum promiscuarum modios
centum. » CONSTANTIN. MAGN., *in Cod. Theod.*, lib. VII, tit. 20,
leg. 3, t. II, p. 425. «Omnibus benemeritis veteranis, quam volunt
patriam damus et immunitatem perpetuam pollicemur. Habeant
ex vagantibus, sive ex diversis ubi elegerint agros... amplius ad-
dentes, ut etiam, ad culturam eorumdem agrorum, et animalia et
semina præbeamus; ita ut is qui ex protectore dimissus erit, duo
boum paria et centum modios utriusque frugis consequatur. Alii
vero, qui honestas missiones sive causarias consequuntur, singula
paria boum et quinquaginta modios utriusque frugis accipiant. »
VALENT. et VALENS, *in Cod. Theod.*, lib. VII, tit. xx, leg. 8,
t. II, p. 430.

(1) VARRON, I, XLIV, 1.

(2) D'après un renseignement fourni par M. Viallard, habile
agriculteur d'Alger, deux bœufs en Afrique peuvent labourer
vingt-six arpents en un an. Caton (c. x, 1.) fixe six bœufs pour la
culture de cent vingt arpents.

ne fût à peu près égale à celle qu'ils avaient reçue sous Trajan et les Antonins.

D'après cette loi, les *protecteurs*, qui répondaient à nos anciens gardes-du-corps, et qui étaient par conséquent élevés d'un degré au-dessus du simple légionnaire, recevaient une part double, c'est-à-dire deux unités, comme le prouve la loi de Valentinien que j'ai citée.

Maintenant il est aisé de concevoir que cette unité ait été désignée par un nom dérivé tout naturellement du mode de distribution des terres, et que, les légionnaires recevant 66 jugères $\frac{2}{3}$ de terre *par téte*, avec une paire ou *un joug* de bœufs pour les labourer, cette quotité de 66 jugères $\frac{2}{3}$ ait reçu les noms de *caput* et de *jugum*. On conçoit également que Caracalla, lorsque, après avoir donné le droit de cité à tous les sujets de l'empire, il les assujettit tous à l'impôt foncier [1], ait adopté pour unité, dans la répartition de cet impôt, une quotité fixe, depuis longtemps établie, en lui conservant les noms qu'elle portait, surtout si l'on se souvient que le premier et le plus usité de ces noms servait déjà depuis longtemps à désigner une unité imposable d'un ordre différent.

Jusqu'ici nous n'avons avancé que des inductions, fort probables sans doute, mais qui ne sont pas encore basées sur des preuves péremptoires. Un examen plus approfondi du texte de Majorien que nous avons cité plus haut va faire, nous l'espérons, ressortir jusqu'à l'évidence la justesse de nos conjectures. La simple lecture de ce texte montre en

_____
(1) DION CASS., LXXVII, 9.

effet, à n'en pas douter, que l'unité imposable, en matière de contribution foncière , se nommait *caput* ou *jugum*. Prouvons maintenant que ce *caput* n'était autre chose que la quantité de terre primitivement distribuée aux légionnaires.

Nous avons vu que le *caput* ou unité imposable de terre est estimée 1 000 *solidus* ou 15 000 francs en nombre rond. Columelle, qui écrivait sous Tibère et Claude, nous a transmis le prix d'un jugère de terre arable de moyenne qualité[1]; ce prix est de 1000 sesterces ou 250 deniers, somme égale à 250 francs. Maintenant en divisant les 15 000 fr. qui représentent la valeur d'un *caput* par 250 fr., prix d'un jugère, nous obtiendrons à peu près le nombre de jugères de terre que renfermait l'unité imposable. Ce nombre est de 60, c'est-à-dire inférieur seulement de $\frac{1}{11}$ à la portion du vétéran. Cette différence, très faible du reste, vient de ce que la valeur que nous attribuons au denier d'argent, calculée d'après son rapport avec l'*aureus*, est, pour cette époque, un peu trop élevée.

Appliquons ce résultat à la superficie de la partie de l'ancienne Gaule représentée aujourd'hui par le royaume français. Il y avait, dans cette partie de la Gaule, 1 529 000 *caput*, chacun de 66 $\frac{1}{3}$ jugères, ce qui revient à 101 523 666 jugères, ou 25 668 228 hectares 36 ares 47 centiares de terres imposables, telles que terres de labour, prés, futaies, taillis, pâtures, vignes, etc., etc. Aujourd'hui, en France, on compte 41 311 032 hectares 94 ares de terres

(1) COLUMELL., III, III, 8, ed. Schneid.

imposables de diverses natures, et seulement 25 559 151 hectares 75 ares 24 centiares de terres arables [1]. Pour connaître approximativement la quantité de terres arables qui existait dans la superficie imposable de l'ancienne Gaule, telle que nous venons de la déterminer, il faut établir la proportion suivante. Nous prendrons des nombres ronds pour plus de commodité.

41 300 000, total des terres imposables existant aujourd'hui en France, *sont à* 25 500 000, quantité de terrain aujourd'hui en blé, *comme* 25 600 000, total des terres imposables dans la Gaule au IV° siècle, *sont à x*; d'où *x*, c'est-à-dire la quantité de terrain cultivée en grains dans la Gaule aux III° et IV° siècles, *égale* 15 802 080 hectares.

Il faut en déduire, pour les jachères, 35 p. °/°, nombre indiqué par Columelle dans l'assolement des terres arables de l'Italie : il reste donc en terres à blé annuellement cultivées, 65 p. °/°, c'est-à-dire, en nombre rond, 10 271 380 hectares.

Le produit annuel de ces 10 271 380 hectares de la Gaule (en supposant 262 $\frac{715}{1000}$ livres de semence et 4 pour 1 de produit net, chiffres que nous donne Columelle pour l'Italie [2]) est, en nombre rond, de 10 834 867 906 livres de blé.

Ici, comme pour l'Italie, nous pouvons supposer, sans nous exposer à une grande erreur, que le quart au plus de la population habitait les villes et les gros bourgs, et que les trois autres quarts étaient répandus dans les campagnes.

(1) Statistique de la France, publiée en 1836 par M. le ministre des travaux publics, p. 108.
(2) III, III; 4.

Trois campagnards, consommant[1] annuellement 1 095 livres de blé chacun, dépensaient ensemble, pour leur nourriture, chaque année, 3 285 livres. Le citadin consommait dans le même espace de temps 797 livres. Le total de la consommation annuelle de 4 individus, dont 1 citadin et 3 campagnards, était 4 082 livres de blé; donc :

Autant de fois 10 834 867 906, quantité de blé annuellement consommée, contiendra 4 082, autant de fois il y aura 4 individus dans le chiffre de la population totale. En d'autres termes, le chiffre de la population totale $= \dfrac{10\,834\,867\,906}{4\,082} \times 4$

$= 10\,617\,215.$

Ce nombre de 10 617 215, qui n'est que le tiers de la population actuelle de la France, paraîtra bien faible au premier coup d'œil; mais si on se rappelle l'état de la Gaule, qui, au IVe siècle, était ravagée par les incursions des peuples germaniques, accablée d'impôts directs et indirects, de prestations, de corvées, de réquisitions extraordinaires, épuisée par les concussions des gouverneurs et des collecteurs d'impôts, on se convaincra, après un mûr examen, que, dans la détermination du chiffre de la population gauloise, je suis resté plutôt au-dessus qu'au-dessous de la vérité.

(1) Voy. ci-dessus, p. 286.

CHAPITRE IX.

Puisque nous avons suivi hors de l'Italie le mouvement de la population de l'empire, qu'on nous permette quelques considérations politiques sur une institution qui dut avoir une grande influence dans la question dont je m'occupe en ce moment. Les différents droits dont jouissaient les sujets de l'empire seront examinés en détail dans le volume suivant, où je traiterai de l'administration romaine; mais on peut ne pas trouver déplacées ici quelques lignes sur la manière dont les empereurs firent servir à leurs projets le *droit de cité*, droit qui constituait essentiellement le citoyen libre, et dont la plus ou moins grande extension augmentait ou diminuait le chiffre de la population libre.

Le dernier cens exécuté sous la république, en 683, par les censeurs L. Gellius Poplicola et Cn. Corn. Lent. Clodianus, ne fournit que 450 000 citoyens romains en état de porter les armes, c'est-à-dire depuis dix-sept jusqu'à soixante ans.

En 708, un autre dénombrement fut opéré par César, en qualité de préfet des mœurs. Appien[1] affirme que le nombre des citoyens était réduit à la moitié de ce qu'il était avant la guerre civile. Dion Cassius semble confirmer ce fait, en disant[2] que la population était considérablement diminuée à cause de la multitude de ceux qui avaient péri, comme

---

(1) *Bell. civ.*, II, 102.   (2) XLIII, 25.

César s'en convainquit d'après les registres de population, ἐκ τῶν ἀπογραφῶν. Plutarque même, et l'Epitome de Tite-Live, attribué à Florus, prétendent [1] que César ne trouva dans ce dénombrement que 150 000 citoyens ; c'est une erreur manifeste qui a été combattue par Juste-Lipse, Ruaud et Duker [2]. Cicéron fait mention [3] du cens opéré par Jules César comme y ayant fait lui-même sa déclaration. Mais, quant au cens de l'an 683, le nombre de 450 000 exprimé en toutes lettres dans l'abrégé de Tite-Live [4] ne présente aucun doute raisonnable ; il s'accorde avec le cens précédent qu'Eusèbe rapporte à l'an 664, et dans lequel on trouva 463 000 citoyens.

J'ajouterai que ces chiffres ne sont point en contradiction avec le nombre que Polybe nous a transmis pour l'an 529, comme extrait des tables du cens [5] et qui est de 750 000 âmes, car ce chiffre s'applique également à toute l'Italie renfermée entre les deux mers, le détroit de Messine et une ligne parallèle tirée de Luna à l'embouchure du Rubicon ; il comprend par conséquent toute la portion de cette contrée qui acquit le droit de cité en 663 par la loi Julia [6], et l'accord unanime des historiens romains prouve que, depuis cette époque de

---

(1) PLUTARCH., *in Cæs.*, c. LV. TIT.-LIV., *Epit.*, CXV, *et vid.* DUKER, Comment. h. l.

(2) JUST.-LIPS., *Elect.*, I, 27. RUALD., *in Plutarch.* DUK., *l. c.*

(3) *Ad Attic.*, XIII, 33, *init.*

(4) « Censa sunt civium capita quadringenta quinquaginta millia. » TIT.-LIV., *Epitom.* XCVIII.

(5) Voy. ci-dessus, p. 211 ss.

(6) Cf. SIGON., *De ant. jur. Ital.* III, 1, et SPANH., *Orb. Rom. Exerc.*, I. 10.

5ⱥ9, la population libre de l'Italie suivit longtemps une progression décroissante.

Nous avons vu qu'il ne se trouva que 450 000 citoyens dans le dénombrement de l'an 683 ; cependant le premier cens qu'Auguste exécuta 42 ans après, en vertu de sa puissance censoriale[1] et qui nous a été conservé par l'inscription d'Ancyre[2], nous présente un nombre de 4 063 000 citoyens romains : « In consulatu sexto censum populi, collega M. « Agrippa, egi ; lustrum, post annum alterum et qua- « dragesimum feci, quo lustro civium Romanorum « censa sunt capita quadragiens centum millia et « sexaginta tria millia. »

Rechercher quels ont été les motifs, quels ont dû être les effets de cette extension prodigieuse du droit de cité dans un laps de temps si court, tel est le but et l'objet de ce chapitre. Ce que je puis affirmer, c'est que la question est extrêmement neuve, et que les chiffres que j'ai rapportés ont été admis par tous les savants qui se sont occupés de cette matière, sans qu'aucun d'eux ait songé le moins du monde à en examiner les conséquences.

C'est le plus grand homme de l'univers et le plus habile politique de l'Etat romain qui ont osé concevoir et exécuter cette opération, si opposée aux maximes de l'ancien gouvernement, si offensante pour l'orgueil, si contraire en apparence aux intérêts du peuple roi, qui voyait diminuer, en les par-

(1) *Censoria potestate.* Cf. Pioxi, an 725.
(2) *Monum. Ancyr.* a Gronov. *restit.*, tab. 2. Voy. l'extr. du mém. du docteur Franz sur l'inscr. grecque et latine d'Ancyre, lu en 1839 à l'Acad. roy. des Sciences de Berlin, dans le journal *l'Institut,* quatrième année, août 1839, p. 118-120.

tageant, ses émoluments, son pouvoir et ses priviléges.

La nécessité, la loi suprême du salut de l'empire, décidèrent César et Auguste à l'adoption de
cette mesure, qui dut exercer une puissante influence sur la composition et le recrutement de
l'armée, sur le système des impositions et la quantité des revenus de l'Etat, enfin sur l'action du gouvernement impérial. De l'examen de ces questions
importantes il doit, si je ne m'abuse, jaillir de nouvelles lumières sur un grand nombre de faits de
l'histoire publique ou privée des empereurs romains.

Les grandes conquêtes de Pompée et de César,
en reculant les frontières de l'empire, l'avaient
mis, vers l'Orient et le Nord, en contact immé-
diat avec le puissant royaume des Parthes et les
nations libres et guerrières de la Germanie. Les
Gaules n'avaient cédé qu'après une lutte opiniâtre,
soutenue avec énergie pendant dix années; leur fidélité devait être longtemps suspecte à leurs vainqueurs. Il fallait nécessairement, pour conserver
ces acquisitions nouvelles et se défendre contre les
nouveaux Etats que cet empiétement soudain avait
rendus limitrophes de l'empire, de plus fortes armées permanentes, un plus grand nombre de légions tenues constamment sous les drapeaux. Mais
ces corps ne pouvaient se composer ni se recruter
que des 450 000 citoyens libres de dix-sept à
soixante ans qu'avait offerts le cens de 683. Ce nombre même d'hommes libres était diminué quand
César commença la guerre civile. Une base plus
large était donc indispensable pour la fondation

et l'entretien de ces armées nationales, qui, sans un péril extrême pour l'Etat, ne pouvaient être inférieures en force aux corps au..iliaires.

C'est sans doute ce puissant motif qui décida J. César, lors de sa dictature, en 705, à donner le droit de cité complet à toute la Gaule transpadane[1]. Un projet de loi semblable avait été proposé seize ans auparavant, sous le consulat de J. César et de Bibulus[2], mais il avait échoué devant l'opposition des tribuns du peuple. Dion dit[3], à la vérité, que César donna le droit de cité à la Gaule cisalpine parce qu'elle avait été sous son gouvernement; mais il me semble que c'est prêter un motif bien faible et bien vulgaire à cette grande résolution d'un homme de génie[4].

J'ose donc l'assurer avec confiance, ce fut la corruption des mœurs et la progression constante de la pratique du célibat; ce fut la diminution du nombre des citoyens romains, attestée par Tacite, Suétone et Dion[5] comme une conséquence immédiate de ces deux causes, qui obligea d'abord J. César, ensuite les triumvirs et Auguste[6], à étendre le droit de cité dans les provinces. En effet, depuis les guerres civiles de Marius et de Sylla jusqu'à la bataille d'Actium, quelles armées immenses de Romains

---

(1) Dio., XLI, 36. Cicer., *Philipp.*, XII, 4, et *Manutii not.* César fit même entrer au sénat quelques notables de la Gaule transalpine. Suéton., *Cæs.*, c. LXXVI, 8.

(2) Dio., XXXVII, 9.   (3) XLI, 36.

(4) César donna aussi, en 705, le droit de cité à tous les habitants de la ville de Cadix, et ce privilége fut ratifié par un plébiscite. Dio, XLI, 24.

(5) Tacit., *Ann.*, XIV, 27. Suét. *August.*, 34. Dio., XLIII, 25. Conf. Gell., II. 15.

(6) Suéton., *Aug.*, 47.

contre Romains! Octave et Antoine, Brutus et Cassius avaient, en 711, cinquante-neuf légions[1]. Que de citoyens s'étaient enrôlés dans ce service, où les vingt plus belles années de leur vie s'écoulaient dans le célibat! Marc-Antoine, pendant son consulat, avait suivi les pensées ou les projets de César en donnant à la Sicile et à des provinces entières le droit de cité complet. Cicéron, qui était alors l'ennemi déclaré d'Antoine, dit à Atticus que cette loi a été portée par César dans les comices : « Legem a dictatore comitiis latam, qua Siculi « cives Romani[2]. » Mais comme elle n'avait pas été publiée du vivant de César, il accuse Antoine, dans cette lettre et dans la deuxième Philippique, d'avoir fabriqué la loi et d'avoir reçu des Siciliens de grandes sommes d'argent en échange du droit de cité. Cependant, dans la première Philippique[3], Cicéron avait jugé utile de faire ratifier par le sénat les lois que César avait portées pendant sa vie, et celles qui avaient été promulguées après sa mort comme étant son ouvrage, entre autres celle qui accordait à des nations et à des provinces entières le droit de cité avec l'exemption des impôts.

Je ne prétends point nier, quoique nous n'ayons pour établir ce fait que l'assertion de son adversaire, je ne nierai point, dis-je, qu'Antoine, qui

(1) 295 000 hommes, sans compter la cavalerie romaine, en supposant chaque légion de 5 000 soldats.

(2) *Ad Attic.*, XIV, 12. Cf. *Philipp.*, II, 36. « Civitas non jam singillatim, sed provinciis totis dabatur. Itaque si hæc manent quæ stante republica manere non possunt, provincias universas, P. C., perdidistis, neque vectigalia solum, sed etiam imperium. »

(3) I, 9.

avait besoin d'argent et pour ses profusions et pour accroître les forces de son parti, ne se soit fait payer largement les priviléges politiques qu'il accordait, puisque l'exemption d'impôts suivait nécessairement l'admission au droit de cité complet[1]. Mais le fait lui seul prouve évidemment que César et Antoine jugeaient indispensable d'agrandir et d'affermir la base de l'armée nationale, en augmentant le nombre des citoyens romains, qui alors ne pouvaient plus suffire à sa formation et à son recrutement.

On s'affranchit par cette mesure d'un grave inconvénient auquel, depuis Marius et Sylla, on avait été exposé, celui de faire entrer dans les légions les prolétaires[2] et les affranchis. Les révoltes fréquentes de ces corps, qui menacèrent plusieurs fois l'existence du pouvoir de César et d'Octave[3], révoltes qu'on était forcé d'apaiser momentanément par des distributions d'argent et de terres enlevées de force au parti vaincu; les vols, les brigandages qui suivaient le licenciement de ces armées, formées en grande partie de l'écume de la société, avaient fait sentir la nécessité de revenir aux anciennes institutions de la république, et de ne confier les armes qu'aux citoyens qui, pour la con-

---

(1) Antoine donna même au rhéteur Sextus Clodius, qui écrivait ses discours, 2 000 jugères du domaine public, exempts de dîme et de tout impôt. Ces biens étaient situés en Sicile, dans le fertile territoire des Léontins. Cicero, *Philipp.*, II, 17.

(2) *Capite censi.* Sallust., *Bell. Jug.*, c. xci. Suet., *Aug.* XVI, 1.

(3) Suet., *J. Cæs.*, 70. *Aug.*, 17, 32. Dio., XLII, 52.

servation de leurs propriétés, étaient intéressés à défendre l'ordre établi. Tacite[1] approuve cette mesure. «On eut, dit-il, un solide repos au dedans et des succès contre les étrangers, lorsque la Transpadane eut reçu le droit de cité et que l'épuisement de nos légions répandues sur toute la terre fut réparé par l'incorporation des plus braves guerriers des provinces.»

Il en est ainsi dans tous les temps et dans tous les bons gouvernements. Il faut que l'armée et les corps qui en sont la pépinière ou l'appui, qu'ils se nomment milice, garde nationale, landwher ou yeomanry, soient composés de propriétaires ayant par cela même un intérêt direct à soutenir le pouvoir, à défendre les libertés, à maintenir l'ordre public.

Il y eut donc alors, non pas deux systèmes, mais deux applications différentes du même système. La première, en ouvrant par une grande extension du droit de cité un champ plus vaste à la pépinière des armées nationales, offrait un élément plus puissant pour les conquêtes futures, une plus grande sécurité contre l'invasion des nations barbares. C'était la pensée de César suivie par Antoine et adoptée ensuite par Mécène[2].

La seconde, réalisée par Auguste[3], en n'admettant au rang et aux droits de citoyens romains que les magistrats des cités, les notables et les grands propriétaires des provinces, assurait davantage le pouvoir impérial contre les soulèvements du peuple et les mutations de gouvernement; mais elle

(1) *Ann.*, XI, 24.　(2) *Vid.* DION, LII, 19.
(3) *Vid.* SUET., *Aug.*, 47.

.I.　　　　21

offrait moins de ressources pour la guerre exté-rieure. Aussi ce prince, dans son testament poli-tique[1], donna-t-il le conseil de ne plus étendre les bornes de l'Empire, *coercendi intra terminos im-perii.*

Il paraît que le droit de cité accordé à tous les Siciliens par Antoine leur fut retiré par Auguste, puisque Pline[2], dans les soixante-huit villes de la Sicile, n'en indique que six qui eussent le droit de cité romaine; les autres avaient reçu de César les droits du Latium[3].

Enfin, une preuve positive que le nombre des citoyens romains, quoique porté, en 745 de Rome, à 4 203 000, ne pouvait suffire complétement au besoin des armées actives et à la garde de l'inté-rieur de l'empire, nous est fournie par Suétone et Dion[4].

Ces auteurs rapportent qu'en 760 et 763, Au-guste fut contraint d'enrôler des affranchis, et même des esclaves, pour garder les colonies voi-sines de l'Illyrie et défendre la frontière du Rhin, quoiqu'il eût restreint lui-même par des lois très sévères[5] l'affranchissement des esclaves et les droits civils et politiques des affranchis. Pline[6] compte au nombre des infortunes de ce prince la nécessité qui le força d'enrôler des esclaves faute

---

(1) Tacit., *Ann.*, I, 11.   (2) Hist. nat., III, 14.

(3) Cicer., *ad Att.*, XIV, 12.

(4) Dio., LV, 31; LVI, 23. Suet., *Aug.*, XXV, 2. Dans la guerre contre Sextus Pompée, Octave avait été forcé d'affranchir 20 000 esclaves pour en faire des rameurs. Suet., *Aug.*, XVI.

(5) Suet., *Aug.*, XL, 8. Justinien, *Inst.*, I, 5 et 6.

(6) Hist. nat., VII, 46, t. I, p. 401, l. 4.

de citoyens propres au service militaire : *Servitiorum delectus juventutis penuria.*   ⊹

Il est évident que ces restrictions imposées par Auguste à l'extension du droit de cité lui étaient dictées par la prévoyance, qu'une pareille mesure allait diminuer considérablement les revenus de l'État [1], et, par là même, créer de grands obstacles à l'action et à la durée du gouvernement impérial qu'il venait d'établir.

En effet, le titre de citoyen romain, outre des priviléges civils et politiques très importants, conférait l'exemption totale de l'impôt foncier, des droits de douane, d'octroi et de péage ; et cette immunité, consacrée par une longue possession [2], était devenue, sous Auguste, une prérogative inviolable des citoyens romains, à laquelle il eût été dangereux de porter atteinte.

(1) Voyez dans DION, LII, 6, le discours d'Agrippa, qui affirme que les revenus de l'État, en 725, ne peuvent plus suffire à ses dépenses obligées. Vespasien estime à 40 000 000 000 de sesterces (10 000 000 000 de francs) la somme nécessaire pour réparer les désastres des guerres civiles et remettre en bon état l'empire romain : *Ut Respublica stare posset* (SUÉTON., *Vespas.*, c. XVI). M. Jacob, après avoir discuté si cette somme représentait le revenu annuel, ou la réserve du trésor public, ou la masse des métaux monnayés en circulation, s'arrête à cette dernière supposition (*Precious metals*, t. I, p. 223).

(2) Pour l'impôt foncier, depuis 585, pour les autres, depuis 694 de Rome. DIO., XXXVII, 51. Un passage de l'*Agrimensor Simplicius*, extrait, suivant Niebuhr (Hist. rom., t. IV, p. 454), de Frontin, qui vécut sous Trajan et Vespasien, confirme ce droit immunitaire de l'Italie : « Per Italiam nullus ager tributarius, sed aut colonicus, aut municipalis, aut alicujus castelli, aut conciliabuli, aut saltus privati. » (GOES., p. 76.) Néanmoins la république ou l'empire était regardé comme propriétaire du sol ; l'usufruit seul, mais presque perpétuel, appartenait aux particuliers. SIMPLIC., *ibid.* NIEBUHR, Hist. rom., t. IV, p. 423, ss.

Dans la guerre contre Antoine, Octave, qui régnait alors par la force, avait mis un impôt sur toutes les terres de l'Italie[1]. Cet impôt avait causé un soulèvement général; et aussitôt après la bataille d'Actium, il fut supprimé[2].

Il faut lire dans Dion[3] tout le détail des précautions et des ruses qu'Auguste employa, lorsque, désirant former une caisse permanente pour la retraite et les récompenses des soldats, il voulut établir un impôt pour fournir les fonds de cette caisse. D'abord il consulte le sénat; le sénat, après de longues délibérations, ne trouve rien qui puisse contenter les esprits, prévenir les reproches d'une nation fière et jalouse à l'excès de ses priviléges; tous étaient même révoltés du seul projet d'une imposition quelle qu'elle fût. Alors Auguste fait porter, de son propre trésor et de celui de Tibère, des fonds[4] dans une caisse à laquelle il donne le nom de caisse militaire, et dont il confie l'administration à d'anciens préteurs; il reçoit les souscriptions de quelques rois et de quelques nations. Mais les sénateurs, mais les chevaliers, mais le peuple de Rome s'obstinent à ne point contribuer, et les fonds restent insuffisants pour un objet d'une aussi grande importance, car il ne s'agissait de rien moins que d'assurer les propriétés. Jusqu'alors on avait donné aux soldats les récompenses et les retraites en terres dont on dépouillait les citoyens,

(1) Dio.. L, 20.   (2) Dio., LIII, 2.
(3) Id., LV, 25; LVI, 28.
(4) 170 000 000 de sesterces, environ 42 000 000 de francs. Inscr. Ancyr., tab. 3.

et c'était pour prévenir un abus si criant qu'Auguste proposait cette utile mesure. Mais telle était l'ombrageuse jalousie du peuple romain sur tout ce qui pouvait effleurer ses franchises, telle était sa prévention contre tout ce qui pouvait ressembler à un tribut et confondre le peuple roi avec les peuples sujets, que tous se refusaient avec opiniâtreté à la sage innovation d'Auguste. Ce dernier s'adresse de nouveau au sénat, et, pour éviter l'éclat d'une délibération publique qui pouvait compromettre vis-à-vis de la nation les sénateurs qui auraient ouvert l'avis de l'impôt, il demande à chacun de lui remettre un projet par écrit. Ayant connu par là qu'ils préféraient tout autre impôt au vingtième sur les successions, il déclara qu'il imposerait les terres et les maisons, sans indiquer cependant la quotité de la contribution, et il fit de suite estimer par des classificateurs la valeur des propriétés municipales ou particulières. Alors le sénat, qui abhorrait surtout l'impôt foncier, revint au projet d'Auguste, et ce prince publia la taxe qu'il avait arrêtée depuis longtemps en lui-même[1] : c'était le vingtième sur les legs et les successions collatérales. On exceptait celles des parents les plus proches et les plus pauvres. Il avait choisi cette taxe de préférence, d'abord parce que l'imposition, n'étant payée qu'au moment d'un accroissement de fortune, était moins pénible à supporter, et ensuite parce qu'ayant déjà été établie une fois par Jules César, elle arrivait en quelque sorte protégée par un grand nom, pour lequel le peuple romain conservait de l'admiration

[1] L'an de Rome 759.

et du respect. Mais tant de circonspection, de ménagements et d'adresse, échouèrent contre les préventions enracinées depuis deux siècles dans tous les esprits ; le peuple murmura, des cris séditieux éclatèrent et tout menaçait d'une révolution.

J'ai cru devoir entrer dans ces détails afin de montrer clairement quel était, sur ce point, l'esprit général de la nation.

Cependant, malgré toute la prudence qu'Auguste avait mise dans l'extension du droit de cité, le nombre des citoyens romains s'était accru des neuf dixièmes dans le cours de vingt années. On y avait admis, dans l'intérêt de l'Etat, les plus riches propriétaires de l'empire. Cette admission, toute nécessaire qu'elle fût alors, avait diminué la quotité de matière imposable, et néanmoins les dépenses, soit pour l'administration civile, soit pour l'entretien de l'armée, soit pour la retraite et les récompenses dues aux vétérans, dépassaient de beaucoup le taux ordinaire des derniers temps de la république et même de la dictature de Jules César.

Il paraît certain que ce fut la nécessité de ramener l'équilibre dans le budget des recettes et des dépenses de l'empire, qui contraignit Auguste à entreprendre et à terminer cette opération gigantesque du cadastre de tout l'empire romain, qui avait été admise comme un fait extraordinaire, quoique incontestable, mais dont jusqu'ici on n'avait pas même soupçonné la cause et le motif.

Quel pouvait être le but de ce cadastre et de cette estimation si difficile et si dispendieuse, sinon l'augmentation, alors indispensable, du taux de la contribution foncière sur les tributaires qui n'a-

vaient pas obtenu le droit de cité, et, pour en alléger le poids, une répartition plus égale de l'impôt,
d'après la valeur mieux connue des diverses propriétés. Je puis même ajouter que cette explication
peut prendre place au nombre des faits les mieux
avérés, puisque nous voyons, sous Auguste, plusieurs Etats, plusieurs royaumes ou provinces, soumis à un cens, à un cadastre, à des impôts qu'ils
ne connaissaient pas auparavant[1].

Depuis la fin du règne d'Auguste jusqu'à l'empire
de Vespasien, le nombre des citoyens romains
s'était accru très probablement de moitié. Le chiffre du dénombrement fait en 827 par Vespasien
et Titus nous manque; mais Tacite et Eusèbe nous
ont transmis le nombre des citoyens romains que
fit connaître le cens opéré par Claude, l'an 801; il
montait, selon Tacite[2], à 5 984 072; selon Eusèbe[3],
à 6 844 000. Or, nous savons positivement par les
récits de Suétone, de Pausanias, de Philostrate[4],
que le droit de cité fut prodigué par Néron avec la
même imprévoyance qu'il l'avait été sous le règne
de Claude ou de ses affranchis[5], et à ce privilége
était attachée encore l'exemption, pour le titulaire,
d'une grande partie des impôts. Il dut en résulter une
diminution considérable dans les revenus de l'Etat.

(1) Voy. ci-dessus, liv. I, ch. ix, Cadastre de l'empire; et PERI-
ZON., *Dissert.*, IV, p. 330, sqq.
(2) *Ann.*, XI, 25.
(3) *In Chronica ed an. MMLXI.*
(4) SUET., *Nero*, XXIV, 6. PHILOSTRATE, *Apollon.* V, 41. PAU-
SAN., *Achaic.*, p. 222.
(5) Vid. SENEC., *Apocolokynthos.*, t. II, p. 846, éd. Var.

Mais Caligula, Claude et Néron, quand ils avaient épuisé le trésor par des largesses inconsidérées, savaient le remplir par des meurtres et des confiscations.

C'est sous Galba seulement, qui voulait suivre une autre marche dans l'administration de l'empire, que s'introduit une restriction importante dans le privilége du droit de cité.

Tacite[1] nous apprend que la Gaule, qui avait, presque tout entière, suivi le parti de Vindex contre Néron, avait obtenu le droit de cité avec l'exemption seulement du quart de ses impôts. Ainsi, depuis le règne de Galba jusqu'à celui de Trajan, il exista une différence marquée de priviléges entre les *anciens* et les *nouveaux* citoyens. Pline-le-Jeune[2] a pris soin de consigner ce fait curieux. Les premiers ne payaient pas le 20° sur les legs et les successions, pour les héritages en ligne directe; les seconds, soit qu'ils fussent devenus citoyens romains par l'exercice des magistratures dans les villes jouissant du droit latin, soit qu'ils eussent obtenu ce titre par la faveur du prince, étaient soumis à cet impôt lorsqu'ils héritaient d'un citoyen romain, et ne pouvaient même, s'ils n'obtenaient en même temps le *jus cognationis*, hériter gratuitement de leurs ascendants ou de leurs descendants, même les plus proches. Cependant on

---

(1) *Hist.*, I, VIII, 51. PLUTARCE., *in Galba*, c. VI et XVIII, ed. Reisk.

(2) *Panegyr.*, c. 37-40. Cf. SCHWARZ, *ad. h. l.*, et P. BURMANN., *de Vectig. P. R.*, ch. XI et *ibid.*, p. 172, sur le droit de cité donné par Caracalla à tous les sujets de l'empire.

mettait alors, ajoute Pline, tant de prix à acquérir le titre de citoyen romain que ces grands désavantages ne pouvaient pas décourager les poursuivants. On allait pour cela jusqu'à se mettre dans l'esclavage, afin de se faire affranchir et de devenir citoyen romain. Les Latins et les Italiens, au VIᵉ siècle de la république, fraudaient ainsi la loi, dit Tite-Live[1]; et il en était de même sous les Antonins, comme le prouve ce dialogue de Pétrone[2] : « Quare « ergo servisti? — Quia ipse me dedi in servitu- « tem; malui enim civis Romanus esse quam tribu- « tarius. »

Le rapprochement de plusieurs passages de Suétone, de Pausanias, de Dion et de Spartien, combinés avec le texte de Pline dont j'ai donné l'analyse, peut fournir, ce me semble, l'induction très probable qu'à compter de Vespasien, les provinciaux admis au droit de cité[3] ne jouissaient plus de l'exemption d'impôts attachée auparavant à ce titre. Car Vespasien[4] enleva ce privilége, qui était un droit acquis, à toute la Grèce, à la Lycie, à Rhodes, à Byzance et à Samos , *libertatem ademit;* et la preuve qu'à ce don de la liberté était jointe l'exemption de tribut nous est fournie par Pausanias, qui

(1) XLI, 8.

(2) *Satyric.*, c. 57.

(3) C'est de Galba que date sans doute la distinction entre le droit quiritaire, l'*optimum jus*, et le droit de cité. GIRAUD, Droit de propr., p. 212, 213, et les notes. M. LABOULAYE, Droit de propr., p. 92, 93, identifie le *jus Quiritum* de la république et du premier siècle de l'empire avec le *jus Italicum* du troisième siècle de l'empire romain.

(4) SUÉTON., *Vesp.*, ch. VIII.

dit formellement [1] que Néron avait accordé la liberté à toute la Grèce, mais que Vespasien l'abolit
et soumit de nouveau la Grèce au tribut : Καὶ σφᾶς
(Ἓλληνας) ὑποτελεῖς τε αὖθις ὁ Οὐεσπασιανὸς εἶναι φόρων.
Enfin nous savons qu'Adrien [2] et Antonin [3] accordèrent avec beaucoup de libéralité le droit de cité, que
Marc-Aurèle en fit de même [4]. Cependant Antonin
laissa en mourant, dans l'*ærarium*, 748 000 000 [5]
de francs, et Marc-Aurèle légua à son fils Commode
un trésor bien rempli, que celui-ci épuisa par ses
profusions insensées [6].

L'ensemble de ces faits nous porte donc à croire
que, depuis Vespasien jusqu'à Caracalla, ceux qui
obtinrent le droit de citoyen romain ne jouirent
pas plus de l'exemption des diverses natures d'impôts qu'ils n'avaient joui, avant Trajan, de l'exemption du 20ᵉ sur les successions en ligne directe.
Sans cela l'extension prodigieuse du droit de cité
aurait presque entièrement tari la source des revenus de l'Etat. Un passage d'Ulpien appuie cette
déduction; on y voit Antonin donner le titre de
colonie romaine sans exemption de tribut [7].

C'est par là aussi que s'explique l'intention fis-
cale de Caracalla en donnant le droit de cité à tous
les sujets de l'empire [8]. Par cette faveur apparente

---

(1) *Achaïc*, p. 222.   (2) SPARTIAN., *in Adrian.*, c. XXI.
(3) JUSTINIAN., *Novella*, 78, cap. V.
(4) AUREL. VICTOR, *de Cæs.*, c. XVI.
(5) DIO., LXXIII, 8. Ἑξακισμύριαι καὶ ἑπτακισχίλιαι καὶ πεν-
τακόσιαι μυριάδες δραχμῶν.
(6) DIO., *l. c.* SPARTIAN., *Pertin.*, c. VII.
(7) « Divus Antoninus Antiochenses colonos fecit *salvis tributis*. » (*Dig.*, *de Censibus*, L, XV, 8, § 5.)
(8) DIO., LXXVII, 9.

il les soumit à l'impôt du 20ᵉ sur les successions qui n'atteignait pas les citoyens romains. Son avarice doubla même le droit; et certes il n'eût pas renoncé gratuitement, dans une telle pénurie d'argent, aux revenus qu'il tirait des autres impôts, si, à cette époque, l'admission au droit de cité en eût impliqué l'exemption.

On vit alors s'accomplir, mais deux cents ans trop tard, la sage mesure que Mécène avait conseillée à Auguste lors de l'établissement de l'empire. Cette opinion de l'un des plus habiles politiques de l'ancienne Rome, les motifs qui engagèrent Auguste à la rejeter, me semblent mériter un examen et une discussion qui rentrent d'ailleurs dans l'objet et le but de ce chapitre.

Mécène, dans le discours que Dion [1] nous a transmis presque tout entier, proposait à l'empereur d'augmenter le nombre des sénateurs et des chevaliers, d'ouvrir l'entrée de l'ordre équestre ou sénatorial aux principaux notables de toutes les provinces, enfin de conférer le droit de cité à tous les sujets libres de l'empire [2].

Pour subvenir aux dépenses obligées de l'Etat, dans la paix ou dans la guerre, il conseillait de vendre tous les domaines publics, d'instituer, avec les capitaux provenant de cette vente, une banque qui prêtât, moyennant un intérêt modéré et des garanties suffisantes, des fonds à tous ceux qui en feraient un emploi utile, soit dans l'agriculture, soit dans l'industrie. Il proposait, en outre, de soumettre, sans distinction, à un léger impôt tous les

(1) LII, 14-40.   (2) Dio., LII, 19.

sujets libres de l'empire, de répartir également cette contribution sur toutes les matières imposables, d'après une estimation précise, et de diviser par petites portions le recouvrement annuel.

Ces vues sur la politique, l'administration et les finances sont, à ce qu'il me semble, d'un ordre si élevé, qu'on s'étonne à la fois de les rencontrer au 1er siècle de l'ère chrétienne, et de voir que, jusqu'au xixe siècle, on n'ait pas songé à les apprécier.

Les motifs apparents, exposés par Mécène à l'appui de son projet d'admettre au sénat et dans l'ordre équestre les principaux notables des provinces, sont que ces hommes influents, fixés à Rome par leurs emplois, deviendront des otages de l'empereur, des instruments de sa puissance, attachés à sa conservation par leur intérêt, et lui répondront de la fidélité des provinces, qui, privées de leurs chefs, n'oseront plus tenter de révoltes ni de soulèvements [1].

Le but de ce grand homme d'état, en conférant le droit de cité à toutes les provinces, était d'abolir les priviléges, d'effacer ces distinctions odieuses de maîtres et de sujets, de consolider la force et l'unité de l'empire, d'intéresser tous les citoyens à sa durée, et de faire enfin de Rome la patrie commune de tout le monde romain [2].

La vente des domaines publics et l'institution de la banque devaient, selon Mécène, améliorer la culture, augmenter la richesse publique et rendre

---

(1) Il est à remarquer que Napoléon, qui avait si fortement organisé la concentration du pouvoir impérial, a réalisé sur ce point la pensée de Mécène.

(2) Dio., *ibid.*

plus facile la perception de l'impôt. Cet impôt, assis également sur tous les hommes libres, leur semblerait moins dur à payer, parce que, tous étant admissibles aux fonctions rétribuées, les uns en recouvreraient une partie à titre de salaire, et les autres sacrifieraient sans peine une petite portion de leur revenu pour jouir avec plus de sécurité du reste de leur fortune [1].

Tels étaient les motifs apparents de Mécène, que Dion nous a conservés. Mais cet habile politique, en proposant ces innovations, avait, je n'en doute pas, une vue plus profonde, plus étendue, que peut-être il avait exprimée formellement dans la partie de son discours aujourd'hui perdue, mais qu'on peut facilement déduire de l'ensemble de ses propositions [2].

Pour cela il faut se bien représenter ce qu'était l'empire romain et comment il s'était formé ; je ne puis en donner une idée plus juste qu'en reproduisant la belle analyse qu'en a donnée M. Guizot [3]. « Rome, dit-il, n'était, dans son origine, qu'une municipalité, une commune. Le gouvernement romain n'a été qu'un ensemble d'institutions municipales. C'est là son caractère distinctif ; il a survécu même à la destruction de l'empire. Quand Rome s'est étendue, ce n'a été qu'une agglomération de colonies, de municipes, de villes libres, de petits États faits pour l'isolement et l'indépendance. Ce caractère municipal du monde romain rendait évidem-

---

(1) Dio., LII, 28, 29.   (2) *Vid.* Dion, LII, 14, 15, 16, 30.
(3) Voyez le Cours d'hist. mod. de M. Guizot, en 1828, deuxième leçon, p. 13-16. Cette idée y est parfaitement développée

ment l'unité, le lien social d'un grand empire, extrêmement difficile à établir et à maintenir. Aussi, quand l'œuvre paraît consommée, quand tout l'Occident et une grande partie de l'Orient sont tombés sous la domination romaine, vous voyez cette prodigieuse quantité de cités, de petits Etats, formés, je le répète, pour l'isolement et l'indépendance, se désunir, se détacher, s'échapper, pour ainsi dire, en tout sens. L'empire essaya vainement de porter de l'unité et du lien dans cette société éparse. »

La pensée fondamentale de Mécène, en donnant le droit de cité à tous les sujets, en consacrant l'admission de tous à toutes les fonctions et l'égale répartition de l'impôt, en abolissant les assemblées délibérantes des villes, en établissant l'unité des monnaies, des poids et des mesures [1], eut évidemment pour but de dissoudre l'élément municipal, de créer un nouveau système, d'accord avec le principe monarchique qui surgissait sous Auguste, et qui, soutenu par l'unité vigoureuse du pouvoir central, par la forte organisation de la discipline militaire, de l'administration civile et religieuse, eût lutté avec succès contre la corruption des mœurs, la dissolution intérieure de l'Etat et l'invasion des Barbares.

Le caractère politique d'Auguste, envisagé d'une manière générale, se distingue plus par l'adresse et la ruse, par l'emploi judicieux des précautions et des ménagements, que par une volonté ferme, que par des moyens d'action énergiques et décisifs.

[1] Dio., LII, 30.

Il est probable que les vaines tentatives essayées par lui dans son triumvirat, pour soumettre à l'impôt cette noblesse privilégiée qui portait le nom de *peuple romain*, l'empêchèrent d'adopter les idées de Mécène; qu'il n'osa heurter de front les préjugés et les répugnances d'une nation fière et jalouse à l'excès de ses prérogatives.

C'est par ces motifs sans doute qu'il resserra dans des limites plus étroites l'extension du droit de cité, et qu'il refusa son assentiment aux autres innovations proposées par Mécène.

Mais cependant le nombre des citoyens romains s'était accru des neuf dixièmes, depuis la première année de la dictature de César jusqu'à l'établissement de l'empire.

Ce nouvel état de choses dut exercer une influence notable sur l'agglomération des fortunes, et sur la conduite des empereurs qui se succédèrent depuis Auguste jusqu'à Vespasien.

C'est dans cette période que la concentration des propriétés s'augmente de plus en plus [1], qu'on voit s'élever en un clin-d'œil les fortunes énormes de quelques affranchis, que la richesse commence à changer de mains, et, au lieu d'être l'apanage des grandes familles patriciennes, se répartit entre des hommes obscurs qui, sous le nom du prince, distribuaient, pour de l'argent, les distinctions, les récompenses, les faveurs et les priviléges.

La vente du droit de cité, qu'on achetait à un haut prix, parce qu'il donnait de grands profits et

----

(1) Voyez, t. II, liv. III, le chap. sur la diminution de la popul. et des produits de l'Italie.

de superbes prérogatives, cette vente dont Marc-
Antoine, dans son triumvirat, avait tiré tant d'argent[1], fut, sans aucun doute, la source principale
de l'énorme fortune des affranchis de Claude,
Pallas, Calliste et Narcisse, de ceux de Néron,
Doryphore, Polyclète, Hélius et Halotus, et même
de ceux de Galba et de Vitellius, Icelus et Asiati-
cus, dont la richesse, selon Pline[2] et Tacite[3], n'é-
tait pas moins exorbitante.

De plus, ces six ou sept millions de citoyens
romains, choisis parmi les plus riches propriét-
taires de l'empire, avaient accru leur fortune par
l'exemption d'impôts attachée à ce titre, par l'usure,
par des acquisitions successives.

Pline, témoin oculaire de la distribution des
richesses à cette époque, affirme positivement que
la concentration des propriétés a perdu l'Italie et
même les provinces. Il cite à l'appui de cette assertion la province d'Afrique, dont la moitié appartenait à six individus, que Néron fit périr pour
s'emparer de leurs dépouilles. « Latifundia perdi-
« dere Italiam, jam vero et provincias. Sex domini
« semissem Africæ possidebant, cum interfecit eos
« Nero princeps[4]. »

Cette concentration monstrueuse de la propriété
dans la classe des citoyens romains, l'impossibilité
de lever des impôts sur cette caste privilégiée, et
de subvenir par des emprunts au déficit des res-

(1) Vid. ci-dessus, p. 319, 320.
(2) XXXIII, 47.
(3) *Ann.*, XIV, 65. *Hist.*, I, 37. Pallas était riche de cent millions. Dio., LXII, 14.
(4) Hist. nat., XVIII, vii, 3.

sources ordinaires donnent l'explication des crimes des empereurs. Lorsque, par des profusions insensées, ils avaient épuisé le trésor public, pour en combler le vide il ne leur restait d'autres ressources que les condamnations, les meurtres et les confiscations; car on ne peut s'expliquer chez les empereurs cette rage aveugle, cette cruauté absurde, dont l'infaillible effet devait être de soulever contre eux toutes les haines, et de compromettre tôt ou tard leur vie et leur pouvoir, si l'on ne suppose qu'ils étaient poussés à ces affreuses extrémités par une nécessité impérieuse, par ce besoin d'argent qui renaissait sans cesse, et qu'il leur était impossible de satisfaire par des voies légales.

Lisez l'histoire de Caligula, de Néron, de Domitien, de Commode, de tous les mauvais princes; vous verrez que les commencements de leurs règnes n'ont point été odieux, parce que, dans cette période, l'argent ne leur manquait pas. Le bon ordre établi par Tibère, la sage administration de Burrhus et de Sénèque, la rigide économie de Vespasien et de Marc-Aurèle avaient laissé à Caligula, à Néron, à Domitien, à Commode, un trésor bien garni, des finances en bon état, et une surabondance de richesses qui suffit quelque temps à leurs folles dissipations. La cruauté ne vint qu'à la suite de la prodigalité. Ce fut lorsque Caligula, lorsque Néron, lorsque Domitien et Commode eurent prodigué les trésors de l'empire, soit dans leurs constructions extravagantes, soit dans ces fêtes insensées où, chaque jour, ils jetaient dans le cirque et dans l'arène les revenus de trois ou quatre provinces, ce fut alors qu'on vit commencer et se succéder sans relâche les accusations, les condamnations, les confiscations, les massacres, uniques expédients praticables dans un État qui n'avait que des revenus et point de ressources, où, dès le temps de Claude, il y avait six millions d'hommes qui concentraient toutes les richesses, qui échappaient à toute imposition, et qui, loin de contribuer aux dépenses de l'État, formaient eux-mêmes la plus onéreuse et la plus forte de toutes.

L'énorme agglomération des fortunes, dont Pline nous fournit un exemple si frappant, offrait un appât irrésistible à l'avidité nécessiteuse des empereurs. Aussi Caligula [1] avait-il formé une liste des chevaliers, des sénateurs riches, destinés à être accusés successivement et condamnés pour que leurs dépouilles subvinssent aux besoins du fisc. Ces princes ne connaissaient pas d'autres ressources de finances.

La même nécessité contraignit aux mêmes crimes et l'empire Ottoman et ce régime de 93 *qui battait monnaie sur la place de la Révolution.*

Dans la gêne extrême où les dépenses énormes du peuple et des soldats tenaient continuellement les empereurs romains, il n'y avait qu'une extrême parcimonie qui pût maintenir leurs vertus et conserver la fortune de l'État. Aussi les princes sages, Vespasien, Trajan, Adrien, les Antonins, s'imposèrent-ils la loi de l'économie la plus sévère. Ils n'avaient qu'une ligne infiniment étroite sur laquelle ils pussent marcher ; s'ils s'écartaient d'un seul pas de la plus rigide vertu, de la plus extrême modé-

_____

(1) Suxton., *Calig.*, 49.

ration, de la plus stricte économie, il fallait qu'ils tombassent dans le crime.

La discussion à laquelle nous nous sommes livrés dans ce chapitre nous semble avoir mis hors de doute plusieurs faits importants. D'abord le nombre des citoyens romains fut augmenté des neuf dixièmes en vingt-quatre ans, depuis l'an 701 jusqu'en 725 de Rome.

Cette mesure fut nécessitée par l'agrandissement de l'empire et l'accroissement des armées permanentes; 450 000 citoyens n'offraient plus une base assez large pour la formation et l'entretien de forces aussi considérables.

Cette grande extension du droit de cité et l'exemption d'impôts attachée à ce privilége forcèrent Auguste de surcharger les tributaires, et d'exécuter le cadastre général de l'empire, afin d'alléger l'accroissement de leur fardeau par une répartition plus égale.

L'exemption d'impôts cessa pour les nouveaux citoyens, du moins en partie, à compter du règne de Vespasien.

Enfin l'extension du droit de cité, avec les priviléges qui en résultaient, est un nouvel élément qu'il faudra désormais introduire dans l'appréciation de l'histoire des premiers siècles de l'empire romain, puisqu'il donne une explication juste et précise de plusieurs faits importants de cette époque, tels que la concentration des fortunes, leur élévation subite, la pénurie du trésor, les crimes et les spoliations des empereurs.

CHAPITRE X.

DE L'ÉTENDUE ET DE LA POPULATION DE ROME.

Si , en traitant de l'étendue et de la population de Rome, on veut éviter de rester dans le vague où sont tombées toutes les dissertations publiées depuis trois siècles, entre autres celles de Juste Lipse[1], de Vossius[2], et même de Brottier, il faut commencer par définir exactement ce que l'on comprend sous le nom de Rome. Pour moi, je n'entends désigner par là que la ville elle-même, renfermée dans l'enceinte des murs et circonscrite par le *pomœrium*, tracés d'abord par Servius Tullius, et étendus ensuite par Aurélien.

Or, il n'y a pas de ville dont les limites soient mieux déterminées. La religion avait consacré le *pomœrium*[3] ou la bande de terres attenantes aux murs de Rome, en dehors et en dedans, qui restait toujours vide : « Quod neque habitari, neque arari « fas erat[4]. » Les murs, consacrés par les augures, jouissaient en quelque sorte des priviléges accordés aux dieux; les atteintes qu'on leur portait étaient punies des mêmes peines que le sacrilége;

(1) JUST.-LIPS., *De magn. Rom.*, III, 3 ; *Oper.*, tom. III, p. 423, ed. Plantin.

(2) *Observ. de magnit. urbis Romæ*, cap. V, p. 23.

(3) Vid. TIT.-LIV., I, 44.

(4) TIT.-LIV., l. c. Cf. Digest., lib. I, tit. VIII, *de Rerum divisione*, leg. 1, ex Caio. JUL. FRONT., *de Limit. agror.*, ap. *Goes.*, p. 41. AGGEN., *ibid.*, p. 57, 58.

le Digeste en offre plusieurs exemples : témoin cette décision de Pomponius[1] : « Si quis violaverit mu-« ros, capite punitur. » Depuis Romulus, dont la ville n'occupait que le mont Palatin, la population s'était étendue sur les monts Capitolin, Cælius et Aventin. Servius y ajouta le Quirinal et le Viminal, et ensuite le mont Esquilin qu'il habita ; il entoura cette partie de la ville d'un *agger* ou rempart ter-rassé, de fossés et de murailles. Ainsi il augmenta l'étendue du *pomœrium*[2].

Cette limite fut observée si religieusement que, du temps de Tite-Live et de Denys d'Halicarnasse, écrivains du siècle d'Auguste, elle n'avait pas en-core été dépassée[3]; seulement on avait bâti des maisons dans la partie intérieure du *pomœrium*; car Tite-Live dit : « Interiore parte ædificia mœni-« bus nunc vulgo etiam conjungunt. »

Brottier[4] prouve qu'Auguste, qui, au rapport de Dion[5], étendit le *pomœrium*, consacra seulement à l'habitation quelques parties intérieures, mais que la limite extérieure des murs de Servius Tul-lius et de Tarquin ne fut pas changée. *Pomœrium*,

---

(1) Digest., lib. I, tit. viii, *de Rerum divis.*, leg. 11.
(2) Tit.-Liv., I, 44.
(3) Προσωτέρω δὲ οὐκ ἔτι προῆλθεν ἡ κατασκευὴ τῆς πόλεως. *Antiq. rom.*, IV, p. 218, lig. 44. Notez que Denys avait séjourné à Rome plus de vingt ans. César eut le dessein, en 704, pendant son troisième consulat, d'agrandir l'enceinte de Rome; car Cicé-ron nous dit (*ad Att.*, XIII, 33) : «Depuis le pont Milvius on doit «détourner le Tibre et le faire passer au pied du mont Vatican ; «on doit bâtir le Champ-de-Mars, dont le Champ-du-Vatican «tiendra lieu. » Ce projet n'eut pas de suite.
(4) *Not. et emend. ad Tacit. Annal.*, XII, t. II, p. 378, édit. in-4°.
(5) LV, 6.

dit d'Anville [1], et *murus* ou *mœnia* ne doivent pas être pris pour une seule et même chose. Les bornes du *pomœrium* ont pu être portées plus loin, sans que le mur ou le rempart ait changé de place.

Claude ajouta au *pomœrium* l'Aventin, que, dit Aulugelle [2], tous ceux qui avaient étendu le *pomœrium* en avaient exclu, comme rempli d'oiseaux funèbres et de mauvais. présage : « Excluserant « quasi avibus obscœnis ominosum. »

Trajan étendit un peu le *pomœrium*, si l'on en croit Vopiscus [3]; ce fut probablement du côté où est situé le forum de Nerva, qui touchait vers le nord à l'enceinte de Servius Tullius, et pourtant ne la dépassait pas.

Enfin Aurélien, après avoir pris l'avis du sénat, agrandit l'enceinte des murs de Rome. Cette nouvelle enceinte existe encore de nos jours, et il est facile de la mesurer avec exactitude. Dans une question d'arpentage et de statistique, comme celle qui a pour objet l'étendue et la population d'une ville, il faut se servir de la langue des chiffres et des mesures, et non, comme l'ont fait Vossius, Juste Lipse, Gibbon [4], Brottier, et en dernier lieu M. de Châteaubriand [5], prendre pour bases du calcul les hyperboles des rhéteurs, des orateurs et des poëtes.

(1) Mém. de l'Acad. des Inscrip., t. XXX, p. 209, éd. in-4°, t. LII, p. 133, éd. in-12.

(2) XIII, 14. Vid. Gruter, *Inscrip.* cxcvi, n° 4.

(3) *In Aureliano*, XXI. Nardini cependant combat cette assertion.

(4) Décadence de l'emp. rom., t. II, p. 211, tr. fr. de M. Guizot.

(5) Études historiques, tom. Ier. Il donne à Rome trois millions de population.

Le judicieux d'Anville a évité cet écueil en re-
cherchant quel fut le périmètre des enceintes de
Servius Tullius et d'Aurélien, et, avec l'habileté, la
justesse d'esprit, la rigueur de méthode qui carac-
térisent ses ouvrages, il a réduit en poudre toutes
les évaluations exagérées des auteurs anciens et
modernes. Il eût rendu cette partie de mon travail
inutile, s'il se fût occupé de calculer la superficie
et d'évaluer la population contenue dans chacune
de ces deux enceintes; mais son Mémoire n'avait
pour but que l'*étendue de l'ancienne Rome et des
grandes voies qui sortaient de cette ville*. Il s'est
servi du plan de Nolli, levé et tracé d'après les opérations du P. Boscovich, plan le plus exact que
nous ayons encore, et, si l'esprit juste du célèbre
géographe ne lui eût prescrit la règle de se renfermer dans les bornes de son sujet, il aurait pu réfuter avec avantage son confrère Fréret, qui donne
à l'ancienne enceinte de Rome 13 549 pas géomé-
triques[1], c'est-à-dire plus de développement que
n'en avait Paris avant l'établissement des nouvelles
barrières. Fréret ne s'embarrasse point de trian-
guler le plan de Nolli, pour déterminer la surface
de la ville entière; il fait ce singulier raisonnement : « Le circuit de Rome, étant connu, peut ser-

(1) Essai sur les Mesures longues des Anciens, Acad. des Inscr.,
Mém., XLI, p. 258, éd. in-12. GIBBON. *Miscell. Works*, t. IV,
p. 208, éd. Murray, Londres, 1814, adopte le système de Fréret sur
l'explication des 30 765 pas indiqués par Pline depuis le milliaire
du Capitole jusqu'aux douze portes de Rome. Son bon esprit lui fait
ajouter : « Il *paraît* clairement que « Rome n'a jamais été plus
« étendue qu'elle ne l'est aujourd'hui. » Il n'a pas connu l'excellent
Mémoire de d'Anville, qui l'eût désabusé des systèmes erronés de
Fréret sur la grandeur des anciennes villes.

vir à déterminer la surface de la ville entière; la
surface de Rome étant connue, on peut en déduire
la circonférence à très peu près[1]. » Ce raisonnement n'est au fond qu'un cercle vicieux; car Fréret
ne connaissait que les nombres et non les figures
des périmètres; il ne pouvait donc en déduire la
superficie, et je citerai pour preuve deux surfaces
et deux circonférences bien connues, Paris et le
Kaire en 1798. Or, vous avez pour :

	Superficie.	Circonférence.
	hectares.	toises.
Paris.	3 408,42	12 187,03
Le Kaire.	793,04	11 800,19

On voit que dans ces deux villes, avec une circonférence presque égale, 12 187 et 11 800, le rapport des superficies est comme 1 à 4 $\frac{1}{2}$. C'est pourtant d'après ce faux calcul que Fréret[2] établit qu'A-
thènes et Syracuse étaient une fois et demie aussi
grandes que Paris et Londres. Or, M. Letronne a
calculé la superficie d'Athènes avec ses dépendances, et elle n'est guère que $\frac{1}{7}$ de celle de Paris.
Athènes avait 10 000 maisons. Bœckh[3] prouve que
14 habitants par maison étaient regardés comme
un grand nombre; que la moyenne était 10 habitants; total 100 000. C'est le 7e de Paris en 1813, et
pour la population et pour la surface. Le rapport
exact de la population à la superficie entre Athènes
et Paris est un fait remarquable qu'on avait jusqu'ici négligé d'enregistrer.

---

(1) Essai sur les Mesures longues des Anciens, vol. et pag. cit.
(2) Ibid., page 260.   (3) Econ. Pol., t. I, p. 108, 65.

D'Anville a prouvé[1] que la première enceinte de
Rome, celle de Servius Tullius, avait 6 187 ½ toises
de tour, ou 8 186 pas romains, ce qui lui a fait
adopter la correction heureuse du chiffre de Pline
XIII. M. CC. en VIII. CC. Il a prouvé de même[2] que
l'enceinte des murs d'Aurélien était de 9 338 ½ toises ou 12 345 pas romains. Cependant il ajoute[3] :
« Je dois même faire observer que, relativement à
l'objet que je me suis proposé dans ce Mémoire, il
serait plus avantageux d'agrandir Rome que de la
resserrer. »

Il n'est pas étonnant que, jusqu'à l'époque de
d'Anville et même jusqu'à ce moment, on ait été
porté à s'exagérer la grandeur de Rome et le nombre de ses habitants. La même chose est arrivée
pour Athènes, Sparte, la Gaule, l'Espagne, et en
général pour tous les peuples de l'antiquité. On
pourrait alléguer que, leurs actions ayant été merveilleuses, racontées par les plus grands écrivains,
embellies de tous les prestiges de l'éloquence et de
la poésie, au contraire les forces et les moyens ma-
tériels qui ont servi à exécuter ces grandes actions
ayant été laissés dans le vague ou exprimés rapidement par ces auteurs, plus jaloux de séduire que
de convaincre, et d'exciter des émotions vives en
parlant à l'imagination des hommes que de prouver l'exactitude des faits en s'adressant à leur raison, les impressions les plus fortes sont restées les
plus vivaces et les plus constantes. Mais le fait dont

[1] Mémoires de l'Acad. des Inscript., t. LII, p. 131, éd. in-12.
[2] Mém. cit., t. LII, p. 141.
[3] Vol. cit., p. 143.

je recherche la cause est trop général pour qu'il ne
soit pas une condition de notre nature, et qu'il n'y
ait pas, dans l'organe intellectuel de l'homme, une
disposition innée qui lui agrandit les objets anciens
ou éloignés, de même que l'interposition d'une va-
peur ou le changement de la lumière accroît et
embellit à ses yeux les montagnes et les monuments. L'homme est à la fois crédule et raisonnable; il aime le merveilleux; son imagination s'y
livre avec ardeur; mais à l'instant, pour écarter les
objections du scepticisme qui le blessent, sa raison
s'étudie à rendre l'incroyable conséquent; dès lors,
dans l'objet fantastique dont il a régularisé les
formes, il aime son ordonnance et son ouvrage.
Enfin, si le flambeau de la vérité vient éclairer son
erreur en portant une lumière vive sur tous les
points de sa chimère, il ne s'en détache qu'avec
peine (car cette erreur était une jouissance), et il
est tenté de s'écrier, comme le fou du Pirée :
« Pourquoi m'avez-vous rendu ma raison? »

Ces réflexions m'ont été suggérées par la lecture
de Vossius, de J. Lipse[1], et même des ouvrages de
Montesquieu[2]. Les erreurs anciennes sont si difficiles à détruire qu'un esprit très judicieux, M. Jacob,
dans son Histoire des métaux précieux publiée en
1831[3], donne encore à Rome 1 200 000 habitants,
et pourtant, depuis 1826, les résultats de mes recherches sur la population de Rome ont été lus
aux séances publiques de l'Institut, imprimés dans

---

(1) *De magn. Rom.*, lib. III, e. II, III, IV.
(2) Voyez ci-dessus, p. 248.
(3) T. I, p. 207.

plusieurs recueils, ont reçu, en un mot, la plus grande publicité.

Il est à propos de sortir du vague des hypothèses, en prenant une base fixe et solide; or, la superficie de cette Rome superbe, la maîtresse du monde, est moins du cinquième de celle de Paris, tel qu'il existe en 1840, circonscrit par le mur des barrières.

La superficie de Paris est, d'après des mesures exactes, de. . . . . 3 439$^{\text{hect.}}$ 68$^{\text{ar.}}$ 16^{c}

Celle de Rome de. 638   72   34

Cet élément, essentiel pour établir les limites probables de la population, avait été negligé jusqu'ici par tous ceux qui ont traité de l'étendue et de la population de Rome.

J'ai calculé la superficie d'après le grand plan de Nolli, dont l'exactitude est reconnue. Mon savant confrère, M. Jomard, a eu l'extrême obligeance de revoir mes calculs; je les ai fait vérifier de nouveau par un habile mathématicien. On s'est servi du périmètre déterminé par d'Anville pour la première enceinte de Rome, et vérifié de nouveau sur les lieux par M. Nibby [1] et par Brocchi, dans la carte jointe à son beau travail sur l'état physique du sol de Rome.

Nous avons encore calculé, d'après le même plan, la superficie comprise dans l'enceinte des murs d'Aurélien, qui est reconnue d'une manière indubitable, et cette superficie ne monte qu'à 1 396 hectares 46 ares 9 centiares, c'est-à-dire un peu plus des $\frac{2}{7}$ de celle de Paris [2].

(1) *Discors. prelim. et tav. 1. Roma antica di Nardini, accresciuta delle ultime scoperte di* A. NIBBY, *con disegni di A. de Romanis.* Roma, 1818.

(2) Depuis la composition de ce travail, qui date de 1824,

Il faut donc écarter comme des erreurs palpables le témoignage d'Olympiodore[1] qui donne à cette enceinte d'Aurélien 21 milles de circonférence ou 15 960 toises, tandis qu'elle n'a réellement que 9 338 ½ toises, comme l'a prouvé d'Anville, dont tous les calculs ont été répétés et vérifiés par M. Jomard. Vopiscus[2], qui leur attribue près de 50 milles de tour, ne mérite pas plus de croyance, et il a été réfuté par d'Anville[3]. Ces erreurs matérielles et ces exagérations ont été néanmoins la base des évaluations monstrueuses que j'ai citées, et qui portaient la population de Rome à 14 000 000, à 8 000 000, et les plus modérées, telles que celles de J. Lipse et de Brottier[4], à 4 000 000 et à 1 200 000 habitants, sans les étrangers.

M. le comte de Tournon, pair de France, ancien préfet du département de Rome, a publié un ouvrage intitulé : *Études statistiques sur Rome*, etc., Paris, 1821, 2 vol. in-8°. M. de Tournon me demanda communication de mes résultats, pour les vérifier d'après les bases positives que sa position lui avait permis d'obtenir. Il est tombé d'accord avec moi sur presque tous les points (voy. liv. I, ch. x, art. 3, t. I, p. 226-236). Les arpenteurs du cadastre employés par M. de Tournon ont confirmé l'exactitude du plan de Nolli et des calculs par lesquels j'avais obtenu le chiffre de la superficie de Rome.

(1) *Apud Phot.*, cod. LXXX, p. 198.
(2) *Aurelian.*, cap. XXXIX.   (3) *L. c.*, p. 139.
(4) Op. cit., t. II, p. 380. Mengotti, dans une dissertation sur le commerce des Romains depuis la première guerre punique jusqu'à Constantin, couronnée en 1786 par l'Acad. des Inscr. (p. 125, ed. in-12), donne à Rome 4 millions d'habitants et 50 mille romains de circonférence; cependant il écrivait trente ans après d'Anville.

Enfin cette idée fixe de l'immense population de Rome a dû être entretenue par une inscription qui existe à Rome dans le portique de Saint-Grégoire, et qui a été publiée dans le Recueil de Gruter (p. ccci, n° 1). Pignorio (ép. xxxiv) et Brottier (Tacit., t. II, p. 357) ont prouvé que cette inscription était l'œuvre d'un faussaire, et il suffit pour s'en convaincre de jeter les yeux sur

Toutes ces hypothèses encore n'étaient basées que sur une mesure de circonférence, et il est démontré que cet élément est tout-à-fait trompeur quand on n'y joint pas celui de la superficie.

Or, celle de Rome jusqu'à Aurélien n'étant que de 638 $\frac{4}{5}$ hectares, quelle était dans cette surface la partie habitée? quels étaient les terrains vides? quelle était la hauteur des maisons? quel était l'emplacement présumé qu'elles pouvaient occuper et l'espace qui devait rester vide dans l'intérieur de chaque habitation pour qu'on y eût assez de jour? Je discuterai d'abord ces questions, et je passerai ensuite à l'évaluation du nombre des maisons de Rome et de la population que les faubourgs pouvaient contenir.

D'abord, le calcul de la superficie de Rome jusqu'à Aurélien a été pris sur la ligne extérieure de l'enceinte; il faut en déduire, comme espaces vides, la partie intérieure du *pomœrium*, tantôt plus, tantôt moins large, et l'emplacement du fossé, des murs et de l'*agger* ou rempart terrassé, construits par Servius Tullius et Tarquin.

Or, Denys d'Halicarnasse nous donne[1] la lar-

___

son contenu; le voici : *Temporibus Claudii Tiberii facta hominum* ARMIGERORUM OSTENSIONE, *in Roma septies decies centena millia* LXXXXVI *mil.* X. Les mots *armiger* pour *civis*, *facta ostensione*, traduction de la phrase vulgaire *fatta la mostra in Roma*, sont de purs italianismes; tous les savants depuis Gruter en ont ainsi jugé. Enfin, dit Brottier, un autre faussaire s'est avisé de graver ces chiffres mensongers sur le revers d'un denier de Claude véritablement antique. Ce sont pourtant de telles supercheries qui trompent le voyageur peu attentif, et qui à la longue égarent le jugement et transforment une erreur en une croyance.

(1) *Antiq. rom.*, p. 624, l. 25, éd. Sylburg.

geur du fossé, qui est, dit-il, de plus de 100 pieds
dans sa partie la plus étroite; sa profondeur est de
30 pieds. Au-dessus du fossé s'élève un mur appuyé intérieurement par un rempart ou terrasse-
ment élevé et large de 50 pieds. Ce mur de Servius
Tullius, qui s'étendait de la porte Esquiline à la
porte Colline, avait, dit toujours Denys, près de 7
stades de longueur[1].

Cette fortification fut continuée par Tarquin-le-
Superbe[2] le long du mur Esquilin jusqu'à la porte
de Préneste.

Rome avait, selon Pline[3], 265 places ou carrefours.

On peut se figurer l'espace qu'occupaient 424
temples mentionnés dans la Notice de l'empire et
dont plusieurs étaient entourés de bois sacrés[4]. La
portion de ces monuments qui se trouvait dans l'enceinte d'Aurélien doit cependant en être déduite,
puisque je ne m'occupe en ce moment que de l'enceinte de Servius Tullius, qui n'a pas changé jusqu'à cet empereur.

Quant aux bois sacrés, ils étaient protégés par
les augures, par la religion; on ne pouvait ni les
couper ni les détruire[5]. Les Romains, on le sait,
étaient dans l'usage d'en entourer les temples et les
tombeaux[6]. Plusieurs quartiers de Rome, comme

(1) Strabon dit 6 stades, liv. V, p. 234.
(2) Voyez la carte de d'Anville, Mémoires de l'Académie des
Inscriptions, t. LII, p. 118.
(3) III, 9, t. I, p. 156, l. 6.   (4) Vide Lips., t. III, p. 429.
(5) « Lucus est arborum multitudo cum religione,» dit Servius.
Voy. Forcellini lexic., v. Lucus.
(6) Æneid., V, 761.

l'observe Pline, devaient leur nom aux bois qu'autrefois renfermait l'enceinte. La porte *Querquetu-
lane* était voisine d'un bosquet de chênes ; le *Viminal* ne s'appelait ainsi que parce qu'il avait été couvert d'osier ; enfin, le voisinage d'une futaie de
hêtres avait fait donner à un temple de Jupiter le
nom de *Fagutal*[1].

Les forum *Romanum*, *Boarium*, *Julium*, *Augustum*, *Ulpianum*, *Olitorium*, les marchés de
Flore, de Néron, occupaient un assez vaste espace,
ainsi que les greniers d'abondance, tels que ceux
dont parle Suétone[2] qui étaient près du mont Palatin, et ceux dont il est fait mention dans P. Victor et dans Sextus Rufus.

Le grand Cirque, dont Denys d'Halicarnasse[3]
donne les dimensions et la description tel qu'il
existait sous Auguste ; les cirques Agonal, Flami-
nien, de Celius et les Equirii, étaient autant de vastes surfaces non habitées[4].

Il faut y ajouter les théâtres, les basiliques et les
thermes, qui n'étaient remplis que temporairement
et qui occupaient des emplacements très vastes.
Agrippa donna au peuple l'usage gratuit de 170
bains, et Pline[5] dit que de son temps ce nombre s'é-
tait infiniment accru. Autour de ces édifices, autour des fours, des fontaines et des autres monuments publics, on devait laisser un espace vide de

(1) Voy. FESTUS, à ce mot, et PLINE, XVI, 15.
(2) *Nero*, c. 88.   (3) *Antiq. rom.*, p. 200, l. 37.
(4) Voy. *Pianta topogr. di Roma antica da Canina, archit.*
Rom., 1830, in-f°.
(5) XXXVI, 24, § 9.

15 pieds, d'après les règlements relatifs à la voirie qui étaient en vigueur sous Auguste[1]. Enfin, si l'on juge de la disposition intérieure de l'ancienne Rome par comparaison avec celle de Paris en 1818, on peut estimer, dans la première, aux $\frac{2}{5}$ de la superficie totale la quantité des terrains vides. En effet, Paris en 1818, sur 3 439 hectares de superficie totale, en avait 1 496 en terrains nus, et seulement 1 943 en terrains bâtis[2].

Si nous considérons les hôtels ou palais des grands et des riches, nous voyons qu'il leur fallait un grand espace, et que de vastes emplacements y étaient consacrés au luxe, à l'agrément et aux jouissances de leurs opulents propriétaires.

Enfin, sept quartiers de Rome, du temps de Néron, avaient des espaces vides très larges et des portiques consacrés à l'agrément. Aussi, dans l'incendie arrivé sous ce prince, il y périt moins de monde que dans les autres quartiers[3].

Velleius nous dit[4] qu'en 627 de Rome, cent cinquante-cinq ans avant l'époque où il écrivait, l'augure Lepidus Æmilius fut noté par les censeurs pour avoir loué 6 000 sesterces la maison qu'il occupait. «Si quelqu'un de nous, dit-il, se logeait à si bas prix, à peine le reconnaîtrait-on pour sénateur.»

Valère Maxime, ecrivain contemporain de Tibère, dit positivement[5] : «On se croit maintenant

(1) Ann. de l'Inst. archéol., t. X, p. 220.
(2) Voy. Statistique de M. de Chabrol, t. I, tabl. 12, 2ᵉ éd.
(3) Tacit., Ann., XV, 40.   (4) II, 10.
(5) IV, 4, § 7.

logé à l'étroit lorsque la maison qu'on habite n'occupe que 7 *jugères*, c'est-à-dire l'étendue des champs de Q. Cincinnatus[1].

Pline assure[2] que les esclaves de Néron avaient des viviers de 2 *jugères* (50 ares 56 centiares), à peu près un arpent, et des cuisines presque aussi vastes. M. Mazois donne à celles de Scaurus 148 pas de long[3].

Pline nous apprend[4] encore que les salons ou salles de débauche (*sellariæ*) de Caligula et de Néron avaient une étendue semblable.

Apulée[5], dans son style déclamatoire, appelle ces édifices, qui épuisaient le patrimoine des grands, *les rivaux des cités*, des maisons ornées comme des temples : « Villas æmulas urbium, domus vice templorum exornatas. »

Sénèque, dans ses épîtres[6] et dans son traité des Bienfaits[7], rappelle et blâme le luxe de ces maisons particulières qui l'emportaient en étendue sur de grandes villes : « Domos instar urbium.... ædificia privata laxitatem urbium magnarum vincentia. »

L'hyperbole est outrée; je sais qu'il faut se défier, dans les choses de fait, du style déclamateur et ampoulé des écrivains de cette époque.

(1) 7 jugères font 1 hectare 76 ar. 98 c. Voy. les tables de conversion à la fin du volume.
(2) XVIII, 2.
(3) Ce nombre CXLVIII est exprimé dans une inscription trouvée à Palestrine par Akerblad, *Pal. de Scaurus*, p. 146, ed. 1819.
(4) XXXVI, 24, § 5.
(5) *De Deo Socratis*, t. I, p. 52, ed. Maury. Vid. Just.-Lips., *de Magnit. rom.*, Oper., t. III, p. 448.
(6) Epist. XC, t. II, p. 416, ed. Var.
(7) VII, 10. Cf. Stat., *Silv.* IV, 11, 24.

Mais Olympiodore, qui n'avait vu Rome qu'après
la mort d'Honorius et l'irruption des Goths, précise
les faits en nous disant [1] : « Chacune des grandes
maisons de Rome renferme dans son sein tout ce
que peut offrir une ville médiocre; un hippo-
drome, des forum, des temples, des fontaines et
des bains de plusieurs sortes; ce qui a fait dire à
un auteur :

Εἰς δόμος; ἄστυ πέλει· πόλις ἄστεα μυρία κεύθει[2]. »

C'est une maison de ce genre que décrit Martial
dans cette épigramme [3] où il dit : « Tu as dans ta
maison des bois de lauriers, de platanes et de cyprès, et, pour toi seul, des bains qui ne sont pas
pour une seule personne; ton portique élevé repose sur cent colonnes; l'onyx brillant est foulé
sous tes pieds; on trouve chez toi le cirque pou-
dreux que bat la corne rapide des chevaux, et partout le murmure des eaux jaillissantes qui viennent
abreuver tes jardins; tu as d'immenses vestibules.»

Excepté les forum, cette maison renferme tout
ce que décrit Olympiodore, et justifie en quelque
sorte les déclamations de Pline et de Sénèque. Du
reste, le plan du palais de Scaurus, par Mazois [4].
donnera, des grandes maisons de Rome, une idée
plus nette et plus précise que toutes les descriptions verbales.

Vitruve [5], qui est fort exact, et qui pose des rè-

(1) *Apud Phot.*, cod. LXXX, pag. 198.
(2) « Una domus urbs est, urbs oppida pluria claudit. » Voy.
Just.-Lips., l. c.
(3) XII, 50. « In habentem amœnas œdes. »
(4) Pl. 2, p. 59, et explic., pag. 283-288, éd. in-4°.
(5) VI, v, 2, éd. Schneid.

gles pour l'art de bâtir, prescrit de faire très vastes les maisons des nobles et des magistrats. Il veut qu'il y ait des bibliothèques, des galeries de tableaux, des basiliques semblables à celles qu'élève la magnificence publique, parce que, dit-il, dans leurs maisons il se tient souvent des conseils publics, et que les affaires entre particuliers y sont soumises à leur décision.

Il y avait dans ces hôtels deux grandes divisions : la première abandonnée au public et à l'usage commun, la seconde réservée pour l'habitation et l'usage privé du maître; ce qui exigeait plus de terrain que chez nous [1].

Ce sont de pareilles habitations qu'indique Sénèque [2] en disant : « Chez nous, des colonnes énormes de marbre tacheté, tiré des sables de l'Egypte ou des déserts de l'Afrique, soutiennent quelque portique ou une salle capable de recevoir un peuple à souper. »

Enfin ces maisons, qui avaient de vastes jardins, des bois et des bosquets, renfermaient souvent dans les appartements des volières et des serres. Varron et Rutilius [3] nous ont conservé ce fait curieux. Lænius Strabo eut le premier des oiseaux renfermés dans une salle du péristyle de sa maison, nous dit Varron; et Rutilius, dans son éloge de Rome, dit :

> Quid loquar inclusas inter laquearia sylvas,
> Vernula qua vario carmine ludit avis?

Je terminerai ces notions sur les hôtels des grands

(1) Voy. MAZOIS, p. 27-56, ed. 1819.
(2) *Epist.* CXV, t. II, p. 570, ed. Var.
(3) Vid. VARRON, *de Re rustic.*, III, v, 8 ; PLIN., X, 72. RUTIL., *Itiner.*, 1, 96.

par l'examen du palais d'or de Néron, dont l'histoire
nous a transmis une description détaillée. Ce tableau pourra nous donner une idée assez juste des
palais des grands, si l'on s'en rapporte à cet adage
dont le temps et l'expérience ont démontré la justesse :

> Regis ad exemplar totus componitur orbis.

« Néron, dit Tacite[1], après l'incendie de Rome,
s'établit sur les ruines de sa patrie, et il y construi-
sit un palais moins étonnant encore par l'or et les
pierreries, décorations ordinaires et depuis longtemps prodiguées par le luxe, que parce qu'on y
trouvait des terres en culture et des lacs, des espèces de solitudes avec des bois d'un côté, de
l'autre des espaces découverts et des perspectives.
Le tout fut exécuté d'après les plans de Severus et
de Celer, qui mettaient leur génie et leur ambition
à vouloir obtenir par l'art ce que la nature s'ob-
stinait à refuser, et qui se jouaient des trésors du
prince. »

Suétone ajoute[2] quelques détails curieux sur cet
édifice, que Néron appela le Palais d'or. Dans le
vestibule[3] s'élevait la statue colossale de cet empereur, haute de 120 pieds romains (35 mètr. 55 c.);
les portiques à trois rangs de colonnes avaient un
mille (1 482 mètr.) de longueur[4]. Ce palais enfer-

(1) Ann., XV, 42.   (2) Nero, XXX.
(3) Vestibulum est, je crois, ici, synonyme d'area ou cour extérieure, comme dans AULUGELLE, XVI, 5. La découverte récente de la base du colosse, près du Colysée, a justifié cette conjecture émise en 1825.
(4) Voy. NARDINI, Rom. vet., III, 13; DONAT., de Urb. Rom.,
III, 5.

mait dans son enceinte un étang qui ressemblait à une mer, des campagnes avec des terres labourées, des vignobles, des pâturages, des forêts remplies d'une multitude immense d'animaux sauvages ou domestiques.

Le palais de Néron s'étendait depuis le mont Palatin jusqu'aux Esquilies[1]; il embrassait donc ce vaste espace où sont maintenant les églises de Sainte-Françoise, de Saint-François-de-Paule, de Saint-Pierre-aux-liens, le Colysée, les ruines des bains de Titus, l'église de Sainte-Marie-Majeure, tout le terrain situé autour de ces édifices et, en outre, la plus grande partie des jardins répandus sur le mont Esquilin[2].

Telle fut la véritable étendue du palais de Néron. On peut maintenant réduire à leur juste valeur les expressions hyperboliques de Pline[3], qui représente ce palais comme entourant la ville : « Domus « aureæ ambientis urbem, » et qui dit plus loin[4] : « Nous avons vu deux fois toute la ville être en- « tourée (*urbem totam cingi*) par les palais de Caïus « et de Néron. » A plus forte raison ne doit-on pas prendre au positif les hyperboles des poëtes, tels que Martial, et l'épigramme citée dans Suétone[5].

Je ne m'arrêterai point aux merveilles de la décoration intérieure et de l'ameublement du Palais

---

(1) Suet., *l. c.* Tacit., *Ann.*, XV, 39. Vid. Marlian. *Topogr.*, V, 12. Donat. et Nardini, *l. c.*

(2) Voyez le plan de Rome moderne par Nolli, celui de Rome ancienne par Venuti; et Piranesi, *Antichità Romane*, t. I, tav. 43, et p. 34, tav. 33. Les dernières fouilles exécutées jusqu'en 1834 ont constaté les limites du palais de Néron.

(3) XXXIII, 16.   (4) XXXVI, 24, § 5.

(5) Mart., *De spectac.*, epigr. 2. Suet., *Ner.* cap. 39.

d'or, ce qui m'écarterait de mon sujet; je ferai
seulement remarquer que l'énormité des dépenses
prodiguées à un luxe improductif força de recourir à l'altération des monnaies et à des exactions
qui, d'après l'assertion de Tacite [1], épuisèrent
l'Italie, ruinèrent les provinces, les peuples alliés,
et jusqu'aux villes qu'on appelait *libres*.

La même chose est arrivée sous Louis XIV, lors
de la construction du château de Versailles, qui,
quoique plus vaste que le palais de Néron, n'est
pas décoré avec la même profusion de marbres
rares et de pierres précieuses.

La population et l'agriculture romaines eurent
beaucoup à souffrir des exactions dont je viens de
parler, et la diminution des produits et des habitants en fut la suite nécessaire [2].

Je dois m'occuper maintenant des quartiers habités par le peuple et la classe moyenne.

Nous avons des détails précis sur l'état de Rome,
sous ce point de vue, à deux époques assez éloignées : l'une, lorsque Rome fut prise et détruite
par les Gaulois, l'an 365 après sa fondation ;
l'autre, après l'incendie arrivé sous Néron, quand
elle fut rebâtie sur un plan plus régulier.

« A la première époque, dit Tite-Live [3], tout se
ressentit de la précipitation avec laquelle Rome
fut reconstruite. La tuile fut fournie par le gouvernement; on permit de prendre le bois et la

---

(1) TACIT., *Ann.*, XV, 45.
(2) Voy. ci-après t. II, liv. III, le chapitre sur l'affaiblissement
de la population et des produits de l'Italie pendant les VIIe et
VIIIe siècles de Rome.
(3) V, 55.

pierre où l'on voudrait, en donnant caution que
les constructions seraient finies dans l'année[1].
Chacun, sans s'inquiéter s'il bâtissait sur son terrain ou sur celui d'un autre, s'empara de la première place vacante. La précipitation fut telle
qu'on ne prit aucun soin pour distribuer les
massifs de maisons (*vicos dirigendi*). Voilà pourquoi les égouts, qui étaient autrefois dans la direction de la voie publique, passent maintenant
sous les maisons des particuliers. En général, tout
l'ensemble de la ville fait bien voir que chaque
portion fut bâtie au hasard par le premier occu-
pant, et qu'il n'y eut aucun plan de tracé. »

L'an de Rome 298, l'Aventin, qui, quoique
situé dans l'enceinte des murailles, était encore
couvert de bois, fut abandonné au peuple pour y
bâtir des maisons. Les plébéiens se partagèrent le
terrain, et en prirent chacun la quantité qu'il
pouvait en occuper d'après sa fortune et ses
moyens. Deux ou trois individus, ou même davantage, s'associaient pour bâtir une maison à frais
communs, et, selon que le sort en avait décidé
entre eux, les uns construisaient les étages supérieurs, et les autres les étages inférieurs[2]. Ce mode
singulier de possession se conserva longtemps à
Rome; car le Code Justinien[3] contient des règles

---

(1) Diodore de Sicile (XIV, 116) ajoute : « Chacun ayant la
liberté de bâtir à son gré, il en résulta que les rues de la ville se
trouvèrent étroites et tortueuses, inconvénient auquel les Romains
ne purent remédier par la suite. Malgré l'accroissement de leur
puissance et de leurs richesses, ils ne purent rendre leurs rues
droites. »

(2) Dionys., *Antiq. rom.*, X, p. 659, l. 17.

(3) VIII, x, 4, 5. Cf. Digest., *de Servitutibus*, VIII, 1, 2.

sur ce genre d'association et de partage de la propriété d'une maison. Du reste, cet usage existe encore à Rennes, dans plusieurs autres villes de la France, et même à Paris.

Les maisons furent couvertes la plupart en bardeau de chêne ou d'autres bois, jusqu'à l'an de Rome 470. Pline[1], d'après Cornelius Nepos, rapporte ce fait, qui explique la fréquence des incendies pendant cette époque. Les maisons furent longtemps basses, à deux étages au plus; car les règlements des édiles défendaient de donner plus de 1½ pied aux murs[2], et surtout aux murs mitoyens. Or, dit l'habile architecte Mazois[3], on ne pouvait guère élever plusieurs étages sur des substructions aussi faibles[4]. De plus, les inondations fréquentes du Tibre[5] minaient les fondations et entraînaient la ruine des maisons surchargées d'étages. Un fragment des Douze-Tables fixe le minimum de la largeur des rues, pour les rues droites, à 8 pieds, pour les rues tortueuses, à 16 : « Via in « porrectum VIII p. in amfractum XVI p. esto[6].

Les anciens quartiers de Rome sur les monts Palatin, Esquilin, Aventin, et dans les vallées circonscrites entre ces collines, étaient formés de massifs énormes de maisons, coupés par des rues étroites, irrégulières et tortueuses : « Arctis

(1) XVI, 15.
(2) 444 millim., environ 1 pied 4 pouces de notre pied de roi.
(3) Palais de Scaurus, p. 11, édit. 1819.
(4) VITRUV., II, 8, § 17, édit. Schneider.
(5) TACIT., *Ann.*, I, 76; *Hist.*, I, 86, etc.
(6) Tit. XI, leg. *de viarum latitudine.*

« itineribus hucque et illuc flexis, atque enormibus
« vicis, qualis vetus Roma fuit[1]. »

Aussi, dans une ville bâtie de cette manière, les
incendies étaient-ils terribles, et les écroulements
de maisons très fréquents, ce qui tenait à la précipitation avec laquelle Rome avait été reconstruite
après qu'elle eut été prise et brûlée par les Gaulois.
Tite-Live et Diodore, que j'ai cités, nous en ont
présenté un tableau fidèle.

Mais dans de gros massifs de maisons, comme
ceux de l'ancienne Rome, il devait y avoir nécessairement beaucoup de terrain perdu pour l'habitation, et de grands espaces vides, tels que les
areœ et les cours intérieures. Le besoin d'air et de
lumière rendait cette condition nécessaire, car le
verre ne fut inventé que sous Néron : « Neronis
« principatu reperta vitri arte[2] ; » du moins son
usage en lames minces, pour les verres et les carreaux de vitres, date à Rome de cette époque. Du
temps de Scaurus, le verre était employé, comme
le marbre[3], en plaques ou en masses, pour la décoration des murs. « D'autres inventions, dit
« Sénèque, datent de nos jours, telles que l'usage
« des carreaux, qui, par leur nacre transparente,
« laissent passer une lumière vive[4]. » Le verre en

(1) Cicéron (*Leg. agr.*, II, 35) fait de Rome et de Capoue un
parallèle curieux qui n'est pas à l'avantage de la première : « Ro-
mam in montibus positam et convallibus, cœnaculis sublatam atque suspensam, non optimis viis, angustissimis semitis, præ Capua
planissimo in loco explicata, ac præ illis semitis irridebunt atque
contemnent... » Cf. TACIT., *Ann.*, XV, 38.
(2) PLINE, XXXVI, 66.   (3) PLINE, XXXVI, 24, § 7.
(4) « Quædam nostra demum prodisse memoria scimus, ut
speculariorum usum, perlucente testa, clarum transmittentium lu-
men. » SENEC., *Epist.*, XC, t II, p. 409, sq.

lames ou en vases devait être encore fort cher, puisque deux petits verres à boire, sans doute très or-
nés, coûtèrent 6 ooo sesterces[1] (1 485 francs). Les
fenêtres étaient ordinairement en treillis de bois,
comme le sont celles de l'Orient, et celles qu'on voit
représentées sur les papiers et les estampes de la
Chine. Dans la *villa* que Caton le Censeur[2] décrit,
les fenêtres sont défendues au dehors par des bar-
reaux au nombre de dix, grands et petits, et elles
ont six espaces vides pour donner du jour. Ces jours
étaient probablement, dans les temps de pluie, fer-
més par des volets de bois semblables à ceux de nos
fermes ou métairies. Cette disposition des fenêtres
est indiquée dans Plaute[3] : « Neque solarium est
« apud nos, neque fenestra nisi clatrata. »

Maintenant j'en appelle à tous les architectes, à
tous les constructeurs, est-il possible de bâtir des
maisons très hautes et dans des massifs épais d'habitations, sans y admettre des cours intérieures,
des espèces de cloîtres, des jardins, enfin d'assez
grands espaces vides pour donner de la lumière
et éclairer l'intérieur des appartements ? Sans cela
les femmes romaines, qui restaient toujours dans
le gynécée et qui y travaillaient sans cesse avec
leurs esclaves, auraient été condamnées à une ob-
scurité fort incommode.

Il me reste à faire connaître quelle était la hauteur des édifices dans Rome avant l'incendie ar-

---

(1) PLINE, XXXVI, 66.
(2) *Re rust*, XIV, § 2. « Fenestras, clatros in fenestras majores et minores bipedales x, lumina vi. »
(3) *Miles glor.*, II, iv, 25. Voyez WINCKELMANN, Remarques
sur l'architecture des anciens, p. 64, et MAZOIS, *l. c.*, p. 78.

rivé sous Néron. Je détermine l'époque précise ;
car Rome, après cet événement, différa beaucoup
de ce qu'elle était auparavant. Sans cette précaution
d'ailleurs, on pourrait me croire en contradiction avec moi-même, quand je parlerai, d'après les
descriptions de P. Victor et de S. Rufus, écrivains
du IV° siècle de notre ère, des maisons du peuple
de la Rome renfermée dans l'enceinte d'Aurélien.

La hauteur des habitations des grands était certainement moindre que celle des bâtiments occupés par le peuple. Le luxe des patriciens dut rechercher cette sorte de distinction ; car il est plus incommode de loger en haut qu'en bas, et la hauteur
des édifices n'est ordinairement déterminée que
par l'impossibilité de s'étendre en surface, comme
il arrive dans les places fortes. Or Rome, depuis la
conquête de l'Italie, n'était plus dans ce cas, puisqu'elle n'avait plus d'ennemi dans son voisinage.

Nous savons par Strabon[1] que la hauteur des
maisons fut fixée par Auguste au maximum de
70 pieds romains (20 mètres 74 centimètres) ; ce
maximum fut réduit à 60 pieds romains (17 mètr.
77 centim.) par un édit de Trajan, dont Aurelius
Victor[2] nous a transmis les termes.

La hauteur des maisons situées près du Capitole
égalait, dit Tacite, celle du plateau de la colline[3].
Or, la colline n'a pas de ce côté plus de 40 pieds de

---

(1) V, 235, t. II, p. 210, tr. fr.

(2) « Ne domorum altitudo sexaginta superaret pedes, ob rui-
nas faciles, et sumptus, si quando talia contingerent, exitiosos. »
VICT., *Epit.*, XIII.

(3) « Conjuncta ædificia, quæ, ut in multa pace, in altum edita,
solum Capitolii æquabant. » TACIT., *Hist.*, III, 71.

haut. En admettant 17 pieds pour l'exhaussement du sol de Rome, on aurait 57 à 60 pieds pour la hauteur totale des maisons, supposé encore qu'elles fussent bâties au pied et non sur la pente de la colline.

Tacite ne nous donne pas la mesure de la hauteur fixée par Néron pour les maisons reconstruites après l'incendie, mais il nous dit que cette hauteur fut restreinte. « Ce qu'une seule maison, dit-il [1] (le Palais d'or), laissa de terrain à la ville ne fut point rebâti, comme après l'incendie des Gaulois, au hasard et confusément. On mesura l'épaisseur des massifs de maisons; on donna aux rues de larges dimensions; on réduisit la hauteur des édifices; on agrandit leurs *areæ* ou cours extérieures, et on y ajouta des portiques qui protégeaient la façade des *insulæ* ou boutiques. » Le rapprochement de deux passages de Tacite [2] démontre que les mots *insulæ* et *tabernæ* sont synonymes; j'en donnerai les preuves dans un des chapitres suivants, en discutant les descriptions de Rome par S. Rufus et P. Victor.

Néron promit de construire les portiques à ses frais, de livrer aux propriétaires l'emplacement purgé de tous décombres. Il ajouta des *primes* en faveur de ceux qui auraient achevé leurs hôtels ou leurs maisons dans le délai fixé, et ces primes varièrent suivant le rang et la fortune de ceux à qui elles

---

(1) « Cæterum, urbis quæ domui supererant, non, ut post Gallica incendia, nulla distinctione, nec passim, erecta; sed dimensis vicorum ordinibus, et latis viarum spatiis, cohibitaque ædificiorum altitudine, ac patefactis areis, additisque porticibus quæ frontem insularum protegerent. » TACIT., *Annal.*, **XV**, 43.

(2) *Ann.* **VI**, 45, et **XV**, 38.

furent accordées. On régla que les édifices, dans une partie déterminée, seraient construits en pierres d'Albe ou de Gabie[1], qui sont à l'épreuve du feu ; qu'il n'y aurait plus de murs mitoyens, mais que chaque maison serait entourée par des murs particuliers.

Autrefois l'espace vide entre les murs des maisons voisines avait été fixé à 2½ pieds par la loi des Douze-Tables : *ambitus parietum sestertius pes esto*[2]; il le fut à 12 pieds par les empereurs, et à 15 pour les édifices publics.

Suétone dit aussi de Néron : « Ce prince conçut un nouveau plan pour la construction des bâtiments de Rome, et fit élever à ses frais des portiques au-devant des boutiques, *insulas*, et des hôtels, *domos*, afin que du haut de leurs terrasses on pût écarter les incendies[3]. »

Maintenant que j'ai présenté, d'après Tite-Live, Diodore de Sicile, Denys d'Halicarnasse et Strabon, un tableau fidèle de la forme et de la disposition des rues et des maisons de l'ancienne Rome, depuis sa reconstruction après l'invasion des Gaulois jusqu'à la fin du règne d'Auguste; maintenant que j'ai fait connaître, par les récits de Tacite et de Suétone, quels furent la nouvelle forme et le plan général adoptés par Néron pour la réédifier après le

---

(1) Pierre d'Albe, la lave poreuse; pierre de Gabie, le travertin ou carbonate calcaire déposé par les fleuves. Voyez BROCCHI, *Stato fisico di Roma*.

(2) Vid. BRISSON, I, 2, *Select. ex jure civil. antiq.*

(3) « Formam ædificiorum novam excogitavit, et ut ante insulas ac domos porticus essent, de quarum solariis incendia arcerentur ; easque sumptu suo exstruxit. » SUET., *Ner*, c. XVI.

terrible incendie arrivé sous son règne, et qui, sur quatorze quartiers, en consuma dix, il sera facile à tout lecteur attentif d'en tirer les conséquences.

La Rome ancienne devait contenir une population plus nombreuse que la Rome qui fut rebâtie sous Néron, puisqu'elle renfermait moins d'espaces vides, et que les maisons étaient plus hautes. Du reste, l'enceinte de la ville était restée la même, et elle ne changea point jusqu'à Aurélien [1].

Il est permis d'envisager ces innovations de Néron comme des embellissements utiles, ainsi que l'exprime Tacite, et de regarder comme née de la routine et des préjugés l'opinion qu'il rapporte en ces termes : « Quelques-uns cependant croyaient l'ancienne forme plus convenable pour la salubrité. Ces rues étroites et ces bâtiments élevés ne faisaient pas, à beaucoup près, un passage aussi libre aux rayons du soleil, au lieu que maintenant toute cette largeur qui reste à découvert, sans aucune ombre qui la défende, est en butte à tous les traits d'une chaleur brûlante [2]. »

Maintenant, si nous comparons le nombre des espaces vides dans la Rome impériale et dans Paris actuel, nous trouverons qu'il devait être presque

(1) Nous trouvons une indication du prix des maisons dans Cicéron (*Epist. ad Attic.*, IV, 16. t. I, p. 449, ed. Var.); il voulut élargir la place commencée par César, et l'étendre jusqu'à l'*atrium* du temple de la Liberté; il fut obligé de donner 60 000 000 de sesterces (15 000 000 de fr.) aux propriétaires des maisons; on ne put transiger à moindre prix. Ce fait prouve qu'à cette époque (an de Rome 699) la valeur des terrains et des maisons de ce quartier de Rome était très élevée, et coïncide avec l'abondance des métaux en circulation et le haut prix des salaires et des denrées. Voy. le 1ᵉʳ livre de cet ouvrage.

(2) TACIT., *Ann.* XV, 43.

aussi grand dans la capitale de l'Italie qu'il l'est dans celle de la France.

Rome était environnée de murs, d'un rempart et d'un fossé très large [1]; Paris n'a qu'un mur de clôture simple, de 2 pieds de largeur. Rome avait 275 places ou carrefours; Paris n'en a que 106. Il existait à Rome 424 temples, entourés la plupart de bois sacrés, et Paris a beaucoup moins d'églises [2]. A la vérité, l'espace occupé par les bois sacrés peut être compensé et au-delà par celui que prennent nos promenades et nos jardins publics.

Les maisons des grands tenaient bien autant de place que nos hôtels, et le palais de Néron occupait plus de terrain que les Tuileries, le Louvre et le Luxembourg réunis.

L'usage des fenêtres à treillis de bois ou de fer exigeait plus de vides, pour obtenir le jour nécessaire dans l'intérieur des maisons particulières, qu'il n'en faut à nos maisons dont les fenêtres sont garnies de carreaux de verre.

La hauteur moyenne des maisons de location à Rome n'excédait pas certainement celle des édifices construits sur nos boulevards et dans l'ancien Paris.

Il est difficile de croire que la largeur des rues de Rome, surtout depuis Néron, fût moindre que celle des vieux quartiers de Paris, compris, du côté du nord, entre les rues Montmartre et du Pont-aux-Choux, de l'est à l'ouest, entre l'église Saint-

(1) Plus de 100 pieds.
(2) Statistique de Paris, par M. DE CHABROL.

Paul et le Louvre, et vers le midi, entre le faubourg
Saint-Victor et la rue de Seine. En effet[1], le quatrième arrondissement, sur 51 hectares 63 ares de
superficie, a 46 624 habitants, ce qui donne une
moyenne de 1 $\frac{1}{2}$ toise par tête pour le terrain habité.
Le septième arrondissement a 72 hectares 37 ares,
et sa population est de 56 245 individus; la moyenne
est de 1 $\frac{3}{4}$ toise par habitant, les vides déduits.
Si vous voulez chercher la moyenne de l'espace
occupé, y compris les vides, vous trouvez pour le
septième arrondissement 3 $\frac{4}{10}$ toises par habitant,
et 2 $\frac{9}{10}$ toises pour le quatrième. En calculant la
population de Rome entière, d'après un entasse-
ment qui n'existe à Paris que dans un seul arrondissement, vous ne trouveriez encore pour Rome,
jusqu'à Aurélien, que 576 738 habitants, et j'ai
forcé toutes les suppositions dans le sens le plus
défavorable à mon opinion.

J'ajouterai encore que les bains ne tiennent pas
à Paris le vingtième de la place qui, à Rome, était
occupée par les thermes publics et particuliers.

Rome, en outre, était peu commerçante, peu
manufacturière, et Paris est aujourd'hui le centre
du commerce et de l'industrie d'un grand royaume.

Or, je le demande, d'après l'exposé des faits,
comment, sans recourir à la baguette de la fée des
Mille et une Nuits, faire tenir 14 000 000, 8 000 000
4 000 000, ou même 1 200 000 habitants dans une
enceinte dont la superficie est moins du cinquième
de celle de Paris, tandis que notre ville, qui ne

(1) Statistique de Paris, en 1821, tabl. n° 3.

semble pas déserte, n'avait pourtant en 1817 que 713 966 habitants[1]?

En admettant que Rome fût deux fois plus peuplée que Paris relativement à sa superficie, elle n'aurait eu que 266 684 habitants; dans cette hypothèse, Paris ayant en moyenne 209 individus par hectare de superficie, la même mesure de terrain à Rome aurait renfermé 418 habitants.

On trouve enfin un rapport fortuit, mais assez remarquable, de la superficie à la population, entre Athènes et Paris. La superficie d'Athènes était, d'après mon savant confrère M. Letronne[2], à peu près un septième de celle de Paris. La population libre ou esclave de l'Attique était en tout de 210 000 à 220 000; la population présumée d'Athènes, avec ses dépendances, de 100 000 à 105 000. Paris est sept fois plus grand qu'Athènes : il avait, en 1817, 714 000 habitants sans les étrangers; d'où il résulte ce fait curieux que, pour ces deux villes, à des époques si distantes et malgré des mœurs si différentes, le rapport des superficies et des populations est circonscrit dans des limites assez rapprochées. Quant aux étrangers, dont nous avons le nombre exact à Paris[3], d'après les registres des

(1) Statist. de Paris, tabl. n° 12, année 1821, 2° éd. GIBBON (Décad. de l'emp. rom., t. III, c. xv, p. 253) s'exprime ainsi : « On ne saurait fixer avec exactitude la population de Rome; mais le calcul le plus modéré ne la réduira certainement pas à moins d'un million d'habitants. » Gibbon parle ici de Rome telle qu'elle était sous le règne d'Adrien; on voit qu'il n'avait pas étudié sérieusement la question.

(2) Mém. de l'Acad. des Inscr., tom VI, p. 219.

(3) Statistique de Paris, t. I, préf., p. LXXXII et tabl. 8. On y voit pour 1817 environ 20 mille étrangers, déduction faite des militaires en garnison, des prisonniers et des malades des hôpitaux.

hôtels garnis, vérifiés par le calcul des consommations, leur somme totale, depuis la paix et dans
l'état le plus brillant de l'Empire sous Napoléon, n'a
jamais été au-dessous de 20 000 ni au-dessus de
3o 000 ; la balance des variations s'est toujours
maintenue entre ces deux termes. Il est difficile de
croire qu'à Rome, la proportion du nombre des
étrangers à celui de la population fixe fût plus
forte qu'elle ne l'est à Paris, centre d'industrie, d'a-
giotage, d'affaires de toute espèce, et, de plus, ville
de commerce et de plaisir. Dans les temps anciens,
les communications étant moins promptes et moins
faciles, on devait moins voyager qu'on ne le fait à
présent.

Ainsi, en admettant que la population de Rome,
considérée par rapport à la superficie de la ville, fût
deux fois plus forte que celle de Paris, j'ai plutôt
dépassé la mesure des probabilités que je ne suis
resté au-dessous ; et cependant, d'après cette base
même, la Rome d'Auguste et de Néron, sans les
faubourgs, n'aurait eu que 266 684 habitants.

CHAPITRE XI.

DES FAUBOURGS DE ROME.

C'est de cette partie de la ville que je dois m'occuper à présent ; mais la grande extension que les
auteurs romains donnaient aux mots *suburbium*,
suburbanus, *suburbanitas*, *suburbicarius*, exige
qu'on pose la question avec toute la précision possible. Je déclare donc que, dans ces recherches sur

l'étendue et la population de Rome, je ne com-
prends, sous le nom de *faubourgs*, que les quartiers ou les bourgs contigus aux murailles de l'ancienne Rome, telles qu'elles existaient sous Néron.
C'est ainsi que les lois définissent ce qu'on doit
entendre par le mot *Rome*.

  Suburbanitas, τὸ προαστεῖον, *urbis vicinitas*, telle
est l'explication de Forcellini. Cependant Cicéron[1]
étend cette acception jusqu'au point d'y comprendre la Sicile : « Populo Romano jucunda suburba-
« nitas est hujus provinciæ; » il appuie cette idée
par ces mots : « tam prope ab domo, » qui en sont
comme le commentaire. « *Suburbanus*, vicino, o
sotto la città, sub urbe positus, urbi vicinus, dit
Forcellini. » Cependant Martial et Pline[2] donnent
l'épithète de *suburbana* à la Méditerranée relativement à Rome :

  Plana suburbani qua cubat unda freti.

Tacite emploie le terme de *peregrinatio suburbana*
en parlant des voyages de Tibère aux environs
de Rome : « loca urbi proxima, » dit Forcellini, et
ces environs sont la Campanie. « *Suburbicarius*,
idem ac suburbanus, » dit encore Forcellini; dans ce
sens, aux mots *suburbicariæ partes*, il cite le Code
Théodosien[3], et dans ce même Code[4] vous trouvez le mot *suburbicaria* appliqué à la Toscane et
au Picenum : « Picenum et Tuscia suburbicariæ
regiones[5]. » De nos jours, la juridiction suburbaine

(1) *Verr.*, II, 3.
(2) MART., *Epigr.*, V, 1, 4. PLIN., IX, 31.
(3) *Impp. Valentin. et Valens*, XI, 1, 9.
(4) XI, xxviii, 12.   (5) Vid. et XI, xvi, 12.

des papes s'étend jusqu'à Verceil. *Suburbium* enfin, que Forcellini traduit par « προαττΰον, sob-
« borgo, frequentes extra urbem domus, instar vici
« urbani ædificatæ, » n'a pas le sens restreint de
notre mot *faubourg*, et signifie plutôt les villages
de la banlieue, tels que sont pour nous Neuilly, le
Bourg-la-Reine, Saint-Mandé et Vincennes, que
nous n'appelons pas, au sens propre, des faubourgs
de Paris. *Suburbium* semble synonyme de *subur-
banum*, car Cicéron [1] emploie dans la même phrase
ces deux mots pour désigner le même lieu ; or, *sub-
urbanum*, dans le sens absolu, désigne tout ce qui
est près de la ville, champs, domaines, bien rural,
ou maison de campagne. Telle est l'opinion de
Gessner et de Forcellini, qui citent à l'appui de
cette explication de nombreux exemples, et aux
lexiques desquels je me contente de renvoyer ceux
qui conserveraient encore là-dessus quelques
doutes.

Mais les lois ont parfaitement déterminé ce qu'on
doit entendre par le mot de Rome. Paulus, dans
le Digeste [2], traitant de la signification des mots,
dit positivement : « La signification du mot *ville*
est déterminée par les murs ; à Rome, par les édifices qui touchent aux murs. Urbis appellatio mu-
« ris, Romæ autem continentibus ædificiis finitur;
« quod latius patet. »

---

(1) *Epist. ad Quintum fratrem*, III, 1, § 7. Les éditeurs du
Cicero variorum ont retranché le mot *suburbio*, qui existe dans
les anciens manuscrits; d'autres y ont substitué le mot *suburbano*.
Je pense que les uns et les autres ont eu également tort.

(2) L, tit. xvi, 2; vid. ULPIAN. *ibid.* 139, *ad leg. Juliam et
Papiam*.

Alfénus reproduit la même définition [1], et dans la loi 147 du même titre, Terentius Clemens décide que ceux qui sont nés dans les parties contiguës à la ville sont censés être nés à Rome : « Qui in continentibus urbis nati sunt, Romæ nati intelliguntur. »

Ainsi, le titre d'habitant ou de natif de la ville de Rome avait une acception un peu plus étendue que celle que nous donnons au titre d'habitant de Paris, puisque nous ne comprenons point sous cette dénomination les habitants de Passy, de Belleville et de la Chapelle, villages qui touchent immédiatement aux murs de la capitale.

Avant de chercher à démêler la vérité au milieu des exagérations de Pline, des rhéteurs et des poëtes, je discuterai un passage de Denys d'Halicarnasse, qui avait passé vingt-deux ans à Rome sous Auguste, et dont l'exactitude nous est démontrée par le texte même que je vais traduire.

« Si l'on veut, dit cet historien [2], mesurer le périmètre de Rome sur les murs, qui sont peu faciles à suivre à cause des maisons qui y tiennent de toutes parts, lesquelles néanmoins, en beaucoup d'endroits, laissent voir des restes des anciennes murailles ; si l'on veut ensuite comparer cette mesure avec celle de la circonférence de la ville d'Athènes, la circonférence de Rome ne paraîtra guère plus grande que celle d'Athènes. » Le rapport des superficies de ces deux villes est comme 5 à 7, et l'irrégularité de la figure d'Athènes, avec les longs murs et les ports, comparée à celle de l'ancienne

(1) *Ibid.* leg. 87, *ex Marcello.*
(2) *Antiq. rom.*, IV, p. 219, l. 9.

Rome avant Aurélien, laquelle est un trapèze d'une forme bien moins irrégulière, donne l'explication naturelle du rapprochement fait par Denys d'Halicarnasse. Il ajoute : « Mais pour décrire la grandeur et la beauté de Rome telle qu'elle est de mon temps, un autre lieu sera plus convenable. » Il est bien à regretter qu'il n'ait pas tenu cette promesse, car nul auteur ancien n'a rempli cette tâche.

Quant aux faubourgs de Rome, qu'on a jusqu'ici confondus avec les bourgs et les villages des environs, voici le tableau qu'en présente le même historien[1]. Après avoir décrit l'enceinte des murs de Servius, qui ne fut point changée jusqu'à Aurélien, les dieux, dit-on, ne le permettant pas, il ajoute : « Mais il y a beaucoup de lieux habités autour de Rome, de grands et nombreux villages, non enclos de murs, et exposés sans défense aux incursions d'un ennemi. Si l'on voulait, dit-il, rechercher quelle est la grandeur de Rome, en ayant égard à ces constructions, on serait inévitablement exposé à l'erreur; car on n'aurait pas de démarcation sûre qui indiquât jusqu'où s'étend et où finit la ville. » Voilà la description exacte et sans enflure des faubourgs de Rome en général, et des villages environnants. « Qu'on ne croie pas, dit Nardini[2], que Rome, au comble de sa gloire et de sa grandeur, eût partout, hors de l'enceinte de Servius, des faubourgs continus; mais, dans quelques parties, la campagne commençait à partir des murs; sur d'autres points, les bâtiments se continuaient jusqu'à un espace vide qui distinguait et séparait de

(1) IV, p. 218, 219.
(2) Tom. I. p. 62, ed. di Nibby, 1818.

la ville et entre eux les bourgs et les villages. »

Il faut donc réduire à leur juste valeur les déclamations du rhéteur Aristide[1] qui dit que Rome s'étend jusqu'à la mer, et celle de Pline[2], lorsqu'il s'écrie que les édifices qui ont dépassé l'enceinte de Rome lui ont ajouté beaucoup de villes.

Vossius, Donatus, Juste-Lipse citent avec complaisance ces autorités, et les figures de rhétorique entassées à ce sujet dans le sophiste Polémon, dans le déclamateur Sénèque, dans Lucain, le poëte ampoulé, qui prétend que Rome pourrait contenir toute l'espèce humaine réunie :

> .... Et generis, coeat si turba, capacem
> Humani[3] ;

et dans Aristide, d'après lequel[4], si on réduisait Rome à un étage et qu'on l'étendît sur le terrain, elle couvrirait toute l'Italie.

Quittons la région des fables et des chimères, et entrons dans le domaine des faits. Rome ne s'étendait pas jusqu'à la mer, puisque le bourg d'Alexandre, qui n'était qu'à 3 milles, comptés du Capitole, formait un village séparé. Le témoignage d'Ammien[5] est positif : « Vicum Alexandri tertio lapide ab urbe sejunctum. » La propriété de Phaon, affranchi de Néron, dans laquelle ce prince se cacha et se tua, était située à 4 milles de Rome, entre les voies Salaria et Nomentana. Elle est représentée par Suétone[6] comme couverte de buissons, d'épi-

---

(1) *Ap. Lips.*, tom. III, p. 427, *De magnit. Rom.*
(2) III, 9; t. I, p. 156, l. 17.   (3) *Phars.*, I, 512.
(4) *Ap. Lips.*, l. c.   (5) XVII, IV, 14.
(6) *Nero.* c. XLVIII. L'emplacement de cette ancienne villa est occupé aujourd'hui par une ferme nommée la *Serpentara.*

nes et de roseaux. Sur ces deux grandes voies encore Rome n'avait pas de faubourgs étendus. A 4
milles de la ville, dit Festus[1], était la forêt Nævia,
repaire de brigands et de vauriens : «Næviam sil-
« vam vocitatam, extra urbem ad milliare quar-
« tum..... In ea morari adsuescunt perditi ac ne-
« quam homines. »

On ne trouve dans aucun auteur que les bourgs
s'étendissent le long de la voie Flaminienne jusqu'à Otricoli. *Saxa rubra*, lieu situé sur cette
voie, et où campa Antonius Primus en venant au
secours du Capitole assiégé par Vitellius[2], était
un endroit bien séparé de la ville. C'était une car-
rière de scories volcaniques rouges, exploitées pour
les réparations de la grande route. C'est là qu'on
a découvert le tombeau des Nasons[3]. Tout près
de la porte Flaminienne se trouvait la villa d'Hor-
tensius[4], et l'on voit dans Tacite et dans Ammien
que Ponte-Molle (*Pons Milvius*) était un bourg séparé de Rome, situé près du pont d'où il tirait son
nom, et par conséquent aux portes de la ville. Te-
rentia, femme de Cicéron, et Atticus y possédaient
de grandes pâtures[5]; c'est là aussi que se trouvait
la maison de campagne d'Ovide[6]; signe certain que
les faubourgs ne s'étendaient pas bien loin au-delà
du pont Milvius. Aussi M. de Tournon a-t-il grande
raison de dire[7] : « Les faubourgs de Rome ne pas-
« sèrent pas le Tibre, si ce n'est entre les ponts Su-

---

(1) V. *Nævia*.   (2) TACIT., *Hist.*, III, 79.
(3) FICORONI, *Rom. antiq.*, I, xxviii, p. 45, n° 2.
(4) *Ad Attic.*, VII, 3.
(5) CICER., *ad Attic.*, II, 15.   (6) NARDINI, *Rom. ant.*, t. I,
p. 48.
(7) Etud. statist. sur Rome, t. I, p. 233.

« blicius et Milvius; car on ne trouve aucun ves-
« tige de pont au-dessus de ce dernier, ni au-des-
« sous du premier; et certainement, s'il avait existé
« un quartier ou faubourg sur la rive droite, on
« n'aurait pas manqué de le mettre en communi-
« cation avec la ville. »

Dans une foule d'auteurs nous voyons que la campagne s'avançait jusque sous les murs de Rome, et
couvrait la plus grande partie des lieux compris aujourd'hui dans son enceinte. Les soldats de Vitellius campent sur les pentes malsaines du Vatican,
infamibus locis [1]. Les jardins de Julius Martialis
couvrent la colline du Janicule [2]; ceux de Varius Tor-
quatianus s'étendent entre les portes Prénestine et
Gabienne [3]. C'est près de là qu'on vient de découvrir le curieux tombeau de Virgilius Eurisacès [4].
On sait que les lois et les règlements s'opposaient
formellement à ce que les sépultures fussent placées parmi les habitations; or, chaque jour on
trouve des tombeaux, soit dans l'enceinte de Rome,
soit au milieu des faubourgs actuels. La situation
du tombeau de Cestius, près de la porte Saint-Paul,
prouve que la porte Trigemina n'était pas anciennement aussi reculée [5]. Les magnifiques sépulcres
découverts, en 1838, dans la vigne Volpi, en 1839
dans la vigne Argoli, entre les portes *Nomen-
to* et *Tiburtina*, en 1838 encore dans la villa
Pamfili Doria [6], sont autant de preuves que les

---

(1) TACIT., *Hist.*, II, 93.   (2) MARTIAL, *Epigr.*, IV, 64.
(3) Ann. de l'Instit. archéol., t. X, p. 208, sq.
(4) *Ibid.*, p. 209.   (5) NARDINI, ouvr. cit., p. 48.
(6) Bullet. de l'Instit. archéol., ann. 1838, p. 49; ann. 1839,
p. 1, 2, 38, 85.

quartiers habités de Rome ancienne ne s'étendaient pas jusqu'à ces trois points.

Vers la porte Aurelia, le tombeau d'Adrien était
hors des murs de Rome; Procope le dit positivement [1].

Sur la voie Salaria, du côté de la porte Colline,
les faubourgs n'étaient pas continus; ce passage de
Tacite l'indique clairement : « Cerialis fut détaché
en avant, à la tête de mille chevaux, pour gagner
Rome par les routes de traverse du pays des Sabins, et entrer dans la ville par la voie *Salaria*.
Il fut reçu par les Vitelliens avec de l'infanterie
mêlée parmi leur cavalerie. On se battit non loin
de Rome, entre des maisons et des jardins coupés de chemins tortueux, connus des Vitelliens
et inconnus aux autres. » « Pugnatum haud pro-
« cul urbe, inter ædificia hortosque et anfractus
« viarum [2]. »

Ce fut sur le *collis Hortulorum*, le *Pincio*, où
est maintenant la place d'Espagne et l'église de la
Trinité-du-Mont que se livra ce combat. Il est évident, ce me semble, que, si les faubourg eussent
formé alors, de ce côté de Rome, une masse continue de maisons, des généraux aussi expérimentés

---

(1) Ἀδριανοῦ τάφος ἔξω πύλης Αὐρηλίας ἐστὶν, ἀπέχων τοῦ
περιβόλου ὅσον λίθου βολήν. *Bell. Goth.*, I, XXII. Sur la voie Appia,
l'*ustrinum*, c'est-à-dire l'emplacement où l'on brûlait les morts,
indique un point vide et éloigné de toute habitation ; les lois sont
positives à ce sujet. (*Digest.*, XI, VII ; *De religiosis et sumptibus
funerum.*)

(2) TACIT., Hist., III, 79. Ce fut par la porte Salaria qu'Alaric
entra dans Rome. Près de cette porte était le palais de Salluste
l'historien. « La plus grande partie, dit Procope, subsiste encore à
présent, quoique à demi brûlée. » *Bell. Vandal.*, I, 2.

que Cerialis et Antonius n'eussent point attaqué la
capitale avec de la cavalerie seule, privée de l'appui
de l'infanterie. La plaine commençait à peu de distance de la ville; aussi cette cavalerie put-elle se
retirer en fuyant à Fidènes, qui était à 6 milles de
Rome.

Enfin, dans la seconde attaque, Antonius per-
suade à ses légions de camper près du pont Milvius et de n'entrer dans Rome que le lendemain :
« Ut, castris juxta pontem Milvium positis, postera die
« urbem ingrederentur [1]. » Les Flaviens marchaient
en trois corps, l'un par la voie Flaminienne, un autre le long du Tibre; le troisième s'avançait par la
voie Salaria vers la porte Colline. Il se livra dans
la ville plusieurs combats où les Flaviens eurent
l'avantage; il n'y eut de maltraités que ceux qui
avaient attaqué à la gauche de Rome, vers les jardins de Salluste [2], par des chemins étroits et glis-
sants; car les Vitelliens, montés sur les clôtures en
pierre sèche des jardins, les accablaient de pierres et de javelots. Enfin, les Vitelliens furent enve-
loppés par la cavalerie qui avait pénétré par la
porte Colline. Il y eut aussi dans le Champ-de-
Mars une sorte de bataille rangée.

Tous ces détails, donnés par un historien exact
et fidèle, ne présentent pas l'image de cette conti-
nuité de faubourgs, que les déclamations de Pline
et des rhéteurs prolongent jusqu'à la mer d'un
côté, et de l'autre jusqu'à Otricoli et à Tibur.

Cependant l'espace habitable de Rome ayant été

(1) Tacit., Hist., III, 82.
(2) Aujourd'hui la *villa Belloni* et la *villa Verospi*.

diminué, depuis l'incendie arrivé sous Néron, soit par l'élargissement des rues, des places et des cours (*areœ*) intérieures ou extérieures, soit par le vaste emplacement réservé au palais de Néron, soit enfin par la réduction de la hauteur des édifices et de l'étendue des massifs de maisons, la population, qui manqua de place dans la ville, dut refluer dans les faubourgs, et ces annexes de Rome furent sans doute plus peuplées sous Vespasien qu'elles ne l'étaient sous Auguste.

Strabon[1] circonscrit bien positivement l'étendue des faubourgs de Rome lorsqu'il dit que Collatia, Antemnæ, Fidènes, Cæninum, et autres lieux, qui formaient autrefois de petites cités, sont, au temps où il écrit, de simples bourgs possédés par des particuliers, et sont tous situés à 3o ou 4o stades de Rome[2].

Ce passage de Strabon est appuyé par un autre de Tacite, relatif à l'incendie de Néron, qui me fait présumer que la partie de Rome qui fut réunie plus tard sous Aurélien et qui renferme la plus forte population de Rome moderne, formait, sous Néron et Vespasien, les faubourgs ou les villages les plus habités des environs de la ville. Tacite s'exprime ainsi[3] : « Après l'incendie affreux qui, sur quatorze quartiers de la ville, en consuma dix, Néron, pour soulager le peuple errant et sans asile, fit ouvrir le Champ-de-Mars, les monuments d'Agrippa et jusqu'à ses propres jardins. On con-

(1) Pag. 23o, lib. v, t. II, p. 187, tr. fr.
(2) *Vid.* CLUVER., *It. ant.*, p. 65o et 665. HOLSTEN. *adnot. in It. ant.*, pag. 1o3.
(3) *Ann.*, XV, 39.

struisit à la hâte des hangars pour recevoir la classe indigente; on fit venir des meubles d'Ostie et des villes voisines, et le prix du blé fut réduit jusqu'à 3 sesterces (74 centimes) le modius, » un peu plus de 5 centimes la livre.

On voit, après l'accident qui priva de tout asile les trois septièmes de la population de Rome, tous les habitants se réfugier dans les jardins de Néron, dans le Champ-de-Mars, dans les monuments d'A-grippa, et y vivre en plein air ou sous des huttes. Si les faubourgs de Rome, du côté du sud et de l'est, eussent été aussi étendus qu'on le suppose, les Romains y auraient sans doute cherché un abri, et s'il y avait eu sous Néron des bourgs dont la population eût approché de celle de Rome, c'eût été là, et non à Ostie et dans les villes municipales voisines, qu'on serait allé chercher le mobilier de toute espèce, in-dispensable pour subvenir aux nécessités des vic-times de l'incendie.

De plus, il fallait un décret des pontifes ou un ordre de l'empereur pour rendre purs, *puri*, c'est-à-dire pour restituer à l'usage privé, les lieux con-sacrés, *religiosi*; le Digeste est positif sur ce point [1]. Les tombeaux des esclaves mêmes jouissaient de ce privilége [2]. Il est probable qu'on n'eût pas violé mo-mentanément cette loi des tombeaux, commune même à ceux des esclaves, si on eût trouvé des res-sources ailleurs.

Le cirque de Caracalla, placé à l'extrémité de la

(1) *Digest.*, XI, vii, 2, 4, 6, 8.
(2) « Locum in quo servus sepultus est religiosum esse. » (*Ap.* ULPIAN., *Digest.*, XI, vii, 2.)

ville habitée alors, comme l'avait été le grand cirque construit par Tarquin, indique les limites des faubourgs de Rome de ce côté. Le *mons Testaceus*, colline artificielle formée de décombres, prouve que, dans cette partie, les faubourgs ne s'étendaient pas loin; car ce n'est pas au milieu des habitations qu'on entasse un pareil amas de débris.

Strabon[1] nous peint le quartier du Champ-de-Mars, qui était alors un des faubourgs de Rome, comme renfermant beaucoup de terrains vides, et ce géographe exact écrivait sous Tibère. Il décrit la grandeur étonnante de ce champ, où des milliers d'hommes peuvent tous ensemble, dit-il, se livrer aux courses de chars ou de chevaux, aux exercices de la paume, du disque et de la palestre. Il mentionne la couronne de collines semi-circulaire dont les deux extrémités s'appuient à la rive du Tibre; tout auprès, un second champ avec beaucoup de portiques à l'entour, des bois sacrés, trois théâtres, un amphithéâtre et des temples superbes, presque contigus les uns aux autres; les monuments funéraires des plus illustres personnages des deux sexes, principalement le mausolée d'Auguste, couronné d'arbres toujours verts; derrière, un bois sacré formant des promenades charmantes; en avant, la place du bûcher, plantée de peupliers et défendue par une double enceinte, l'une de marbre blanc, l'autre de fer. Ce quartier était donc peu habité, car il était défendu de bâtir près des sépulcres et des monuments; la distance était fixée par la loi[2]. On

(1) V, 236, t. II, p. 211, tr. fr.
(2) *Digest.*, X, 1, 13.

laissait toujours autour des mausolées un espace
vide ; un passage de Frontin[1] est formel à cet égard :
« Habent enim et mausolea sui juris hortorum mo-
« dos circumjacentes, aut præscriptum agri finem. »
Un passage de Juvénal nous apprend que les environs de la porte Capène et de la fontaine Egérie
étaient couverts de grands bois, où venaient s'abriter les Juifs mendiants[2]. Près de là aussi se trouvaient les jardins de Torquatus[3], et le terrain, aux
environs de la même porte, était presque uniquement occupé par des tombeaux : « I sepolcri fuora
« della porta Capena furono infiniti, » dit Nardini[4].
Cicéron[5] cite entre autres ceux de Calatinus, des
Scipions, des Servilius, des Metellus ; celui de Cæ-
cilia Metella, fille de Metellus Creticus et femme de
Crassus, y est encore debout.

La solitude de ces lieux y avait attiré une bande
de malfaiteurs qui s'y livraient en toute sécurité à
leurs brigandages. « Via Appia[6], dit Asconius, est,
« prope urbem, monumentum Basilii, qui locus la-
« trociniis fuit perquam infamis. » Un ami de Cicéron, L. Quintius, qui lui apportait des lettres d'Atticus, fut assailli près de ce tombeau de Basilius, dé-
valisé et couvert de blessures. Il est évident que les
faubourgs de Rome ne s'étendaient point sur la
voie Appia, et cependant c'était la grande communication de cette capitale avec la Campanie et
l'Italie inférieure, celle par conséquent qui sem-

(1) *De limit. agror., ap. Goesium*, p. 43.
(2) *Satyr.*, III. v. 10 sq.
(3) Nardini, t. I, p. 167.	(4) *Ibid.*, p. 170.
(5) *Tuscul.*, I, 7.	(6) *In Orat. pro Milone*, c. VII.

blait surtout devoir appeler sur ses bords les agglomérations de maisons et d'habitants.

Le Vatican, sur lequel on a bâti le palais des papes et la célèbre église de Saint-Pierre, n'était pas
très habité du temps de Vitellius, l'an de Rome
822; car son armée, victorieuse et maîtresse de Rome
depuis plusieurs mois, fut obligée de camper sous
des tentes dans ce lieu insalubre: « Infamibus Va-
« ticani locis magna pars tetendit. » Ces lieux sont
toujours désignés sous le nom de *champs, campi
Vaticani*. Le projet, conçu par César, de détourner
le Tibre au pont Milvius et de le faire passer le
long des collines du Vatican semble annoncer que
l'espace compris entre ces deux limites était vide
d'habitations[1]. Là se trouvaient en effet de vastes
jardins, disposés pour la promenade, et qu'on nommait *horti transtiberini*[2]. Près de la porte Navale,
sous l'Aventin, étaient les prés Vaticans de Quintius[3].

L'église de Saint-Laurent, près de la porte de ce
nom, fut construite par Constantin sur une plaine
nue, le long de la voie Tiburtine, *via Tiburtina, in
agro Verano*[4]. Suivant le témoignage de Festus[5],
des jardins remplissaient l'espace compris entre
les voies *Ardeatina, Asinaria* et *Latina*. Enfin, un
passage de Pline le Jeune[6], passage décisif dans la
question que je traite, prouve que les routes même

(1) CICER., *ad Att.*, XIII, 33, t. II, p. 475.
(2) PAUL. MANUT. *Comm. in litt. ad Att.*, t. II, p. 143, ed.
Amsterd., 1684.
(3) NARD., t. I, p. 95.
(4) ANASTASE, cité par Nardini, t. I, p. 74.
(5) V. *Retrices.* (6) *Epist.*, II, 17, 3.

d'Ostie et de Laurentum, dans un espace de 11 à 14 milles à partir des portes de Rome, étaient peu habitées et n'offraient, de chaque côté, que de grandes forêts et de vastes prairies : « Varia hinc « atque inde facies. Nam modo occurrentibus sil- « vis via coarctatur, modo latissimis pratis dif- « funditur et patescit. Multi greges ovium, multa « ibi equorum boumque armenta, quæ, montibus « hyeme depulsa, herbis et tepore verno nites- « cunt. » Ce témoignage, rapproché des passages de Tacite, que j'ai rapportés plus haut, sur les meubles tirés d'Ostie lors de l'incendie de Rome et sur l'insalubrité du mont Vatican, prouve, je crois, que je suis resté dans le vrai en réduisant l'extension et la population exagérée qu'on donnait aux faubourgs de Rome. Il est même établi qu'au temps de Vespasien, des champs et des jardins oc- cupaient plusieurs emplacements renfermés au- jourd'hui dans l'enceinte de la ville.

Aussi voyons-nous, sous Aurélien, Rome s'éten- dre au nord et à l'est, et se porter du côté où les groupes de maisons étaient le plus agglomérés pour les renfermer dans son enceinte.

C'est, du reste, la marche constante de toutes les villes, et c'est ainsi que Paris s'est étendu de siècle en siècle jusqu'aux limites qui le bornent aujourd'hui.

Si l'on a fait attention à la nouvelle forme que, selon Tacite et Suétone, la ville de Rome revêtit sous Néron, à la largeur des rues, des places, des *areæ* ou cours extérieures, des portiques destinés à pro- téger les maisons et les *insulæ*, à la réduction de la hauteur des édifices, enfin, à l'augmentation des

espaces vides et à la diminution de la surface habitable, résultat de cette mesure, on sent que la
population fut forcée de s'étendre; et cependant il
se passa plus de deux siècles avant que les faubourgs fussent assez peuplés pour qu'on jugeât
convenable de les renfermer dans une nouvelle enceinte. Aurélien acheva ce grand ouvrage. Si les
faubourgs s'étaient portés vers le sud, du côté
d'Ostie (et j'ai prouvé le contraire d'après les témoignages historiques), ce prince eût, à coup sûr,
renfermé dans ses nouveaux murs une population
aussi importante.

Il serait sans doute absurde de prétendre qu'entre
Rome et Ostie, le port d'une grande capitale, sur
la route principale du passage des vivres et des
marchandises qui arrivaient à Rome, il n'y eut ni
habitations, ni bourgs ni villages; mais l'inspection des cartes anciennes les plus exactes nous
montre qu'ils étaient en petit nombre.

Les inondations du Tibre sur cette route, l'insalubrité de cette partie du Latium, en sont la
cause évidente. Les Romains riches y avaient des
maisons de plaisance, pour l'hiver et le printemps
seulement; et tandis que, dans la saison chaude,
ils allaient respirer l'air pur et frais des vallées de
l'Apennin, les pauvres colons venaient se réfugier
à Rome, comme ils le font encore aujourd'hui,
pour éviter les funestes effets de l'air vicié de cette
contrée pendant l'été et l'automne [1]. On peut conclure de là que, dans cette partie, le nombre des

_____

(1) Je prouverai ce fait dans mon chapitre sur l'insalubrité de
l'Italie et des environs de Rome, tome II, 3e livre, c. 2.

habitants fixes ne devait pas répondre au nombre
des édifices. Enfin Nardini[1], ce savant distingué,
qui a fait de Rome l'étude de toute sa vie, dit positivement. « Rome, même au comble de sa grandeur, n'avait pas, hors des murs de Servius,
des agglomérations d'édifices continus, comme
le prouvent les villas, les champs, les terres et
les villages voisins alors de ses murs. »

Je ne m'arrêterai pas à discuter un fait établi par
les plus habiles topographes de Rome, savoir que
l'enceinte d'Aurélien et celle de Rome moderne
sont identiques, moins la portion transtibérine
ajoutée par les papes. M. Nibby[2], qui a donné
il y a 20 ans une édition de Nardini, et qui a pro-
fité des fouilles et des découvertes faites depuis la
première publication de l'ouvrage de celui-ci, a
confirmé le résultat des savantes recherches de cet
antiquaire et de d'Anville sur les enceintes de Servius Tullius et d'Aurélien[3].

J'ai réservé pour la fin de ces recherches, et je
dois maintenant discuter la fameuse description
de Rome par Publius Victor, cette description qui
a été la source de toutes les exagérations absurdes
répétées depuis deux siècles sur l'étendue et la
population de la capitale de l'Italie. On verra que
le mot latin *insula*, employé d'abord métaphori-
quement, et modifié ensuite dans son acception par
l'usage et le laps du temps, a causé, pour avoir été
mal entendu, cette longue série d'erreurs.

(1) *Roma antica*, tom. I, p. 62, ed. Nibby.
(2) *Rom.*, 1818, 4 vol. in-8°.
(3) *Discors. prelim.*, XXVI, XXXIV.

CHAPITRE XII.

DES MAISONS DE ROME ET DE LEURS BOUTIQUES.

C'est un fait assez remarquable que les changements qu'a éprouvés, dans la langue latine, la
signification des mots *vicus*, *insula*, *œdes*. Leur
sens tantôt restreint, tantôt étendu, a varié de
manière que ceux qui n'ont pas suivi ou observé
exactement la dégénérescence chronologique du
sens primitif sont tombés, par cela seul, dans de
graves méprises.

Ædes, que les anciens glossaires rendent par
αὐλαί, ναοί, dont la racine est αἶτος[1] et que Varron
dérive *ab aditu*, a signifié ensuite une chambre,
comme dans Plaute[2] : « Insectatur omnes domi per
« ædes, » et s'étend, dans le Digeste[3], à toutes les
espèces d'édifices. Telle est la définition donnée
par Gaius : « Appellatione ædium omnes species
« ædificii continentur. »

Le mot *vicus*, qui vient de l'éolien ϝοῖκος ou βοῖκος,
a subi les mêmes vicissitudes. *Vicus* se dit *et de
rure, et de urbe;* vicus est pars pagi, dit Forcellini : c'est cette dernière acception que lui donne
Tacite[4] dans les Mœurs des Germains : « Per pagos
« vicosque. » C'est dans le sens de massif ou pâté de
maisons borné par des rues, tel que le pâté des Italiens à Paris, que le même auteur[5] emploie le mot
vicus dans les passages que j'ai cités, et qui sont

(1) *Vid.* Gessner, *Thes. h. v.*   (2) *Casina*, III, v, 31.
(3) XLVII, ix, 9.   (4) C. 12, et Brottier, h. l.
(5) *Ann.*, XV, 38 et 43.

relatifs à l'incendie de Rome : « Enormibus *vicis*, « qualis vetus Roma fuit. » Tite-Live[1], parlant de la reconstruction de Rome, à l'année 365, n'est pas moins positif : « Festinatio curam exemit *vicos* diri- « gendi ; ea est causa, ut veteres cloacæ, primo per « publicum ductæ, nunc privata passim subeant « tecta. » Enfin ce sens est déterminé formellement par l'un des passages de Tacite, où il dit qu'a- près l'incendie arrivé sous Néron Rome fut rebâtie, « Erecta, non, ut post gallica incendia, nulla dis- « tinctione, nec passim, sed *dimensis vicorum or-* « *dinibus*, et latis viarum spatiis, cohibitaque ædi- « ficiorum altitudine, ac patefactis areis, additis- « que porticibus, quæ frontem *insularum* prote- « gerent. » Dans cette phrase remarquable, Tacite désigne d'abord les massifs de maisons, *vici* ; puis les rues, *viæ* ; puis les hôtels, *ædificia* ; puis leurs cours extérieures, *areæ* ; puis les portiques, *porti-* *cus* ; enfin les boutiques, *insulæ*. L'ordre des idées et des expressions, dans cette phase, suit exactement l'ordre des dimensions et de l'importance des ob- jets qu'elle décrit. Toutefois, le mot *vicus*, dans les siècles suivants, prit une signification plus étendue, et désigna une fraction de quartier, *regio*, fraction que surveillaient quatre magistrats qui, sous le nom de *vico-magistri*, *magistri vicorum*, remplissaient des fonctions analogues à celles de nos commissaires de police. Enfin dans la langue italienne ce mot a pris un sens très restreint, les mots *vico* et *vicolo* ne désignent qu'une rue et une ruelle dans une ville.

(1) V, 55.

C'est la signification précise du mot *insula*, aux diverses époques de la république et de l'empire romain, que je dois déterminer maintenant; car ce mot a été la source de toutes les erreurs qui ont été commises et qui se sont perpétuées depuis la renaissance des lettres jusqu'à ce moment, sur l'étendue et la population de Rome. En effet, P. Victor[1], compte à Rome 45 795 *insulæ* et 1 830 palais ou *domus*, et ce nombre ne peut être soupçonné d'une altération sensible, puisqu'il est l'addition de la somme des *insulæ* énumérées quatorze fois, par parties, dans chacune des quatorze régions ou quartiers de Rome. Lorsqu'on a, comme Vossius, Juste-Lipse et Mazois, appliqué au mot *insula* le sens indiqué par son acception primitive, je veux dire celui d'*île* ou *massif de maisons, isolé de tous côtés par des rues*, on a dû nécessairement attribuer à Rome une étendue et une population quintuple ou décuple de celle de Paris; car on ne s'était jamais occupé de calculer la superficie du terrain compris dans les deux enceintes de Servius et d'Aurélien. Or, Paris ayant, en 1817, 26 801 maisons et 713 966 habitants, 45 795 îles ou massifs de maisons à Rome, devaient donner 183 180 maisons, en ne comptant même que 4 maisons par *île*. On y ajoutait les 1 830 palais, et comme les faubourgs sont exclus de la description de Victor, on était conduit par un raisonnement conséquent, mais fondé sur une base fausse, à ce dilemme absurde: ou d'entasser 14 millions, 8 millions ou 4 millions d'habitants sur une

(1) *Descript. Rom.*, ed. Labbe, 1651, in-18, p. 256, sqq.

superficie égale aux deux cinquièmes de Paris, ou de
changer la face des lieux, l'enceinte des murs d'Aurélien, qui existent encore tout entiers, et de donner à Rome une circonférence de 75 000 mètres,
en prenant pour base le nombre altéré et évidemment faux de Vopiscus.

Quelle est la signification précise de ce mot *insula*? Ce point est important à déterminer, car la
question tout entière réside dans l'interprétation
juste de ce mot, suivant son usage propre ou mé-
taphorique. Festus en donne[1] la définition suivante : « Insulæ dictæ proprie, quæ non junguntur[2]
« communibus parietibus cum vicinis, circuituque
« publico aut privato cinguntur, à similitudine
« videlicet earum terrarum quæ fluminibus aut
« mari eminent. » Ce nom dut s'appliquer d'abord à
toutes les maisons de l'ancienne Rome, puisque, par
la loi des Douze-Tables que j'ai citée[3], elles étaient
isolées de tous côtés les unes des autres, par une
ruelle de 2 ½ pieds, distance qui fut ensuite portée
à 12 pieds. C'est à cette disposition ancienne que
s'applique la scolie de Donatus[4], « Domos, vel portus,
« vel insulas veteres dixerunt. » et les deux passages
de Cicéron dans le Traité des Offices et dans le plaidoyer pour Cælius[5]. Le mot *portus* pour *maison* a
disparu de la langue latine, où toutefois la trace

(1) V. *Insulæ*.   (2) *Alias* quæ conjunguntur.
(3) Elle est basée sur la loi de Solon, qui est citée, au Digeste,
X, 1, 13.
(4) *Ad* Terent. *Adelph.*, IV, 11, 39.
(5) *De Offic.*, III, 16. *Oratio pro Cælio*, cap. VII. C'est une
maison de ce genre que Mazois a retrouvée à Pompéi, et dont il
nous a donné l'écriteau de location.

en est restée dans son composé *angiportus*: mais
Gessner et Forcellini remarquent que le latin
n'offre aucun exemple de l'emploi du mot *insula*
dans le sens donné par Festus, je veux dire dans
celui de *pâté* ou *île*, ou massif de maisons : « Hac-
« tenus Festus, dit Gessner après avoir cité sa défi-
« nition, sed an exstet hujus significationis exem-
« plum dubitamus. »

Nous avons vu, par les passages cités de Tacite
et de Suétone, au sujet de l'incendie et de la reconstruction de Rome sous Néron, que le mot *in-*
sula désigne toujours une habitation plus petite
que celle à laquelle s'applique le mot *domus*[1] : ce
fut celle des citoyens pauvres, des célibataires,
des petits marchands. Sous Tibère, l'an 36 de J.-C.,
il y eut un incendie qui brûla une partie du cirque, « gravi igne deusta parte circi. » Tibère fit
tourner ce désastre à sa gloire; il paya le prix des
maisons et des *îles* brûlées, « exsolutis domuum et
insularum pretiis[2]. » Ce fut dans ce même cirque
que prit naissance l'incendie qui consuma, sous
Néron, dix des quatorze quartiers de Rome : « Ubi
per *tabernas* simul cœptus ignis longitudinem circi
corripuit[3]. On voit que *taberna* est ici synonyme
d'*insula*; car il s'agit du même lieu et de la même
espèce d'édifices. Tacite prouve de plus que les *in-*
sulæ ou *tabernæ* n'étaient point des habitations

____

(1) Le passage suivant de Suétone le prouve encore mieux :
« Tum præter *immensum* numerum insularum, domus priscorum
ducum arserunt, hostilibus adhuc spoliis adornatæ. » (SUÉTON.,
Nero, XXXVIII, 4.)

(2) TACIT., *Ann.*, VI, 45.   (3) *Ann.*, XV, 38.

isolées, comme les palais ou les temples; car il ajoute : « Neque enim domus munimentis septæ, « vel templa muris cincta, aut quid aliud moræ in- « terjacebat. » On trouve d'ailleurs dans plusieurs auteurs latins cette phrase : « insula in domo, » preuve que l'*insula* était une partie de la maison.

Taberna, dit Forcellini, « *casa*, οἴκημα, ex eo « quod tabulis clauditur; » ce mot désigne, dans ce sens, une petite et pauvre habitation, comme le prouvent l'opposition de « pauperum tabernas « et regum turres, » dans la strophe si connue d'Horace [1], et ce vers de l'Art poétique [2] :

> Migret in obscuras humili sermone tabernas.

Taberna signifiait aussi boutique, « locus ubi mer- « ces venduntur, *bottega*, » dit Forcellini. C'est le sens le plus ordinaire de ce mot. Il est superflu d'en citer des exemples; mais il n'est pas inutile de prouver, par le texte des lois romaines, que les *insulæ* étaient de véritables boutiques. Or, Paulus dit [3], dans son livre sur les devoirs du pré- fet de police : « Les effractions se font surtout dans les *insulæ* où l'on dépose la portion la plus pré- cieuse de son avoir, lorsqu'on y ouvre de force ou une *cella* (un placard), ou une armoire, ou un coffre. » « Effracturæ fiunt plerumque in *insulis*, « ubi homines pretiosissimam partem fortunarum « suarum reponunt, cum vel cella effringitur, vel « armarium, vel arca. »

Enfin, l'identité de signification des mots *in-*

---

(1) *Od.* I, IV, 13.   (2) 229.
(3) *Digest.*, I, XV, 3, § 2, *de officio præfecti vigilum.*

sula et *taberna* ressort évidemment de ce passage
de Scævola[1] : « *Tabernam cum cœnaculo* Pardulæ
« legaverat, *cum mercibus* et instrumentis, et supel-
« lectili quæ ibi esset ; quæsitum est cum, vivo tes-
« tatore, *insula in qua cœnaculum fuit* quod ei
« legatum erat, exusta sit, etc. » On voit qu'*insula*
et *taberna* sont pris pour une seule et même chose,
que ces *insulæ* ou *tabernæ cum cœnaculo* représentaient les échoppes ou boutiques de nos anciens
passages, avec un bouge à l'entresol pour loger le
marchand, et que les *insularii* étaient, en général,
de petits boutiquiers, de petits marchands en détail.

Je citerai encore cette inscription où le mot *insulas* signifie des boutiques de corroyeurs :

CORPORI

CORARIORVM. INSVLAS. AD. PRISTINVM. STATVM

SVVM. SECVNDVM. LEGES. PRINCIPVM. PRIORVM

IMPP. VAL SEPTIM. SEVERI. ET. M. AVRELI. ANTONINI

RESTAVRARI. ADQVE. ADORNARI. PER. VICINVM

EA. SVA.[2] PROVIDIT, etc.[3]

On trouve aussi, dans les actes du martyre de
saint Sébastien, le mot *insula* employé pour indiquer un lieu où l'on vient acheter des objets exposés en vente[4].

---

(1) *Digest.*, XXXIII, VII, 7; *De instructo vel instrumento
legato.*

(2) Peut-être faut-il lire PER. VIGILANTIA. SVA. pour *per vigilan-
tiam suam ;* on trouve, un peu plus bas, IN. MERA, MEMORIA.
pour *in meram memoriam.*

(3) CORSINI, *Series præfectorum urbis.* Pisis, 1763, in-4°,
pag. 183. La même inscription, d'après Corsini, se trouve dans
Gruter, MXC, n° 19.

(4) *Acta S. Sebastiani martyris,* auctore S. Ambrosio epis-

La synonymie des mots *insula* et *taberna* se déduit aussi de ce passage de Cicéron [1] : « *Tabernæ* « *duæ* mihi corruerunt, reliquæque rimas agunt.... « Sed ea ratio ædificandi initur, ut hoc damnum « quæstuosum sit ; » et de cet autre : « Quære ubi sint « merces *insularum.* » Il nous reste tant de lettres de Cicéron à Atticus et à ses amis que nous avons presque l'inventaire de ses propriétés. Il ne possédait à Rome que sa grande maison, achetée de Crassus, et des boutiques sur le mont Aventin, louées 80 000 sesterces, environ 20 000 francs [2], qu'il nomme tantôt *insulæ*, tantôt *tabernæ*.

Muratori [3] penche pour une opinion analogue à la mienne, que Forcellini cherche à justifier en ces termes : « Fortasse hæc ita componuntur, ut « Festus recte et proprie *insulas* definierit ; qui vero « urbem postea descripserunt *insularum* nomine, « improprie et per synecdochen, partes ipsarum ap- « pellaverint, quæ à singulis familiis incolebantur : « unde in tantum earum numerus excreverit. »

Je pourrais accumuler cent exemples semblables tirés des lois sur la propriété, les servitudes, l'usufruit, l'achat, la vente et le loyer des maisons ; mais il vaut mieux suivre, dans les recueils des lois romaines, la définition des divers modes d'exis-

---

copo, cap. XVIII. « Maximiano et Aquilino coss., facta est persecutio talis ut nullus emeret vel venumdaret aliquid, nisi qui, statunculis positis in eo loco ubi emendi gratia ventum fuisset, thuris exhibuisset incensum. Circa INSULAS, circa vicos, circa nymphæa quoque erant positi compulsores, qui neque *emendi* copiam darent, aut hauriendi aquam ipsam facultatem tribuerent, nisi qui idolis delibassent. »

(1) *Ad Att.*, XIV, 9.   (2) *Vid.*, XVI, 1, *Ep. ad Att.*
(3) *Inscript.*, pag. 2125.

tence et de situation des *insulæ*, et prouver mes. assertions par l'examen et le rapprochement des plans de quelques maisons anciennes, tirés soit de Pompéi, soit du plan de Rome en marbre qui existe au Capitole[1]; surtout par l'examen du Forum de Trajan, déblayé en 1825, et dont je dois un dessin très exact à l'obligeance de M. Duc[2], jeune architecte plein de talent.

Les *insulæ*, à Rome, étaient de deux espèces[3] : ou c'étaient des boutiques avec entresol, annexées à un hôtel, comme le passage de l'Opéra l'est à l'hôtel de Vindé, ou c'était une série de boutiques placées sur l'*area* d'un palais, et protégées par un portique, à peu près comme les galeries de pierre du Palais-Royal, mais beaucoup moins élevées.

Ulpien[4] désigne clairement la première espèce dans ce passage : « Si insula adjacens domui vitium « faciat, utrum in *insulæ* possessionem, an vero in « totius domus possessionem mittendum sit ? et ma- « gis est ut non in domus possessionem, sed in insu- « læ, mittatur. » Elle est définie par Papinien[5], qui dit, au sujet des legs : « Sous le nom de maison, *domus*, est comprise aussi l'*insula* jointe à la maison. » « Appellatione domus insulam quoque injunctam « domui videri, si uno pretio cum domo fuisset « comparata. »

---

(1) Voy. BELLORI et MAZOIS, Ruines de Pompéi, 2ᵉ partie, pl. I et passim.

(2) Voy. planch. I et II, à la fin du volume.

(3) Voyez, pl. II, le plan et l'élévation des *insulæ* ou boutiques du Forum de Trajan.

(4) *Digest.*, XXXIX, tit. 11, *De damno infecto et de suggrundis*, etc., leg. 15, § 13, 14. Voyez ici 2 fig. de la pl. I, n° 7.

(5) *Digest.*, XXXII, leg. 91, § 6.

La seconde espèce d'*insula* était désignée par l'épithète d'*insula communis*. C'était une île d'îles, *isola d'isolette*; mais on comptait chaque petite île comme une habitation séparée, ce qui explique naturellement la différence entre le nombre des *insulæ* et celui des hôtels ou *domus* dans la description de Rome par Publius Victor. Dans l'édition de Labbe, Victor compte 1830 hôtels et 45795 *insulæ*. Le nombre total varie un peu dans les éditions de Panvinius et de Pancirol, mais le rapport des îles aux hôtels reste sensiblement le même. Nous n'avons pu nous servir, pour le rapport du nombre total des maisons à celui des *insulæ*, de la description de Rome par Sextus Rufus, parce que cette description n'est pas arrivée entière jusqu'à nous[1]. Cependant, les fragments considérables qui nous en restent, donnent, pour la première région, 4250 *insulæ* et 121 *domus*. Dans cette région, comme dans les cinq autres pour lesquelles Rufus indique le nombre de ces deux sortes d'habitations, le rapport entre les *domus* et les *insulæ* est conforme à celui qui nous a été transmis par P. Victor.

Ulpien[2] définit *l'insula communis* en traitant de l'opposition, *nuntiatio*, qu'on peut former contre une construction nouvelle : « Quod si socius meus « in *communi insula* opus novum faciat, et ego pro- « priam habeam cui nocetur, an opus novum nun- « tiare ei possim? » Voilà *l'insula communis*, la galerie de boutiques, opposée à *l'insula propria*, la boutique particulière. Je regarde comme deux *in-*

(1) Gæzv. *Antiq*. t. III, p. 25.
(2) *Digest.*, XXXIX, 1, *De operis novi nuntiatione*, I, § 16; III, § 2.

sulæ communes les *insulæ Arriana* et *Polliana*, mentionnées dans une inscription découverte à Pompéi[1]; car dans ces *insulæ* on loue des boutiques avec leurs auvents et un bouge pour l'*insularius*: « Taberna cum pergulis suis et cœnacula. » Or, on a vu que *insula* pris au propre et *taberna* étaient synonymes. Une autre inscription du même recueil[2] fait mention d'un artisan en boutique, *cerdo insularius*[3]. Enfin, Suétone[4], en racontant le recensement fait par César dans le but de réduire les distributions gratuites de blé, nomme les propriétaires des *insulæ* ou boutiques, *dominos insularum*, et la suite du récit prouve que ces *insulæ* étaient habitées par des *frumentaires* dont il raya plus de la moitié : « Recensum populi, nec « more nec loco solito, sed vicatim, per dominos « insularum egit; atque ex viginti trecentisque « millibus accipientium frumentum e publico ad « centum quinquaginta retraxit[5]. »

Cette espèce d'*insula* que Mazois a représentée, d'après les monuments antiques de Rome et de Pompéi, sur les côtés de l'*area* ou cour extérieure du palais de Scaurus[6], s'appliquait de même aux

---

(1) ORELLI, *Select. inscr.*, n° 4324.   (2) N° 2926.

(3) Pour la signification du mot *cerdo*, voy. FORCELLINI. *Sutor cerdo*, dans MARTIAL, est un cordonnier. Un *cerdo faber* se trouve dans une ancienne inscript. publ. par SPON, *Miscell.*, p. 221.

(4) *J. Cæs.*, c. XLI.

(5) PITISCUS dit en commentant ce passage de Suétone : « Illis (insulis communibus) plerumque adsitæ fuerunt multæ ædes parvæ et mediocres, quas tenuioribus civibus locabant illarum domini, quæ, quia majoris *insulæ* ambitus eas complectebatur, æque *insulæ* dictæ fuerunt. »

(6) Voyez aussi le plan d'une maison romaine à Pompéi dans ma planche I, fig. 2.

temples anciens pour le logement des desservants.
Nos cellules de moines, rangées le long des côtés
du cloître, ont conservé la forme et l'usage antique
de ces *insulæ*, et peuvent nous en donner une idée
exacte. C'est ainsi, du moins, que j'entends le passage de Justin[1] où le roi Antiochus, qui a attaqué
la nuit le temple de Jupiter Didyméen, est découvert et tué avec tous ses soldats par les habitants
du cloître ou *insula*, qui s'étaient réunis : « Qua re
« prodita, concursu *insularium* cum omni militia
« interficitur. »

Paulus[2] désigne aussi cette espèce d'*insula* par
l'épithète d'*insula tota* : « Si *insulam totam* uno
« nomine locaveris, et amplioris conductor locave-
« rit. » Une *insula* qui avait plusieurs petites chambres était louée à un principal locataire et sous-
louée par lui à un plus haut prix. Alfénus[3] discute
ce cas : « Qui insulam triginta conduxerat, singula
« cœnacula ita conduxit ut quadraginta ex omnibus
« colligerentur. » Il s'agit ici de cette *île* de boutiques
avec des réduits ou *cœnacula* pour les marchands
et les célibataires pauvres qui abondaient dans la
ville de Rome. Mon plan des restes du Forum de
Trajan en donne une idée exacte[4].

C'est probablement à ce genre qu'appartenaient
les *insulæ* possédées par Cicéron[5] sur l'Aventin et
l'Argilète, et qu'il louait 72 000 sesterces et ensuite
80 000 sesterces par an. C'est l'*insula* de Manicius
à Naples[6], remplie de petites chambres à louer.

(1) XXXII, 2.   (2) *Dig.*, XIX, 1, 53.
(3) *Ibid.*, XIX, 11, 30.   (4) Voyez pl. II.
(5) *Epist. ad Attic.*, XVI, 1 ; XV, 17, et not. var. h. l.
(6) PÉTRON., *Satyr.*, p. 6 et 10.

Maintenant ma tâche est achevée; nous avons quitté la région des fables et des chimères, nous pouvons entrer dans celle des probabilités. L'erreur des calculs sur la population de Rome est venue du double emploi qu'on a fait des îles, *insulæ*, et des maisons, *domus;* car, ainsi qu'on peut s'en convaincre, soit par le plan qu'a copié Mazois, d'après le marbre conservé au Capitole, soit par un hôtel de Pompéi, donné par le même artiste[1], soit enfin par le plan de l'*area* et des *insulæ* du palais de Scaurus[2], que cet architecte habile et érudit a tracé d'après les monuments, les boutiques simples, *insulæ,* ou boutiques avec logement, *insulæ cum cœnaculo*, étaient presque toujours, surtout depuis Néron, de véritables annexes des maisons; elles étaient placées sur les rues, soit aux côtés, soit sur la façade de l'hôtel. Le plus souvent, abritées par un portique, elles occupaient les deux côtés de l'*area* ou cour extérieure[3]. Cependant elles étaient comptées à part dans le dénombrement des habitations, ce qui explique la disproportion des nombres 45 795 *insulæ* et 1 830 *domus* de Publius Victor, dans sa description de Rome. Je prendrai un exemple analogue dans Paris. L'ancien hôtel de Vindé occupait une partie de l'île comprise entre la rue Grange-Batelière, la rue Pinon, la rue Lepelletier et le boulevard Italien; il ne comptait que pour une maison, et cependant il renfermait plus de 50 *insulæ*, soit dans les boutiques à entresol

(1) Voyez la planche I, fig. 2.
(2) Palais de Scaurus, éd. in-4°.
(3) Voy. la pl. II, n° 7, et la pl. II, plan du Forum de Trajan.

des deux passages qui mènent à l'Opéra, soit dans les maisons à boutiques qui donnent sur le boulevard [1].

Les *insulæ* ou boutiques disposées en galerie sur l'*area* [2], et couvertes d'un portique, étaient parfaitement adaptées aux habitudes et aux besoins des Romains, qui venaient dès l'aurore saluer leurs patrons, et qui, en même temps, trouvaient moyen de s'abriter de la pluie sous les portiques et de faire leurs emplettes sans perte de temps. De plus, les marchands avaient intérêt à se placer aux lieux qui attiraient une grande affluence de monde.

Les petits logements des *insulæ* convenaient à merveille à cette foule de célibataires oisifs, qu'attiraient à Rome les jeux, les spectacles, les distributions gratuites, et dont le nombre s'accrut de siècle en siècle sous les empereurs.

Si l'on prend au compas la superficie de ces *insulæ*, d'après l'échelle jointe au plan de Mazois, on verra que le rapport du nombre des îles avec la superficie totale de Rome est tout-à-fait admissible, tandis qu'en donnant au mot *insula* l'acception d'île de maisons, ou même de maisons comme celles de Paris, la chose devient évidemment absurde.

Il n'est pas moins clair que, vu l'espace donné, le peu de hauteur des galeries à *insulæ*, les habi-

(1) Voyez le plan de Rome en marbre, conservé au Capitole, gravé par Bellori; la planche I, fig. 2, des Ruines de Pompéi, par MAZOIS, et les autres plans des maisons privées, donnés dans le même ouvrage.

(2) Cette *area* est le *vestibulum* décrit par AULUGELLE, XVI, c. 5; la synonymie est évidente.

tudes de célibat des Romains, on ne peut, surtout depuis Néron jusqu'à Aurélien, et même jusqu'à Valentinien, époque de la description de Rome par P. Victor, attribuer à chacune de ces *insulæ* une population moyenne égale à celle des maisons de Paris. Cependant Brottier[1], dont l'évaluation est la plus modérée de toutes, donne à chaque *insula* 21, à chaque *domus* 84 habitants, ce qui fait, avec les soldats, un total de 1 188 162, sans les étrangers. Il tire ce calcul d'un rapprochement avec les maisons de Paris. Mais la statistique de notre ville était si peu avancée en 1780, ou les recherches de Brottier sur ce point de fait ont été si peu exactes, qu'il compte à cette époque 30 000 maisons à Paris, tandis que la statistique de Paris de 1823 n'en présente que 26 801, et cependant des quartiers entiers ont été bâtis dans les quarante-cinq ans écoulés entre ces deux époques.

Je crois qu'en multipliant par 5 les 45 795 *insulæ*, et par 84 les 1 830 hôtels ou *domus*, ce qui donne, d'après les bases fournies par Publius Victor, 382 695 habitants, on aura, pour la population, un nombre qui sera dans un rapport probable avec celui de la superficie ; car Rome, depuis Aurélien, ayant un peu plus des $\frac{2}{5}$ de la superficie de Paris, se trouve encore, dans cette hypothèse, bien plus peuplée que Paris, c'est-à-dire à peu près dans le rapport de 4 à 3, eu égard à la surface respective des deux villes. Le nombre de cinq habitants pour une *insula* est plutôt trop fort que trop faible ; car à

_____

(1) *Not. ad Tacit.*, t. II, pag. 379, 380.

Manchester et à Liverpool, le nombre des habitants, par maison, oscille entre 5 et 7 depuis un siècle[1].

Les faubourgs de Rome, au ıv⁰ siècle de l'ère chrétienne, devaient être moins étendus et moins peuplés; car la crainte de l'invasion des Barbares avait dû porter la population à se renfermer dans les enceintes fortifiées. Si j'accorde aux faubourgs de Rome, à cette époque, 120 000 habitants, je serai plutôt au-dessus qu'au-dessous des limites de la probabilité; or, ce nombre, joint aux 382 695 habitants de l'enceinte d'Aurélien, donnerait pour la ville et les faubourgs, tels qu'ils sont définis par les lois romaines, c'est-à-dire les groupes de maisons touchant immédiatement aux murs de la ville, 502 695, ou, en nombre rond, 502 000 habitants.

Il faut y joindre 30 000 soldats et les étrangers. Le nombre de ces derniers, à Paris, où la population était, en 1817, comme je l'ai déjà dit, de 714 000, s'est toujours maintenu dans le cours de vingt ans entre 20 et 30 000; les registres des hôtels garnis ont fourni pour ce calcul des données positives. En supposant à Rome 30 000 étrangers et 30 000 soldats stationnaires, et les joignant aux 502 000 habitants de la ville et des faubourgs, la population entière ne s'élèvera qu'à 562 000 têtes.

J'avais terminé ce travail, fondé sur une méthode exacte d'approximation et d'analogie, lorsqu'un

---

(1) **MANCHESTER.**

Ans.	Maisons.	Habitans.
1757...	3 316...	19 837.
1821...	21 156...	133 788.

LIVERPOOL.

Ans.	Maisons.	Habitans.
1760...	5 156...	25 787.
1821...	20 339...	118 972.

(*Quarterly Review*, trad. dans les Nouv. Ann. des Voyages par Eyriès et Malte-Brun, t. XXVI, pag. 262, 263.)

élément positif, tiré du calcul des consommations, qui m'avait échappé d'abord, est venu confirmer mes inductions et fournir, en quelque sorte, la preuve arithmétique de mes calculs.

Spartien[1] rapporte que, sous Septime-Sévère, la consommation de Rome en blé était de 75 000 modius par jour; le modius étant de 13 $\frac{1}{2}$ livres, poids de marc, les 75 000 modius donnent 1 012 500 livres, ce qui, à 2 livres de blé par personne[2], porte

----

(1) *Septim. Sev.*, c. XXIII. Voici le passage latin : « Moriens, septem annorum *canonem*, ita ut quotidiana septuaginta quinque millia modiorum expendi possent, reliquit; olei vero tantum ut per quinquennium non solum urbis usibus, sed et totius Italiæ quæ oleo egeret, sufficeret. » Le mot *canon* est interprété par Forcellini, dans ce passage, par *annua præstatio ad annonam urbis Romæ.* JUSTE-LIPSE dit aussi (*Élect.*, tom. I, p, 251, col. 2): « Canon quis? certus numerus frumenti qui in aliqua urbe quotannis absumeretur. Ita canon Alexandrinus, canon urbis Romæ, urbis Constantinopolitanæ, passim apud historicos inferioris ævi et jurisconsultos. » Il est clair que c'est la nourriture journalière de tous les habitants de Rome qui est exprimée dans le passage de Spartien, et non, comme l'a cru CASAUBON (*Hist. Aug.*, t. I, p. 639), celle des frumentaires ou citoyens nourris gratuitement par l'État; les mots *non solum urbis usibus, sed et totius Italiæ,* le prouvent jusqu'à l'évidence; car peut-on soutenir que toute l'Italie fut pourvue gratuitement de blé et d'huile par Septime-Sévère? Un autre passage de Spartien confirme cette vue (*Sept. Sev.*, c. VIII): « Rei frumentariæ, quam minimam repererat, ita consuluit ut, excedens vita, septem annorum canonem P. R. relinqueret. » Les importations de blé en Italie et à Rome avaient diminué par suite de la mauvaise administration de Commode et des guerres civiles qui suivirent sa mort. Sévère, administrateur actif et vigilant, encouragea la production du blé dans les provinces, protégea le commerce d'importation des contrées qui lui envoyaient des grains, et remplit les 309 greniers publics de Rome. Enfin, par cette sage prévoyance que relève son historien, il assura pour 7 ans la subsistance de Rome sur le pied de 75 000 modius, ou de 1 012 500 livres de blé par jour. Cf. GODEFROY, *ad Cod. Theod.*, t. V, p. 227, c. 11.

(2) Voy. ci-dessus, p. 274, 275.

la population de Rome à cette époque à 506 250 individus. Nous savons de plus par Vopiscus[1] que 3 livres romaines (égales à 2 livres françaises) de blé étaient le taux journalier des distributions gratuites : Aurélien le remplaça par 2 livres romaines de pain de fine fleur de farine. Ainsi 506 250 habitants est le nombre le plus fort que l'on puisse attribuer à la population de Rome du temps de Septime-Sévère, puisque probablement les faubourgs et les villages voisins achetaient du pain à la ville, comme le font aujourd'hui ceux des environs de Paris.

Nous apprenons de l'historien Socrate[2] que, sous Constantin, on distribuait gratuitement par an à Constantinople 80 000 modius de blé importés d'Alexandrie[3]; nouvelle preuve que les 75 000 modius de blé (1 012 500 liv.) étaient la consommation journalière de la ville de Rome et non une distribution gratuite que l'Etat n'eût pu supporter à cause de l'énormité de la dépense.

Rome n'était pas, comme Londres et Paris, une ville manufacturière et commerçante, mais plutôt, comme Versailles dans le dernier siècle, un centre d'ambition, de plaisirs, d'oisiveté, de luxe et de débauche.

Madrid, qui, pendant un siècle et demi depuis

(1) *Aurel.*, c. XXXV, et Salmas., *h. l.*
(2) Lib. II, c. xiii.
(3) Vid. *Cod. Théod.*, t. V, p. 235 et suiv., éd. Gothofr. Sosomen., lib. III, c. vi. La somme consacrée à ces largesses, en 434, est de 611 livres d'or (environ 686 000 fr.). Voyez *Cod. Theod.*, XIV, xvi, 3.

Charles-Quint, a été la capitale d'une partie de l'Europe et de la moitié du Nouveau-Monde, offre beaucoup de rapports avec Rome sous ce point de vue, et sa population ne s'est pas accrue en raison de son importance politique.

Je crois avoir prouvé :

1° Que l'enceinte de Rome, sans les faubourgs, telle qu'elle exista depuis Servius Tullius jusqu'à Aurélien, ne pouvait pas contenir plus de 300 000 habitants. Sa surface étant un cinquième de celle de Paris, sa population,.évaluée ainsi, est plus du double de celle de notre capitale relativement à la superficie respective des deux villes ;

2° Que les faubourgs, dans leur plus grande extension, depuis la reconstruction de Rome sous Néron jusqu'à Aurélien, ont été beaucoup moins considérables qu'on ne l'avait cru ;

3° Que la population de l'enceinte d'Aurélien, qui est le double de celle de Servius, ne dut guère dépasser 560 000 têtes, soldats et étrangers compris ;

4° Que les 45 795 *insulæ* des descriptions de Rome, prises tantôt pour des îles de maisons, tantôt pour de grandes maisons de location, séparées, à plusieurs étages, étaient, ou des boutiques avec un entresol, ou de petites locations annexées aux hôtels ; et que cette méprise, plus le double emploi, dans le calcul, des *domus* et des *insulæ*, a causé les exagérations admises jusqu'ici sur l'étendue et la population de Rome.

Il ressort de ces calculs sur la population de Rome, et de ceux que j'ai présentés sur la popu-

lation libre et servile de l'Italie ancienne, un résultat inattendu, mais qui doit prendre place au
rang des faits démontrés, sur la manière d'envisager l'ensemble de l'histoire romaine.

On avait cru jusqu'ici que Rome, ayant subjugué une partie de l'Europe, de l'Afrique et de l'A-
sie, ayant poussé très loin ses conquêtes et maintenu très longtemps sa puissance, devait avoir nécessairement une population très nombreuse et
une agriculture très florissante, de très grands
moyens et de très grands produits en hommes et
en subsistances. Le raisonnement était conséquent,
l'induction semblait naturelle; et cependant le contraire, l'invraisemblable, est réellement la vérité
historique.

C'est avec 750 000 citoyens de dix-sept à soixante
ans que Rome a vaincu Annibal, soumis la Gaule
cisalpine, la Sicile et l'Espagne.

C'est avec une population libre moins considérable qu'elle a subjugué l'Illyrie, l'Épire, la Grèce,
la Macédoine, l'Afrique et l'Asie-Mineure.

L'empire s'était accru de la Syrie, des Gaules, de
la Palestine et de l'Égypte; et, sous la dictature de
César, l'Italie[1] n'avait plus que 450 000 citoyens
de dix-sept à soixante ans.

Tout cela est prouvé par les recensements, est
appuyé sur des nombres positifs.

Ce qu'il y a de singulier, c'est que, dans l'his-

_____

(1) Je parle toujours de l'Italie comprise entre le détroit de
Sicile et une ligne tirée des bouches du Rubicon au port de Luna.
C'était la seule qui eût alors le droit de cité, et celui d'entre
dans les légions.

toire de la puissance romaine, le merveilleux se trouve être le vrai, la langue des chiffres être plus poétique que celle des orateurs et des poëtes, et qu'en dernière analyse il reste, comme un fait avéré, que Rome a fait les plus grandes choses avec de très faibles moyens.

CHAPITRE XIII.

DES CAUSES GÉNÉRALES QUI, CHEZ LES GRECS ET LES ROMAINS, DURENT S'OPPOSER AU DÉVELOPPEMENT DE LA POPULATION.

Lorsque l'on examine avec quelque attention l'ensemble des mœurs, des institutions, des usages et des lois des Grecs et des Romains, on est frappé du grand nombre d'obstacles que toutes ces causes réunies durent apporter à l'accroissement de la population.

Cependant cette vue, qui me paraît si juste et si bien fondée qu'elle devrait être une vérité banale, a encore aujourd'hui le mérite d'être neuve, tant les impressions tenaces de notre enfance, nourrie des récits de la puissance d'Athènes, de Sparte et de Rome, tant les idées vagues ou fausses puisées dans ces premières études, ont perverti notre jugement, et pour ainsi dire fasciné nos esprits.

En effet, si chez les Grecs ou les Romains nous considérons la société en masse, elle ne se compose que d'hommes libres ou d'esclaves ; si nous regardons le gouvernement, ce sont partout des républiques où le nombre des citoyens est limité par la constitution. Le peuple, investi du pouvoir judiciaire et législatif, est une véritable noblesse, une oligarchie étendue, et dans ces classes les familles tendent toujours à se restreindre : l'oligarchie héréditaire tend toujours à se resserrer.

Les lois fixent un cens pour la participation au pouvoir ; elles bornent le nombre des citoyens actifs : aussi, par une conséquence logique, dans cette forme de gouvernement elles permettent l'avortement, l'infanticide, l'exposition des enfants ; elles donnent à l'autorité paternelle un pouvoir illimité. Les femmes, les enfants en bas âge sont rangés, non dans la classe des *personnes*, mais dans celles des *choses*; on peut s'en défaire comme d'un meuble inutile. Enfin mœurs, usages, intérêts, institutions civiles et politiques, tout, chez les Grecs et les Romains, tend à affaiblir l'amour paternel et maternel, et à détruire les sentiments naturels de tendresse que le Créateur avait imprimés dans le cœur de l'homme comme le plus sûr garant de la reproduction et de la conservation de l'espèce.

Je serais même porté à croire que la fixation du cens et du nombre des citoyens admis à l'exercice des droits politiques a causé l'extension des goûts contre nature et produit ce nombre immense de courtisanes qui, dans Rome et dans Athènes, étaient toujours tolérées, souvent même autorisées par les lois ; tant la conséquence d'un principe qui viole les lois naturelles conduit, par une déviation inévitable, aux désordres les plus honteux !

En résumé, tous les législateurs anciens dont les

institutions nous restent, tous ceux, tels que Platon, Aristote et Cicéron, qui se sont efforcés d'atteindre le beau idéal dans la création de leurs républiques, semblent avoir mis autant de soin à restreindre la population que, dans nos Etats modernes, nous en mettons à favoriser son accroissement; aussi l'antiquité ne nous offre que de rares exemples de familles nombreuses.

Maintenant, si nous considérons une autre classe de la société, celle des esclaves, les mêmes obstacles à l'accroissement de la population s'y reproduisent, mais avec plus de persistance et d'énergie. La définition de l'esclave par Varron [1], qui le range, avec les bœufs et les chariots, au nombre des instruments agricoles, en le distinguant seulement par la qualification d'*instrumentum vocale*, prouve à elle seule l'état misérable de la population servile dans l'antiquité.

Chez les Grecs et les Romains la condition très dure de ces malheureux, mal vêtus, mal logés, mal nourris, condamnés aux travaux des mines, de la mouture des grains, aux fonctions les plus pénibles et les plus délétères dans la marine, les manufactures et les applications des procédés de l'industrie, leur inspirait nécessairement peu de désir de propager leur race. De plus, le nombre des esclaves femelles était très borné [2]; on en consacrait un bon nombre à la prostitution, et les filles de joie sont, comme on sait, inaptes à la génération. Le Digeste [3],

(1) *De Re rust.*, I, xvii, 1.
(2) M. LETRONNE, Pop. de l'Attique, Mém. de l'Acad. des Inscr., t. VI, p. 196.
(3) V, 3, 27.

dans cette phrase d'Ulpien, offre un tableau curieux et dégoûtant des mœurs romaines : « Nam in
« multorum honestorum virorum prædiis lupana-
« ria exercentur. » Les maîtres imposaient à leurs
esclaves un célibat rigoureux[1]; ils ne pouvaient
jamais s'allier avec les classes libres. En outre,
la modicité du prix des esclaves adultes (370 à
460 fr. chez les Grecs jusqu'à Alexandre) empêchait l'intérêt personnel de trouver du profit à en
élever. Considérés comme des bêtes de somme ou
de trait, on usait, on abusait de leurs forces. Le calcul inhumain de l'avarice trouvait du profit à détruire par un travail excessif, dans un temps donné,
une machine animée qu'il était sûr de remplacer
à peu de frais; très souvent, chose horrible à pen-
ser, la mesure de leurs bénéfices était pour les maîtres en proportion de leur impitoyable sévérité[2].

Il est évident, ce me semble, que ce pouvoir illimité des Grecs et des Romains sur leurs esclaves,
et même sur leurs femmes et leurs enfants, déri-
vait de la vie sauvage des tribus de chasseurs ou
de nomades dont ils tiraient leur origine, et que,
depuis la fondation des villes et l'établissement des
sociétés, les lois n'avaient pu que consacrer, reproduire, ou légèrement modifier les mœurs, les
usages, les habitudes primitives des peuplades barbares qu'elles entreprenaient de policer.

---

(1) XÉNOPHON, *OEconomiq.*, 844. D., éd. Leunclav., in-fol.
PLUT. *in Cat. maj.*, c. 21, t. II, p. 592, ed. Reiske.
(2) On proposait, dit CICÉRON, *de Officiis*, III, 23, comme un
lieu commun d'exercice oratoire si, dans une tempête, pour alléger
le navire, on devait sacrifier un cheval de prix ou un esclave de
peu de valeur.

Je dois maintenant fournir les preuves des considérations que je viens d'exposer, et ma tâche devient facile, car les témoignages se présentent en foule dans tous les écrits qui nous restent de l'antiquité grecque et romaine. Je réunirai, je choisirai les plus authentiques, les plus importants ; je me contenterai d'indiquer les autres ; ma seule crainte est que, dès le premier exposé, mon opinion ne paraisse si évidente à tous les bons esprits qu'ils ne regardent d'avance les preuves destinées à la justifier comme un amas de citations inutiles et superflues.

Aristote[1] pose en principe qu'une république sagement réglée doit être composée d'un nombre donné de citoyens, et d'une étendue bornée pour le territoire ; il conclut qu'elle est dans une juste proportion, lorsqu'elle renferme un nombre de citoyens ayant des ressources suffisantes pour vivre, et pouvant tous se connaître. Il exige la même condition pour le territoire, parce que la connaissance du terrain est un des bons moyens de défense.

Platon[2] ne veut dans sa république que 5 040 citoyens. Athènes, du temps de Solon[3], n'en comptait que 10 800 ; elle ne porta ce nombre qu'à 20 000, en *maximum*, depuis l'époque de Périclès jusqu'à celle d'Alexandre[4]. Sparte n'en eut au plus que 7 000. Ainsi les faits prouvent, comme l'a établi mon savant confrère, M. Letronne, dont je cite

(1) *Polit.*, VII, 4, 5.   (2) *De Leg.*, V, p. 737, ed. Serrani.
(3) POLLUX, VIII, c. IX, segm. 111.
(4) THUCYD., II, 13. DÉMOSTH., *Contra Aristogit.*, I, p. 497, B. Voyez BOECKH., Econ. polit. des Athéniens, liv. I, c. 7, et LETRONNE, Acad. des Inscript., Mém., t. VI, p. 186, 190.

les propres expressions, «que la limitation du
nombre des citoyens était la base des gouvernements de la Grèce, et particulièrement des gouvernements républicains, et que Platon et Aristote
n'ont fait que poser en principe, dans les plans
de leurs républiques, une loi active et existante
dans les Etats dont ils observaient la marche et les
institutions.»

J'ai avancé, ce qu'on aurait peine à croire, tant
cela révolte la morale, que les lois, les constitu-
tions données par quelques-uns des sept Sages de
la Grèce permettaient, ordonnaient même *l'avortement*[1], *l'infanticide*, *l'exposition des enfants;*
qu'elles rangeaient souvent les enfants et les femmes dans la classe des choses et non dans celles
des personnes. Voici les preuves à l'appui de cette
assertion. Plutarque[2] nous dit qu'avant Solon la
plupart des Athéniens vendaient leurs propres enfants, «car il n'y avait point de loi qui l'empêchât.»
Ce sont ses propres expressions. Solon restreignit
ce droit; mais il permit néanmoins[3] au père de famille de vendre sa fille ou sa sœur en cas de mauvaise conduite. Sextus Empiricus[4] et Héliodore[5]
assurent même qu'il attribua aux pères le droit de
donner la mort à leurs enfants. Plaute[6], dans sa

---

(1) En Perse, au contraire, toute conjonction opposée à la nature était punie par la loi de Zoroastre, même la fornication et l'o-
nanisme. Il y avait des peines spirituelles et corporelles contre ces
délits. Voyez le Patet d'Aderbad, dans le Zend Avesta, t. II, p. 33,
tr. d'Anquetil; le Khod Patet, 35-40, *ibid.*, 46.
(2) *Solon.*, c. 13, t. I, p. 338, ed. Reiske.
(3) PLUT., *in Solon.*, p. 361, sq.
(4) *Pyrrhon. hypot.*, lib. III, c. xxiv, p. 180.
(5) *Æthiop.*, lib. I, p. 24.
(6) Act. III, sc. 1. «*Virgo.* Tuin' ventris caussa filiam vendis

comédie du *Perse*, qui représente les mœurs athé-
niennes, donne la preuve que les pères avaient le
droit de vendre leurs enfants. Ces droits exorbi-
tants, sanctionnés par les lois des Douze Tables,
subsistèrent chez les Romains jusqu'au règne d'A-
lexandre Sévère, et, quoique l'amour paternel ren-
dît leur exercice assez rare, ils restèrent inscrits
dans les lois[1]. Quant au droit du père de décider
de la vie ou de la mort de ses enfants au moment
de leur naissance, et même jusqu'à l'âge de trois
ans, époque de leur inscription sur le registre de
la tribu, le fait est si connu qu'il suffit de l'indiquer. Je citerai seulement Aristote, autorité bien
imposante[2], qui admet, comme un fait démontré,
dans l'examen de la constitution crétoise, que ces
lois barbares avaient pour but de restreindre la
population. « Je ne parlerai ici, dit-il, *ni de la
loi sur le divorce, ni des encouragements donnés
à l'amour antiphysique pour arrêter l'accroissement de la population.* »

Strabon[3] reproduit ce fait avec de grands détails
que je supprime, et par égard pour la décence, et
parce qu'ils sont, du moins en partie, étrangers à
mon sujet.

Cet amour, si honteux dans nos mœurs, était
regardé comme utile et louable à Sparte, à Thèbes,
chez les peuples dont les mœurs étaient les plus
rudes et les plus sévères. Plutarque[4] cite la loi que

tuam? — *Saturio.* Mirum quin regis Philippi causa aut Attali te
potius vendam quam mea, quæ sis mea... Meum imperium in te,
non in me tibi est. — *Virgo.* Tua istæc potestas est, pater.

(1) *Digest.*, XLVIII, viii, 2, *ad leg. Cornel. de Sicariis.*
(2) *Polit.*, II, 10.   (3) X, p. 483.
(4) *In Solon.*, c. 1, t. I, p. 315, ed. Reiske.

porta Solon pour défendre aux esclaves de se par-
fumer et d'aimer les jeunes garçons, et les écrits de
ce sage dans lesquels, mettant cette passion au
nombre des inclinations les plus louables et les
plus vertueuses, il voulait inviter les hommes libres à se livrer à ce penchant, et en éloigner ceux
qui, par la bassesse de leur condition, en étaient
indignes.

Ainsi Minos, Solon, presque tous les sages et les
législateurs de la Grèce, prescrivaient, encourageaient ces amours infâmes. Si nous n'avions pas
le passage formel d'Aristote que je viens de rapporter, on m'accuserait sans doute d'avoir torturé les
faits pour en déduire un système, tandis qu'il est
évident que, le nombre des citoyens étant limité
dans presque toutes les républiques de la Grèce,
l'amour antiphysique était une mesure politique
employée par les législateurs afin de restreindre
l'accroissement de la population[1].

Dans presque toute la Grèce, comme je l'ai dit,
le père avait le droit de décider, sans appel, de la

(1) « La débauche la plus contraire à la nature régnait chez les
Khans Usbeks, descendants des chefs de hordes, conquérants de
l'Asie centrale et septentrionale sous Gengis-Khan, et après lui
sous Timour. Cette dépravation de mœurs était portée si loin
qu'on regardait comme un préjugé défavorable, et même comme
une faiblesse et une sorte de tache, l'exemption du vice le plus
honteux. » Extrait de l'art. de M. Sacy sur les Mémoires de Baber,
trad. par Leyden et Erskine, Journal des Savants, juin 1829,
p. 331. Il serait curieux de rechercher si, comme en Grèce, la
faveur accordée à la pédérastie n'avait pas chez les Usbeks un
motif et un but politiques. L'avortement est encore actuellement
l'un des fléaux qui affligent le plus l'empire ottoman. Ce fait m'a été
fourni par mon savant confrère Amédée Jaubert, qui a passé tant
d'années chez les Turcs et qui les connaît si bien.

vie ou de la mort de ses enfants. Dès qu'ils sont
nés, on les étend à ses pieds : s'il les prend dans ses
bras, ils sont sauvés; s'il n'est pas assez riche pour
les élever ou s'ils ont certains vices de conforma-
tion, il détourne les yeux et l'on va les exposer ou
leur ôter la vie[1]. Platon approuva[2] cette barbarie
que les lois défendaient à Thèbes, exception remarquée par Elien[3]. Enfin Aristote[4] dit positivement :
« C'est à la loi à déterminer quels sont les nou-
veau-nés qui doivent être exposés ou nourris; on
ne doit élever ni les monstres, ni les enfants privés
de quelques membres. S'il est nécessaire d'arrêter
l'excès de la population, et que les institutions et
les mœurs mettent obstacle à l'exposition des nou-
veau-nés, le magistrat fixera aux époux le nombre
de leurs enfants; si la mère vient à concevoir au-
delà du nombre prescrit, elle sera tenue de se faire
avorter avant que l'embryon soit animé. »

Platon[5] prescrit aussi cette atrocité et en donne
les motifs. « Les magistrats, dit-il, règleront le
nombre des mariages, de sorte que celui des citoyens soit toujours à peu près le même, en remplaçant ceux que la guerre, les maladies, les acci-
dents imprévus peuvent enlever; cette mesure em-
pêchera la cité d'être trop petite ou trop grande.
Les enfants des hommes pervers, ceux qui naî-
traient difformes, les fruits illégitimes, les enfants
des père et mère trop âgés, seront exposés; *on ne
doit pas en surcharger la république.* »

(1) Terent., *Heautontim*, act. IV, sc. 1. Plaut., *passim.*
(2) *De Rep.*, lib. v, t. II, p. 460, c.   (3) *Var. Hist.*, II, 7.
(4) *Polit.*, VII, 16.   (5) *Rep.*, V, p. 460, sqq.

Pourquoi, demandera-t-on, des nations éclairées et sensibles outrageaient-elles ainsi les lois de la nature? C'est que, chez elles, le nombre des citoyens étant fixé par la constitution fondamentale de l'Etat, elles craignaient d'augmenter la population; c'est que, chez elles encore, tout citoyen étant soldat, la patrie ne prenait aucun intérêt au sort d'un homme qui ne lui serait jamais utile et qui tomberait nécessairement à sa charge.

J'ai dit que toutes les républiques de la Grèce, quelque forme de gouvernement qu'elles eussent adopté, monarchique, aristocratique ou démocratique, n'étaient réellement que des oligarchies plus ou moins étendues, et que, dans ces Etats, où les lois fixent un cens pour la participation au pouvoir, où les classes privilégiées sont investies du droit électoral, de l'autorité judiciaire et législative, les familles tendent toujours à se restreindre; que l'oligarchie héréditaire tend toujours à se resserrer.

S'il y a, en économie politique, une vérité générale bien démontrée, c'est que la population diminue dans les classes riches, et s'accroît dans les familles pauvres; ainsi, à Paris, où il règne plus d'aisance que dans le reste du royaume, la moyenne des enfants par ménage n'est que de 3 $\frac{1}{5}$, nombre insuffisant pour maintenir la population au même niveau, puisque à vingt ans la moitié des enfants a péri avant de se marier. Si l'on prend la même moyenne sur les 200 000 électeurs, elle se trouve encore plus faible; cependant la population totale augmente par an de $\frac{1}{135}$. Il est facile de prouver que les classes de citoyens libres, participant au pouvoir, chez les Grecs et les Romains, virent constam-

ment diminuer le nombre de leurs représentants,
et qu'elles ne purent se maintenir que par les adop-
tions, que par des adjonctions successives, soit
d'esclaves affranchis, soit de *métœques*, soit de plébéiens, soit de peuples conquis. Deux chapitres curieux de Tacite[1], montrent que, sous Néron, le
corps des affranchis remplissait les tribus, les dé-
curies, les cohortes, et qu'un grand nombre de chevaliers, de sénateurs même sortaient de cette classe
inférieure.

Prenons d'abord un exemple dans l'oligarchie.
J. César et Auguste élevèrent quelques familles au
patriciat, parce que, dans les anciennes maisons,
il y avait eu tant d'extinctions[2], qu'on ne pouvait
plus pourvoir aux emplois du sacerdoce selon les
anciens usages; il n'existait plus alors que 5o familles patriciennes[3]. L'exemple de tous les âges et
de tous les lieux, l'histoire de la noblesse territo-
riale assujettie à des preuves, nous apprennent que
les familles s'éteignent très promptement dans les
maisons, tant que l'on exige une naissance exempte
de dérogation. Niebuhr[4], dans son chapitre sur les
maisons patriciennes, a démontré ce fait pour la
noblesse romaine. Il en fut de même à Sparte et à
Athènes pour les 7 000, pour les 20 000 citoyens
actifs, qui, assujettis aux mêmes obligations que les
patriciens romains, étaient en effet une véritable
noblesse, quoiqu'elle portât le nom de peuple.

Nous savons que, dans l'Attique, lors de l'éta-

(1) *Ann.*, XIII, 26, 27.
(2) NIEBUHR, *Hist. Rom.*, t. II, p. 34, tr. fr.
(3) Le même, d'après Denys d'Halicarn., I, LXXXV, p. 72. C.
(4) *Hist. Rom.*, t. II, p. 41.

blissement des tribus, le nombre des citoyens était
de 10 800[1]. Nous connaissons aussi une loi de Solon
qui accordait le droit de cité aux étrangers qui venaient se fixer à Athènes, et les obligeait même à
le demander au peuple dans un bref délai[2]. On peut
induire de cette loi que le nombre des citoyens fixé
par la constitution diminuait déjà graduellement,
et qu'une adjonction successive de *métœques* était
nécessaire pour le compléter.

MM. Letronne[3] et Bœckh[4], dans leurs profondes
recherches sur la population de l'Attique, ont
prouvé que la population libre resta fixée à peu
près au même nombre, 19 à 20 000 citoyens
actifs, depuis l'époque d'Hérodote jusqu'à celle de
Démosthène, c'est-à-dire pendant plus d'un siècle,
et que néanmoins elle n'a pas été stationnaire,
mais qu'on remplaçait, par une fusion de *métœques* et par l'admission de nouveaux citoyens[5], ceux
que la marche de la population ne suffisait pas à
reproduire. Ils ont assigné pour causes de cette diminution les épidémies, la guerre, l'envoi des colonies, et ont négligé l'appréciation de l'*obstacle
privatif* si bien déterminé par Malthus, élément
constant et invariable qui entraîne inévitablement

---

(1) POLLUX, VIII, c. IX. BŒCKH., Ec. pol. des Athén., I,
ch. VII, t. I, p. 55.
(2) PETIT, *Leg. Att.*, II, III, § 130.
(3) Mém. de l'Acad. des Inscr., t. VI, p. 185.
(4) Liv. I, ch. VII, p. 55 à 60, tr. fr.
(5) Nommément sous l'archontat d'Euclide, Olymp. 94, 2.
Sous celui de Lysimachide, Olymp. 83, 4, il n'y avait que 14 040
Athéniens légitimes au-dessus de 18 ans; 4 760 furent vendus
pour s'être introduits parmi les citoyens. *Vid.* PHILOCH., *in Schol.
Arist., Vesp.*, 716. PLUTARCH., *Pericl.*, 37.

la décroissance du nombre des individus et des familles dans les classes privilégiées.

Le fait de la destruction graduelle et constante
des classes privilégiées, lorsqu'elles ne se recrutent
pas par des admissions de prolétaires ou d'étrangers, est démontré jusqu'à l'évidence par l'histoire
des six siècles de Sparte compris entre Agis et Lycurgue.

Ce législateur ayant établi, comme on sait, l'égalité des biens, avait partagé le territoire de Sparte
en 9000 portions qu'il distribua à un pareil nombre de citoyens[1]. Lycurgue donna ses lois l'an 866
avant l'ère chrétienne, du moins c'est l'époque la
plus généralement adoptée[2]; eh bien! sous Agis,
243 ans avant J.-C., il ne restait plus que 700 Spartiates naturels; Plutarque l'affirme positivement[3]:
et de ces 700 il n'y en avait à peu près que cent qui
eussent conservé leur héritage.

Cependant nous savons que Sparte possédait un
sol fertile, jouissait d'un climat salubre, et que,
grâce à la constitution de Lycurgue, elle fut, pendant le cours de ces 600 années, exempte des sé-
ditions, des invasions, des bouleversements politiques qui affligèrent les autres Etats de la Grèce;
qu'elle n'envoya au dehors que peu de colonies, et
presque point de Spartiates proprement dits. Ainsi
cette diminution si remarquable du nombre des
citoyens actifs ne peut être attribuée qu'à la loi
constante et invariable de la société, qui veut que

(1) PLUT., in *Lycurg.*, c. 8, t. I, p. 175.
(2) LARCHER, trad. franç. d'Hérodote, t. VII, p. 490.
(3) *In Agide*, c. 5, t. IV, p. 505. Cf. ARIST., *Republ.*, II, 9.

les familles jouissant d'une certaine aisance ou de privilèges politiques voient successivement décroître le nombre des individus qui les composent. Ce fait s'explique naturellement par l'effet des lois civiles de Lycurgue. Suivant ces lois, un chef de famille ne pouvait ni acheter ni vendre une portion de terrain, mais il pouvait la donner pendant sa vie et la léguer par son testament à qui il voulait[1]; il ne lui était pas néanmoins permis de la partager : l'aîné de ses enfants recueillait la succession, comme, dans la maison royale, l'aîné succédait de droit à la couronne[2].

Aristote remarque[3] que ces lois ont amené une concentration excessive des propriétés, et que de plus les femmes sont devenues propriétaires des $\frac{2}{5}$ des fonds, parce qu'un grand nombre d'entre elles sont restées uniques héritières. « Il en est résulté, dit-il, que la Laconie, qui pouvait fournir 1 500 cavaliers et 30 000 hommes d'infanterie, compte à peine aujourd'hui mille guerriers. On dit que les anciens rois donnaient le droit de citoyen à des étrangers, qu'ils réparaient ainsi le vide de la population, et que Sparte avait alors 10 000 citoyens. Que le fait soit vrai ou non, je maintiens, dit Aristote, que l'égalité des fortunes est le meilleur moyen pour augmenter la population. »

Je ne ferai qu'indiquer ici, comme un moyen secondaire d'entraver l'accroissement de la population, les lois civiles qui, chez les Grecs, fixaient l'âge nécessaire pour contracter le mariage; c'était

(1) ARIST., *De Rep.*, II, 9.
(2) HÉRODOT., V, 42.   (3) ARIST., *De Rep.*, II, 9.

à Sparte, 30 ans pour les hommes et 20 pour les femmes [1]. Platon, dans sa République, prescrit ces mêmes limites [2]. Aristote exige [3] que les hommes aient au moins 37 ans, et les femmes 18. On sentira facilement, sans qu'il soit nécessaire de le développer, que dans les climats chauds de la Grèce et de l'Asie-Mineure, où les filles sont plus tôt nubiles et cessent plus tôt d'être fécondes, et où les hommes conservent moins longtemps leur virilité, cette fixation tardive de l'âge légal du mariage devait mettre encore un obstacle au développement de la population libre.

D'après les lois que Charondas établit à Thurium, ceux qui se mariaient en secondes noces, ayant des enfants, étaient privés des droits politiques [4]; il avait autorisé le divorce sans conditions restrictives. Une loi postérieure permit au mari et à la femme divorcés de se remarier, mais avec une personne plus âgée que celle dont ils s'étaient séparés [5]. Cette mesure, qui avait pour but de consacrer la sainteté et l'indissolubilité du mariage, ne devait-elle pas aussi parfois entraver un peu le développement de la reproduction de l'espèce humaine?

On peut compter encore parmi les causes générales qui, chez les Grecs et les Romains, durent s'opposer à l'accroissement de la population, la barbarie du droit de la guerre en usage chez ces peuples. On sait que dans leurs expéditions ils détruisaient tous les grains, tous les arbres fruitiers,

(1) Barthélemy, Anacharsis, ch. XLVII, note 11.

(2) *De Rep.*, V, t. II, p. 460.   (3) *De Rep.*, VII, 16.

(4) Diod. Sic., XII, 12.   (5) Diod, XII, 18.

que dans les batailles ils faisaient très peu de prisonniers, et que, lorsqu'une ville assiégée était
prise de force, ils passaient au fil de l'épée tous les
hommes en âge de porter les armes, et vendaient
à l'encan, comme de vils troupeaux, les femmes,
les enfants, les vieillards et les esclaves. Cet usage
barbare, dont j'ai exposé l'influence et les effets
dans mon ouvrage sur la poliorcétique des Anciens[1],
cet usage qui a été la cause, et qui donne l'explication
des longues résistances de Véies, de Numance, et de
tant d'autres villes, cette manière barbare de faire
la guerre et d'abuser de la victoire, devait diminuer la population bien autrement que chez nous,
où ce fléau n'atteint guère que les armées combat-
tantes.

Je n'ajouterai que peu de mots à ce que j'ai déjà
dit sur les esclaves; ils étaient beaucoup moins
nombreux qu'on ne l'a cru jusqu'ici[2]. Voici les faits
sur lesquels se base cette opinion : d'abord le petit
nombre des esclaves femelles relativement à celui
des mâles. MM. Letronne[3] et Bœckh[4] disent positivement : « On n'entretenait que peu de femmes
parmi les esclaves; peu d'entre elles seulement
étaient mariées. » Après les savantes recherches de
deux hommes aussi habiles, je n'ajouterai qu'un
fait : c'est que le mariage n'était permis aux esclaves
que dans l'Attique. Dans le reste de la Grèce et

---

(1) Paris, Didot, 1819, in-8; Disc. prélim., p. VIII.
(2) Chez les Athéniens, où ils étaient plus nombreux que dans
le reste de la Grèce, il y avait à peine un esclave pour un homme
libre. LETRONNE, Mém. sur la pop. de l'Attique, dans les mém. de
l'Acad. des Inscr., t. VI, p. 220.
(3) *L. c.*   (4) *L. c.*

dans l'Italie romaine ce privilége leur était interdit ; vingt passages des comédies de Plaute le
prouvent jusqu'à l'évidence.

De plus, cette partie de la population ne se recrutait guère que par la vente des prisonniers de
guerre, c'est-à-dire aux dépens de la population
libre. Elle ne se maintenait ou ne s'augmentait que
par des moyens de destruction. Le rapport des
hommes libres aux esclaves pouvait changer ; le
nombre de la population totale ne pouvait guère
s'accroître.

Le bas prix des esclaves dans la Grèce, avant le
règne d'Alexandre, rendait leur reproduction inutile et désavantageuse ; en effet, j'ai prouvé [1] que le
prix moyen d'un esclave mâle, adulte, propre aux
travaux de la terre ou des mines, fut de 400 à 500
drachmes (de 370 à 460 francs). Il est évident que
les frais de nourriture et d'éducation de l'esclave
eussent dépassé de beaucoup sa valeur commerciale à l'âge de puberté. Or, en fait d'animaux utiles,
et les serfs grecs ou romains étaient rangés dans
cette catégorie, on n'élève, on ne multiplie que
ceux dont la vente peut couvrir, et au-delà, les
frais de nourriture et de production.

Les Grecs avaient encore une autre sorte d'esclaves qui provenaient de la conquête d'un territoire ou de la transplantation de ses habitants ; les
Hilotes à Sparte, les Périœces en Crète, les Pé-
nestes en Thessalie, étaient à peu près des serfs
attachés à la glèbe, mais leur condition était plus
dure que celle des serfs féodaux ; la rigueur de leur

[1] *Supr.*, p. 143, 144.

sort devait leur inspirer peu de désirs de se reproduire dans une génération destinée à l'opprobre,
aux souffrances et à la misère. Leurs révoltes fréquentes attestent la dureté du joug qui pesait sur
leurs têtes [1]. A Sparte le principe du gouvernement
était d'entraver la reproduction de cette race, de
la contenir par des rigueurs outrées, de la réduire
par des exécutions atroces. Qui ne connaît cette
affreuse Cryptie, cette chasse aux Hilotes, établie
par les lois de Lycurgue [2], qui ordonnaient aux
jeunes Spartiates de se répandre la nuit dans la
campagne, armés de poignards, et d'égorger tous
les Hilotes qu'ils trouveraient sur leur chemin?
Thucydide [3], Diodore [4] et Plutarque [5] attestent que,
dans la guerre du Péloponnèse, lorsque Pylos était
au pouvoir des Athéniens, les Spartiates, pour prévenir un soulèvement des Hilotes, en choisirent
2 000 des plus braves, leur donnèrent la liberté,
et les firent tous disparaître, sans qu'on sût de
quelle manière ils avaient péri. Ce fait prouve que
les bassesses de la ruse et une cruauté perfide
peuvent s'allier avec le courage le plus éclatant et
les vertus patriotiques les plus signalées. On peut
citer d'autres traits de barbarie non moins exé-
crables, et qui avaient donné lieu à ce proverbe
rapporté par Plutarque [6] : « A Sparte, la liberté
« est sans bornes, ainsi que l'esclavage. »

(1) Aristot., *De Rep.*, II, 9, t. II, p. 328; II, 10, p. 333.
Xénoph., *Hist. Græc.*, lib. I, p. 435.
(2) Heraclid. Pont., *De Polit. in antiq. Græc.*, t. VI, p. 2823.
Plut., *in Lycurg.*, c. 28, t. I, p. 224.
(3) IV, 80.   (4) Lib. XII, 67.
(5) *In Lycurg.*, l. c.   (6) *Ibid.*, p. 225.

Je terminerai ce chapitre par l'examen d'une
question importante et qui tient le premier rang
parmi les causes générales qui, chez les Grecs et
les Romains, durent s'opposer au développement
de la population; je veux dire la production des
substances alimentaires, des céréales surtout, qui
formaient la base de la nourriture des peuples anciens. Car la population et les produits d'un pays
sont deux ordres de faits qui ont entre eux des rapports constants, une relation immédiate et une
connexion intime.

L'histoire de l'agriculture grecque nous est connue par des traités spéciaux de Xénophon, d'Aristote et de Théophraste; l'agriculture romaine, qui
a tout emprunté des Grecs, et fort peu perfectionné
leurs méthodes, est décrite dans des ouvrages fort
étendus de Caton, de Varron et de Columelle.
Palladius et Crescentius [1] ne sont guère que les
copistes de ces grands écrivains. Je ne puis présenter ici que les généralités les plus importantes. Du
reste j'ai réuni l'ensemble des faits et la discussion
des détails dans le troisième livre de cet ouvrage.

Or, un système d'assolement vicieux, une jachère biennale, l'ignorance des procédés de l'alter-
nance des récoltes, la rotation trop fréquente du
blé sur les mêmes terres, l'insuffisance et la mauvaise préparation des engrais, le peu d'extension
donnée aux prairies artificielles, le petit nombre
de bestiaux répartis sur les cultures, l'imperfection
des méthodes et des instruments aratoires, l'usage
vicieux de brûler les chaumes sur place au lieu de

---

[1] *Commodorum ruralium, libri XII.*

les convertir en fumier, cent autres pratiques funestes qu'il serait trop long d'énumérer, tel est le tableau affligeant, mais fidèle, que nous offre dans son ensemble l'agriculture grecque et romaine. Quelques applications heureuses, quelques procédés utiles se distinguent au milieu de cet amas de pratiques suggérées par l'ignorance ou la routine.

Le mode vicieux de fermage ou d'administration des terres devait encore avoir une grande influence sur la quantité des produits. En effet, toutes les propriétés rurales dans la Grèce et dans l'Italie, ou étaient régies, pour le compte du maître, par un intendant pris dans la classe des esclaves, presque toujours ignorant, paresseux et infidèle, ou bien étaient affermées à un colon partiaire, qui ne recevait, pour prix de son travail et de son industrie, qu'une faible portion de la récolte, souvent le 9e, et jamais plus du 6e des produits.

On voit que, dans ces deux cas, il était presque impossible que les terres fussent cultivées avec intelligence, avec zèle et avec fruit ; l'esclave mettait dans sa régie la négligence qu'on apporte aux affaires d'autrui, le dégoût qu'impose la contrainte ; il servait son maître par force et voyait en lui son ennemi.

L'activité du colon partiaire, avec une rétribution aussi faible, n'était point éveillée par un intérêt personnel assez vif ; sa nourriture, ses vêtements, son aisance, sa condition enfin n'étaient guère au-dessus de celle des esclaves. En cela les Grecs et les Romains me semblent avoir méconnu la nature du cœur de l'homme ; ils n'ont employé pour mobile que la crainte des châtiments, et ont négligé le stimulant si actif de l'intérêt personnel bien entendu, qui est le ressort puissant et le principe vital de nos sociétés modernes.

Le taux élevé de l'intérêt légal ou réel chez les Grecs et les Romains dut être encore un obstacle au développement de leur agriculture et de leur industrie. D'après les savantes recherches de M. Bœckh[1], le moindre taux paraît avoir été à Athènes de 10 p. $\frac{0}{0}$, et le plus haut de 36. Au viie siècle de Rome il a varié de 8 à 48 p. $\frac{0}{0}$[2] par an avec les intérêts composés. C'est déjà un fait capital pour l'appréciation de la quantité des produits; car la bonne culture doit être coûteuse pour être profitable; elle vit d'avances et de capitaux, et ne rend que lorsqu'on lui prête.

Enfin le système absurde des douanes, des péages aux ports, aux ponts, aux portes des villes; les prohibitions de l'exportation des métaux, des céréales, des huiles, des vins et des figues; les monopoles continuels qu'exerçait le gouvernement sur la vente de diverses denrées, faits qui se présentent sans cesse dans l'histoire des lois et de l'économie politique de Rome et de la Grèce, ont dû certainement, s'il n'y a point de causes sans effet, nuire au développement des richesses de la Grèce et de l'Italie, et, en bornant la production des substances alimentaires, entraver la marche et l'accroissement de la population; la conséquence est nécessaire et inévitable.

(1) Ec. polit. des Athén., liv. I, ch. xxII.
(2) Voyez dans le volume suivant, liv. IV, les chapitres sur les lois agraires, et particulièrement le chapitre deuxième qui traite de l'intérêt de l'argent.

Si je me suis moins étendu, dans ce chapitre, sur ce qui concerne les Romains, c'est que, dans leur législation politique, civile ou commerciale, dans les procédés de leur agriculture, dans ce qui touche à l'éducation des citoyens, à la population et aux produits, ils ont presque tout imité des Grecs leurs devanciers, et que de plus je viens de développer ces considérations dans mes précédents chapitres.

Je rappellerai seulement ce fait, généralement prouvé par tous les cens et par l'histoire de la république : c'est qu'à Rome, le corps des citoyens actifs, plébéiens, chevaliers, sénateurs, ne put jamais se maintenir au complet sans se recruter par des adjonctions successives de citoyens libres des peuples voisins, incorporés dans l'Etat par la conquête, les alliances et l'admission légale ou frauduleuse.

En résumé, si je ne m'abuse sur la validité des preuves et la valeur de mes raisonnements, il résultera peut-être de ce travail quelques vues neuves, justes et précises, sur l'état social des peuples anciens les plus fameux.

Le système fondamental des gouvernements grec et romain était d'entraver la marche de la population libre ou esclave; celui des Etats modernes, de favoriser son accroissement. Chez les anciens, la religion, la politique, les lois civiles, commerciales, les pratiques de l'agriculture, les préjugés plus ou moins infamants envers les professions mercantiles ou industrielles, prouvent ce fait jusqu'à l'évidence; la cause s'y montre à découvert, les effets suivent et brillent comme des points lumineux dans tout le cours de leur histoire; leur éclat frappe les yeux éblouis de leur vive lumière.

En Grèce et dans l'Italie romaine, *c'était la qua-lité, non la quantité* des citoyens qu'on s'étudiait à obtenir; on traitait la production des hommes libres comme en Angleterre celle des chevaux dans les haras; la race grecque et romaine était de pur sang, comme les chevaux de course anglais issus de l'élite des coursiers bretons et arabes; force physi-que, qualités morales et intellectuelles, voilà ce que Lycurgue, Solon et Numa s'attachaient à produire. Aussi l'individu qui, dans l'antiquité, prédomine sur cette élite de la race humaine, nous semble un géant par rapport à l'individu des sociétés moder-nes; celles-ci sont fortes par leurs masses, leur esprit d'association, la diffusion des lumières; celles-là par l'individualité, la concentration des forces. Dans l'antiquité, le génie, les vices ou les vertus d'un homme changent l'ordre social, la marche de la civilisation, détruisent ou fondent des empires; chez nous les révolutions se font par les masses, les changements par les idées; la société est plus forte que les fautes ou les vices de ses gouvernants. Les révolutions même sont plutôt des modifica-tions que des mutations de l'ordre politique et social.

NOTE.

Nous avons annoncé (p. 165) que nous essaierions de dresser une table des cens, telle qu'on peut la conjecturer d'après les auteurs anciens, particulièrement d'après le Digeste (L. xv, 3 et 4). Nous donnons ci-après cette table[1], et nous la faisons précéder du texte latin du Digeste, cité aux pages 165, 178, 195 et 200, texte que sa longueur nous a forcé de renvoyer ici.

ULPIANUS, lib. II, *de Censibus* :

Ætatem in censendo significare necesse est, quia quibusdam ætas tribuit ne tributo onerentur, veluti in Syriis, a quatuordecim annis masculi, a duodecim feminæ, usque ad sexagesimum quintum annum, tributo capitis obligantur ; ætas autem spectatur censendi tempore.

IDEM, lib. III, *de Censibus* :

Forma censuali cavetur ut agri sic in censum referantur. Nomen fundi cujusque et in qua civitate, et quo pago sit, et quos duos vicinos proximos habeat ; et id (arvum) quod in decem annos proximos satum erit, quot jugerum sit. Vinea quot vites habeat ; oliva quot jugerum et quot arbores habeat ; pratum quod intra decem annos proximos sectum erit, quot jugerum ; pascua quot jugerum esse videantur ; item sylvæ cæduæ. Omnia ipse qui defert æstimet.

§ 1. Illam æquitatem debet admittere censitor, ut officio ejus congruat relevari eum, qui in publicis tabulis, delato modo frui, certis ex causis, non possit. Quare, et si agri portio chasmate perierit, debebit per censitorem relevari. Si vites mortuæ sint, vel arbores aruerint, iniquum eum numerum inseri censui. Quod si exciderit arbores, vel vites, nihilominus eum numerum profiteri jubetur, qui fuit census tempore, nisi caussam excidendi censitori probabit. (Vid. Cod. Theod. XIII, 11, 1, *de Censitoribus*, t. V, p. 126, c. 2.)

§ 2. Is vero qui agrum in alia civitate habet, in ea civitate profiteri debet in qua ager est ; agri enim tributum in eam civitatem debet levare, in cujus territorio possidetur.

§ 3. Quanquam in quibusdam beneficia personis data immunitatis cum persona extinguantur, tamen cum generaliter locis, aut cum civitatibus, immunitas sic data videtur, ut ad posteros transmittatur.

(1) Elle est après les tables de conversion des poids, des mesures et des monnaies grecques et romaines.

§ 4. Si, cum ego fundum possiderem, professus sim, petitor autem non fuerit professus, actionem illi manere placet.

§ 5. In servis deferendis observandum est ut et nationes eorum, et ætates, et officia, et artificia specialiter deferantur.

§ 6. Lacus quoque piscatorios et portus in censum dominus debet deferre.

§ 7. Salinæ, si quæ sunt in prædiis, et ipsæ in censum deferendæ sunt.

§ 8. Si quis inquilinum vel colonum non fuerit professus, vinculis censualibus tenetur.

§ 9. Quæ post censum edictum nata, aut postea quæsita sint, intra finem operis consummati professionibus edi possunt.

§ 10. Si quis veniam petierit ut censum sibi emendare permittatur, deinde post hoc impetratum cognoverit se non debuisse hoc petere, quia res emendationem non desiderabat, nullum ejus præjudicium, ex eo quod petiit ut censum emendaret, fore sæpissime rescriptum est.

EXPLICATION RELATIVE A LA PLANCHE II.

La partie circulaire du forum de Trajan, qui avait été regardée jusqu'à ces derniers temps comme faisant partie des restes des bains de Paul Emile, a été déblayée dans le courant de 1824 à 1825. On a mis à découvert le sol antique et tout l'étage inférieur du monument, dans lequel on a reconnu une suite de boutiques qui donnaient sur ce forum; ces boutiques étaient revêtues de stuc couvert de peintures, dont quelques-unes sont encore bien visibles. Dans le premier étage on trouve une grande galerie circulaire à laquelle on arrivait par trois escaliers; cette galerie desservait des salles qui ont dû servir d'habitation aux marchands. Les boutiques ont 3 mètres de largeur sur $2^m,90$ de profondeur; une petite porte de 80 centimètres de largeur était réservée; le reste servait pour l'étalage, qui s'exposait sur des tablettes de bois dont on voit encore les traces. De grandes rainures pratiquées dans le pourtour des chambranles, qui sont en travertin, indiquent que les boutiques étaient fermées par des volets mobiles, comme le sont nos boutiques d'aujourd'hui.

FIN DU TOME PREMIER.

TABLES

POUR LA CONVERSION DES MESURES ROMAINES ET DES MESURES ATTIQUES EN MESURES FRANÇAISES.

Nous croyons devoir résumer ici en peu de mots les données qui ont servi de bases au calcul de nos tables.

TABLES I, II ET III.

La conversion des mesures grecques en mesures romaines repose sur ce que le stade olympique valait 600 pieds grecs et 625 pieds romains; il en résulte :

1º Que le pied grec est au pied romain :: 25 : 24, et que, par conséquent, le pied grec vaut 1^pi. ro..041666.....;

2º Que le pied romain vaut $\frac{24}{25}$ ou 0.96 du pied grec;

3º Que le mille romain (5 000 pieds) vaut 8 stades olympiques.

Quant à la conversion des mesures grecques et romaines en mesures françaises, nous avons admis, avec M. Gosselin, le pied romain de 0^m.296 296 296....., c'est-à-dire, des $\frac{8}{27}$ du mètre.

REMARQUE. On peut avoir besoin de connaître les valeurs du stade olympique et du mille romain en toises anciennes. Il résulte des bases précédentes et de ce que la lieue de 25 au degré était de 2280 toises $\frac{1}{3}$, que le stade olympique valait 95^t. o^pi. 1^po., et le mille romain 760^t. o^pi. 8^po..

I.   28

TABLES IV ET V.

Le *jugerum*, long de 240 pieds, large de 120, renfermait par conséquent 28 800 pieds carrés romains; sa valeur en ares est de 25.283 951, à moins d'un centimètre carré près.

Le pied grec étant au pied romain :: 25 : 24, le pied carré grec est au pied carré romain :: 625 : 576. On en conclut :

1° Que le plèthre carré (10 000 pieds carrés grecs) est au *jugerum* (28 800 pieds romains) :: 625 × 10 000 : 576 × 28 800, ou plus simplement :: 15 625 : 41 472;

2° Que le *jugerum* vaut 2$^{\text{pl. car.}}$.654 208;

3° Que le plèthre carré vaut 2$^{\text{ius.}}$.376 760 à moins de 0.000 001 de *jugerum* près;

4° Que la valeur du plèthre carré en ares est de 9.525 987, à moins d'un centimètre carré près.

REMARQUE. Dans la colonne *plèthres carrés* de la table IV, le dernier chiffre décimal exprime des 10 000mes de plèthre carré, et par conséquent des pieds carrés grecs.

TABLES VI ET VII.

Le pied cube romain est au pied cube grec comme 13 824, cube de 24, est à 15 625, cube de 25; il en résulte:

1° Que le pied cube romain vaut en p. cub. grecs 0.884 736;

2° Que le pied cube grec vaut en p. cub. rom. 1.130 280 671 à moins de 0.000 000 001 du pied cube romain, c'est-à-dire, à moins du petit cube qui aurait pour côté le millième du pied romain.

Le pied romain étant les $\frac{8}{27}$ du mètre, et, par suite, le pied grec en étant les $\frac{25}{81}$, un calcul très simple donne:

Pour la valeur du pied cube romain en m. cub. 0.026 012 295;

Et pour celle du pied cube grec 0.029 401 194;

Toutes deux à moins d'un millimètre cube.

TABLE VIII.

L'amphore était le cube du pied romain ; sa valeur est donc de 26^{litres}.012 295.

Notre table ne donne pas les valeurs des mesures inférieures au *quartarius;* on les calculera aisément au moyen de la valeur du *sextarius* et du tableau de la page 23.

Le froment dont il est ici question est le froment français, dont le poids moyen est de 75 kilogrammes par hectolitre (Ann. du Bureau des Long., 1839, p. 69).

REMARQUE. L'eau distillée contenue dans un litre pesant juste un kilogramme, du moins lorsqu'on la suppose dans les conditions de la détermination du gramme, il en résulte que, si l'on regarde les nombres de la colonne des litres comme exprimant des kilogrammes , ils donnent les poids correspondants de l'eau distillée.

TABLES IX, X ET XI.

La conversion des poids romains en poids attiques, et réciproquement, repose sur ce que 6 000 drachmes attiques pesaient 80 livres romaines (page 24).

Quant à la détermination de la livre romaine, voyez le chap. VI du Ier livre, pages 25 et suivantes.

TABLES XII ET SUIVANTES.

Les bases d'après lesquelles ces tables ont été calculées sont exposées dans le chapitre VII du Ier livre. Nous nous bornerons à rappeler que le denier fut, suivant les époques, le 40e, le 75e ou le 84e de la livre, et qu'il valut successivement 10 et 16 as de bronze, as dont le poids varia lui-même d'une livre à une demionce. (Voyez, pour plus de détails, le chapitre III du Ier livre, page 15.)

Remarquons encore que, bien que la table XIV ne contienne pas de colonne des *sesterces*, elle peut en donner la conversion par un calcul très simple. En effet l'*aureus* valant 25 deniers et celui-ci 4 sesterces, l'*aureus valait évidemment* 100 *sesterces*. Si donc on ajoute deux zéros à tous les nombres de la colonne des *aureus*, elle exprimera des sesterces.

TABLE I.

Conversion des mesures romaines de longueur en pieds grecs et en mètres.

MESURES ROMAINES.	Pieds grecs.	Mètres.
Doigt .... le 16ᵉ du pied....	0.06	0.019
Palme *minor* .... le quart du pied..	0.24	0.074
Palme *major* .... les 3 quarts du pied	0.72	0.222
PIED	0.96	0.296
Coudée *de Vitruve*... 1 pied et demi	1.44	0.444
Pas *minor* ou *gressus*. 2 pieds et demi	2.40	0.741
Pas *major* .... 5 pieds	4.80	1.481
Perche ¹ .... 10 —	9.60	2.963
2 Perches .... 20 —	19.20	5.926
3 — .... 30 —	28.80	8.889
4 — .... 40 —	38.40	11.852
5 — .... 50 —	48 »	14.815
6 — .... 60 —	57.60	17.778
7 — .... 70 —	67.20	20.741
8 — .... 80 —	76.80	23.704
9 — .... 90 —	86.40	26.667
10 — .... 100 —	96 »	29.630
Actus.............. 120 —	115.20	35.556
Mille (1000 pas major) 5000 —	4800 »	1481.481

(¹) Pertica, *sive* decampeda.

TABLE II.

Conversion des mesures grecques de longueur en pieds romains et en mètres.

MESURES GRECQUES.		Pieds romains.	Mètres.
Doigt[1] .... le 16ᵉ du pied....		0.065	0.019
Palme *minor*[2] .... le quart du pied..		0.260	0.077
Palme *major*[3] .... les 3 quarts du pied		0.781	0.231
PIED................................		1.042	0.309
Coudée[4]	1 pied et demi	1.563	0.463
Orgyie...............	6 pieds	6.250	1.852
Plèthre	100 —	104.167	30.864
2 plèthres........	200 —	208.333	61.728
3 —— ....·....	300 —	312.500	92.593
4 ——	400 —	416.667	123.457
5 ——	500 —	520.833	154.321
6 —— (*stade olympique*)	600 —	625 »	185.185
7 ——	700 —	729.167	216.049
8 ——	800 —	833.333	246.914
9 ——	900 —	937.500	277.778
10 ——	1000 —	1041.667	308.642

(1) Δακτυλός.

(2) Δῶρον, *sive παλαιστή*.

(3) Σπιθαμή.

(4) Πῆχυς, *sive ὠλένη*.

TABLE III.

Conversion des stades olympiques et des milles romains en lieues de vingt-cinq au degré et en kilomètres.

MILLES romains.	STADES olympiques.	Lieues de vingt-cinq au degré.	Kilomètres.
	1	0.0417	0.185
	2	0.0833	0.370
	3	0.1250	0.556
	4	0.1667	0.741
	5	0.2083	0.926
	6	0.2500	1.111
	7	0.2917	1.296
1	8	0.3333	1.481
2	16	0.6667	2.963
3	24	1 „	4.444
4	32	1.3333	5.926
5	40	1.6667	7.407
6	48	2 „	8.889
7	56	2.3333	10.370
8	64	2.6667	11.852
9	72	3 „	13.333
10	80	3.3333	14.815

TABLE IV.

Conversion des mesures agraires des Romains en mesures grecques et en hectares.

MESURES ROMAINES.	Plèthres carrés.	Hectares, ares et centiares.
	pl. car.	hect. ar. cent.
Decempeda quadrata, ou perche de 100	0.0092	0 0 09
2 perches 200	0.0184	0 0 18
3 — 300	0.0276	0 0 26
Actus minimus............... 480	0.0442	0 0 42
6 — 600	0.0553	0 0 53
12 — 1 200	0.1106	0 1 05
18 — 1 800	0.1659	0 1 58
Clima .... 36 — 3 600	0.3318	0 3 16
Actus quadratus[1].... 144 — 14 400	1.3271	0 12 64
JUGERUM[2]........ 288 — 28 800	2.6542	0 25 28
2 jugerum (*hæredium*)	5.3084	0 50 57
3 ——	7.9626	0 75 85
4 —	10 6168	1 01 14
5 —	13.2710	1 26 42
6 —	15.9252	1 51 70
7 —	18.5795	1 76 99
8 —	21.2337	2 02 27
9 —	23.8879	2 27 56
10 —	26.5421	2 52 84
Centuria (100 *hæredium*) 200 jugerum ...	530.8416	50 56 79
Saltus .... 800 —— ...	2123.3664	202 27 16

(1) *Sive* acnua.   (2) *Sive* actus duplicatus.

TABLE V.

Conversion des mesures agraires des Athéniens en mesures romaines et en hectares.

MESURES GRECQUES.		Jugerum.	Hectares, ares et centiares.
	pi. car.		hect. ar. cent.
1 Plèthre carré 10 000		0.3768	0 9 53
2 ——— 20 000		0.7535	0 19 05
3 ——— 30 000		1.1303	0 28 58
4 ——— 40 000		1.5070	0 38 10
5 ——— 50 000		1.8838	0 47 63
6 ——— 60 000		2.2606	0 57 16
12 ——— 120 000		4.5211	1 14 31
18 ——— 180 000		6.7817	1 71 47
24 ——— 240 000		9.0422	2 28 62
30 ——— 300 000		11.3028	2 85 78
1 Stade carré 36 ——— 360 000		13.5634	3 42 94
2 ——— 72 ———		27.1267	6 85 87
3 ——— 108 ———		40.6901	10 28 81
4 ——— 144 ———		54.2535	13 71 74
5 ——— 180 ———		67.8168	17 14 68
6 ——— 216 ———		81.3802	20 57 61
7 ——— 252 ———		94.9436	24 00 55
8 ——— 288 ———		108.5069	27 43 48
9 ——— 324 ———		122.0703	30 86 42
10 ——— 360 ———		135.6337	34 29 36

TABLE VI.

Conversion des pieds cubes romains en pieds cubes grecs et en mètres cubes.

PIEDS CUBES romains.	Pieds cubes grecs.	Mètres cubes.
1 000	884.736	26.012
2 000	1 769.472	52.025
3 000	2 654.208	78.037
4 000	3 538.944	104.049
5 000	4 423.680	130.061
6 000	5 308.416	156.074
7 000	6 193.152	182.086
8 000	7 077.888	208.098
9 000	7 962.624	234.111
10 000	8 847.360	260.123

TABLE VII.

*Conversion des pieds cubes grecs en pieds cubes romains et
en mètres cubes.*

PIEDS CUBES grecs.	Pieds cubes romains.	Mètres cubes.
1 000	1 130.281	29.401
2 000	2 260.561	58.802
3 000	3 390.842	88.204
4 000	4 521.123	117.605
5 000	5 651.403	147.006
6 000	6 781.684	176.407
7 000	7 911.965	205.808
8 000	9 042.245	235.210
9 000	10 172.526	264.611
10 000	11 302.807	294.012

TABLE VIII.

Conversion des mesures de capacité grecques et romaines en litres, avec les poids moyens correspondants du froment en livres anciennes et en kilogrammes.

MESURES GRECQUES ET ROMAINES.	Litres.	Poids du froment	
		en livres.	en kilogr.
Quartarius . . . . quart du sextarius	0.135	0.208	0.102
Hemina . . . Κοτύλη . . . . moitié ———	0.271	0.415	0.203
Sextarius . Ξίστης . . . . 6ᵉ du congius	0.542	0.830	0.406
Χοῦιξ . . . . . tiers ——	1.084	1.661	0.813
Congius . . Χοῦς . . . . . . 8ᵉ de l'amphore . .	3.252	4.982	2.439
Semodius . Ἡμίεκτόν . . . 6ᵉ —— . .	4.335	6.642	3.252
Modius . . . Ἑκτεύς . . . . tiers —— . .	8.671	13.285	6.503
Urna . . . . moitié —— . .	13.006	19.927	9.755
Amphora Ἀμφορεύς	26.012	39.855	19.509
Μετρητής . . 1 amph. et demie	39.018	59.782	29.264
Μέδιμνος . . . 2 amphores	52.025	79.710	39.018
2 médimnes 4 ——	104.049	159.420	78.037
3 —— 6 ——	156.074	239.130	117.055
4 —— 8 ——	208.098	318.839	156.074
5 —— 10 ——	260.123	398.549	195.092
6 —— 12 ——	312.148	478.259	234.111
7 —— 14 ——	364.172	557.969	273.129
8 —— 16 ——	416.197	637.679	312.148
9 —— 18 ——	468.221	717.389	351.166
Culeus . . 10 —— 20 ——	520.246	797.099	390.184

TABLE IX.

Conversion des poids romains inférieurs à la livre en drachmes attiques et en poids français.

	POIDS ROMAINS.		Drachmes attiques.	Poids français.		
	onces.	scrupules.		anciens.		nouveaux.
				onces. gros. grains.		grammes.
Scrupulum		1	0.2604	» » 21½		1.133
Sextula........		4	1.0417	» 1 13⅓		4.532
Sicilicus		6	1.5625	» 1 56		6.799
Duella.........		8	2.0833	» 2 26⅔		9.065
Semuncia	½	12	3.125	» 3 40		13.597
Uncia	1	24	6.250	» 7 8		27.195
Sescuncia	1½	36	9.375	1 2 48		40.792
Sextans........	2	48	12.50	1 6 16		54.390
Quadrans ¹.....	3	72	18.75	2 5 24		81.584
Triens.........	4	96	25 »	3 4 32		108.779
Quincunx......	5	120	31.25	4 3 40		135.974
Semissis²	6	144	37.50	5 2 48		163.169
Septunx	7	168	43.75	6 1 56		190.363
Bes	8	192	50 »	7 0 64		217.558
Dodrans	9	216	56.25	8 » »		244.753
Dextans	10	240	62.50	8 7 8		271.948
Deunx.........	11	264	68.75	9 6 16		299.142
As, sive libra³..	12	288	75 »	10 5 24		326.337

(1) *Sive* teruncius.
(2) *Sive* sembella.
(3) *Sive* pondo.

TABLE X.

Conversion des livres romaines en mines attiques, en livres françaises, poids de marc, et en kilogrammes.

	LIVRES romaines.	Mines attiques.	Poids français.	
			livres.	kilogrammes.
As, *sive* libra, *sive* pondo..	1	0.75	$\frac{2}{3}$	0.326
Dupondius.............	2	1.50	$1\frac{1}{3}$	0.653
Tressis................	3	2.25	2	0.979
Quadrussis............	4	3 "	$2\frac{2}{3}$	1.305
Quincussis............	5	3.75	$3\frac{1}{3}$	1.632
Sexcussis.............	6	4.50	4	1.958
Septussis..............	7	5.25	$4\frac{2}{3}$	2.284
Octussis..............	8	6 "	$5\frac{1}{3}$	2.611
Nonussis.............	9	6.75	6	2.937
Decussis.............	10	7.50	$6\frac{2}{3}$	3.263
Vigessis..............	20	15 "	$13\frac{1}{3}$	6.527
Trigessis..............	30	22.50	20	9.790
....	40	30 "	$26\frac{2}{3}$	13.053
....	50	37.50	$33\frac{1}{3}$	16.317
....	60	45 "	40	19.580
....	70	52.50	$46\frac{2}{3}$	22.844
....	80	60 "	$53\frac{1}{3}$	26.107
....	90	67.50	60	29.374
Centussis.............	100	75 "	$66\frac{2}{3}$	32.634

TABLE XI.

Conversion des poids d'Athènes, sous Périclès, en livres romaines et en poids français anciens et nouveaux.

POIDS D'ATHÈNES.	Livres romaines.	Poids français.	
		livres.	kilogrammes.
1 Mine 100 drachmes	$1\frac{1}{3}$	$\frac{4}{5}$	0.435
2 Mines 200 ——	$2\frac{2}{3}$	$1\frac{7}{9}$	0.870
3 — 300 ——	4	$2\frac{2}{3}$	1.305
4 — 400 ——	$5\frac{1}{3}$	$3\frac{5}{9}$	1.740
5 — 500 ——	$6\frac{2}{3}$	$4\frac{4}{9}$	2.176
6 — 600 ——	8	$5\frac{1}{3}$	2.611
7 — 700 ——	$9\frac{1}{3}$	$6\frac{2}{9}$	3.046
8 — 800 ——	$10\frac{2}{3}$	$7\frac{1}{9}$	3.481
9 — 900 ——	12	8	3.916
10 — 1000 ——	$13\frac{1}{3}$	$8\frac{8}{9}$	4.351
1 Talent 60 —	80	$53\frac{1}{3}$	26.107
2 Talents 120 —	160	$106\frac{2}{3}$	52.214
3 —— 180 —	240	160	78.321
4 —— 240 —	320	$213\frac{1}{3}$	104.428
5 —— 300 —	400	$266\frac{2}{3}$	130.535
6 —— 360 —	480	320	156.642
7 —— 420 —	560	$373\frac{1}{3}$	182.749
8 —— 480 —	640	$426\frac{2}{3}$	208.856
9 —— 540 —	720	480	234.963
10 —— 600 —	800	$533\frac{1}{3}$	261.070

TABLE XII.

Conversion des monnaies romaines d'argent, sous la république, en francs et centimes.

De l'an de Rome 485 jusqu'à la création de l'*aureus* de 40 à la livre, par César, vers l'an 707.

MONNAIES ROMAINES.		L'an de R. 485.	L'an de R. 510.	De l'an de R. 513 à 707.
deniers.	sesterces[1].			
		fr.	fr.	fr.
1	4	1.63	0.87	0.78
2	8	3.26	1.74	1.55
3	12	4.89	2.61	2.33
4	16	6.52	3.48	3.11
5	20	8.15	4.35	3.88
6	24	9.78	5.22	4.66
7	28	11.41	6.09	5.43
8	32	13.04	6.96	6.21
9	36	14.67	7.82	6.99
10	40	16.30	8.69	7.76
20	80	32.60	17.39	15.53
30	120	48.91	26.08	23.29
40	160	65.21	34.78	31.05
50	200	81.51	43.47	38.81
60	240	97.81	52.17	46.58
70	280	114.11	60.86	54.34
80	320	130.42	69.56	62.10
90	360	146.72	78.25	69.87
100	400	163.02	86.94	77.63

(1) **Sestertius.** (Voyez page 16.)

TABLE XIII.

Conversion des monnaies romaines d'or, sous la république, en francs et centimes.

De l'an de Rome 547 à 707, époque de la création de l'*aureus* de 40 à la livre.

MONNAIES ROMAINES.			Monnaies françaises.
scrupules d'or.	deniers d'argent.	sesterces.	
1	5	20	fr. 3.88
1 $\frac{1}{2}$	7 $\frac{1}{2}$	30	5.82
2	10	40	7.76
2 $\frac{1}{2}$	12 $\frac{1}{2}$	50	9.70
3	15	60	11.64
3 $\frac{1}{2}$	17 $\frac{1}{2}$	70	13.59
4	20	80	15.53
4 $\frac{1}{2}$	22 $\frac{1}{2}$	90	17.47
5	25	100	19.41
5 $\frac{1}{2}$	27 $\frac{1}{2}$	110	21.35
6	30	120	23.29
6 $\frac{1}{2}$	32 $\frac{1}{2}$	130	25.23
7	35	140	27.17
7 $\frac{1}{2}$	37 $\frac{1}{2}$	150	29.11
8	40	160	31.05
8 $\frac{1}{2}$	42 $\frac{1}{2}$	170	32.99
9	45	180	34.93
9 $\frac{1}{2}$	47 $\frac{1}{2}$	190	36.87
10	50	200	38.81

TABLE XIV.

Conversion des monnaies romaines d'or et d'argent, sous César et les empereurs, en francs et centimes.

Depuis la création de l'*aureus* de 40 à la livre, vers l'an de Rome 707, jusqu'aux Antonins.

MONN. ROM.		Sous César.	Sous Auguste.	Sous Tibère.	Sous Claude.	Sous Néron.	De Galba aux Antonins.
aureus.	deniers.	fr.	fr.	fr.	fr.	fr.	fr.
	1	1.12	1.08	1.0	1.05	1.02	1 "
	2	2.24	2.15	2.13	2.11	2.03	1.99
	3	3.35	3.23	3.19	3.16	3.05	2.99
	4	4.47	4.30	4.25	4.22	4.07	3.99
	5	5.59	5.38	5.31	5.27	5.08	4.99
	6	6.71	6.45	6.38	6.32	6.10	5.98
	7	7.82	7.53	7.44	7.38	7.12	6.98
	8	8.94	8.61	8.50	8.43	8.13	7.98
	9	10.06	9.68	9.56	9.48	9.15	8.97
	10	11.18	10.76	10.63	10.54	10.17	9.97
	15	16.78	16.13	15.94	15.81	15.25	14.96
	20	22.36	21.51	21.25	21.08	20.33	19.94
1	25	27.95	26.89	26.56	26.35	25.42	24.93
2	50	55.89	53.78	53.13	52.69	50.83	49.85
3	75	83.84	80.67	79.69	79.04	76.25	74.78
4	100	111.79	107.56	106.25	105.38	101.67	99.70
5	125	139.73	134.46	132.82	131.73	127.09	124.63
6	150	167.68	161.35	159.38	158.07	152.50	149.56
7	175	195.62	188.24	185.95	184.42	177.92	174.48
8	200	223.57	215.13	212.51	210.76	203.34	199.41
9	225	251.52	242.02	239.07	237.11	228.76	224.33
10	250	279.46	268.91	265.64	263.45	254.17	249.26

TABLE XV.

Conversion des solidus d'or de Constantin et de ses successeurs (sous d'or du Bas-Empire), en francs et centimes.

SOLIDUS.	Constantin.	Successeurs de Constantin.
	fr. c.	fr.
1	15.53	15.10
2	31.05	30.20
3	46.58	45.30
4	62.10	60.40
5	77.63	75.51
6	93.15	90.61
7	108.68	105.71
8	124.21	120.81
9	139.73	135.91
10	155.26	151.01
20	310.52	302.02
30	465.77	453.04
40	621.03	604.05
50	776.29	755.06
60	931.55	906.07
70	1086.80	1057.09
80	1242.06	1208.10
90	1397.32	1359.11
100	1552.58	1510.12

TABLE XVI.

Conversion des monnaies d'Athènes, sous Périclès, en deniers d'argent romains, de l'an de Rome 513 à 707, et en francs et centimes.

MONNAIES D'ATHÈNES.			Deniers romains.	Monnaies françaises.
				fr.
1 Mine	100 drachmes		112	86.94
2 Mines	200 ——		224	173.89
3 —	300 ——		336	260.83
4 —	400 ——		448	347.78
5 —	500 ——		560	434.72
6 —	600 ——		672	521.67
7 —	700 ——		784	608.61
8 —	800 ——		896	695.55
9 —	900 ——		1 008	782.50
10 —	1000 ——		1 120	869.44
1 Talent	60 —	....	6 720	5 216.66
2 Talents	120 —	....	13 440	10 433.31
3 ——	180 —	....	20 160	15 649.97
4 ——	240 —	....	26 880	20 866.62
5 ——	300 —	....	33 600	26 083.28
6 ——	360 —	....	40 320	31 299.93
7 ——	420 —	....	47 040	36 516.59
8 ——	480 —	....	53 760	41 733.24
9 ——	540 —	....	60 480	46 949.90
10 ——	600 —	....	67 200	52 166.55

ICONOGRAPHIA TABULÆ CENSUALIS PRISCÆ ROMÆ,

MAXIME EX ULPIANI FRAGMENTO DESCRIPTA.[*]

PATRIS FAMILIAS.

NOMEN.	ORDO.	ÆTAS.	MIXTES.	NATIO.	CENSÛS.

STATÛS.	NOMEN.	ORDO.	ÆTAS.	NATIO.	OFFICIA.	ARTIFICIA.	CENSÛS.
Mater familias.							
Filii familias.							
Filiæ familias.							
Servi.							
Servæ.							
Summa A.							

Summa A. ......
Summa B. ......
Caput summæ. ...

QUALITAS.	NOMEN.	REDITUS Jugerum.	REDITUS Villicum, arbo-rum, etc.	CIVITAS.	PAGUS.	VICUS.	ESQUILIXI.	COLOXI.	CENSÛS.
Agri culti.									
Agri arvi.									
Vineæ.									
Oliveta.									
Prata.									
Pascua.									
Silvæ.									
Lacus.									
Portus.									
Salinæ.									
Summa B.									

* ULPIANUS, de Censibus, lib. II, v; Digesta; lib. L, tit. 15, cap. III et IV, edd.; DIONYS, IV, 15, pag 220 (edit. Sylb.); CICER, de Legib, III, 3; FLOR, I, 6; SUET, Aug., 102; TAC, Ann., I, 11.

www.ingramcontent.com/pod-product-compliance
Lightning Source LLC
Chambersburg PA
CBHW060521220326
41599CB00022B/3382